大学赤本シリーズ

412

明治大学

理工学部 − 学部別入試

教学社

は　し　が　き

　おかげさまで，大学入試の「赤本」は，今年で創刊70周年を迎えました。
　これまで，入試問題や資料をご提供いただいた大学関係者各位，掲載許可をいただいた著作権者の皆様，各科目の解答や対策の執筆にあたられた先生方，そして，赤本を使用してくださったすべての読者の皆様に，厚く御礼を申し上げます。

　以下に，創刊初期の「赤本」のはしがきを引用します。これからも引き続き，受験生の目標の達成や，夢の実現を応援してまいります。

　本書を活用して，入試本番では持てる力を存分に発揮されることを心より願っています。

編者しるす

＊　　　＊　　　＊

　学問の塔にあこがれのまなざしをもって，それぞれの志望する大学の門をたたかんとしている受験生諸君！　人間として生まれてきた私たちは，自己の欲するままに，美しく，強く，そして何よりも人間らしく生きることをねがっている。しかし，一朝一夕にして，この純粋なのぞみが達せられることはない。私たちの行く手には，絶えずさまざまな試練がまちかまえている。この試練を克服していくところに，私たちのねがう真に人間的な世界がはじめて開かれてくるのである。

　人生最初の最大の試練として，諸君の眼前に大学入試がある。この大学入試は，精神的にも身体的にも，大きな苦痛を感ぜしめるであろう。あるスポーツに熟達するには，たゆみなき，はげしい練習を積み重ねることが必要であるように，私たちは，計画的・持続的な努力を払うことによって，この試練を克服し，次の一歩を踏みだすことができる。厳しい試練を経たのちに，はじめて満足すべき成果を獲得できるのである。

　本書は最近の入学試験の問題に，それぞれ解答を付し，さらに問題をふかく分析することによって，その大学独特の傾向や対策をさぐろうとした。本書を一般の参考書とあわせて使用し，まとはずれのない，効果的な受験勉強をされるよう期待したい。

（昭和35年版「赤本」はしがきより）

挑む人の、いちばんの味方

赤本創刊70周年

1954年に大学入試の過去問題集を刊行してから70年。赤本は大学に入りたいと思う受験生を応援しつづけてきました。これからも，苦しいとき落ち込むときにそばで支える存在でいたいと思います。

そして，勉強をすること，自分で道を決めること，努力が実ること，これらの喜びを読者の皆さんが感じることができるよう，伴走をつづけます。

そもそも赤本とは…

受験生のための大学入試の過去問題集！

70年の歴史を誇る赤本は，500点を超える刊行点数で全都道府県の370大学以上を網羅しており，過去問の代名詞として受験生の必須アイテムとなっています。

・・・・・・・・・ なぜ受験に過去問が必要なのか？ ・・・・・・・・・

大学入試は大学によって問題形式や頻出分野が大きく異なるからです。

赤本の掲載内容

傾向と対策

これまでの出題内容から，問題の**「傾向」**を分析し，来年度の入試に向けて具体的な**「対策」**の方法を紹介しています。

問題編・解答編

◆ 年度ごとに問題とその解答を掲載しています。

◆ **「問題編」**ではその年度の試験概要を確認したうえで，実際に出題された過去問に取り組むことができます。

◆ **「解答編」**には高校・予備校の先生方による解答が載っています。

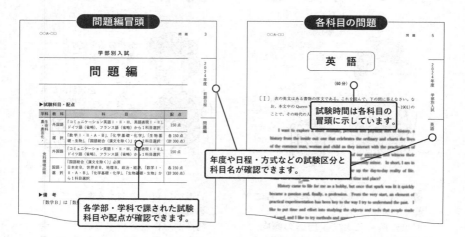

他にも，大学の基本情報や，先輩受験生の合格体験記，在学生からのメッセージなどが載っていることがあります。

2024年度から見やすいデザインに！ NEW

● 掲載内容について ●

著作権上の理由やその他編集上の都合により問題や解答の一部を割愛している場合があります。なお，指定校推薦入試，社会人入試，編入学試験，帰国生入試などの特別入試，英語以外の外国語科目，商業・工業科目は，原則として掲載しておりません。また試験科目は変更される場合がありますので，あらかじめご了承ください。

受験勉強は
過去問に始まり，

STEP 1
> なにはともあれ

まずは
解いてみる

しずかに…
今，自分の心と
向き合ってるんだから

ムーン

それは
問題を解いて
からだホン！

過去問は，**できるだけ早いうちに解くのがオススメ！**
実際に解くことで，**出題の傾向，問題のレベル，今の自分の実力が**つかめます。

STEP 2
> じっくり具体的に

弱点を
分析する

分析の結果だけど
英・数・国が苦手みたい

スリー

必須科目だホン
頑張るホン

間違いは自分の弱点を教えてくれる貴重な情報源。
弱点から自己分析することで，**今の自分に足りない力や苦手な分野**が見えてくるはず！

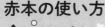
合格者があかす

赤本の使い方

傾向と対策を熟読
（Fさん／国立大合格）

大学の出題傾向を調べるために，赤本に載っている「傾向と対策」を熟読しました。

繰り返し解く
（Tさん／国立大合格）

1周目は問題のレベル確認，2周目は苦手や頻出分野の確認に，3周目は合格点を目指して，と過去問は繰り返し解くことが大切です。

過去問に終わる。

STEP 3 （志望校にあわせて）

苦手分野の重点対策

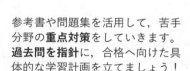

明日からはみんなで頑張るよ！
参考書も！ 問題集も！
よろしくね！

呼んだ？

なにを!?
どこから!?

グッ グッ

参考書や問題集を活用して，苦手分野の**重点対策**をしていきます。**過去問を指針に**，合格へ向けた具体的な学習計画を立てましょう！

STEP 1 ▶ 2 ▶ 3

実践を繰り返す

（サイクルが大事！）

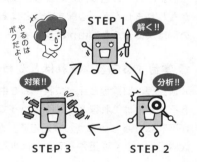

やるのはボクだよ〜

STEP 1 　解く!!

分析!!

対策!!

STEP 3　　　　STEP 2

STEP 1〜3を繰り返し，実力アップにつなげましょう！
出題形式に慣れることや，**時間配分を考える**ことも大切です。

目標点を決める
（Yさん／私立大合格）

赤本によっては合格者最低点が載っているので，それを見て目標点を決めるのもよいです。

時間配分を確認
（Kさん／私立大学合格）

赤本は時間配分や解く順番を決めるために使いました。

添削してもらう
（Sさん／私立大学合格）

記述式の問題は先生に添削してもらうことで自分の弱点に気づけると思います。

新課程入試 Q&A

2022 年度から新しい学習指導要領（新課程）での授業が始まり，2025 年度の入試は，新課程に基づいて行われる最初の入試となります。ここでは，赤本での新課程入試の対策について，よくある疑問にお答えします。

Q1. 赤本は新課程入試の対策に使えますか？

A. もちろん使えます！

旧課程入試の過去問が新課程入試の対策に役に立つのか疑問に思う人もいるかもしれませんが，心配することはありません。旧課程入試の過去問が役立つのには次のような理由があります。

● 学習する内容はそれほど変わらない

新課程は旧課程と比べて科目名を中心とした変更はありますが，学習する内容そのものはそれほど大きく変わっていません。また，多くの大学で，既卒生が不利にならないよう「経過措置」がとられます（Q3参照）。したがって，出題内容が大きく変更されることは少ないとみられます。

● 大学ごとに出題の特徴がある

これまでに課程が変わったときも，各大学の出題の特徴は大きく変わらないことがほとんどでした。入試問題は各大学のアドミッション・ポリシーに沿って出題されており，過去問にはその特徴がよく表れています。過去問を研究してその大学に特有の傾向をつかめば，最適な対策をとることができます。

出題の特徴の例	・英作文問題の出題の有無
	・論述問題の出題（字数制限の有無や長さ）
	・計算過程の記述の有無

新課程入試の対策も，赤本で過去問に取り組むところから始めましょう。

Q2. 赤本を使う上での注意点はありますか？

A. 志望大学の入試科目を確認しましょう。

　過去問を解く前に，過去の出題科目（問題編冒頭の表）と2025年度の募集要項とを比べて，課される内容に変更がないかを確認しましょう。ポイントは以下のとおりです。科目名が変わっていても，実際は旧課程の内容とほとんど同様のものもあります。

英語・国語	科目名は変更されているが，実質的には変更なし。 ▶▶ **ただし，リスニングや古文・漢文の有無は要確認。**
地歴	科目名が変更され，「歴史総合」「地理総合」が新設。 ▶▶ **新設科目の有無に注意。ただし，「経過措置」(Q3参照) により内容は大きく変わらないことも多い。**
公民	「現代社会」が廃止され，「公共」が新設。 ▶▶ **「公共」は実質的には「現代社会」と大きく変わらない。**
数学	科目が再編され，「数学C」が新設。 ▶▶ **「数学」全体としての内容は大きく変わらないが，出 題科目と単元の変更に注意。**
理科	科目名も学習内容も大きな変更なし。

　数学については，科目名だけでなく，どの単元が含まれているかも確認が必要です。例えば，出題科目が次のように変わったとします。

旧課程	「数学Ⅰ・数学Ⅱ・数学A・数学B（数列・ベクトル）」
新課程	「数学Ⅰ・数学Ⅱ・数学A・**数学B（数列）・数学C（ベクトル）**」

　この場合，新課程では「数学C」が増えていますが，単元は「ベクトル」のみのため，実質的には旧課程とほぼ同じであり，過去問をそのまま役立てることができます。

Q3. 「経過措置」とは何ですか?

A. 既卒の旧課程履修者への対応です。

多くの大学では，既卒の旧課程履修者が不利にならないように，出題において「経過措置」が実施されます。措置の有無や内容は大学によって異なるので，募集要項や大学のウェブサイトなどで確認しておきましょう。

○旧課程履修者への経過措置の例

- ●旧課程履修者にも配慮した出題を行う。
- ●新・旧課程の共通の範囲から出題する。
- ●新課程と旧課程の共通の内容を出題し，共通範囲のみでの出題が困難な場合は，旧課程の範囲からの問題を用意し，選択解答とする。

例えば，地歴の出題科目が次のように変わったとします。

旧課程	「日本史B」「世界史B」から1科目選択
新課程	「歴史総合，日本史探究」「歴史総合，世界史探究」から1科目選択※ ※旧課程履修者に不利益が生じることのないように配慮する。

「歴史総合」は新課程で新設された科目で，旧課程履修者には見慣れないものですが，上記のような経過措置がとられた場合，新課程入試でも旧課程と同様の学習内容で受験することができます。

裏チェックだホン

新課程の情報はWEBもチェック!
より詳しい解説が赤本ウェブサイトで見られます。
https://akahon.net/shinkatei/

科目名が変更される教科・科目

	旧 課 程	新 課 程
国語	国語総合 国語表現 現代文A 現代文B 古典A 古典B	現代の国語 言語文化 論理国語 文学国語 国語表現 古典探究
地歴	日本史A 日本史B 世界史A 世界史B 地理A 地理B	歴史総合 日本史探究 世界史探究 地理総合 地理探究
公民	現代社会 倫理 政治・経済	公共 倫理 政治・経済
数学	数学Ⅰ 数学Ⅱ 数学Ⅲ 数学A 数学B 数学活用	数学Ⅰ 数学Ⅱ 数学Ⅲ 数学A 数学B 数学C
外国語	コミュニケーション英語基礎 コミュニケーション英語Ⅰ コミュニケーション英語Ⅱ コミュニケーション英語Ⅲ 英語表現Ⅰ 英語表現Ⅱ 英語会話	英語コミュニケーションⅠ 英語コミュニケーションⅡ 英語コミュニケーションⅢ 論理・表現Ⅰ 論理・表現Ⅱ 論理・表現Ⅲ
情報	社会と情報 情報の科学	情報Ⅰ 情報Ⅱ

大学のサイトも見よう

目　次

2024 年度 問題と解答

●学部別入試

2023 年度 問題と解答

●学部別入試

2022 年度 問題と解答

●学部別入試

2021年度
問題と解答

解答用紙は，赤本オンラインに掲載しています。

https://akahon.net/kkm/mej/index.html

※掲載内容は，予告なしに変更・中止する場合があります。

基本情報

🏛 沿革

1881	（明治 14）	明治法律学校開校
1903	（明治 36）	専門学校令により明治大学と改称
1904	（明治 37）	学則改正により法学部・政学部・文学部・商学部を設置
1920	（大正 9）	大学令により明治大学設立認可
1949	（昭和 24）	新制明治大学設置認可。法学部・商学部・政治経済学部・文学部・工学部・農学部を置く
1953	（昭和 28）	経営学部設置
1989	（平成元年）	工学部を理工学部に改組
2004	（平成 16）	情報コミュニケーション学部設置
2008	（平成 20）	国際日本学部設置
2013	（平成 25）	総合数理学部設置
2021	（令和 3）	創立 140 周年

大学マーク

　明治大学には，「伝統を受け継ぎ，新世紀に向けて大きく飛躍・上昇する明治大学」をイメージした大学マークがあります。この大学マークのコンセプトは，明治大学の「M」をモチーフとして，21世紀に向けて明治大学が「限りなく飛翔する」イメージ，シンプルなデザインによる「親しみやすさ」，斬新な切り口による「未来へのメッセージ」を伝えています。

　学部・学科の構成

大　学

● **法学部**　1・2年：和泉キャンパス／3・4年：駿河台キャンパス

　法律学科（ビジネスローコース，国際関係法コース，法と情報コース，公共法務コース，法曹コース）

● **商学部**　1・2年：和泉キャンパス／3・4年：駿河台キャンパス

　商学科（アプライド・エコノミクスコース，マーケティングコース，ファイナンス＆インシュアランスコース，グローバル・ビジネスコース，マネジメントコース，アカウンティングコース，クリエイティブ・ビジネスコース）

● **政治経済学部**　1・2年：和泉キャンパス／3・4年：駿河台キャンパス

　政治学科

　経済学科

　地域行政学科

● **文学部**　1・2年：和泉キャンパス／3・4年：駿河台キャンパス

　文学科（日本文学専攻，英米文学専攻，ドイツ文学専攻，フランス文学専攻，演劇学専攻，文芸メディア専攻）

　史学地理学科（日本史学専攻，アジア史専攻，西洋史学専攻，考古学専攻，地理学専攻）

　心理社会学科（臨床心理学専攻，現代社会学専攻，哲学専攻）

●**理工学部**　生田キャンパス

電気電子生命学科（電気電子工学専攻，生命理工学専攻）

機械工学科

機械情報工学科

建築学科

応用化学科

情報科学科

数学科

物理学科

●**農学部**　生田キャンパス

農学科

農芸化学科

生命科学科

食料環境政策学科

●**経営学部**　1・2年：和泉キャンパス／3・4年：駿河台キャンパス

経営学科

会計学科

公共経営学科

（備考）学部一括入試により，2年次から学科に所属となる。

●**情報コミュニケーション学部**　1・2年：和泉キャンパス／3・4年：駿河台キャ

ンパス

情報コミュニケーション学科

●**国際日本学部**　中野キャンパス

国際日本学科

●**総合数理学部**　中野キャンパス

現象数理学科

先端メディアサイエンス学科

ネットワークデザイン学科

大学院

法学研究科 / 商学研究科 / 政治経済学研究科 / 経営学研究科 / 文学研究科 / 理工学研究科 / 農学研究科 / 情報コミュニケーション研究科 / 教養デザイン研究科 / 先端数理科学研究科 / 国際日本学研究科 / グローバル・ガバナンス研究科 / 法務研究科（法科大学院）/ ガバナンス研究科（公共政策大学院）/ グローバル・ビジネス研究科（ビジネススクール）/ 会計専門職研究科（会計大学院）

（注）学部・学科・専攻および大学院に関する情報は 2024 年 4 月時点のものです。

📍 大学所在地

中野キャンパス

生田キャンパス

和泉キャンパス

駿河台キャンパス

駿河台キャンパス	〒 101-8301	東京都千代田区神田駿河台 1-1
和泉キャンパス	〒 168-8555	東京都杉並区永福 1-9-1
生田キャンパス	〒 214-8571	神奈川県川崎市多摩区東三田 1-1-1
中野キャンパス	〒 164-8525	東京都中野区中野 4-21-1

入 試 デ ー タ

入試状況（志願者数・競争率など）

○競争率は受験者数÷合格者数で算出。
○個別学力試験を課さない大学入学共通テスト利用入試は1カ年分のみ掲載。

2024年度　入試状況

●学部別入試　　　　　　　　　　　　　　　　　　　　　　　　（　）内は女子内数

学部・学科等			募集人員	志願者数	受験者数	合格者数	競争率
法	法	律	315	3,971(1,498)	3,283(1,229)	771(256)	4.3
商	学　部　別		485	8,289(2,589)	7,251(2,278)	1,301(346)	5.6
	英語4技能試験利用		15	950(402)	834(351)	173(62)	4.8
政治経済	政	治	105	1,132(346)	1,057(321)	453(130)	2.3
	経	済	290	3,779(785)	3,564(740)	1,137(234)	3.1
	地 域 行 政		70	769(249)	730(240)	223(71)	3.3
文	文	日本文学	70	1,018(587)	896(520)	180(107)	5.0
		英米文学	68	912(440)	833(402)	182(79)	4.6
		ドイツ文学	23	393(177)	359(166)	67(30)	5.4
		フランス文学	24	297(151)	270(139)	62(31)	4.4
		演 劇 学	29	245(191)	213(167)	44(35)	4.8
		文芸メディア	43	617(388)	547(347)	105(58)	5.2
	史学地理	日本史学	51	760(250)	683(229)	138(42)	4.9
		アジア史	20	282(115)	249(103)	51(22)	4.9
		西洋史学	32	452(163)	392(143)	69(23)	5.7
		考 古 学	24	358(133)	321(115)	57(13)	5.6
		地 理 学	27	318(72)	279(63)	55(13)	5.1
	心理社会	臨床心理学	24	524(337)	460(288)	58(38)	7.9
		現代社会学	26	606(361)	534(318)	96(53)	5.6
		哲 学	20	279(110)	239(94)	48(17)	5.0

（表つづく）

学部・学科等		募集人員	志願者数	受験者数	合格者数	競争率
理工	電気電子工学	80	835(62)	795(59)	308(28)	2.6
	生命理工学	27	406(131)	382(125)	123(37)	3.1
	機 械 工	75	1,784(137)	1,715(128)	413(37)	4.2
	機 械 情 報 工	66	754(76)	719(73)	276(27)	2.6
	建 築	88	1,542(465)	1,473(448)	340(105)	4.3
	応 用 化	60	1,509(465)	1,442(442)	472(126)	3.1
	情 報 科	65	1,853(238)	1,745(222)	418(43)	4.2
	数	32	556(56)	529(52)	192(11)	2.8
	物 理	35	908(111)	867(103)	273(22)	3.2
農	農	90	1,240(426)	1,049(351)	266(98)	3.9
	農 芸 化	84	1,037(647)	860(527)	201(116)	4.3
	生 命 科	92	1,316(630)	1,060(494)	257(113)	4.1
	食料環境政策	79	1,158(470)	1,037(414)	186(89)	5.6
経 営	3 科 目	342	7,211(2,169)	6,938(2,088)	1,457(404)	4.8
	英 語 4 技 能 試 験 活 用	40	248(105)	240(100)	64(27)	3.8
情報コミュニケーション	情報コミュニケーション	357	5,014(2,249)	4,855(2,189)	971(422)	5.0
国際日本	3 科 目	130	2,182(1,389)	2,105(1,347)	554(341)	3.8
	英 語 4 技 能 試 験 活 用	100	1,079(687)	1,051(669)	536(346)	2.0
総合数理	現 象 数 理	35	678(103)	579(95)	99(11)	5.8
	先端メディアサイエンス	51	931(269)	792(232)	128(36)	6.2
	ネットワークデザイン	27	359(58)	292(47)	62(10)	4.7
合　　計		3,716	58,551(20,287)	53,519(18,458)	12,866(4,109)	―

（備考）数値には追加合格・補欠合格（農学部のみ）を含む。

●全学部統一入試

（　）内は女子内数

学部・学科等			募集人員	志願者数	受験者数	合格者数	競争率
法	法	律	115	2,343(894)	2,237(849)	570(208)	3.9
商	商		80	2,310(832)	2,232(808)	349(113)	6.4
政治経済	政	治	20	523(172)	502(162)	117(32)	4.3
	経	済	50	1,517(335)	1,447(319)	316(59)	4.6
	地 域 行 政		20	495(157)	480(154)	82(23)	5.9
文	文	日本文学	16	409(234)	387(221)	77(46)	5.0
		英米文学	18	441(236)	430(229)	92(37)	4.7
		ドイツ文学	7	125(56)	122(55)	22(10)	5.5
		フランス文学	8	181(85)	169(82)	37(20)	4.6
		演 劇 学	8	155(124)	150(120)	26(18)	5.8
		文芸メディア	7	268(170)	254(161)	45(25)	5.6
	史学地理	日本史学	15	318(102)	310(99)	66(18)	4.7
		アジア史	6	129(60)	121(58)	24(9)	5.0
		西洋史学	8	232(89)	220(84)	52(17)	4.2
		考 古 学	7	162(63)	159(63)	29(12)	5.5
		地 理 学	11	191(48)	186(45)	49(8)	3.8
	心理社会	臨床心理学	11	285(199)	275(193)	42(28)	6.5
		現代社会学	10	371(241)	356(233)	57(32)	6.2
		哲 学	8	144(56)	131(53)	35(12)	3.7
理 工	電気電子生命	電気電子工学	20	283(28)	263(27)	104(13)	2.5
		生命理工学	10	174(61)	165(59)	67(22)	2.5
	機 械 工		12	514(35)	451(31)	100(5)	4.5
	機 械 情 報 工		17	302(32)	278(28)	99(9)	2.8
	建 築		19	513(161)	477(147)	108(35)	4.4
	応 用 化		12	314(96)	280(84)	92(15)	3.0
	情 報 科		12	543(84)	495(79)	93(10)	5.3
	数		10	181(26)	172(23)	49(3)	3.5
	物 理		5	185(25)	165(22)	51(6)	3.2

（表つづく）

学部・学科等			募集人員	志願者数	受験者数	合格者数	競争率
農	3科目	農	15	501(174)	464(165)	95(38)	4.9
		農芸化	15	399(269)	384(260)	78(49)	4.9
		生命科	10	423(209)	398(196)	74(35)	5.4
		食料環境政策	5	254(106)	241(104)	56(23)	4.3
	英語4技能3科目	農	5	148(67)	140(65)	29(14)	4.8
		農芸化	5	172(121)	167(118)	27(18)	6.2
		生命科	5	171(93)	164(88)	32(17)	5.1
		食料環境政策	3	178(95)	173(93)	28(12)	6.2
経　営	3　科　目		27	1,505(521)	1,454(503)	134(40)	10.9
	英語4技能3　科　目		3	517(234)	506(228)	55(19)	9.2
情報コミュニケーション	情報コミュニケーション		25	1,469(706)	1,424(684)	166(70)	8.6
国際日本	3　科　目		10	680(415)	662(401)	59(29)	11.2
	英語4技能3　科　目		18	774(494)	759(482)	117(64)	6.5
総合数理	3科目	現象数理	4	78(13)	73(12)	8(1)	9.1
		先端メディアサイエンス	2	65(24)	54(22)	2(0)	27.0
	4科目	現象数理	12	207(38)	201(37)	43(4)	4.7
		先端メディアサイエンス	15	326(107)	308(102)	63(10)	4.9
		ネットワークデザイン	26	293(51)	277(46)	82(5)	3.4
	英語4技能4科目	現象数理	1	79(17)	76(16)	12(1)	6.3
		先端メディアサイエンス	2	101(37)	95(35)	18(6)	5.3
		ネットワークデザイン	1	90(15)	87(15)	14(1)	6.2
合　　計			751	22,038(8,507)	21,021(8,160)	4,042(1,301)	—

●大学入学共通テスト利用入試

（　）内は女子内数

学部・方式・学科等				募集人員	志願者数	受験者数	合格者数	競争率
前期日程	法	3科目	法　　律	60	2,367(1,017)	2,364(1,016)	927(445)	2.6
		4科目	法　　律	40	582(251)	581(250)	318(155)	1.8
		5科目	法　　律	40	1,776(631)	1,774(630)	990(365)	1.8
	商	4科目	商	50	542(203)	539(203)	193(70)	2.8
		5科目	商	45	371(124)	370(123)	147(59)	2.5
		6科目	商	30	1,041(319)	1,037(317)	412(140)	2.5
	政治経済	3科目	政　　治	8	343(121)	342(121)	80(33)	4.3
			経　　済	15	640(164)	638(163)	103(28)	6.2
		7科目	政　　治	15	295(93)	293(92)	165(62)	1.8
			経　　済	50	1,487(284)	1,469(282)	720(145)	2.0
			地域行政	12	201(68)	199(68)	78(28)	2.6
	文	3科目	文 日本文学	7	434(279)	433(278)	72(49)	6.0
			英米文学	6	235(121)	234(120)	49(24)	4.8
			ドイツ文学	3	78(46)	77(45)	18(10)	4.3
			フランス文学	2	53(26)	52(26)	12(5)	4.3
			演劇学	3	133(101)	133(101)	28(20)	4.8
			文芸メディア	5	250(162)	250(162)	54(37)	4.6
			史学地理 日本史学	6	281(94)	281(94)	54(16)	5.2
			アジア史	3	134(53)	131(52)	27(17)	4.9
			西洋史学	4	213(88)	213(88)	53(18)	4.0
			考古学	4	164(81)	164(81)	32(20)	5.1
			地理学	4	150(39)	150(39)	34(12)	4.4
			心理社会 臨床心理学	4	194(138)	192(136)	36(31)	5.3
			現代社会学	3	246(147)	245(147)	35(25)	7.0
			哲　　学	4	153(74)	153(74)	37(18)	4.1
		5科目	文 日本文学	3	57(24)	57(24)	20(5)	2.9
			英米文学	3	28(12)	28(12)	14(6)	2.0
			ドイツ文学	2	25(13)	25(13)	6(2)	4.2
			フランス文学	1	6(2)	6(2)	3(0)	2.0
			演劇学	1	15(13)	15(13)	2(2)	7.5
			文芸メディア	2	26(17)	26(17)	11(7)	2.4
			史学地理 日本史学	4	74(18)	74(18)	21(2)	3.5
			アジア史	2	27(7)	26(7)	10(1)	2.6
			西洋史学	1	51(14)	51(14)	10(2)	5.1
			考古学	1	22(6)	22(6)	6(2)	3.7
			地理学	1	55(13)	54(12)	10(3)	5.4

（表つづく）

学部・方式・学科等			募集人員	志願者数	受験者数	合格者数	競争率
文	5科目	心理社会 臨床心理学	2	72(42)	71(42)	10(8)	7.1
		心理社会 現代社会学	2	81(53)	81(53)	20(16)	4.1
		心理社会 哲 学	2	46(18)	46(18)	15(6)	3.1
理 工	3教科	電気電子 生命電子 電気電子工学	9	297(25)	297(25)	122(10)	2.4
		電気電子 生命電子 生命理工学	3	259(74)	258(73)	78(21)	3.3
		機 械 工	5	804(70)	802(70)	221(22)	3.6
		機械情報工	6	460(61)	460(61)	168(20)	2.7
		情 報 科	7	784(100)	783(100)	211(21)	3.7
	4教科	電気電子 生命電子 電気電子工学	5	163(28)	163(28)	69(11)	2.4
		電気電子 生命電子 生命理工学	2	200(89)	200(89)	71(35)	2.8
		機 械 工	7	639(109)	636(109)	219(46)	2.9
		建 築	12	793(292)	792(292)	175(66)	4.5
		応 用 化	7	762(250)	759(249)	203(76)	3.7
		情 報 科	7	589(115)	586(115)	171(27)	3.4
		数	6	294(44)	293(44)	136(19)	2.2
		物 理	6	573(93)	571(91)	210(35)	2.7
農		農	12	644(248)	631(245)	192(70)	3.3
		農 芸 化	12	529(359)	526(357)	186(131)	2.8
		生 命 科	15	851(427)	839(425)	331(184)	2.5
		食料環境政策	16	446(199)	442(198)	157(78)	2.8
経 営	3科目		25	1,468(540)	1,460(539)	300(128)	4.9
	4科目		25	531(187)	531(187)	171(61)	3.1
情報コミュニケーション	3科目	情報コミュニケーション	30	1,362(648)	1,344(638)	244(127)	5.5
	6科目	情報コミュニケーション	10	449(177)	449(177)	161(65)	2.8
国際日本	3科目	国際日本	20	1,277(813)	1,275(812)	350(217)	3.6
	5科目	国際日本	10	313(195)	312(195)	184(119)	1.7
総 合 数 理		現象数理	7	167(31)	167(31)	55(8)	3.0
		先端メディアサイエンス	10	278(95)	273(92)	68(21)	4.0
		ネットワークデザイン	4	183(48)	180(47)	54(18)	3.3

（左端縦書き：前期日程）

（表つづく）

学部・方式・学科等			募集人員	志願者数	受験者数	合格者数	競争率
商		商	30	138(46)	134(45)	43(13)	3.1
後期日程	理工	電気電子生命理工 電気電子工学	3	72(11)	72(11)	32(4)	2.3
		生命理工学	2	30(12)	29(12)	14(6)	2.1
		機械情報工	3	45(7)	45(7)	23(4)	2.0
		建築	2	46(18)	46(18)	17(4)	2.7
		応用化	2	23(12)	23(12)	5(2)	4.6
		情報科	2	55(6)	55(6)	23(2)	2.4
		数	2	22(6)	22(6)	4(2)	5.5
		物理	2	22(1)	22(1)	3(0)	7.3
	総合数理	現象数理	1	15(4)	14(4)	3(1)	4.7
		先端メディアサイエンス	1	20(5)	20(5)	5(0)	4.0
		ネットワークデザイン	1	19(9)	19(9)	3(2)	6.3
合　計			779	28,570(10,430)	28,426(10,384)	9,514(3,570)	―

2023 年度　入試状況

●学部別入試

学部・学科等		募集人員	志願者数	受験者数	合格者数	競争率
法	法　　　律	375	4,325（ 1,510）	3,637（ 1,254）	1,027（ 342）	3.5
商	学　部　別	485	8,504（ 2,660）	7,481（ 2,322）	1,513（ 433）	4.9
	英語4技能試験利用	15	936（ 409）	808（ 352）	151（ 64）	5.4
政治経済	政　　　治	105	1,642（ 498）	1,540（ 466）	450（ 138）	3.4
	経　　　済	290	4,418（ 927）	4,204（ 879）	1,204（ 225）	3.5
	地 域 行 政	70	534（ 174）	511（ 170）	160（ 49）	3.2
文	文 日本文学	70	1,062（ 591）	947（ 515）	203（ 111）	4.7
	文 英米文学	68	822（ 400）	721（ 360）	220（ 100）	3.3
	文 ドイツ文学	23	305（ 139）	283（ 127）	87（ 35）	3.3
	文 フランス文学	24	291（ 163）	268（ 149）	55（ 32）	4.9
	文 演 劇 学	29	275（ 214）	245（ 189）	54（ 40）	4.5
	文 文芸メディア	43	719（ 428）	639（ 382）	123（ 73）	5.2
	史学地理 日本史学	51	679（ 225）	610（ 191）	154（ 45）	4.0
	史学地理 アジア史	20	201（ 77）	171（ 65）	55（ 21）	3.1
	史学地理 西洋史学	32	479（ 174）	409（ 148）	93（ 37）	4.4
	史学地理 考 古 学	24	254（ 89）	220（ 78）	64（ 21）	3.4
	史学地理 地 理 学	27	268（ 62）	229（ 48）	68（ 14）	3.4
	心理社会 臨床心理学	24	592（ 373）	528（ 337）	61（ 40）	8.7
	心理社会 現代社会学	26	594（ 352）	518（ 308）	111（ 69）	4.7
	心理社会 哲　　学	20	312（ 122）	266（ 103）	67（ 21）	4.0
理 工	電気電子生命電子 電気電子工学	80	817（ 59）	772（ 54）	289（ 23）	2.7
	電気電子生命電子 生命理工学	27	360（ 96）	331（ 85）	120（ 37）	2.8
	機　械　工	75	1,291（ 81）	1,239（ 76）	463（ 26）	2.7
	機 械 情 報 工	66	847（ 91）	799（ 83）	250（ 29）	3.2
	建　　　築	88	1,521（ 437）	1,447（ 421）	332（ 104）	4.4
	応　用　化	60	1,350（ 399）	1,293（ 381）	495（ 167）	2.6
	情　報　科	65	1,853（ 172）	1,752（ 161）	374（ 32）	4.7
	数	32	519（ 67）	484（ 62）	178（ 21）	2.7
	物　　　理	35	789（ 95）	740（ 85）	276（ 29）	2.7

（表つづく）

学部・学科等			募集人員	志願者数	受験者数	合格者数	競争率
農		農	90	1,136(425)	912(334)	275(120)	3.3
		農 芸 化	84	929(580)	773(482)	232(157)	3.3
		生 命 科	92	1,381(655)	1,123(531)	304(154)	3.7
		食料環境政策	79	1,106(425)	1,008(378)	217(76)	4.6
経 営	3科目	経 営	342	7,428(2,264)	7,165(2,191)	1,772(526)	4.0
		会 計					
		公共経営					
	英語4技能試験活用	経 営	40	320(146)	309(139)	68(34)	4.5
		会 計					
		公共経営					
情報コミュニケーション	情報コミュニケーション		372	4,878(2,129)	4,741(2,075)	1,005(441)	4.7
国際日本	3 科 目		130	2,418(1,503)	2,332(1,449)	589(372)	4.0
	英語4技能試験活用		100	1,225(795)	1,198(778)	592(387)	2.0
総合数理	現 象 数 理		35	690(115)	554(91)	95(18)	5.8
	先端メディアサイエンス		51	952(245)	813(214)	108(23)	7.5
	ネットワークデザイン		28	521(80)	416(59)	31(4)	13.4
合 計			3,792	59,543(20,446)	54,436(18,572)	13,985(4,690)	―

（備考）数値には追加合格・補欠合格（農学部のみ）・特別措置を含む。

●全学部統一入試

（　）内は女子内数

学部・学科等			募集人員	志願者数	受験者数	合格者数	競争率
法*	法	律	115	2,620(1,011)	2,489(966)	577(217)	4.3
商*		商	80	1,834(632)	1,764(661)	348(116)	5.1
政治経済*	政	治	20	467(156)	445(148)	109(36)	4.1
	経	済	50	1,281(320)	1,204(303)	263(77)	4.6
	地 域 行 政		20	251(76)	244(73)	60(18)	4.1
文	文	日本文学	16	346(185)	328(172)	71(44)	4.6
		英米文学	18	458(257)	440(248)	108(57)	4.1
		ドイツ文学	7	109(58)	108(58)	30(17)	3.6
		フランス文学	8	138(72)	134(70)	36(19)	3.7
		演 劇 学	8	180(144)	176(140)	32(23)	5.5
		文芸メディア	7	334(212)	320(204)	58(36)	5.5
	史学地理	日本史学	15	300(102)	292(98)	68(29)	4.3
		アジア史	6	110(49)	109(48)	28(14)	3.9
		西洋史学	8	206(69)	200(67)	64(17)	3.1
		考 古 学	7	97(37)	93(37)	19(6)	4.9
		地 理 学	11	141(42)	136(40)	40(11)	3.4
	心理社会	臨床心理学	11	333(210)	324(203)	41(25)	7.9
		現代社会学	10	309(201)	300(196)	75(56)	4.0
		哲 学	8	151(57)	147(57)	39(13)	3.8
理 工*	電気電子生命	電気電子工学	20	307(22)	281(18)	109(10)	2.6
		生命理工学	10	201(59)	188(56)	71(20)	2.6
	機 械 工		12	418(35)	362(29)	130(13)	2.8
	機 械 情 報 工		17	344(34)	320(29)	113(10)	2.8
	建 築		19	489(163)	447(147)	110(39)	4.1
	応 用 化		12	374(126)	350(119)	110(46)	3.2
	情 報 科		12	636(90)	585(85)	107(21)	5.5
	数		10	161(19)	151(19)	60(7)	2.5
	物 理		5	138(9)	118(6)	41(0)	2.9

（表つづく）

学部・学科等			募集人員	志願者数	受験者数	合格者数	競争率
農	3科目	農	15	378(157)	346(146)	86(35)	4.0
		農芸化	15	290(195)	274(183)	63(41)	4.3
		生命科	10	387(172)	358(162)	69(35)	5.2
		食料環境政策	5	218(110)	210(107)	32(17)	6.6
	英語4技能3科目	農	5	166(83)	159(80)	22(10)	7.2
		農芸化	5	164(115)	161(115)	28(21)	5.8
		生命科	5	162(81)	153(76)	21(9)	7.3
		食料環境政策	3	166(82)	163(81)	24(13)	6.8
経　営*	3科目	経　営	27	1,388(471)	1,343(459)	134(34)	10.0
		会　計					
		公共経営					
	英語4技能3科目	経　営	3	623(271)	605(265)	48(17)	12.6
		会　計					
		公共経営					
情報コミュニケーション	情報コミュニケーション		25	1,298(652)	1,260(640)	170(91)	7.4
国際日本	3　科　目		10	679(433)	661(420)	62(39)	10.7
	英語4技能3　科　目		18	815(530)	798(520)	123(73)	6.5
総合数理*	3科目	現象数理	4	71(15)	68(15)	12(1)	5.7
		先端メディアサイエンス	3	64(16)	55(15)	4(1)	13.8
	4科目	現象数理	12	199(29)	194(28)	58(9)	3.3
		先端メディアサイエンス	20	400(113)	385(110)	53(9)	7.3
		ネットワークデザイン	27	282(54)	267(51)	85(17)	3.1
	英語4技能4科目	現象数理	1	63(8)	61(8)	15(3)	4.1
		先端メディアサイエンス	2	122(37)	117(36)	13(2)	9.0
		ネットワークデザイン	1	47(9)	45(8)	15(0)	3.0
合　　計			758	20,715(8,080)	19,738(7,772)	4,054(1,474)	－

（備考）

● ＊印の学部の数値には，追加合格・特別措置を含む。

● 農学部は補欠合格を含む。

2022 年度 入試状況

●学部別入試

( )内は女子内数

学部・学科等		募集人員	志願者数	受験者数	合格者数	競争率
法	法　　　　律	375	4,739(1,582)	3,996(1,312)	844(303)	4.7
商	学　部　別	485	7,568(2,246)	6,664(1,954)	1,628(468)	4.1
	英語4技能試験利用	15	910(425)	798(365)	150(60)	5.3
政治経済	政　　　　治	105	1,377(427)	1,284(391)	508(172)	2.5
	経　　　　済	290	3,685(685)	3,490(648)	1,329(252)	2.6
	地 域 行 政	70	632(201)	598(189)	189(56)	3.2
文	文 日本文学	70	994(550)	889(492)	216(126)	4.1
	英米文学	68	736(355)	660(317)	210(105)	3.1
	ドイツ文学	23	355(160)	319(146)	85(44)	3.8
	フランス文学	24	325(183)	295(167)	76(45)	3.9
	演 劇 学	29	317(238)	270(201)	56(40)	4.8
	文芸メディア	43	694(435)	621(394)	138(96)	4.5
	史学地理 日本史学	51	753(232)	672(205)	134(32)	5.0
	アジア史	20	218(81)	187(66)	63(14)	3.0
	西洋史学	32	458(138)	384(108)	98(27)	3.9
	考 古 学	24	277(100)	242(84)	63(16)	3.8
	地 理 学	27	312(77)	273(63)	71(15)	3.8
	心理社会 臨床心理学	24	588(363)	512(315)	90(56)	5.7
	現代社会学	26	588(337)	517(298)	108(64)	4.8
	哲　　　　学	20	288(114)	251(97)	62(21)	4.0
理 工	電気電子生命理工 電気電子工学	80	1,079(74)	1,028(69)	320(18)	3.2
	生命理工学	27	316(83)	295(77)	131(36)	2.3
	機　械　工	75	1,377(109)	1,305(103)	480(44)	2.7
	機 械 情 報 工	66	706(50)	671(48)	274(19)	2.4
	建　　　　築	88	1,669(501)	1,597(482)	326(105)	4.9
	応　用　化	60	1,259(330)	1,204(316)	472(129)	2.6
	情　報　科	65	1,706(175)	1,621(168)	375(28)	4.3
	数	32	394(42)	373(39)	155(14)	2.4
	物　　　　理	35	673(64)	637(58)	253(18)	2.5

（表つづく）

学部・学科等			募集人員	志願者数	受験者数	合格者数	競争率
農		農	90	1,132(406)	942(323)	297(110)	3.2
		農 芸 化	90	852(524)	698(420)	250(166)	2.8
		生 命 科	92	1,081(467)	916(404)	306(133)	3.0
		食料環境政策	79	1,108(430)	996(376)	211(91)	4.7
経 営	3科目	経 営	342	6,316(1,781)	6,041(1,693)	1,638(435)	3.7
		会 計					
		公共経営					
	英語4技能試験活用	経 営	40	337(135)	327(129)	96(34)	3.4
		会 計					
		公共経営					
情報コミュニケーション	情報コミュニケーション		392	4,887(2,143)	4,741(2,100)	1,078(460)	4.4
国際日本	3 科 目		130	2,420(1,525)	2,335(1,475)	681(441)	3.4
	英語4技能試験活用		100	1,516(992)	1,476(962)	664(421)	2.2
総合数理	現 象 数 理		35	717(132)	574(107)	97(13)	5.9
	先端メディアサイエンス		51	889(216)	749(173)	101(14)	7.4
	ネットワークデザイン		28	494(74)	414(62)	55(5)	7.5
合 計			3,818	56,742(19,182)	51,862(17,396)	14,378(4,746)	—

（備考）数値には追加合格・補欠合格・特別措置を含む。

●全学部統一入試

（　）内は女子内数

学部・学科等			募集人員	志願者数	受験者数	合格者数	競争率
法	法	律	115	2,348(818)	2,224(772)	687(215)	3.2
商	商		80	1,674(569)	1,607(546)	332(109)	4.8
政治経済	政	治	20	427(134)	407(128)	101(33)	4.0
	経	済	50	1,399(316)	1,330(291)	253(55)	5.3
	地 域 行 政		20	458(154)	443(149)	68(29)	6.5
文	文	日本文学	16	356(196)	343(190)	70(42)	4.9
		英米文学	18	281(165)	272(158)	93(55)	2.9
		ドイツ文学	7	118(56)	113(54)	24(12)	4.7
		フランス文学	8	201(113)	191(104)	39(17)	4.9
		演 劇 学	8	152(115)	145(109)	40(29)	3.6
		文芸メディア	7	279(187)	265(180)	61(38)	4.3
	史学地理	日本史学	15	325(102)	314(98)	78(27)	4.0
		アジア史	6	82(30)	78(29)	30(17)	2.6
		西洋史学	8	176(62)	171(60)	43(15)	4.0
		考 古 学	6	133(51)	128(50)	30(10)	4.3
		地 理 学	11	236(58)	231(56)	40(12)	5.8
	心理社会	臨床心理学	11	313(200)	302(192)	63(39)	4.8
		現代社会学	10	296(184)	287(181)	55(29)	5.2
		哲 学	8	140(50)	133(47)	30(8)	4.4
理 工	電気電子生命電子	電気電子工学	20	404(24)	366(24)	120(13)	3.1
		生命理工学	10	153(55)	141(50)	55(19)	2.6
	機 械 工		12	347(28)	318(23)	109(11)	2.9
	機 械 情 報 工		17	289(26)	270(24)	96(9)	2.8
	建 築		19	514(152)	473(144)	99(33)	4.8
	応 用 化		12	327(103)	306(97)	105(44)	2.9
	情 報 科		12	532(69)	482(63)	76(11)	6.3
	数		10	158(20)	149(19)	52(6)	2.9
	物 理		5	189(18)	177(17)	52(1)	3.4

（表つづく）

学部・学科等			募集人員	志願者数	受験者数	合格者数	競争率
農	3科目	農	15	411(163)	385(149)	90(41)	4.3
		農芸化	15	336(222)	314(211)	62(44)	5.1
		生命科	10	341(133)	311(127)	58(23)	5.4
		食料環境政策	5	245(103)	239(98)	34(15)	7.0
	英語4技能3科目	農	5	119(52)	114(50)	25(9)	4.6
		農芸化	5	163(116)	156(110)	31(23)	5.0
		生命科	5	142(76)	135(75)	21(16)	6.4
		食料環境政策	3	196(106)	190(103)	22(14)	8.6
経営	3科目	経営	27	833(282)	792(265)	158(54)	5.0
		会計					
		公共経営					
	英語4技能3科目	経営	3	480(202)	461(194)	59(20)	7.8
		会計					
		公共経営					
情報コミュニケーション	情報コミュニケーション		25	1,204(615)	1,154(595)	151(83)	7.6
国際日本	3科目		10	750(474)	722(454)	60(29)	12.0
	英語4技能3科目		18	940(596)	915(578)	120(71)	7.6
総合数理	3科目	現象数理	4	63(19)	57(17)	13(1)	4.4
		先端メディアサイエンス	4	58(29)	53(28)	5(3)	10.6
	4科目	現象数理	12	174(37)	166(36)	56(12)	3.0
		先端メディアサイエンス	20	332(92)	313(89)	57(14)	5.5
		ネットワークデザイン	27	265(44)	249(42)	77(21)	3.2
	英語4技能4科目	現象数理	1	52(11)	51(11)	14(5)	3.6
		先端メディアサイエンス	2	99(32)	96(31)	11(3)	8.7
		ネットワークデザイン	1	76(20)	72(18)	5(1)	14.4
合計			758	19,586(7,479)	18,611(7,136)	4,030(1,440)	―

（備考）数値には特別措置を含む。

合格最低点（学部別・全学部統一入試）

2024 年度 合格最低点

●学部別入試

学部・学科等			満点	合格最低点	合格最低得点率
法	法	律	350	241	68.9
商	学　　　部　　　別		350	241	68.9
	英 語 4 技 能 試 験 利 用		550	378	68.7
政　治　経　済	政	治	350	237	67.7
	経	済	350	242	69.1
	地　域　行　政		350	235	67.1
文	文	日　本　文　学	300	209	69.7
		英　米　文　学	300	207	69.0
		ド　イ　ツ　文　学	300	196	65.3
		フ ラ ン ス 文 学	300	195	65.0
		演　　劇　　学	300	201	67.0
		文 芸 メ デ ィ ア	300	212	70.7
	史学地理	日　本　史　学	300	216	72.0
		ア　ジ　ア　史	300	207	69.0
		西　洋　史　学	300	214	71.3
		考　　古　　学	300	211	70.3
		地　　理　　学	300	208	69.3
	心理社会	臨　床　心　理　学	300	216	72.0
		現　代　社　会　学	300	214	71.3
		哲　　　　　学	300	205	68.3

（表つづく）

学部・学科等			満点	合格最低点	合格最低得点率
理　　　　工	電生命電子	電　気　電　子　工　学	360	243	67.5
		生　命　理　工　学	360	257	71.4
	機　　　　　　　械　　　　　　　工		360	269	74.7
	機　械　情　報　工		360	252	70.0
	建　　　　　　　　　　　　築		360	274	76.1
	応　　　　用　　　　化		360	266	73.9
	情　　　報　　　科		360	275	76.4
	数		360	255	70.8
	物　　　　　　　　　　　　理		360	276	76.7
農	農		450	317	70.4
	農　　　芸　　　化		450	318	70.7
	生　　　命　　　科		450	320	71.1
	食　料　環　境　政　策		450	328	72.9
経　　　　　　　　営	3科目	経　　　　　　営	350	231	66.0
		会　　　　　　計			
		公　共　経　営			
	英語4技能試験活用	経　　　　　　営	230	128	55.7
		会　　　　　　計			
		公　共　経　営			
情報コミュニケーション	情　報　コ　ミ　ュ　ニ　ケ　ー　シ　ョ　ン		300	189	63.0
国　際　日　本	3　　　科　　　目		450	332	73.8
	英　語　4　技　能　試　験　活　用		250	170	68.0
総　合　数　理	現　　象　　数　　理		320	192	60.0
	先　端　メ　ディ　ア　サ　イ　エ　ン　ス		320	190	59.4
	ネ　ッ　ト　ワ　ー　ク　デ　ザ　イ　ン		320	173	54.1

●全学部統一入試

学部・学科等			満点	合格最低点	合格最低 得点率
法	法	律	300	197	65.7
商	商		450	304	67.6
政 治 経 済	政	治	350	238	68.0
	経	済	350	232	66.3
	地 域 行 政		350	232	66.3
文	文	日 本 文 学	300	202	67.3
		英 米 文 学	300	195	65.0
		ド イ ツ 文 学	300	191	63.7
		フ ラ ン ス 文 学	300	192	64.0
		演 劇 学	300	196	65.3
		文 芸 メ デ ィ ア	300	210	70.0
	史学地理	日 本 史 学	300	205	68.3
		ア ジ ア 史	300	199	66.3
		西 洋 史 学	300	207	69.0
		考 古 学	300	201	67.0
		地 理 学	300	197	65.7
	心理社会	臨 床 心 理 学	300	201	67.0
		現 代 社 会 学	300	206	68.7
		哲 学	300	200	66.7
理 工	電気電子生命電子	電 気 電 子 工 学	400	234	58.5
		生 命 理 工 学	400	247	61.8
	機 械 工		400	260	65.0
	機 械 情 報 工		400	243	60.8
	建 築		400	264	66.0
	応 用 化		400	257	64.3
	情 報 科		400	280	70.0
	数		400	243	60.8
	物 理		400	255	63.8

（表つづく）

学部・学科等			満点	合格最低点	合格最低得点率
農	3科目	農	300	184	61.3
		農 芸 化	300	187	62.3
		生 命 科	300	195	65.0
		食 料 環 境 政 策	300	192	64.0
	英語4技能3科目	農	300	231	77.0
		農 芸 化	300	227	75.7
		生 命 科	300	225	75.0
		食 料 環 境 政 策	300	231	77.0
経 営	3科目	経 営	350	244	69.7
		会 計			
		公 共 経 営			
	英語4技能3科目	経 営	350	292	83.4
		会 計			
		公 共 経 営			
情報コミュニケーション	情 報 コ ミ ュ ニ ケ ー シ ョ ン		350	240	68.6
国 際 日 本	3 科 目		400	285	71.3
	英 語 4 技 能 3 科 目		400	343	85.8
総 合 数 理	3科目	現 象 数 理	400	266	66.5
		先端メディアサイエンス	400	274	68.5
	4科目	現 象 数 理	500	317	63.4
		先端メディアサイエンス	500	333	66.6
		ネットワークデザイン	500	297	59.4
	英語4技能4科目	現 象 数 理	400	297	74.3
		先端メディアサイエンス	400	305	76.3
		ネットワークデザイン	400	294	73.5

2023 年度 合格最低点

●学部別入試

学部・学科等			満点	合格最低点	合格最低得点率
法	法	律	350	222	63.4
商	学　　部　　別		350	238	68.0
	英 語 4 技 能 試 験 利 用		550	388	70.5
政 治 経 済	政	治	350	240	68.6
	経	済	350	233	66.6
	地　　域　　行　　政		350	227	64.9
文	文	日 本 文 学	300	209	69.7
		英 米 文 学	300	201	67.0
		ド イ ツ 文 学	300	196	65.3
		フ ラ ン ス 文 学	300	198	66.0
		演 劇 学	300	204	68.0
		文 芸 メ デ ィ ア	300	213	71.0
	史学地理	日 本 史 学	300	211	70.3
		ア ジ ア 史	300	202	67.3
		西 洋 史 学	300	211	70.3
		考 古 学	300	200	66.7
		地 理 学	300	200	66.7
	心理社会	臨 床 心 理 学	300	216	72.0
		現 代 社 会 学	300	214	71.3
		哲 学	300	211	70.3
理 工	電気電子生命電子	電 気 電 子 工 学	360	233	64.7
		生 命 理 工 学	360	243	67.5
	機 械 工		360	236	65.6
	機 械 情 報 工		360	245	68.1
	建 築		360	257	71.4
	応 用 化		360	244	67.8
	情 報 科		360	259	71.9
	数		360	235	65.3
	物 理		360	247	68.6

（表つづく）

学部・学科等			満点	合格最低点	合格最低得点率
農		農	450	263	58.4
		農　芸　化	450	263	58.4
		生　命　科	450	268	59.6
		食 料 環 境 政 策	450	300	66.7
経　　営	3科目	経　　営	350	211	60.3
		会　　計			
		公　共　経　営			
	英語4技能試験活用	経　　営	230	128	55.7
		会　　計			
		公　共　経　営			
情報コミュニケーション	情 報 コ ミ ュ ニ ケ ー シ ョ ン		300	203	67.7
国　際　日　本	3　　科　　目		450	354	78.7
	英 語 4 技 能 試 験 活 用		250	186	74.4
総　合　数　理	現　象　数　理		320	228	71.3
	先 端 メ デ ィ ア サ イ エ ン ス		320	238	74.4
	ネ ッ ト ワ ー ク デ ザ イ ン		320	235	73.4

●全学部統一入試

学部・学科等			満点	合格最低点	合格最低得点率
法	法	律	300	211	70.3
商	商		450	312	69.3
政 治 経 済	政	治	350	251	71.7
	経	済	350	243	69.4
	地 域 行 政		350	234	66.9
文	文	日 本 文 学	300	212	70.7
		英 米 文 学	300	206	68.7
		ド イ ツ 文 学	300	209	69.7
		フ ラ ン ス 文 学	300	202	67.3
		演 劇 学	300	207	69.0
		文 芸 メ デ ィ ア	300	218	72.7
	史学地理	日 本 史 学	300	211	70.3
		ア ジ ア 史	300	209	69.7
		西 洋 史 学	300	214	71.3
		考 古 学	300	205	68.3
		地 理 学	300	205	68.3
	心理社会	臨 床 心 理 学	300	218	72.7
		現 代 社 会 学	300	207	69.0
		哲 学	300	215	71.7
理 工	電気電子生命電子	電 気 電 子 工 学	400	237	59.3
		生 命 理 工 学	400	249	62.3
	機 械 工		400	246	61.5
	機 械 情 報 工		400	250	62.5
	建 築		400	269	67.3
	応 用 化		400	270	67.5
	情 報 科		400	284	71.0
	数		400	234	58.5
	物 理		400	248	62.0

（表つづく）

学部・学科等			満点	合格最低点	合格最低得点率
農	3科目	農	300	190	63.3
		農芸化	300	198	66.0
		生命科	300	196	65.3
		食料環境政策	300	208	69.3
	英語4技能3科目	農	300	241	80.3
		農芸化	300	233	77.7
		生命科	300	241	80.3
		食料環境政策	300	241	80.3
経営	3科目	経営	350	258	73.7
		会計			
		公共経営			
	英語4技能3科目	経営	350	310	88.6
		会計			
		公共経営			
情報コミュニケーション	情報コミュニケーション		350	250	71.4
国際日本	3科目		400	300	75.0
	英語4技能3科目		400	353	88.3
総合数理	3科目	現象数理	400	250	62.5
		先端メディアサイエンス	400	287	71.8
	4科目	現象数理	500	303	60.6
		先端メディアサイエンス	500	350	70.0
		ネットワークデザイン	500	301	60.2
	英語4技能4科目	現象数理	400	291	72.8
		先端メディアサイエンス	400	314	78.5
		ネットワークデザイン	400	275	68.8

2022 年度　合格最低点

●学部別入試

学部・学科等			満点	合格最低点	合格最低得点率
法	法	律	350	238	68.0
商	学　　　部　　　別		350	243	69.4
	英 語 4 技 能 試 験 利 用		550	401	72.9
政 治 経 済	政	治	350	221	63.1
	経	済	350	216	61.7
	地　　域　　行　　政		350	217	62.0
文	文	日 本 文 学	300	183	61.0
		英 米 文 学	300	177	59.0
		ド イ ツ 文 学	300	176	58.7
		フ ラ ン ス 文 学	300	174	58.0
		演 劇 学	300	182	60.7
		文 芸 メ デ ィ ア	300	187	62.3
	史学地理	日 本 史 学	300	190	63.3
		ア ジ ア 史	300	184	61.3
		西 洋 史 学	300	194	64.7
		考 古 学	300	178	59.3
		地 理 学	300	183	61.0
	心理社会	臨 床 心 理 学	300	184	61.3
		現 代 社 会 学	300	192	64.0
		哲 学	300	186	62.0
理 工	電気電子生命電子	電 気 電 子 工 学	360	246	68.3
		生 命 理 工 学	360	236	65.6
	機 械 工		360	248	68.9
	機 械 情 報 工		360	241	66.9
	建 築		360	265	73.6
	応 用 化		360	240	66.7
	情 報 科		360	261	72.5
	数		360	239	66.4
	物 理		360	255	70.8

（表つづく）

学部・学科等			満点	合格最低点	合格最低得点率
農		農	450	257	57.1
		農 芸 化	450	257	57.1
		生 命 科	450	262	58.2
		食 料 環 境 政 策	450	295	65.6
経 営	3科目	経 営	350	225	64.3
		会 計			
		公 共 経 営			
	英語4技能試験活用	経 営	230	132	57.4
		会 計			
		公 共 経 営			
情報コミュニケーション	情 報 コ ミ ュ ニ ケ ー シ ョ ン		300	187	62.3
国 際 日 本	3 科 目		450	338	75.1
	英 語 4 技 能 試 験 活 用		250	173	69.2
総 合 数 理	現 象 数 理		320	191	59.7
	先 端 メ デ ィ ア サ イ エ ン ス		320	195	60.9
	ネ ッ ト ワ ー ク デ ザ イ ン		320	181	56.6

●全学部統一入試

学部・学科等			満点	合格最低点	合格最低得点率
法	法	律	300	222	74.0
商	商		450	350	77.8
政 治 経 済	政	治	350	275	78.6
	経	済	350	274	78.3
	地 域 行 政		350	268	76.6
文	文	日 本 文 学	300	226	75.3
		英 米 文 学	300	216	72.0
		ド イ ツ 文 学	300	221	73.7
		フ ラ ン ス 文 学	300	218	72.7
		演 劇 学	300	219	73.0
		文 芸 メ デ ィ ア	300	230	76.7
	史学地理	日 本 史 学	300	231	77.0
		ア ジ ア 史	300	222	74.0
		西 洋 史 学	300	227	75.7
		考 古 学	300	224	74.7
		地 理 学	300	225	75.0
	心理社会	臨 床 心 理 学	300	224	74.7
		現 代 社 会 学	300	230	76.7
		哲 学	300	224	74.7
理 工	電気電子生命電子	電 気 電 子 工 学	400	280	70.0
		生 命 理 工 学	400	276	69.0
	機 械 工		400	286	71.5
	機 械 情 報 工		400	286	71.5
	建 築		400	302	75.5
	応 用 化		400	290	72.5
	情 報 科		400	321	80.3
	数		400	293	73.3
	物 理		400	299	74.8

（表つづく）

学部・学科等			満点	合格最低点	合格最低得点率
農	3科目	農	300	219	73.0
		農　芸　化	300	225	75.0
		生　命　科	300	228	76.0
		食　料　環　境　政　策	300	230	76.7
	英語4技能3科目	農	300	232	77.3
		農　芸　化	300	243	81.0
		生　命　科	300	250	83.3
		食　料　環　境　政　策	300	250	83.3
経　　　　　営	3科目	経　　　　　営	350	264	75.4
		会　　　　　計			
		公　共　経　営			
	英語4技能3科目	経　　　　　営	350	303	86.6
		会　　　　　計			
		公　共　経　営			
情報コミュニケーション	情報コミュニケーション		350	274	78.3
国　際　日　本	3　　科　　目		400	326	81.5
	英語4技能3科目		400	353	88.3
総　合　数　理	3科目	現　象　数　理	400	270	67.5
		先端メディアサイエンス	400	300	75.0
	4科目	現　象　数　理	500	363	72.6
		先端メディアサイエンス	500	383	76.6
		ネットワークデザイン	500	344	68.8
	英語4技能4科目	現　象　数　理	400	318	79.5
		先端メディアサイエンス	400	330	82.5
		ネットワークデザイン	400	324	81.0

募集要項（出願書類）の入手方法

　一般選抜（学部別入試・全学部統一入試・大学入学共通テスト利用入試）は Web 出願となっており，パソコン・スマートフォン・タブレットから出願できます。詳細は一般選抜要項（大学ホームページにて 11 月上旬公開予定）をご確認ください。

問い合わせ先

　明治大学　入学センター事務室

　　〒 101-8301　東京都千代田区神田駿河台 1-1

　　月曜〜金曜：9：00〜11：30，12：30〜17：00

　　土　　　曜：9：00〜12：00

　　日曜・祝日：休　業

　　TEL　03-3296-4138

　　https://www.meiji.ac.jp/

 明治大学のテレメールによる資料請求方法

| スマートフォンから | QRコードからアクセスしガイダンスに従ってご請求ください。 |
| パソコンから | 教学社　赤本ウェブサイト(akahon.net)から請求できます。 |

合格体験記
募集

　2025 年春に入学される方を対象に，本大学の「合格体験記」を募集します。お寄せいただいた合格体験記は，編集部で選考の上，小社刊行物やウェブサイト等に掲載いたします。お寄せいただいた方には小社規定の謝礼を進呈いたしますので，ふるってご応募ください。

● 応募方法 ●

下記 URL または QR コードより応募サイトにアクセスできます。
ウェブフォームに必要事項をご記入の上，ご応募ください。
折り返し執筆要領をメールにてお送りします。

※入学が決まっている一大学のみ応募できます。

☞ http://akahon.net/exp/

● 応募の締め切り ●

総合型選抜・学校推薦型選抜	2025 年 2 月 23 日
私立大学の一般選抜	2025 年 3 月 10 日
国公立大学の一般選抜	2025 年 3 月 24 日

受験にまつわる川柳を募集します。
入選者には賞品を進呈！
ふるってご応募ください。

応募方法　http://akahon.net/senryu/　にアクセス！☞

気になること、聞いてみました！

在学生メッセージ

大学ってどんなところ？　大学生活ってどんな感じ？
ちょっと気になることを，在学生に聞いてみました。

以下の内容は 2020～2023 年度入学生のアンケート回答に基づくものです。ここ
で触れられている内容は今後変更となる場合もありますのでご注意ください。

Message from current students

メッセージを書いてくれた先輩　[商学部] N.S. さん　A.N. さん　[政治経済学部] R.S. さん
[文学部] R.Y. さん　[経営学部] M.H. さん
[情報コミュニケーション学部] I.M. さん

大学生になったと実感！

　自由になったのと引き換えに，負わなければならない責任が重くなりま
した。例えば，大学では高校のように決められた時間割をこなすというこ
とはなくなり，自分が受けたい授業を選んで時間割を組むことができるよ
うになります。時間割は細かいルールに従って各々で組むため，さまざま
なトラブルが発生することもありますが，その責任は学生個人にあり，大
学が助けてくれることはありません。大学に入ってから，高校までの手厚
い支援のありがたみに気づきました。（N.S. さん／商）

　自由な時間が増えたことです。それによって遊びに行ったりバイトをし
たりとやりたいことができるようになりました。その反面，自由なので生
活が堕落してしまう人もちらほら見られます。やるべきことはしっかりや
るという自制心が必要になると思います。（R.S. さん／政治経済）

　自分から行動しないと友達ができにくいことです。高校まではクラスが

存在したので自然と友達はできましたが，私の所属する学部に存在するのは便宜上のクラスのみで，クラス単位で何かをするということがなく，それぞれの授業でメンバーが大幅に変わります。そのため，自分から積極的に話しかけたり，サークルに入るなど，自分から何かアクションを起こさないとなかなか友達ができないなということを実感しました。(I.M. さん／情報コミュニケーション)

大学生活に必要なもの

持ち運び可能なパソコンです。パソコンが必須の授業は基本的にありませんが，課題でパソコンを使わない授業はほとんどありません。大学には借りられるパソコンもありますが，使用できる場所や時間が決まっていたり，データの管理が難しくなったりするので，自分のパソコンは必要です。私の場合はもともとタブレットをパソコン代わりにして使っていたので，大学では大学のパソコン，自宅では家族と共用しているパソコン，外出先では自分のタブレットとキーボードというふうに使い分けています。(N.S. さん／商)

パソコンは必要だと思います。また，私は授業のノートを取ったり，教科書に書き込む用の iPad を買いました。パソコンを持ち歩くより楽だし，勉強のモチベーションも上がるのでおすすめです！(M.H. さん／経営)

この授業がおもしろい！

演劇学という授業です。グループのなかで台本，演出，演者の役割に分かれて，演劇を作成し発表します。自分たちで演劇を作り上げるのは難しいですが，ああでもない，こうでもない，と意見を交換しながら作り上げる作業はやりがいを感じられて楽しいです。また，1，2 年生合同のグループワーク形式で行うため，同級生はもちろん，先輩や後輩とも仲良くなれます。(I.M. さん／情報コミュニケーション)

ビジネス・インサイトという，ビジネスを立案する商学部ならではの授業です。この授業の最大の特徴は，大学の教授だけでなく，皆さんも知っているような大企業の方も授業を担当されるということです。金融や保険，不動産，鉄道など，クラスによって分野が異なり，各クラスで決められた分野について学んだ後，与えられた課題についてビジネスを立案し，その内容を競うというアクティブな授業です。準備は大変でしたが，グループの人と仲良くなれたり，プレゼンのスキルが上がったりと，非常に充実した授業でした。(N.S. さん／商)

ネイティブスピーカーによる英語の授業です。発音などを教えてくれるので，高校まででではあまり学べなかった，実際に「話す」ということにつながる内容だと思います。また，授業中にゲームや話し合いをすることも多いので，友達もたくさん作れます!!(M.H. さん／経営)

大学の学びで困ったこと＆対処法

時間の使い方が難しいことです。私は，大学の授業と並行して資格試験の勉強に力を入れているのですが，正直，今のところうまくいっていません。特に空きコマの時間の使い方が難しいです。やっと大学の仕組みがわかってきたので，これからは課題や自習も時間割化して，勉強のペースを整えたいと思います。(N.S. さん／商)

「大学のテストはどのように勉強すればよいのだろうか？　高校と同じような方法でよいのか？」　ということです。サークルに入るなどして，同じ授業を履修していた先輩から過去問をゲットしたり，アドバイスをもらったりするのが最も効果的だと思います。(I.M. さん／情報コミュニケーション)

困ったのは，履修登録の勝手がわからず，1 年生はほとんど受けていない授業などを取ってしまったことです。周りは 2 年生だし，友達同士で受講している人が多かったので課題やテストで苦しみました。しかし，違う

Message from current students

学年でも話しかければ「最初，履修全然わかんないよね〜」と言って教えてくれました。何事も自分から動くことが大切だと思います。（M.H. さん／経営）

 ## 部活・サークル活動

　マーケティング研究会という，マーケティングを学ぶサークルに入っています。基本的には週1回1コマの活動なので，他のサークルを掛け持ちしたり，勉強やバイトに打ち込んだりしながら，サークル活動を続けることができます。他大学との合同勉強会やビジネスコンテストもあり，とても刺激を受けます。（N.S. さん／商）

　バドミントンサークルに所属しています。土日や長期休みに，長野や山梨などに合宿に行くこともあります！（R.Y. さん／文）

　運動系のサークルに入っています。週1，2回活動しています。サークルなので行けるときに行けばよく，それでも皆が歓迎してくれるし，高校の部活のように厳しくなくてマイペースに活動できているので，とても楽しいです。友達も増えるので何かしらのサークルに入るのはとてもおススメです。（I.M. さん／情報コミュニケーション）

 ## 交友関係は？

　自分の所属するコミュニティはそこまで広くなく，クラスとしか関わりはありません。クラスは高校のときとほとんど変わりありません。先輩と交友関係をもちたいのであれば，やはりサークルに入ることをおススメします。入学して2カ月ほどは新入生歓迎会をやっているサークルがほとんどなので，ぜひ参加してみてください。（R.S. さん／政治経済）

　SNS で「#春から明治」を検索して同じ専攻の人と仲良くなりました。

また，専攻ごとに交流会があるので，そこでも仲良くなれます。先輩とはサークルや部活で知り合いました。(R.Y. さん／文)

経営学部にはクラスがあり，特に週に2回ある語学の授業で毎回会う友達とはかなり仲が良くて，遊びに行ったり，空きコマでご飯に行ったりします。なお，サークルは男女関係なく集団で仲良くなれるので，高校までの友達の感覚とはちょっと違う気がします。サークルの先輩は高校の部活の先輩よりラフな感じです。気楽に話しかけることが大切だと思います！(M.H. さん／経営)

 ## いま「これ」を頑張っています

英語の勉強です。やりたい職業は決まっているのですが，少しでも夢に近づきたいのと，やりたいことが現在所属している学部系統から少し離れるので，進路選択に柔軟性をもたせたいという意味でも，英語の勉強に力を入れています。(N.S. さん／商)

高校野球の指導です。自分は少しですが野球が得意なので現在母校で学生コーチをやらせてもらっています。大学生になると本気で何かに打ち込むということは少なくなるので，選手が必死に球を追いかけている姿を見るととても刺激になります。(R.S. さん／政治経済)

 ## 普段の生活で気をつけていることや心掛けていること

授業にしっかり出席するということです。高校生からすると当たり前と思うかもしれませんが，大学は欠席連絡をする必要もないし，大学から確認の電話がかかってくることも基本的にはありません。どうしても夜寝る時間が遅くなってしまう日もあると思いますが，そんなときでも授業には絶対に出席するようにして生活が乱れないようにしています。(R.S. さん／政治経済)

Message from current students

Message from current students

　提出物の期限やテストの日程などを忘れないようにすることです。一人ひとり時間割が違うので，自分で気をつけていないと，忘れてしまって単位を落としてしまうということにもなりかねません。また，バイトやサークルなどの予定も増えるので，時間をうまく使うためにもスケジュール管理が大切です。（M.H. さん／経営）

 ## おススメ・お気に入りスポット

　ラーニングスクエアという施設です。とてもきれいで近未来的なデザインなので，気に入っています。（R.Y. さん／文）

　明治大学周辺には，美味しいご飯屋さんが数多く存在し，大抵のものは食べることができます。特に，「きび」という中華そば屋さんがとても美味しいです。こってり系からあっさり系まで自分好みの中華そばを食べることができます。（I.M. さん／情報コミュニケーション）

　食堂がお気に入りです。お昼休みの時間に友達と話をするためによく使っています。3 階建てで席数も多く，綺麗なので快適です。Wi-Fi もあるので，パソコン作業をすることもできます。また，隣にコンビニがあるので食べたいものが基本的に何でもあり便利です。（A.N. さん／商）

 ## 入学してよかった！

　施設が全体的に新しく，充実していることです。快適に過ごせるので，大学に行くモチベーションになったり，勉強が捗ったりしています。また，各キャンパスが大きすぎないのも，移動時間の観点から効率が良くて気に入っています。（N.S. さん／商）

　厳しい受験を乗り越えてきた人たちばかりなので，「やるときはちゃんとやる」人が多いように感じます。テスト前に「一緒に勉強しよう！」と誘ってきてくれたり，わからないところを教え合ったりできるので，「真面目なことが恥ずかしいことではない」と感じることができ，毎日とても楽しいです。（I.M. さん／情報コミュニケーション）

　たくさんの友達と出会えることです。明治大学では，自分でチャンスを探せばたくさんの人と出会えるし，コミュニティも広がると思います。また，図書館が綺麗で空きコマや放課後に作業するにも快適で気に入っています。ソファ席もたくさんあるので，仮眠も取れてとてもいいと思います。（M.H. さん／経営）

 ## 高校生のときに「これ」をやっておけばよかった

　写真や動画をたくさん撮っておきましょう。文化祭や体育祭など，行事の際はもちろんですが，休み時間や，皆で集まって試験勉強をしているときなど，高校での日常の1コマを残しておくことも，後で見返したときにとても良い思い出になります。今になってそれらを見返して，ああ制服って愛おしかったな，とノスタルジーをおぼえます。（I.M. さん／情報コミュニケーション）

　英語の勉強をもっとしておけばと思いました。英語は大学生になっても，社会人になっても必要です。大学では英語の授業だけでなく，他の授業でも英語を読まなければならないときがあるので，とても大事です。高校生のときにちゃんと勉強しておくだけでだいぶ変わってくると思います。（A.N. さん／商）

合格体験記

　　みごと合格を手にした先輩に，入試突破のためのカギを伺いました。
入試までの限られた時間を有効に活用するために，ぜひ役立ててください。

　　（注）ここでの内容は，先輩方が受験された当時のものです。2025 年
　　度入試では当てはまらないこともありますのでご注意ください。

・アドバイスをお寄せいただいた先輩・

　　T.T. さん　理工学部（電気電子生命学科）
　　学部別入試 2024 年度合格，東京都出身

　　共通テストの結果がひどくても，私立入試と共通テストは別物だと
思い，あきらめないで勉強を続けました。

その他の合格大学　成蹊大（理工），東京都市大（情報工）

○ **H.S. さん**　理工学部（建築学科）
○ 学部別入試 2023 年度合格，神奈川県出身

　1 人で勉強していると，どうしても自分だけができていないと感じてしまうことが多くなるので，自宅学習期間になっても適度に友達と連絡をとって，悩みを共有するとよいと思います。友達も意外と同じことで悩んでいます。最後まであきらめずに頑張ってください‼

その他の合格大学　東京理科大（創域理工），芝浦工業大（建築），法政大（デザイン工）

入試なんでも Q&A

受験生のみなさんからよく寄せられる，
入試に関する疑問・質問に答えていただきました。

 赤本の効果的な使い方を教えてください。

A 　まず 12 月くらいに 1 年分解いて，試験直前に 2 〜 3 年分解きました。赤本を早くにやりすぎてしまうと，知識不足で解けないところが多く，直しに時間がかかってしまうので，基礎と応用がほとんど完成した直前期に解くことをお勧めします。それでもできなかったところは，写真で撮ったりコピーしたりして，その問題だけ後で解けるようにまとめておくとよいと思います。また，他の大学の過去問も解いていたので，それぞれの問題の特徴や自分なりの解き方が混ざらないように，大学ごとに解いたときの感想をノートに残すようにしていました。　　　　　（H.S. さん）

 1 年間の学習スケジュールはどのようなものでしたか？

A 　英語は 4 月から 7 月までは英文法を中心に勉強しました。夏には 1 学期に勉強した文法の知識の漏れを埋めて，その後長文を中心に勉強しました。9 月から 10 月は夏に勉強したことを復習しました。そのおかげで英文法をかなり完璧に仕上げられました！　10 月からは過去問を解きました。直前期はこれまで 4 月から勉強してきたことをざっと振り返りました。また，英単語は 1 年中勉強しました。数学は 4 月から 7 月まで数 I から数 III までを勉強しました（基本〜標準）。夏には 1 学期の復習をしました。この時点ですべての単元の標準問題までできるようにしました！　9 月からは過去問を解きました。化学は 4 月から 7 月まで理論化学，夏に理論化学の復習と有機化学，9 月から有機化学と無機化学を勉強しま

した。理論化学を先にやることを意識しました。　　　　　　（T.T. さん）

 どのように学習計画を立て，受験勉強を進めていましたか？

A やったことは必ずできる状態になるようにしていました。たとえば，夏に周りでは過去問や難しい問題集を解いている人もいましたが，自分は1学期の復習をして完璧にするようにしました。そうすることで勉強したところが明確にできて自信がつきました！ また，弱点補強は2週間単位で区切って克服していきました。最初の週は基本事項を確認し，その後2週目に問題集などを使い定着させていきました。それでもダメならもう一度同じことを繰り返すようにしていました。　　　　　（T.T. さん）

 明治大学理工学部を攻略するうえで特に重要な科目は何ですか？

A 数学です。大問1は1ミスに抑えたいところです。大問2・3で差がつくと思います。大問1を40分，大問2・3を40分で解いていました。大問1は小問が4つのときと3つのときがあって，小問が4つのときは比較的簡単な問題が多くスピードを意識しました。小問が3つのときは計算が多いものがあったりしてミスが起こりやすいので，2回解いたりしました。大問2・3は誘導に乗って解き，つまずいたら1つ前の小問を使ってどうするのかを考えたりしました。　　　　　　　（T.T. さん）

 苦手な科目はどのように克服しましたか？

A 英語では，単語や英文法が覚えられなくて困りました。解決法は何度も同じことを確認することでした。電車の中で単語を50個確認したりして「覚える」というよりも「見る」を意識しました。英語のリスニングは英語の教材を聞くというよりは洋楽を聞いたりして娯楽とつなげて勉強することでストレスを減らせました。また，リスニングは倍速に

してその後普通の速度にすると聞き取りやすくなるのでおすすめです！
(T.T. さん)

 **試験当日の試験場の雰囲気はどのようなものでしたか？
緊張のほぐし方，交通事情，注意点等があれば教えてください。**

A 　生田キャンパスの坂はかなりきついです。普段はエスカレーターが使えるのですが，試験当日は人が多いので坂を登らないといけません。受験勉強で運動不足だったので，思った以上に疲れました。覚悟して向かったほうがよいと思います。会場に着いたら，自分の好きな音楽を聴くようにしていました。最初は何か問題を解こうと思っていたのですが，全然集中できませんでした。それで慌てるよりも，音楽を聴きながら参考書に目を通すくらいがちょうどよかったです。　　　　　　　　（H.S. さん）

 受験生のときの失敗談や後悔していることを教えてください。

A 　問題集や参考書を一周するだけで満足してしまったこと。これが原因で，問題集をやり切ったと思ったのに，全然解けるようになっていないということが多かったです。一周するだけでは全然身になっていなくて，その後の復習が一番大切だったなと思います。次に同じような問題が出たら，絶対に完答できると言い切れるくらいやり込まないと，身になったとは言えないと感じました。また，数学の様々な問題に早くから触れておくべきでした。物理や化学は，直前でもある程度成長しますが，数学はなかなか伸びなくて大変でした。　　　　　　　　（H.S. さん）

科目別攻略アドバイス

みごと入試を突破された先輩に，独自の攻略法や
おすすめの参考書・問題集を，科目ごとに紹介していただきました。

英　語

物語文が出ることもあるので，できれば小説などを読んでおくと読みやすいかもしれないです。　　　　　　　　　　　　　　　　　　　　　　（T.T. さん）

📖 **おすすめ参考書**　『英単語ターゲット 1900』（旺文社）

大問が少ないので，読み間違えないように丁寧に読むことを心がけました。一見問題数が少ないように見えますが，1 つの大問の中で文法や内容一致など色々な種類の問題が出題されるので，油断大敵です。

（H.S. さん）

📖 **おすすめ参考書**　『関正生の The Rules 英語長文問題集』シリーズ（旺文社）

数　学

すごく難しい問題が出るわけではないので，自分が解ける問題で点を確実にとるのが大切だと思います。また満点を狙う必要もないので，できない問題はさっさと飛ばすことも重要です。　　　　　　　　　　　　（H.S. さん）

物　理

物理と化学を試験中に選べる方式ですが，自分の中でどれを選択するか心に決めておくと解きやすいと思いました。試験中に迷うと時間がもった

いないので,「この分野が出たら解く」「物理だけにする」というように決めてから, 過去問演習もやってみるとよいと思います。　　　（H.S. さん）

📖 **おすすめ参考書**　『やまぐち健一のわくわく物理探検隊 NEO』シリーズ（技術評論社）

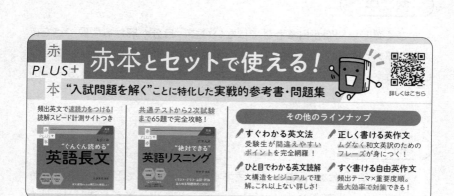

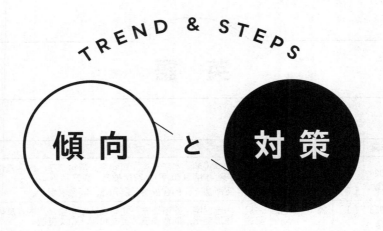

TREND & STEPS

傾 向 と 対 策

　科目ごとに問題の「傾向」を分析し，具体的にどのような「対策」をすればよいか紹介しています。まずは出題内容をまとめた分析表を見て，試験の概要を把握しましょう。

=========== 注　意 ===========

　「傾向と対策」で示している，出題科目・出題範囲・試験時間等については，2024 年度までに実施された入試の内容に基づいています。2025 年度入試の選抜方法については，各大学が発表する学生募集要項を必ずご確認ください。

英　語

年度	番号	項　目	内　　容
2024 ◑	〔1〕	読　　解	選択：内容説明, 空所補充, 語句意, 語句整序, 内容真偽 記述：内容説明（20 字）, 空所補充, 英文和訳
	〔2〕	読　　解	選択：空所補充, 内容説明, 語句意, 同意表現
2023 ◑	〔1〕	読　　解	選択：内容説明, 空所補充, 語句意, 語句整序, 内容真偽 記述：語形変化, 同意表現, 英文和訳, 和文英訳
2022 ◑	〔1〕	読　　解	選択：内容説明, 空所補充, 同意表現, 語句整序, 語句意, 内容真偽 記述：同意表現, 英文和訳, 和文英訳
2021 ◑	〔1〕	読　　解	選択：内容説明, 空所補充, 同意表現, 語句意, 語句整序, 同一用法, 内容真偽 記述：英文和訳, 和文英訳

（注）　●印は全問，◑印は一部マークシート方式採用であることを表す。

読解英文の主題

年度	番号	主　　題
2024	〔1〕	国際移住の規模と力学
	〔2〕	近代化学の父ラヴォワジエ
2023	〔1〕	水族館の清掃員とタコの秘密
2022	〔1〕	一通の手紙が 2 人の人生を変えた
2021	〔1〕	地球の未来に希望を持つ私たち

読解力・記述力重視！

01 出題形式は？

2023 年度までは読解問題 1 題の出題であったが、2024 年度は読解問題 2 題になった。総設問数は 30 問。設問は記述式と選択式に分かれている。2024 年度の問題数は記述式が 4 問で、選択式が 26 問であった。試験時間は 60 分。

02 出題内容はどうか？

設問形式が記述式と選択式の 2 つのパターンに固定化されている。記述式は英文和訳、和文英訳、語形変化、同意表現、内容説明などであったが、2024 年度は和文英訳は出題されなかった。選択式は内容説明、空所補充、同意表現、語句意、語句整序、内容真偽などとなっている。物語文が多いのが特徴であったが、2024 年度は 2 題とも論説文で、うち 1 題は近代化学の父ラヴォワジエに関する内容。理工学部らしい出題であると言えよう。

03 難易度は？

英文自体は難単語・熟語が多いわけではないが、ところどころ読解しにくい部分がある。ただ、全体的には標準的なレベルに近いと言える。選択式の設問はほとんどが標準的。読解問題だが、熟語や文法の知識から解くものもかなりある。当然、内容面から正解を導くものもあり、入試問題として無理のないものである。記述式は、一から書かないといけないのでやや難しい。過去には、gave the boat itself pep talks や a moonbow といった、一読しただけでは意味がつかみにくい語句の内容を説明させる問題も出された。何となく前後から意味がわかったとしても、説明するとなるとかなり正確な理解が必要となる。記述問題は無理のない難度となっているが、やはり記述式で差がつくと考えられる。

01　語彙力をつける

　語彙は標準的な単語帳や熟語帳，あるいは，熟語の問題が含まれている総合的な問題集を1冊しっかりやることが重要である。また，並行して，教科書や問題集の英文に出てくるような語彙はなるべく覚えるようにしよう。単語帳や熟語帳だけではなく，英文を読んだときに知らない単語や熟語を文脈の中で覚えるとよいだろう。特に熟語が記述式で狙われる傾向が強いので，何となくではなく，しっかりと覚えるように学習することが大切である。

02　文法力をつける

　文法については，標準的な問題集を1冊しっかりやっておけば十分だろう。受験生がよく使っている『Next Stage 英文法・語法問題』『大学受験スーパーゼミ 全解説 頻出英文法・語法問題1000』（ともに桐原書店）や『英文法・語法 Vintage 4th Edition』（いいずな書店）などの問題集や，『大学入試 すぐわかる英文法』（教学社）といった参考書をしっかり押さえるとよい。

03　読解力と解答する力をつける

　読解力と設問を解く力は，一朝一夕には身につかない。こここそ受験において一番重要なところである。一つ一つの英文をしっかり読むことは重要だが，それぞれの文をいかに有機的に読めるかがそれ以上に重要になる。理工学部の設問は記述式，選択式を問わず，問題箇所の前後を手がかりにすることが非常に多い。そこで，有機的な読み方や設問の解き方が充実している問題集を選ぼう。たとえば，『明治大の英語』（教学社）などで読み方や設問の解き方を学んでいくのも一つの手段である。

明治大「英語」におすすめの参考書

- ✓ 『Next Stage 英文法・語法問題』（桐原書店）
- ✓ 『大学受験スーパーゼミ 全解説 頻出英文法・語法問題 1000』（桐原書店）
- ✓ 『英文法・語法 Vintage 4th Edition』（いいずな書店）
- ✓ 『大学入試 すぐわかる英文法』（教学社）
- ✓ 『明治大の英語』（教学社）

数　学

年度	番号	項　目	内　　容
2024 ◗	〔1〕	小 問 4 問	(1)整数の性質，導関数，剰余の定理　(2)空間図形と空間ベクトル　(3)積分法の応用（回転体の体積）　(4)場合の数
	〔2〕	微・積分法，三 角 関 数	接線，三角関数の微分，関数の極値と最大・最小，積分法の応用（面積）
	〔3〕	図形と方程式，2 次 関 数	点と直線の距離，2 次関数の最小値，絶対値記号を含む方程式
2023 ◗	〔1〕	小 問 4 問	(1)微分可能性　(2)相反方程式の実数解の個数　(3)当たりくじとはずれくじを 2 人が順に引く確率　(4)空間図形と空間ベクトル
	〔2〕	微・積分法，極　　　限	関数の最小値，接線，積分法の応用（面積），曲線の長さ，極限値
	〔3〕	図形と計量，微 分 法	余弦定理，三角形の面積，三角形の相似，分数関数の最大
2022 ◗	〔1〕	小 問 3 問	(1)剰余の定理と多項式の係数　(2)2 次曲線と直線の共有点　(3)対数関数で表された曲線の変曲点，面積，接線
	〔2〕	図形と計量，三角関数，微 分 法	三角形の内接円，三角比の平面図形への応用，分数関数の値域
	〔3〕	ベクトル，積 分 法	空間ベクトル，平行六面体を対角線のまわりに回転したときの体積
2021 ◗	〔1〕	小 問 4 問	(1)2 次方程式の整数解　(2)点と直線の距離，三角関数の最大・最小　(3)複素数平面　(4)定積分で表された関数，変曲点
	〔2〕	図形と方程式，確　　　率	絶対値記号を含む方程式で表される図形上の格子点の個数と確率
	〔3〕	ベクトル，微 分 法	法線の方程式，ベクトルの成分，関数の導関数と増減

（注）　●印は全問，◗印は一部マークシート方式採用であることを表す。

出題範囲の変更

2025 年度入試より，数学は新教育課程での実施となります。詳細については，大学から発表される募集要項等で必ずご確認ください（以下は本書編集時点の情報）。

2024 年度（旧教育課程）	2025 年度（新教育課程）
数学 I・II・III・A・B（数列，ベクトル）	数学 I・II・III・A・B（数列）・C（ベクトル，平面上の曲線と複素数平面）

旧教育課程履修者への経過措置

2025 年度においては，旧教育課程履修者に配慮して出題します。

 微・積分法，図形と方程式，ベクトルが頻出

01　出題形式は？

例年，大問 3 題で，各年度とも全体としての問題量は変わっていない。解答方式は，〔1〕がマークシート方式，〔2〕・〔3〕が完成法による記述式となっている。試験時間は 90 分。

02　出題内容はどうか？

微・積分法や図形と方程式，ベクトルはよく出題される重要な単元である。そのほか，小問集合などで三角関数，指数・対数関数，数列，場合の数，確率，複素数平面など幅広い項目が取り上げられている。融合問題も多く，2022 年度はベクトルと積分法（体積），2023 年度は図形と計量と微分法，2024 年度は微・積分法と三角関数の融合問題が出題された。

03　難易度は？

標準程度の問題が中心で，特別な解法を知らないと解けないような難問は出題されていない。ただし，大問中の各小問が誘導やヒントになっているので，問題文の読解力・分析力，考える力が重要になってくる。マークシート方式の問題は，正確な計算力が要求される一方で，便利な公式や定

理を知っていると比較的簡単に解ける問題もある。時間配分については，大問1題あたり30分程度なので神経質になる必要はないが，前述のようなテクニックも駆使しつつ，途中の過程を求められる問題が出題されたとしても余裕をもって取り組めるようにしておきたい。

対　策

01　基礎学力の充実

問題は標準的なレベルのものが多い。ただし，公式を丸暗記しただけ，あるいは単純に公式を当てはめるだけといった表面的な学力では対応できない問題も含まれている。平素から十分に考える習慣をつけながら，標準的なレベルの参考書や問題集を利用して，問題が確実に解けるよう解法をマスターしておくことが合格の決め手となる。

02　過去問の研究

過去の出題傾向では，微・積分法，図形と方程式，ベクトルが出題されることが多い。これらの単元に重点をおいて試験対策を立てると効果的である。過去問の演習を通じて，重要事項の整理をしておきたい。

03　計算力の強化

マークシート方式では正確な計算力が要求される。日頃から，無駄なく正確に計算できたかを確認しながら，計算力を養成する意識をもって勉強していくとよいだろう。

物 理

年度	番号	項　目	内　容
2024 ◑	〔A〕	力　　　学	地球を周回する人工衛星の運動
	〔B〕	電　磁　気	磁場を横切る斜面上の導体棒の運動
	〔C〕	波　　　動，熱　力　学	光の干渉による気体の屈折率の測定
2023 ◑	〔A〕	力　　　学	動く台上の小球の運動
	〔B〕	電　磁　気	点電荷のつりあい，電場と磁場による点電荷の等速円運動
	〔C〕	熱　力　学	熱気球が浮き上がる条件
2022 ●	〔A〕	力　　　学	動く台上を運動する小物体と台との衝突
	〔B〕	電　磁　気	電場・磁場内の荷電粒子の運動解析による比電荷の測定
	〔C〕	波　　　動	正弦波を表す式とグラフ，反射板が動くドップラー効果とうなり
2021 ●	〔A〕	力　　　学	斜方投射と自由落下
	〔B〕	電　磁　気	ホイートストンブリッジ，コイルとコンデンサーを含む交流回路
	〔C〕	熱　力　学	壁で仕切られた2種の理想気体

（注）　●印は全問，◑印は一部マークシート方式採用であることを表す。

力学，電磁気，熱力学が中心
高い計算力が必要

01 出題形式は？

　例年，「理科」として出題され，物理3題・化学3題の大問合計6題から，任意の3題を選んで解答する形式である。2021・2022年度は全問マークシート方式であったが，近年はマークシート方式の他に2問程度記述式の問題が含まれることが多い。試験時間は80分。

02 出題内容はどうか？

　出題範囲は「物理基礎，物理」である。

　〔A〕力学，〔B〕電磁気，〔C〕熱力学からの出題となることが多いが，〔C〕に関しては，2022年度以降は波動の出題もあり，2024年度のように複数の分野を含む総合的な問題もある。力学では衝突を含む運動が頻出といえる。選択肢は文字式だけでなく，グラフや図，説明文もあり，内容的によく似たものが多いので注意が必要である。

03 難易度は？

　全体的に標準的な良問が多いが，中にはやや難しいものもみられ，高い計算力も必要である。前問の結果を利用して他の物理量を求めたり，答えの大きさを比較したりするものもあり，前の設問から順序よく解いていかないと完答できないことが多い。試験時間80分で大問3題を解答するので，大問1題あたり約25分が目安となる。解答する問題の選択に時間をかけすぎないよう注意したい。

対 策

01 応用力を養う

　教科書の章末問題レベルの対策だけで解ける問題はそう多くはない。物理現象を別の視点からとらえられる柔軟さも必要である。また，単に公式を暗記しているだけでは解けず，その導出過程が大切なものや，力学の広い分野の理解や高い計算力が求められるものもある。広い範囲を深く学習し，物理現象をいろいろな視点からとらえる練習をしていないと，解くのが困難なものも多い。受験用の問題集で，各分野の少なくとも標準レベルまでは解法をしっかり身につけておきたい。教科書で詳しく紹介されていない内容の対策として，たとえば『物理教室―四訂版―』（河合出版）の「発展」や「参考」などに目を通しておくとよい。

02 計算力は合格力

　数値計算も出題されるが，多くは文字式の計算で，中にはかなりの計算力を必要とするものもある。最大・最小の求め方，三角関数，連立方程式，２次方程式などの文字式の計算および近似式の使い方は，いろいろな分野の問題を解きながら慣れておきたい。

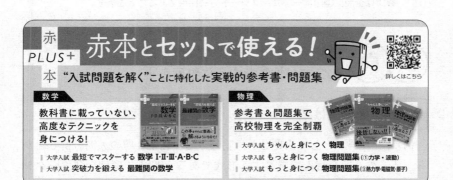

化　学

年度	番号	項　目	内　　容
2024 ◗	〔D〕	変化・無機	硫黄とその化合物，二段階滴定，金属陽イオンの系統分離 ✅計算
	〔E〕	状態・変化	凝固点降下，反応熱，反応速度，気体の性質 ✅計算
	〔F〕	有機・高分子	天然有機化合物，合成高分子化合物，フェノールとその化合物，環状構造を1つだけもつ炭化水素の構造決定 ✅計算
2023 ◗	〔D〕	無機・変化	窒素とその化合物，燃料電池と電気分解，金属陽イオンの反応 ✅計算
	〔E〕	状態・構造	分子，気体の性質，希薄溶液の性質，固体の溶解度 ✅計算
	〔F〕	有機・高分子	天然有機化合物，アセチレンとその誘導体，合成高分子化合物，芳香族炭化水素の構造決定 ✅計算
2022 ◗	〔D〕	変化・無機	二酸化炭素に関する総合問題，酸化還元反応，緩衝液，電気分解 ✅計算
	〔E〕	理　論	原子の構造，反応速度，気体の性質と化学平衡 ✅計算
	〔F〕	有機・高分子	合成高分子化合物，窒素を含む有機化合物，エステル，環状構造をもつ脂肪族化合物の構造決定 ✅計算
2021 ●	〔D〕	変化・無機	鉄の性質および製法，強酸および弱酸のpH計算，金属イオンの性質，電気分解 ✅計算
	〔E〕	理論・無機	ハロゲンの性質，熱化学方程式，分圧の法則 ✅計算
	〔F〕	有機・高分子	有機化合物の製法や反応，デンプンの性質，アルコール，芳香族化合物，不飽和結合を有する炭化水素の構造決定 ✅計算

（注）　●印は全問，◗印は一部マークシート方式採用であることを表す。

傾　向　　計算量が多く，確実な知識が必要
　　　　　　　　化合物の性質を中心に整理を！

01　出題形式は？

　例年，「理科」として出題され，物理3題・化学3題の大問合計6題から，任意の3題を選んで解答する形式である。2021年度は全問マークシ

ート方式であったが，2022年度以降はマークシート方式と記述式を併用する形式である。試験時間は80分。

02 出題内容はどうか？

出題範囲は「化学基礎，化学」である。

例年，気体や電気化学に関する問題，物質の化学的性質・化学反応式と理論計算を組み合わせた問題が出題されている。気体の問題に関しては，ここ数年，毎年出題されている。これらは，与えられた条件をもとに化学的な思考力や応用力を試すものであり，少々難度が高い。その他に，空所補充形式で語句や数値の組み合わせを答える設問が例年出題されている。

03 難易度は？

基本的・標準的な内容がほとんどであり，教科書の基礎的な内容をしっかりと理解し，問題集などで練習しておけば，十分対応できるレベルである。しかし，中にはやや難しいレベルの問題も含まれるので，解く問題の取捨選択に気をつけたい。試験時間と解答する大問数を考慮すると，大問1題あたり25分程度で解くことになるので，時間配分も意識した練習をしておこう。

対 策

01 理 論

原子の構造，周期表と代表的な元素の性質，気体の法則，溶液，化学平衡，酸・塩基，酸化・還元などを中心に，教科書の例題や章末問題，傍用問題集でしっかりと練習しておくこと。また，計算問題についても，教科書や問題集の例題と問題を繰り返し演習し，迅速に関係式が立てられるようにしておくこと。問題のレベルにあう問題集は『実戦 化学重要問題集 化学基礎・化学』（数研出版）である。

02 無 機

　周期表を中心に金属元素や非金属元素の性質や反応を整理しておくこと。特に，気体の製法と捕集法，イオン化傾向と金属の性質，陽イオン分析と錯イオンなどを中心に整理しておこう。また，無機工業化学や材料の化学などについてもおろそかにしないこと。

03 有 機

　官能基を中心として，脂肪族化合物や芳香族化合物の反応や性質を整理しておくこと。また，高分子化合物であるタンパク質，糖，合成高分子化合物についても十分に整理しておくこと。元素分析の計算，分子式や構造式の決定についてもしっかりと練習しておきたい。

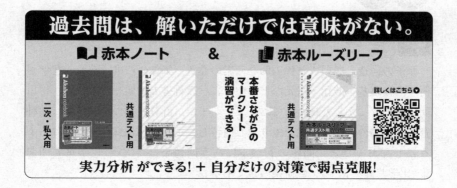

2024 年度

問題と解答

学部別入試

問 題 編

▶試験科目・配点

教　科	科　　　　目	配　点
外国語	「コミュニケーション英語Ⅰ・Ⅱ・Ⅲ，英語表現Ⅰ・Ⅱ」，ドイツ語（省略），フランス語（省略）から1科目選択	120 点
数　学	数学Ⅰ・Ⅱ・Ⅲ・A・B	120 点
理　科	「物理基礎・物理」，「化学基礎・化学」から各3題，計6題出題し，そのうち任意の3題選択	120 点

▶備　考

「数学B」は「数列・ベクトル」から出題する。

英　語

(60 分)

〔Ⅰ〕　以下の英文は、international migration について書かれた文章である。これを読んで問に答えなさい。なお、文中の[...]は省略を示す記号である。

The United Nations (UN) defines as an international migrant a person who stays outside their usual country of residence for at least one year. According to *that definition*, the UN estimated that in 2013 there were about 232 million
A
international migrants worldwide. This is roughly the equivalent of the fourth most populous country on earth, Indonesia. One in every thirty-five people in the world
　　　　　　　　　　　　　　　　1
today is an international migrant.

Another way to 　2　 this is that only 3 per cent of the world's population today is an international migrant. But migration affects far more people than just those who migrate. It has important social, economic, and political impacts at home and 　3　 . According to Stephen Castles, Hein de Haas, and Mark Miller, authors of the influential book *The Age of Migration:*

There can be few people in either industrialized or less developed countries today 　4　 do not have personal experience of migration and its effects; this universal experience has become the hallmark of the age of migration.

Between 1990 and 2013, the number of international migrants worldwide rose 　5　 77 million, or 50 per cent. By 2013, some 135 million migrants lived in the developed world, and 95 million in the developing world. There were about 72 million migrants in Europe, 70 million in Asia, 53 million in North America, 18 million in Africa, and about 8 million in both Latin America and Australia. Almost 20

per cent of the world's migrants in 2000 — about 46 million — lived in the USA. The Russian Federation was the second most important host country for migrants,
₆
with about 11 million, then Germany, Saudi Arabia, the UAE, and the UK with between 8–10 million migrants each.

　　① which countries / ② to / ③ come from / ④ much harder / ⑤ most
₇
migrants / ⑥ it is / ⑦ say, largely because origin countries do not keep count of how many of their nationals are living abroad. It has been estimated nevertheless that at least 35 million Chinese currently live outside their country, 20 million Indians, and 8 million Filipinos.

　　These facts and figures convey a striking message, and that is that international
₈
migration today affects every part of the world. Movements from 'South' to 'North' have 　9　 as a proportion of total global migration; indeed, […] there are powerful reasons why people should leave poorer countries and head for richer ones.

[…]

　　Besides the dimensions and changing geography of international migration, there are at least three trends that signify an important departure from earlier
₁₀
patterns and processes. First, the proportion of women among migrants has increased rapidly. Very nearly half the world's migrants were women in 2013. 　B　 , whereas women have traditionally migrated to join their partners abroad, an increasing proportion who migrate today do so independently; they are often the
₁₁
primary breadwinners for the families they leave behind.

[…]

　　Another trend is the blurring of the traditional distinction between countries of
₁₂
origin, transit, and destination. Today almost every country in the world fulfils all three roles — migrants leave, pass through, and head for all of them. Perhaps no part of the world better illustrates this dynamic than the Mediterranean. About
₁₃

fifty years ago, all the countries of North Africa and Southern Europe were countries of origin for migrants who mainly went to Northern Europe to work. About twenty years ago Southern Europe changed from a region of emigration to a region of immigration, as increasing numbers of North Africans arrived to work in its growing economies and at the same time fewer Southern Europeans had an

14

incentive to head north for work any more. At least until the Arab Spring注, North Africa had also begun to transform from an ⬚ C ⬚ to a transit and destination region, with the arrival of increasing numbers of migrants from sub-Saharan Africa. Most intend to cross the Mediterranean although large numbers remain in transit for long periods of time. Those who do enter Europe on the whole do so without
                                                                          D
authorization. Now North Africans are themselves fleeing the region, making North Africa simultaneously a region of origin, transit, and destination for migration.

Finally, while most of the major movements that took place over the last few centuries were permanent, today ⬚ 15 ⬚ migration has become much more important. Even people who have lived abroad for most of their lives often have a dream to return to the place of their birth, and it is now relatively unusual for people to migrate from one country to another and ⬚ 16 ⬚ there for the rest of their lives.

(出典 Khalid Koser. *International Migration: A Very Short Introduction.* 2016)

注　the Arab Spring　アラブの春。2010 年から 2011 年にかけて起こった中東および北アフリカ地域での民主化運動の総称

A．下線部 **A** の内容を解答欄に当てはまるかたちで説明しなさい。ただし、10 字以上 20 字以内の日本語で記入すること(句読点は使用しないこと)。

〔解答欄〕

国連は an international migrant を

								10			
				と定義している。							

B. 空欄　B　には、「そのうえ」という意味の表現が入る。解答欄に当てはまるかたちで、英単語1語を書きなさい。

〔解答欄〕

What is （　　　　　　　　　　　）

C. 空欄　C　に当てはまる英単語1語を、本文中から抜き出して解答欄に書きなさい。

D. 下線部Dを和訳しなさい。ただし、「許可なく」という表現を必ず用いて解答すること。

1. 下線部1の国について、当時の人口として、文脈上もっとも適切なものを次の中から1つ選び、解答欄の該当する番号をマークしなさい。
① 約2,500万人　　　② 約6,000万人　　　③ 約1億3,500万人
④ 約2億5,000万人　　⑤ 約6億人

2. 空欄　2　に入れるのに、文脈上もっとも適切なものを次の中から1つ選び、解答欄の該当する番号をマークしなさい。
① move　　　　　　② pull　　　　　　③ work
④ use　　　　　　　⑤ put

3. 空欄　3　に入れるのに、文脈上もっとも適切なものを次の中から1つ選び、解答欄の該当する番号をマークしなさい。
① abroad　　　　　② absent　　　　　③ abandoned
④ absolutely　　　　⑤ aboard

4. 空欄　4　に入れるのに、文脈上もっとも適切なものを次の中から1つ選び、解答欄の該当する番号をマークしなさい。
① when　　　　　　② who　　　　　　③ whose
④ which　　　　　　⑤ where

5. 空欄　　5　　に入れるのに、文脈上もっとも適切なものを次の中から1つ選
び、解答欄の該当する番号をマークしなさい。

① from ② as ③ by
④ of ⑤ in

6. 下線部6の意味として、文脈上もっとも適切なものを次の中から1つ選び、解
答欄の該当する番号をマークしなさい。

① 出身国 ② 受入国 ③ 参加国
④ 主催国 ⑤ 工業国

7. 下線部7の語群を、文脈上もっとも適切な語順に並べ替え、2番目と6番目に
当たる番号を解答欄1列につき、1つずつマークしなさい。ただし、文頭の単語
も小文字で与えてある。

8. 下線部8の意味として、文脈上もっとも適切なものを次の中から1つ選び、解
答欄の該当する番号をマークしなさい。

① 模様 ② 人物 ③ 顔
④ 図形 ⑤ 数

9. 空欄　　9　　に入れるのに、文脈上もっとも適切なものを次の中から1つ選
び、解答欄の該当する番号をマークしなさい。

① disappeared ② divided ③ increased
④ stopped ⑤ passed

10. 下線部10の内容に**合致しないもの**が1つある。次の中から選び、解答欄の該
当する番号をマークしなさい。

① 海外に移住する女性の割合が急増している。
② ほとんどすべての国が移住の目的地になりうる。
③ 南ヨーロッパの人々は仕事を求めて北に向かうことが少なくなった。
④ アフリカ大陸からの移民たちは地中海を避ける傾向にある。

⑤　異なる国を移動しながら、時々故郷に戻りたいと思う人も現れている。

11.　下線部 11 の内容として、文脈上もっとも適切なものを次の中から 1 つ選び、解答欄の該当する番号をマークしなさい。
　①　パートナーが外国籍であるかないかにかかわらず
　②　パートナーが正規の移民であるかないかにかかわらず
　③　パートナーが法治国家に滞在しているかいないかにかかわらず
　④　パートナーが移住先にいるかいないかにかかわらず
　⑤　パートナーが裕福であるかないかにかかわらず

12.　下線部 12 の意味として、文脈上もっとも適切なものを次の中から 1 つ選び、解答欄の該当する番号をマークしなさい。
　①　明確になること　　②　更新されること　　③　あいまいになること
　④　劣化すること　　⑤　変わっていくこと

13.　下線部 13 について、このことをいちばん明確に示している地域はどこか。文脈上もっとも適切なものを次の中から 1 つ選び、解答欄の該当する番号をマークしなさい。
　①　黒海沿岸地域　　②　アフリカ大陸　　③　ヨーロッパ大陸
　④　地中海沿岸地域　　⑤　アラブ諸国

14.　下線部 14 は、どの地域の経済のことか。文脈上もっとも適切なものを次の中から 1 つ選び、解答欄の該当する番号をマークしなさい。
　①　Latin America　　②　North Africa　　③　sub-Saharan Africa
　④　Northern Europe　　⑤　Southern Europe

15.　空欄　15　には permanent の対義語が入る。文脈上もっとも適切なものを次の中から 1 つ選び、解答欄の該当する番号をマークしなさい。
　①　formal　　②　contrary　　③　primary
　④　regular　　⑤　temporary

16. 空欄　　16　　に入れるのに、文脈上もっとも適切なものを次の中から1つ選び、解答欄の該当する番号をマークしなさい。

① remain　　　　　② remains　　　　　③ remained

④ remaining　　　　⑤ will remain

〔Ⅱ〕　以下の英文は、フランスの化学者であるラヴォワジエ(Antoine-Laurent Lavoisier)について書かれた文章である。これを読んで問に答えなさい。

　　The person who probably did more than anyone else to invent modern chemistry was Antoine-Laurent Lavoisier, a brash, ambitious, and fabulously rich young Frenchman who lived and worked in the second half of the eighteenth century. Born in Paris in 　17　 into a wealthy family steeped in the legal profession, he used a large inheritance from his father to equip his personal lab at the Paris Arsenal with the most sophisticated chemical apparatus money could buy.
18
Aided by his wife and fellow chemist, Marie-Anne Pierrette Paulze, he brought about a self-declared "revolution" in chemistry by systematically dismantling the old
19
ideas that had been inherited from ancient Greece and inventing the modern concept of the chemical element.

　　The idea that everything in the material world is made up of a number of basic substances, or 　20　 , has been around for thousands of years. Different element theories can be found in ancient civilizations including Egypt, India, China, and Tibet. The ancient Greeks argued that the material world was made of four elements: earth, water, air and fire. However, there is a big difference between what
21
the ancient Greeks thought of as an element and the definition of a chemical element that we learn about in high school.

　　In modern chemistry, an element is a substance like carbon, iron, or gold that can't be broken down or converted into anything else. On the other hand, the ancient Greeks thought that earth, water, air, and fire *could* be transformed into one 　22　 . On top of the four elements they added the concept of four
23

"qualities": hotness, coldness, dryness, and moistness. Earth was cold and dry, water was cold and moist, air was hot and moist, and fire was hot and dry. This meant that it was possible to convert one element into another by adding or removing qualities; adding hotness to water (cold and moist) would produce air (hot and moist), for example. This theory of matter raised the prospect of transforming, or "transmuting," one substance into another — most famously common metals into gold — through the practice of alchemy.
24

　　It was the concept of transmutation that Lavoisier attacked first. As with many of his greatest breakthroughs, his approach was based on a simple assumption, namely that mass is always conserved in a chemical reaction. In other words, if
25
you weigh all the ingredients at the start of an 　26　 , and then all the products at the end, taking care to make sure no sneaky wisps of gas escape, then their masses should be the same. Chemists had been making this assumption for some time, but it was Lavoisier, aided by a set of extremely precise (and expensive) weighing scales, who popularized the idea when he published the results of his own painstaking experiments in 1773.

　　(出典 Harry Cliff. *How to Make an Apple Pie from Scratch: In Search of the Recipe for Our Universe.* 2022)

17. 空欄　17　 に入れるのに、文脈上もっとも適切なものを次の中から１つ選び、解答欄の該当する番号をマークしなさい。

① 1443　　　　　② 1543　　　　　③ 1643

④ 1743　　　　　⑤ 1843

18. 下線部 18 の具体例の１つとして、文脈上もっとも適切なものを次の中から１つ選び、解答欄の該当する番号をマークしなさい。

① inheritance　　　② four qualities　　　③ weighing scales

④ basic substances　　　⑤ ingredients

19. 下線部 19 の意味として、文脈上もっとも適切なものを次の中から 1 つ選び、解答欄の該当する番号をマークしなさい。

① 解体する　　　　　② 懐古する　　　　　③ 補強する

④ 拡散する　　　　　⑤ 検証する

20. 空欄　20　に入れるのに、文脈上もっとも適切なものを次の中から 1 つ選び、解答欄の該当する番号をマークしなさい。

① theories　　　　　② elements　　　　　③ civilizations

④ Greeks　　　　　⑤ ideas

21. 下線部 21 の具体例の 1 つとして、文脈上もっとも適切なものを次の中から 1 つ選び、解答欄の該当する番号をマークしなさい。

① gold　　　　　　② carbon　　　　　　③ hotness

④ chemistry　　　　⑤ water

22. 空欄　22　に入れるのに、文脈上もっとも適切なものを次の中から 1 つ選び、解答欄の該当する番号をマークしなさい。

① other　　　　　　② others　　　　　　③ another

④ otherness　　　　⑤ otherwise

23. 下線部 23 が指すものとして、文脈上もっとも適切なものを次の中から 1 つ選び、解答欄の該当する番号をマークしなさい。

① 四元素　　　　　② 錬金術師たち　　　③ 現代の化学者

④ 古代ギリシア人　⑤ ラヴォワジエ夫妻

24. 下線部 24 の言い換えとして、文脈上もっとも適切なものを次の中から 1 つ選び、解答欄の該当する番号をマークしなさい。

① rare　　　　　　② pure　　　　　　　③ soft

④ flexible　　　　　⑤ ordinary

25. 下線部 25 の意味として、文脈上もっとも適切なものを次の中から 1 つ選び、解答欄の該当する番号をマークしなさい。

① 一般大衆　　　　　② 質量　　　　　③ 固体

④ 主要部　　　　　　⑤ 集団

26. 空欄　26　に入れるのに、文脈上もっとも適切なものを次の中から 1 つ選び、解答欄の該当する番号をマークしなさい。

① experiment　　　　② example　　　　③ explanation

④ experience　　　　⑤ expectation

$$\boxed{\text{数 \quad 学}}$$

（90分）

〔 I 〕　次の ア から ホ にあてはまる 0 から 9 までの数字を，解答用紙の所定の欄
にマークせよ。 $\boxed{\text{ヘホ}}$ は2桁の数，$\boxed{\text{トナニ}}$，$\boxed{\text{ヌネノ}}$，$\boxed{\text{ハヒフ}}$ は
3桁の数である。なお，分数は既約分数にすること。

(1)　k, l, m を定数とする。関数 $f(x) = 4x^3 + kx^2 - lx + m$ は次の3つの
条件を満たすとする。

- k, l, m は 0 以上の整数である。
- x に関する方程式 $f(x) = 0$ は $\dfrac{1}{2}$ を解にもつ。
- $f(x)$ を微分して得られる整式を $f'(x)$ とするとき，$f'(x)$ を $x+2$ で
  割ったときの余りは 41 である。

このとき，$k = \boxed{\text{ア}}$，$l = \boxed{\text{イ}}$，$m = \boxed{\text{ウ}}$ であり，方程式
$f(x) = 0$ の $\dfrac{1}{2}$ 以外の解は $-\dfrac{\boxed{\text{エ}}}{\boxed{\text{オ}}}$ と $\boxed{\text{カ}}$ である。

(2)　k を正の実数とし，座標空間内の4点 O$(0, 0, 0)$, A$(k, 2, 1)$, B$(-k, 1, 2)$,
C$(1, 1, 1)$ を考える。2つのベクトル $\overrightarrow{\text{OA}}$ と $\overrightarrow{\text{OB}}$ は垂直であるとする。ま
た，3点 O, A, B を通る平面を α とし，点 C から平面 α へ下ろした垂線
と平面 α との交点を H とする。

このとき，$k = \boxed{\text{キ}}$ であり，△OAB の面積は $\dfrac{\boxed{\text{ク}}}{\boxed{\text{ケ}}}$ である。
また，

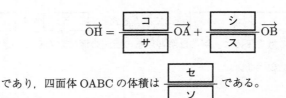

であり，四面体 OABC の体積は $\dfrac{\boxed{セ}}{\boxed{ソ}}$ である。

(3) 座標平面上の曲線 $y = e^x$ を C とする。

(a) 曲線 C と x 軸および 2 直線 $x = 0$, $x = \log 2$ で囲まれた部分を，x 軸のまわりに 1 回転してできる立体の体積は $\dfrac{\boxed{タ}}{\boxed{チ}} \pi$ である。

(b) 曲線 C と y 軸および直線 $y = e^3$ で囲まれた部分を，y 軸のまわりに 1 回転してできる立体の体積は $\left(\boxed{ツ} \, e^3 - \boxed{テ} \right) \pi$ である。
ただし，$\log x$ は x の自然対数を表し，e は自然対数の底とする。

(4) 5 人の中学生 A, B, C, D, E と 3 人の高校生 F, G, H の合計 8 人の生徒が，2 つの部屋 X, Y に分かれて入る。ただし，どの生徒も必ずどちらかの部屋に入るものとする。

(a) どちらの部屋にも 1 人以上の生徒が入るような入り方は $\boxed{トナニ}$ 通りである。

(b) どちらの部屋にも 1 人以上の中学生が入るような入り方は $\boxed{ヌネノ}$ 通りである。

(c) どちらの部屋にも，1 人以上の中学生と 1 人以上の高校生が入るような入り方は $\boxed{ハヒフ}$ 通りである。

(d) どちらの部屋も中学生の人数が高校生の人数より多くなるような入り方は $\boxed{ヘホ}$ 通りである。ただし，どちらの部屋にも 1 人以上の高校生が入るものとする。

〔II〕　次の　　あ　　と　　い　　にあてはまる式と，　　う　　から　　く　　に
あてはまる数を求めよ。解答は解答用紙の所定の欄に記入せよ。途中経過を
記入する必要はない。

$$f(x) = \sin 3x - \sqrt{3}\cos 2x$$ とし，座標平面上の曲線 $y = f(x)$ を C とする。
関数 $f(x)$ の導関数を $f'(x)$ とする。

(1)　点 $(0, f(0))$ における曲線 C の接線の方程式は $y =$ 　あ　 である。

(2)　t についての整式 $g(t)$ で，$f'(x) = g(\sin x)\cos x$ が成り立つものを求め
ると，$g(t) =$ 　い　 である。

(3)　$x > 0$ の範囲で，$f'(x) = 0$ となる x の値を小さい順に $x_1,\ x_2,\ x_3,\ \cdots\cdots$
とすると，$x_1 =$ 　う　，$x_2 =$ 　え　，$x_3 =$ 　お　 である。

(4)　$0 \leqq x \leqq \pi$ の範囲での $f(x)$ の最大値は 　か　，最小値は 　き　
である。

(5)　(3) で定めた x_1 と x_3 に対して，2 点 $(x_1, f(x_1))$，$(x_3, f(x_3))$ を通る
直線を l とする。このとき，$x_1 \leqq x \leqq x_3$ の範囲において直線 l と曲線 C
で囲まれた部分の面積は 　く　 である。

〔III〕　次の　け　から　せ　にあてはまるもの（数や式など）を求めよ。
解答は解答用紙の所定の欄に記入せよ。途中経過を記入する必要はない。

座標平面上の曲線 $y = x^2$ を C，直線 $y = \dfrac{3}{4}x - \dfrac{1}{4}$ を l とする。s を実数とし，直線 $x = s$ を m とする。曲線 C 上の点 $P(t, t^2)$ に対し，P から直線 l に下ろした垂線と l との交点を Q とする。また，P から直線 m に下ろした垂線と m との交点を R とする。

(1) 点 P と点 Q の距離 PQ を t の式で表すと，PQ ＝ け である。

(2) 点 P と点 R の距離 PR を s と t の式で表すと，PR ＝ こ である。

(3) PQ は $t =$ さ のとき，最小値 し をとる。

(4) $s = \dfrac{2}{5}$ のとき，PQ ＝ PR となる点 P をすべて求め，その x 座標を小さい順に並べると す となる。

(5) 実数 s を固定したとき，PQ ＝ PR となるような点 P の個数を N_s とする。$N_s = 4$ となる s の範囲は せ である。

$$\boxed{\text{理 科}}$$

(80分)

問題は物理3題（A，B，C），化学3題（D，E，F）の合計6題からなって
います。

これらの6題のうちから3題を任意に選択して解答しなさい。

4題以上解答した場合には，すべての解答が無効になります。

◀**物　理**▶

〔A〕　次の文中の　ア　～　ケ　に最も適するものをそれぞれの解答群から
一つ選び，解答用紙の所定の欄にその番号をマークせよ。また，空欄　a　に
適する式または数値を解答用紙の所定の欄に記入せよ。

　　地球を周回する人工衛星について考えよう。人工衛星の質量を m，地球の質量
を M，万有引力定数を G，地表での重力加速度の大きさを g とする。地球は半径
R の球とし，人工衛星の大きさは無視する。人工衛星にはたらく万有引力は地球
が及ぼすものだけであり，地球の全質量がその中心にあるとしたときの万有引力
に等しいとする。人工衛星の運動はケプラーの法則に従う。ケプラーの法則は太
陽と惑星の運動に関するものであるが，この問題では太陽を地球に，惑星を人工
衛星に置き換えて考える。地球は静止しているとして，自転や公転などの運動は
考えない。また，大気の影響は無視する。

(1)　　人工衛星が地表すれすれの軌道を等速円運動している。円軌道の半径を R
　　とすれば，g と R を用いると人工衛星の速さは　ア　，周期は　イ
　　となる。また，地表での重力加速度の大きさ g は，G を用いて　a　と
　　表せる。

(2)　　図のように，平面上で互いに垂直な x 軸と y 軸を定め，地球の中心を原点
　　O とする。点 A の座標を $(R_A, 0)$ とする。ただし，$R_A > R$ である。人工衛

星が地球の中心のまわりを半径 R_A，速さ v_0 で矢印の向きに xy 平面上を等速円運動している。速さ v_0 は　$\boxed{\text{ウ}}$　である。

　　点 A で人工衛星を y 軸の正の向きに瞬間的に加速させて速さを v_A としたところ，図のように地球の中心を焦点の 1 つとする xy 平面上の楕円軌道を周回するようになった。楕円軌道が x 軸と交わる 2 点のうち点 A と異なる点を点 B とし，原点 O から点 B までの距離を R_B とする。ケプラーの第 2 法則より，地球の中心と人工衛星を結ぶ線分が単位時間に通過する面積（面積速度）は一定である。点 B における人工衛星の速さを v_B とすると，R_A と R_B を用いて $v_B = \boxed{\text{エ}} \times v_A$ と表せる。力学的エネルギー保存の法則を考えると，R_B は v_0 と v_A を用いて $R_B = \boxed{\text{オ}} \times R_A$ となる。

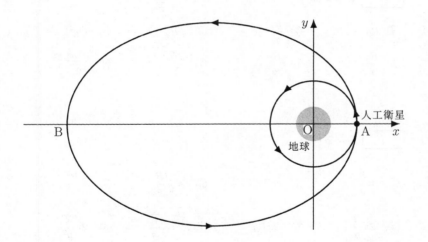

(3)　人工衛星は (2) の楕円軌道を周回している。図の点 A で，質量 m_S $(m_S < m)$ の小さな隕石が，y 軸の負の向きに速さ v_S で人工衛星に衝突して一体となった。人工衛星は衝突後，衝突前とは異なる楕円軌道を周回する向きは変えずに運動するようになった。衝突直後の人工衛星の速度 $\overrightarrow{V}$ の x 成分は $V_x = 0$ であり，y 成分は $V_y = \boxed{\text{カ}}$ となる。一般に，時刻 t から微小時間 Δt が経過する間の速度の変化 $\Delta \overrightarrow{u}$ は，時刻 t における瞬間の加速度 $\overrightarrow{a}$ を用いると $\Delta \overrightarrow{u} \fallingdotseq \overrightarrow{a} \Delta t$ と表せる。衝突から微小時間 Δt が経過した後の人工衛星の速度 $\overrightarrow{V'}$ の x 成分 V'_x と y 成分 V'_y は，$(V'_x, V'_y) \fallingdotseq \boxed{\text{キ}}$ となる。隕石と衝突

しなかった場合に，人工衛星が点 A を速度 $\vec{v} = (0, v_A)$ で通過してから微小時間 Δt が経過した後の速度 $\vec{v'}$ の x 成分を v'_x，y 成分を v'_y とする。v'_x と V'_x，v'_y と V'_y を比較すると，その関係は $\boxed{\text{ク}}$ となる。

　人工衛星が隕石と衝突した後，地球と衝突せずに楕円軌道を周回していることから，V_y が満たす条件を考えよう。楕円軌道が x 軸と交わる 2 点のうち，点 A と異なる点までの原点 O からの距離を，$\boxed{\text{オ}}$ を求めたときと同様に計算すると $V_y > \boxed{\text{ケ}} \times v_0$ であることがわかる。

$\boxed{\text{ア}}$ の解答群

① Rg 　　　　② $\dfrac{R}{g}$ 　　　　③ $\sqrt{Rg}$ 　　　　④ $R^2 g^2$

⑤ $\dfrac{Rg}{2}$ 　　　　⑥ $\dfrac{R}{2g}$ 　　　　⑦ $\dfrac{\sqrt{Rg}}{2}$ 　　　　⑧ $\dfrac{R^2 g^2}{2}$

$\boxed{\text{イ}}$ の解答群

① $\pi\dfrac{R}{g}$ 　　　② πRg 　　　③ $\pi\sqrt{\dfrac{R}{g}}$ 　　　④ $\pi\dfrac{R^2}{g^2}$

⑤ $2\pi\dfrac{R}{g}$ 　　　⑥ $2\pi Rg$ 　　　⑦ $2\pi\sqrt{\dfrac{R}{g}}$ 　　　⑧ $2\pi\dfrac{R^2}{g^2}$

$\boxed{\text{ウ}}$ の解答群

① $\sqrt{\dfrac{Gm}{R_A}}$ 　　② $\dfrac{\sqrt{Gm}}{R_A}$ 　　③ $\dfrac{Gm}{R_A}$ 　　④ $\dfrac{Gm}{R_A^2}$

⑤ $\sqrt{\dfrac{GM}{R_A}}$ 　　⑥ $\dfrac{\sqrt{GM}}{R_A}$ 　　⑦ $\dfrac{GM}{R_A}$ 　　⑧ $\dfrac{GM}{R_A^2}$

エ の解答群

① $\dfrac{R_A}{R_B}$　　　　② $\sqrt{\dfrac{R_A}{R_B}}$　　　　③ $\dfrac{2R_A}{R_B}$　　　　④ $\sqrt{\dfrac{2R_A}{R_B}}$

⑤ $\dfrac{R_B}{R_A}$　　　　⑥ $\sqrt{\dfrac{R_B}{R_A}}$　　　　⑦ $\dfrac{2R_B}{R_A}$　　　　⑧ $\sqrt{\dfrac{2R_B}{R_A}}$

オ の解答群

① $\dfrac{2}{\left(\dfrac{v_0}{v_A}\right)-1}$　　② $\dfrac{1}{2\left(\dfrac{v_0}{v_A}\right)-1}$　　③ $\dfrac{2}{\left(\dfrac{v_0}{v_A}\right)^2-1}$　　④ $\dfrac{1}{2\left(\dfrac{v_0}{v_A}\right)^2-1}$

⑤ $\dfrac{2}{\left(\dfrac{v_A}{v_0}\right)-1}$　　⑥ $\dfrac{1}{2\left(\dfrac{v_A}{v_0}\right)-1}$　　⑦ $\dfrac{2}{\left(\dfrac{v_A}{v_0}\right)^2-1}$　　⑧ $\dfrac{1}{2\left(\dfrac{v_A}{v_0}\right)^2-1}$

カ の解答群

① $\dfrac{mv_A+m_S v_S}{m+m_S}$　　　　② $\dfrac{mv_A-m_S v_S}{m+m_S}$

③ $-\dfrac{mv_A+m_S v_S}{m+m_S}$　　　　④ $-\dfrac{mv_A-m_S v_S}{m+m_S}$

⑤ $\sqrt{\dfrac{mv_A^2+m_S v_S^2}{m+m_S}}$　　　　⑥ $\sqrt{\dfrac{mv_A^2-m_S v_S^2}{m+m_S}}$

⑦ $-\sqrt{\dfrac{mv_A^2+m_S v_S^2}{m+m_S}}$　　　　⑧ $-\sqrt{\dfrac{mv_A^2-m_S v_S^2}{m+m_S}}$

$\boxed{\text{キ}}$ の解答群

① $\left(0,\ V_y + \dfrac{GM}{R_\text{A}}\Delta t\right)$　② $\left(0,\ V_y + \dfrac{GM}{R_\text{A}^{\,2}}\Delta t\right)$　③ $\left(0,\ V_y - \dfrac{GM}{R_\text{A}}\Delta t\right)$

④ $\left(0,\ V_y - \dfrac{GM}{R_\text{A}^{\,2}}\Delta t\right)$　⑤ $\left(\dfrac{GM}{R_\text{A}}\Delta t,\ V_y\right)$　⑥ $\left(\dfrac{GM}{R_\text{A}^{\,2}}\Delta t,\ V_y\right)$

⑦ $\left(-\dfrac{GM}{R_\text{A}}\Delta t,\ V_y\right)$　⑧ $\left(-\dfrac{GM}{R_\text{A}^{\,2}}\Delta t,\ V_y\right)$

$\boxed{\text{ク}}$ の解答群

① $v'_x = V'_x,\ \ v'_y = V'_y$　② $v'_x = V'_x,\ \ v'_y > V'_y$　③ $v'_x = V'_x,\ \ v'_y < V'_y$

④ $v'_x > V'_x,\ \ v'_y = V'_y$　⑤ $v'_x > V'_x,\ \ v'_y > V'_y$　⑥ $v'_x > V'_x,\ \ v'_y < V'_y$

⑦ $v'_x < V'_x,\ \ v'_y = V'_y$　⑧ $v'_x < V'_x,\ \ v'_y > V'_y$　⑨ $v'_x < V'_x,\ \ v'_y < V'_y$

$\boxed{\text{ケ}}$ の解答群

① $\dfrac{R_\text{A} + R}{2R}$　② $\dfrac{2(R_\text{A} + R)}{R}$　③ $\dfrac{2R}{R_\text{A} + R}$　④ $\dfrac{R}{2(R_\text{A} + R)}$

⑤ $\sqrt{\dfrac{R_\text{A} + R}{2R}}$　⑥ $\sqrt{\dfrac{2(R_\text{A} + R)}{R}}$　⑦ $\sqrt{\dfrac{2R}{R_\text{A} + R}}$　⑧ $\sqrt{\dfrac{R}{2(R_\text{A} + R)}}$

〔B〕　次の文中の　　ア　　〜　　ク　　に最も適するものをそれぞれの解答群から一つ選び，解答用紙の所定の欄にその番号をマークせよ。また，空欄　　b　　に適する式または数値を解答用紙の所定の欄に記入せよ。

　　図のように，2本の導体レールが水平面と角度 θ〔rad〕をなす斜面の上に距離 d〔m〕の間隔で平行に置かれている。このとき，レールと水平面のなす角も θ〔rad〕となっている。レールは太さが無視でき十分に長い。レールを置いた斜面には，磁束密度の大きさが B〔T〕の一様な磁場（磁界）が鉛直上向きに加えられている。レールの下端に抵抗値 R〔Ω〕の抵抗 R と自己インダクタンス L〔H〕のコイル L が並列に設置され，それぞれの接続はスイッチ S で切り替えられる。斜面の途中にレールと直交するように，太さが無視できる質量 m〔kg〕の導体棒を固定し，導体棒とレールの接点をそれぞれ図のように点 P と点 Q とする。導体棒に軽くて伸びない糸をつなぎ，なめらかな軽い滑車を通して質量 M〔kg〕$(M > m)$ のおもりをつり下げた。このとき，斜面上では糸とレールは平行である。レールと導体棒を含む回路において，抵抗 R 以外の電気抵抗と，コイル L 以外の自己インダクタンスを無視する。また，回路と斜面は絶縁されている。重力加速度の大きさを g〔m/s²〕とする。

　　スイッチ S を抵抗 R 側に接続した場合も，コイル L 側に接続した場合も，いずれの場合にも，導体棒の固定を静かにはずすと導体棒はレールと垂直を保ちながらレールから離れることなくレール上をなめらかに運動した。図のように，導体棒を固定した位置を原点としてレールに沿って上向きに x 軸をとる。導体棒の固定をはずした時刻を $t = 0$ として，t〔s〕における導体棒の位置を x〔m〕，速度を v〔m/s〕，加速度を a〔m/s²〕とする。また，このとき回路に流れる電流を I〔A〕とし，電流の正の向きは導体棒中を点 P から点 Q に流れる向きとする。糸の張力の大きさを T〔N〕とすると，導体棒の x 軸方向の運動方程式は，$ma = $　　ア　　である。また，おもりの鉛直方向の運動方程式は，$Ma = $　　イ　　である。これら 2 つの運動方程式より，$a = $　　ウ　　となる。

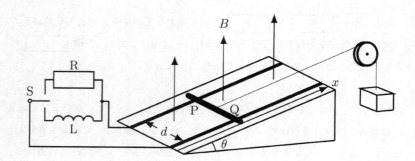

(1)　スイッチ S を抵抗 R 側に接続した場合を考える。時刻 t〔s〕のとき，回路に流れる電流は導体棒の速度を用いて，$I = \boxed{\text{エ}} \times v$ と表せる。導体棒は x 軸の正の向きに加速され，十分に時間が経過すると一定の速度 v_0〔m/s〕となり，回路を流れる電流も一定の値 I_0〔A〕となった。このとき，

$$v_0 = \boxed{\text{オ}} \times \frac{Mg - mg\sin\theta}{(Bd)^2} \text{ である。}$$

　導体棒が一定の速度 v_0〔m/s〕で運動しているとき，微小時間 Δt〔s〕の間に導体棒とおもりの力学的エネルギーの和が ΔE〔J〕だけ変化したとすると，θ を除く d, B, R, m, M, g, I_0 の中から必要なものを用いて $\Delta E = \boxed{\text{b}} \times \Delta t$ と表せる。導体棒の速度が v_0〔m/s〕のとき，導体棒はレールから離れずに運動していることから，斜面に垂直な方向の力のつり合いを考えると $m > \boxed{\text{カ}} \times M$ であることがわかる。

(2)　スイッチ S をコイル L 側に接続した場合を考える。導体棒は x 軸方向に周期的な運動をした。時刻 t〔s〕から微小時間 Δt〔s〕が経過する間に導体棒の位置が Δx〔m〕だけ変化し，コイルに流れる電流が ΔI〔A〕だけ変化したとする。このとき，導体棒の速度を用いて $\dfrac{\Delta I}{\Delta t} = \boxed{\text{キ}} \times v$ と表せる。$v = \dfrac{\Delta x}{\Delta t}$ とすると，$\dfrac{\Delta I}{\Delta x} = \boxed{\text{キ}}$ である。導体棒が $x = 0$ にあるとき $I = 0$ であり，$\boxed{\text{キ}}$ が定数であるので $I = \boxed{\text{キ}} \times x$ と表せる。この関係を $a = \boxed{\text{ウ}}$ に代入して得られる導体棒の運動方程式を考えると，運動の周期は $\boxed{\text{ク}}$〔s〕であることがわかる。

ア の解答群

① $T - mg\sin\theta - IBd$ ② $T - mg\sin\theta - IBd\sin\theta$ ③ $T - mg\sin\theta - IBd\cos\theta$

④ $T - mg\sin\theta + IBd$ ⑤ $T - mg\sin\theta + IBd\sin\theta$ ⑥ $T - mg\sin\theta + IBd\cos\theta$

イ の解答群

① $-T - Mg$ ② $-T + Mg$ ③ $T - Mg$

④ $T + Mg$ ⑤ $-T - Mg - mg\sin\theta$ ⑥ $-T + Mg - mg\sin\theta$

⑦ $T - Mg + mg\sin\theta$ ⑧ $T + Mg + mg\sin\theta$

ウ の解答群

① $\dfrac{Mg - mg\sin\theta - IBd\sin\theta}{M + m}$ ② $\dfrac{Mg - mg\sin\theta - IBd\cos\theta}{M + m}$

③ $\dfrac{Mg - mg\sin\theta + IBd\sin\theta}{M + m}$ ④ $\dfrac{Mg - mg\sin\theta + IBd\cos\theta}{M + m}$

⑤ $\dfrac{-Mg + mg\sin\theta + IBd\sin\theta}{M - m}$ ⑥ $\dfrac{-Mg + mg\sin\theta + IBd\cos\theta}{M - m}$

⑦ $\dfrac{-Mg + mg\sin\theta - IBd\sin\theta}{M - m}$ ⑧ $\dfrac{-Mg + mg\sin\theta - IBd\cos\theta}{M - m}$

エ の解答群

① $-\dfrac{Bd}{R}$ ② $-\dfrac{Bd\sin\theta}{R}$ ③ $-\dfrac{Bd\cos\theta}{R}$

④ $\dfrac{Bd}{R}$ ⑤ $\dfrac{Bd\sin\theta}{R}$ ⑥ $\dfrac{Bd\cos\theta}{R}$

⑦ RBd ⑧ $RBd\sin\theta$ ⑨ $RBd\cos\theta$

オ の解答群

① $\dfrac{R}{\sin\theta}$　　② $\dfrac{R}{\cos\theta}$　　③ $\dfrac{R}{\sin\theta\cos\theta}$　　④ $\dfrac{R}{\cos^2\theta}$

⑤ $\dfrac{1}{R\sin\theta}$　　⑥ $\dfrac{1}{R\cos\theta}$　　⑦ $\dfrac{1}{R\sin\theta\cos\theta}$　　⑧ $\dfrac{1}{R\cos^2\theta}$

カ の解答群

① $\sin\theta$　　② $\cos\theta$　　③ $\sin^2\theta$　　④ $\cos^2\theta$

⑤ $(1-\sin\theta)$　　⑥ $(1-\cos\theta)$

キ の解答群

① $\dfrac{Bd}{L}$　　② $\dfrac{Bd\sin\theta}{L}$　　③ $\dfrac{Bd\cos\theta}{L}$

④ $\dfrac{L}{Bd}$　　⑤ $\dfrac{L}{Bd\sin\theta}$　　⑥ $\dfrac{L}{Bd\cos\theta}$

ク の解答群

① $\dfrac{2\pi\sqrt{(M-m)L}}{Bd\sin\theta}$　② $\dfrac{\sqrt{(M-m)L}}{2\pi Bd\sin\theta}$　③ $\dfrac{2\pi\sqrt{(M+m)L}}{Bd\sin\theta}$　④ $\dfrac{\sqrt{(M+m)L}}{2\pi Bd\sin\theta}$

⑤ $\dfrac{2\pi\sqrt{(M-m)L}}{Bd\cos\theta}$　⑥ $\dfrac{\sqrt{(M-m)L}}{2\pi Bd\cos\theta}$　⑦ $\dfrac{2\pi\sqrt{(M+m)L}}{Bd\cos\theta}$　⑧ $\dfrac{\sqrt{(M+m)L}}{2\pi Bd\cos\theta}$

〔C〕　次の文中の　　ア　　～　　ケ　　に最も適するものをそれぞれの解答群から
一つ選び，解答用紙の所定の欄にその番号をマークせよ。

　図のような装置で，空気の主成分である気体の窒素の屈折率を求めることを考
えよう。レーザー光源から真空中の波長が λ〔m〕の可視光が出力される。平行平
面ガラス S_1 と S_2 は，屈折率が n_S の同じ材質で同じ厚さ d〔m〕であり，片面の内
側が鏡面である。また，S_1 と S_2 は互いに平行に置かれている。窒素を入れるこ
とができる透明な容器1と2は，同じ形状で同じ材質でできている。また，窒素
が入る部分の長さは ℓ〔m〕である。容器1と2の中の窒素の圧力はそれぞれに調
整でき，2つの容器内の窒素の温度は常に等しく一定とする。この装置全体は屈
折率 n_A の大気中にある。真空中の光の速さを c〔m/s〕とする。

　レーザー光源から出た光は，平行平面ガラス S_1 上の点Aに入射角45°で入射す
る。点Aで反射した光は容器1を透過し，平行平面ガラス S_2 上の点Dに入射角
45°で入射する。点Dで屈折した光は鏡面上の点Eで反射し，平行平面ガラス S_2
上の点Fで屈折して検出器に入る。

　一方，点Aにおいて屈折角 θ〔rad〕で屈折した光は，鏡面上の点Bで反射して
平行平面ガラス S_1 上の点Cに達する。屈折角 θ〔rad〕は　　ア　　の関係を満た
し，経路A-B-Cの光路長（光学距離）は n_A, n_S, d を用いると　　イ　　〔m〕と
表せる。点Cで屈折した光は，容器2を透過し平行平面ガラス S_2 上の点Fで反射

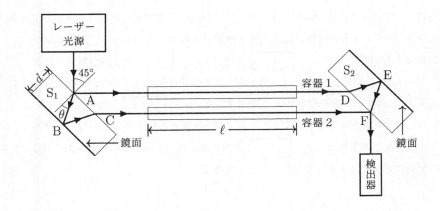

し，容器1を透過した光と重ね合わさって検出器に入る。検出器により光の強さを測定すると，容器1と容器2を通った2つの光の干渉の様子を知ることができる。なお，図では検出器に入らない光は省略している。窒素の屈折率は圧力を増やすと大きくなる。容器1と容器2の中の窒素の圧力差を変えていくと，光の干渉の様子が変化する。このことを利用して，窒素の屈折率を求めてみよう。

最初，容器1と容器2の中の窒素の圧力をいずれも p_0 〔Pa〕とすると，容器1を通った光と容器2を通った光の位相は検出器の位置で等しく，2つの光は最も強め合って光の強さは極大になった。容器1内の窒素の屈折率を n_0 とすると，容器1の中を進む光の速さは　　ウ　　〔m/s〕であり，波長は　　エ　　〔m〕，振動数は　　オ　　〔Hz〕である。ここで，容器2内の窒素の圧力を p_0 〔Pa〕からゆっくり増やすと検出器における光の強さはしだいに減少し，2つの光が最も弱め合って極小となった。さらに圧力を増やすと再び光の強さは増加し，圧力が p_1 〔Pa〕となったときに2つの光が最も強め合って極大となった。このとき容器1を通った光と容器2を通った光の位相のずれの大きさは，検出器の位置において　　カ　　である。さらに，容器2内の窒素の圧力を増やすと，検出器における光の強さは極小と極大を繰り返した。容器2内の窒素の圧力が p_0 〔Pa〕のときの検出器における光の強さを0番目の極大として，光の強さが i 番目の極大 $(i = 0, 1, 2, \cdots)$ のときの容器2内の窒素の屈折率を n_i とすると，$n_i = $　　キ　　の関係が成り立つ。

容器2内の窒素の屈折率が n のとき，窒素分子が単位体積当たりに N 個含まれているとすると，α を正の定数として $n - 1 = \alpha N$ の関係が成り立つとしてよい。容器1と2の中の窒素の温度は常に T 〔K〕であり，屈折率が n のときの窒素の圧力を p 〔Pa〕とする。理想気体の状態方程式が適用できるとすると，ボルツマン定数を k 〔J/K〕として $n = $　　ク　　の関係が成り立つ。容器2内の窒素の屈折率が n_i のときの圧力を p_i 〔Pa〕とすれば，この関係は n_i と p_i の間にも成り立つ。$n_i = $　　キ　　の関係を用いて n_i を消去すると，$p_i = $　　ケ　　となる。したがって，p_i $(i = 0, 1, 2, \cdots)$ を測定することにより，定数 α の値を決定することができる。α の値が求まれば，$n = $　　ク　　の関係から圧力が p 〔Pa〕，温度が T 〔K〕の窒素に対する屈折率 n を求めることができる。

ア の解答群

① $\cos\theta = \dfrac{n_A}{\sqrt{2}\,n_S}$ ② $\cos\theta = \dfrac{\sqrt{2}\,n_A}{n_S}$ ③ $\cos\theta = \dfrac{n_S}{\sqrt{2}\,n_A}$ ④ $\cos\theta = \dfrac{\sqrt{2}\,n_S}{n_A}$

⑤ $\sin\theta = \dfrac{n_A}{\sqrt{2}\,n_S}$ ⑥ $\sin\theta = \dfrac{\sqrt{2}\,n_A}{n_S}$ ⑦ $\sin\theta = \dfrac{n_S}{\sqrt{2}\,n_A}$ ⑧ $\sin\theta = \dfrac{\sqrt{2}\,n_S}{n_A}$

イ の解答群

① $\sqrt{2}\,n_A d$ ② $2\sqrt{2}\,n_A d$ ③ $\sqrt{2}\,\dfrac{n_S^2}{n_A}d$ ④ $2\sqrt{2}\,\dfrac{n_S^2}{n_A}d$

⑤ $\dfrac{2\sqrt{2}\,n_S^2 d}{\sqrt{2n_S^2 - n_A^2}}$ ⑥ $\dfrac{2\,n_S^2 d}{\sqrt{n_S^2 - 2n_A^2}}$ ⑦ $\dfrac{2\sqrt{2}\,n_A^2 d}{\sqrt{2n_A^2 - n_S^2}}$ ⑧ $\dfrac{2\,n_A^2 d}{\sqrt{n_A^2 - 2n_S^2}}$

ウ の解答群

① $\dfrac{c}{n_0 - 1}$ ② $\dfrac{c}{n_0}$ ③ c

④ $n_0\,c$ ⑤ $(n_0 - 1)\,c$

エ の解答群

① $\dfrac{\lambda}{n_0 - 1}$ ② $\dfrac{\lambda}{n_0}$ ③ λ

④ $n_0\,\lambda$ ⑤ $(n_0 - 1)\,\lambda$

オ の解答群

① $\dfrac{c}{(n_0 - 1)\,\lambda}$ ② $\dfrac{c}{n_0\,\lambda}$ ③ $\dfrac{c}{\lambda}$

④ $\dfrac{n_0\,c}{\lambda}$ ⑤ $\dfrac{(n_0 - 1)\,c}{\lambda}$

$\boxed{\text{カ}}$ の解答群

① $\dfrac{\pi}{4}$　　　　② $\dfrac{\pi}{2}$　　　　③ $\dfrac{3\pi}{4}$　　　　④ π

⑤ $\dfrac{5\pi}{4}$　　　　⑥ $\dfrac{3\pi}{2}$　　　　⑦ $\dfrac{7\pi}{4}$　　　　⑧ 2π

$\boxed{\text{キ}}$ の解答群

① $\dfrac{\lambda}{\ell}i + n_0$　　② $\dfrac{\ell}{\lambda}i + n_0$　　③ $\dfrac{\lambda}{2\ell}i + n_0$　　④ $\dfrac{\ell}{2\lambda}i + n_0$

⑤ $\dfrac{\lambda}{\ell}i$　　　　⑥ $\dfrac{\ell}{\lambda}i$　　　　⑦ $\dfrac{\lambda}{2\ell}i$　　　　⑧ $\dfrac{\ell}{2\lambda}i$

$\boxed{\text{ク}}$ の解答群

① $\alpha\dfrac{kp}{T}$　　② $\alpha\dfrac{p}{kT}$　　③ $\alpha\dfrac{T}{kp}$　　④ $\alpha\dfrac{kT}{p}$

⑤ $1 + \alpha\dfrac{kp}{T}$　　⑥ $1 + \alpha\dfrac{p}{kT}$　　⑦ $1 + \alpha\dfrac{T}{kp}$　　⑧ $1 + \alpha\dfrac{kT}{p}$

$\boxed{\text{ケ}}$ の解答群

① $\dfrac{\alpha k}{T}\left(\dfrac{\lambda}{2\ell}i + n_0\right)$　　② $\dfrac{\alpha k}{T}\left(\dfrac{\ell}{2\lambda}i + n_0\right)$　　③ $\dfrac{T}{\alpha k}\left(\dfrac{2\lambda}{\ell}i + n_0 - 1\right)$

④ $\dfrac{T}{\alpha k}\left(\dfrac{2\ell}{\lambda}i + n_0 - 1\right)$　　⑤ $\dfrac{\alpha}{kT}\left(\dfrac{\lambda}{\ell}i + n_0\right)$　　⑥ $\dfrac{\alpha}{kT}\left(\dfrac{\ell}{\lambda}i + n_0\right)$

⑦ $\dfrac{kT}{\alpha}\left(\dfrac{\lambda}{\ell}i + n_0 - 1\right)$　　⑧ $\dfrac{kT}{\alpha}\left(\dfrac{\ell}{\lambda}i + n_0 - 1\right)$

◀化　学▶

〔D〕　次の文章を読み，文中の空欄　　ア　　～　　セ　　に最も適するものをそれ

ぞれの解答群の中から一つ選び，解答用紙の所定の欄にその番号をマークしなさ

い。また，空欄　　d　　に適する**数値**を**有効数字を考慮して**解答用紙の所定の

欄に**丁寧**に記入しなさい。　　　　　　　　　　（コとdは設問省略）

　　原子量が必要な場合は，次の値を用いなさい。

H = 1.0，C = 12.0，O = 16.0，Na = 23.0，S = 32.0，Fe = 56.0

(1)　硫黄は元素の周期表の　　あ　　族に属する元素であり，鉱石の成分元素と

して地殻中に多く存在する。硫黄原子は全部で　　い　　個の電子をもち，同

一周期の原子どうしで比較すると，　　う　　原子に次いで電気陰性度が大き

い。　　あ　　，　　い　　，　　う　　の組み合わせとして正しいものは

　　ア　　である。

　　硫黄の単体には，斜方硫黄，単斜硫黄，ゴム状硫黄などの　　え　　があ

る。いずれの硫黄の単体中においても，ある一つの硫黄原子は他の　　お

個の硫黄原子と結合している。　　か　　は環状分子から，　　き　　は長い

鎖状分子からできている。　　か　　は二硫化炭素によく溶ける。

　　え　　，　　お　　，　　か　　，　　き　　の組み合わせとして正しい

ものは　　イ　　である。

　　硫黄の化合物の一つである硫酸は，肥料や薬品を製造する際の原材料，鉛蓄

電池の電解質などとして，化学工業で広く用いられている。硫酸は工業的には

接触法により製造されている。接触法では，　　く　　と空気の混合気体を熱

交換器に通じて加熱し，接触炉(転化器)において酸化バナジウム(V)が主成分

の触媒を使用して　　く　　と空気中の酸素を反応させて　　け　　とする。

次に，　　け　　を含む気体を熱交換器で冷却した後，吸収塔で　　こ　　に

吸収させて発煙硫酸とし，その後，濃度を調整して濃硫酸として回収する。

　　く　　，　　け　　，　　こ　　の組み合わせとして正しいものは

　　ウ　　である。

　工業的には，　く　は硫黄や黄鉄鉱などを燃焼させて得られる。黄鉄鉱 6.00 kg 中に含まれるすべての FeS_2 を反応させて H_2SO_4 としたとする。黄鉄鉱に含まれる FeS_2 の割合は質量百分率で 95.0 ％ であるとする。生成した H_2SO_4 を水で希釈して質量パーセント濃度で 40.0 ％ の硫酸を調製すると，理論的には最大で　エ　kg の 40.0 ％ 硫酸が得られるとわかる。なお，黄鉄鉱中に含まれる FeS_2 の硫黄原子はすべて H_2SO_4 となり，黄鉄鉱中に含まれる不純物は成分元素として硫黄を含まないものとする。

　濃硫酸は無色で粘性の大きい液体であり，吸湿性や脱水作用を示す。濃硫酸を水で希釈すると　さ　するため，希釈の際は　し　の入った容器を　す　し，　し　をかき混ぜながら，　し　に　せ　をゆっくりと注ぐ。　さ　，　し　，　す　，　せ　の組み合わせとして正しいものは　オ　である。

　質量パーセント濃度 98.0 ％，密度 1.84 g/cm³ の濃硫酸を水で希釈して，モル濃度 0.500 mol/L の希硫酸 2.00 L を調製するには，　カ　mL の濃硫酸が必要となる。濃硫酸中の H_2SO_4 1.0 mol が水に溶解する際の　さ　量を 95 kJ，0.500 mol/L 希硫酸の比熱および密度をそれぞれ 4.2 J/(g·K) および 1.0 g/cm³，希釈前の濃硫酸および水の温度をいずれも 25 ℃ とすると，上記の条件で調製した 0.500 mol/L 希硫酸の調製直後の温度は，　キ　℃ となる。なお，濃硫酸と水は混合後ただちに 0.500 mol/L 希硫酸になるとし，希釈の際に出入りする熱は，すべて 0.500 mol/L 希硫酸の温度変化に使用され，それ以外の熱の出入りおよび水の蒸発はないと仮定する。また，温度変化による密度の変化は無視できるとする。

2024年度　学部別入試　理科（化学）

ア　の解答群

番　号	あ	い	う
①	6	16	塩素
②	6	16	臭素
③	6	34	塩素
④	6	34	臭素
⑤	16	16	塩素
⑥	16	16	臭素
⑦	16	34	塩素
⑧	16	34	臭素

イ　の解答群

番　号	え	お	か	き
①	同位体	2	斜方硫黄	単斜硫黄とゴム状硫黄
②	同位体	2	斜方硫黄と単斜硫黄	ゴム状硫黄
③	同位体	6	斜方硫黄	単斜硫黄とゴム状硫黄
④	同位体	6	斜方硫黄と単斜硫黄	ゴム状硫黄
⑤	同素体	2	斜方硫黄	単斜硫黄とゴム状硫黄
⑥	同素体	2	斜方硫黄と単斜硫黄	ゴム状硫黄
⑦	同素体	6	斜方硫黄	単斜硫黄とゴム状硫黄
⑧	同素体	6	斜方硫黄と単斜硫黄	ゴム状硫黄

ウ　の解答群

番　号	く	け	こ
①	硫化水素	三酸化硫黄	希硫酸
②	硫化水素	三酸化硫黄	濃硫酸
③	硫化水素	亜硫酸	希硫酸
④	硫化水素	亜硫酸	濃硫酸
⑤	二酸化硫黄	三酸化硫黄	希硫酸
⑥	二酸化硫黄	三酸化硫黄	濃硫酸
⑦	二酸化硫黄	亜硫酸	希硫酸
⑧	二酸化硫黄	亜硫酸	濃硫酸

エ　の解答群

①　11.6	②　12.3	③　15.9
④　16.7	⑤　23.3	⑥　24.5
⑦　25.4	⑧　31.7	⑨　33.4

オ　の解答群

番　号	さ	し	す	せ
①	吸熱	濃硫酸	加熱	水
②	吸熱	濃硫酸	冷却	水
③	吸熱	水	加熱	濃硫酸
④	吸熱	水	冷却	濃硫酸
⑤	発熱	濃硫酸	加熱	水
⑥	発熱	濃硫酸	冷却	水
⑦	発熱	水	加熱	濃硫酸
⑧	発熱	水	冷却	濃硫酸

カ　の解答群

①　26.6	②　27.2	③　50.0

④ 52.2   ⑤ 53.3   ⑥ 54.3

⑦ 92.0   ⑧ 100   ⑨ 184

キ の解答群

① 2.4   ② 11   ③ 14

④ 19   ⑤ 23   ⑥ 25

⑦ 31   ⑧ 36   ⑨ 48

(2) 水溶液 A は，三つのナトリウム化合物 Na_2CO_3，$NaHCO_3$，$NaOH$ のいずれか 1 種類あるいは 2 種類を含む。この水溶液 A のナトリウム化合物の種類と物質量を特定するために，常温常圧下で，次の二つの実験を実施した。

[実験 1] 水溶液 A（25 mL）に指示薬としてフェノールフタレイン溶液を数滴加えたところ，赤色となった。次いで，0.10 mol/L の塩酸を少しずつ滴下したところ，溶液の色が変化するとともに中和点に達した。このときに使用した塩酸の体積を V_1〔mL〕とする。なお，使用したフェノールフタレイン溶液の体積は無視できるものとする。

[実験 2] 指示薬をフェノールフタレインからメチルオレンジに変更して，実験 1 とは別の独立した実験を実施した。水溶液 A（25 mL）に指示薬としてメチルオレンジ溶液を数滴加え，0.10 mol/L 塩酸を少しずつ中和点まで滴下した。このときに使用した塩酸の体積を V_2〔mL〕とする。なお，使用したメチルオレンジ溶液の体積は無視できるものとする。

実験 1 で，水溶液の色が赤色から そ に変化したのは，pH が た の範囲である。また，実験 2 で，水溶液の色が ち に変化したのは，pH が つ の範囲である。 そ ， た ， ち ， つ の組み合わせとして正しいものは ク である。

仮に，水溶液 A が NaOH 単独あるいは Na_2CO_3 単独で調製されていたとすると，V_1 および V_2 の関係は，NaOH 単独の場合は て となり，Na_2CO_3 単独の場合は と となる。 て ， と の組み合わ

せとして正しいものは　ケ　である。

（コとdは設問省略）

　ク　の解答群

番　号	そ	た	ち	つ
①	青色	3.1 ～ 4.4	赤色から黄色	8.0 ～ 9.8
②	青色	8.0 ～ 9.8	赤色から黄色	3.1 ～ 4.4
③	青色	3.1 ～ 4.4	黄色から赤色	8.0 ～ 9.8
④	青色	8.0 ～ 9.8	黄色から赤色	3.1 ～ 4.4
⑤	黄色	8.0 ～ 9.8	黄色から赤色	6.0 ～ 7.6
⑥	無色	3.1 ～ 4.4	赤色から黄色	8.0 ～ 9.8
⑦	無色	8.0 ～ 9.8	赤色から黄色	3.1 ～ 4.4
⑧	無色	3.1 ～ 4.4	黄色から赤色	8.0 ～ 9.8
⑨	無色	8.0 ～ 9.8	黄色から赤色	3.1 ～ 4.4

　ケ　の解答群

番　号	て	と
①	$V_1 = V_2$	$2V_1 = V_2$
②	$V_1 = V_2$	$V_1 = 2V_2$
③	$V_1 = V_2$	$V_1 = V_2$
④	$V_1 = 2V_2$	$2V_1 = V_2$
⑤	$V_1 = 2V_2$	$V_1 = 2V_2$
⑥	$V_1 = 2V_2$	$V_1 = V_2$
⑦	$2V_1 = V_2$	$2V_1 = V_2$
⑧	$2V_1 = V_2$	$V_1 = 2V_2$
⑨	$2V_1 = V_2$	$V_1 = V_2$

2024年度 学部別入試 理科（化学）

(3) 8種類の金属イオン（Na^+, Ca^{2+}, Zn^{2+}, Al^{3+}, Pb^{2+}, Fe^{3+}, Ag^+, Cu^{2+}）を含む酸性の水溶液がある。この水溶液から各イオンを分離するため，以下の操作を実施した。なお，以下の各操作における金属イオンの分離は，理想的におこなわれるものとする。

　i）上記の水溶液に十分な量の希塩酸を加えたところ，白色沈殿が生成した。これをろ過して「ろ液A」と「沈殿A」に分離した。

　ii）ろ紙上の沈殿Aに熱水を加えて十分に洗浄した。洗浄後にろ紙に残った沈殿を「沈殿A'」とする。その洗浄液にクロム酸カリウム溶液を加えたところ，黄色の「沈殿B」が生成した。

　iii）ろ液Aに十分な量の硫化水素を通じたところ，黒色沈殿が生成した。これをろ過して「ろ液B」と「沈殿C」に分離した。

　iv）ろ液Bを加熱して硫化水素を追い出し，硝酸を加えてさらに加熱したのち，アンモニア水を過剰に加えたところ，沈殿が生成した。これをろ過して「ろ液C」と「沈殿D」に分離した。

　v）ろ液Cには「錯イオン」が含まれている。このろ液Cに十分な量の硫化水素を通じたところ，白色沈殿が生成した。これをろ過して「ろ液D」と「沈殿E」に分離した。

　vi）ろ液Dに十分な量の炭酸アンモニウム水溶液を加えたところ，白色沈殿が生成した。これをろ過して「ろ液E」と「沈殿F」に分離した。

　上記の分離操作により，ろ液Eには　サ　が含まれている。また，「沈殿A'，B，C，D，E，F」のなかで，2種類の金属化合物の混合物として析出している沈殿は　な　であり，その沈殿に含まれる各金属化合物を構成している金属元素はそれぞれ　に　と　ぬ　である。　な　，　に　，　ぬ　の組み合わせとして正しいものは　シ　である。

　沈殿Aから沈殿A'を得る操作は，複数の金属化合物を含む沈殿を　ね　の違いを利用して分離している。また，実験操作iii）およびv）でおこなった硫化水素による沈殿の生成では，溶液のpHに無関係に硫化物の沈殿を生成する金属イオン，酸性溶液から硫化物の沈殿を生成せずに中性・塩基性溶液から硫化物の沈殿を生成する金属イオン，および溶液のpHに無関係に硫化物の沈殿

を生じない金属イオンを分離することを意図して実験操作を実施した。仮に，今回の実験操作で用意した，分離操作をおこなう前の8種の金属イオンを含む水溶液に硫化水素を通じていたとすると，　の　，　は　，　ひ　の三つの金属イオンが硫化物として析出することになる。　ね　，　の　，　は　，　ひ　の組み合わせとして正しいものは　ス　である。

「ろ液C」に含まれている錯イオンは　ふ　であり，その配位数・立体構造・色は，それぞれ　へ　・　ほ　・　ま　である。なお，ここでは水分子を配位子とする錯イオンは考慮しないこととする。　ふ　，　へ　，　ほ　，　ま　の組み合わせとして正しいものは　セ　である。

　サ　の解答群

① Ag^+ 　　② Al^{3+} 　　③ Ca^{2+} 　　④ Cu^{2+}

⑤ Fe^{3+} 　　⑥ Na^+ 　　⑦ Pb^{2+} 　　⑧ Zn^{2+}

　シ　の解答群

番　号	な	に	ぬ
①	沈殿 A'	Ag	Al
②	沈殿 B	Ag	Pb
③	沈殿 B	Cu	Fe
④	沈殿 C	Al	Fe
⑤	沈殿 C	Fe	Zn
⑥	沈殿 D	Al	Fe
⑦	沈殿 D	Cu	Pb
⑧	沈殿 E	Ca	Zn
⑨	沈殿 F	Ca	Zn

| ス | の解答群 |

番　号	ね	の	は	ひ
①	イオン化傾向	Ag^+	Al^{3+}	Zn^{2+}
②	イオン化傾向	Ag^+	Cu^{2+}	Pb^{2+}
③	イオン化傾向	Zn^{2+}	Fe^{3+}	Na^+
④	等電点	Ag^+	Al^{3+}	Zn^{2+}
⑤	等電点	Ag^+	Cu^{2+}	Pb^{2+}
⑥	等電点	Zn^{2+}	Fe^{3+}	Na^+
⑦	溶解度	Ag^+	Al^{3+}	Zn^{2+}
⑧	溶解度	Ag^+	Cu^{2+}	Pb^{2+}
⑨	溶解度	Zn^{2+}	Fe^{3+}	Na^+

| セ | の解答群 |

番　号	ふ	へ	ほ	ま
①	ジアンミン銀（Ⅰ）イオン	2	直線形	無色
②	ジアンミン銀（Ⅰ）イオン	4	正方形	無色
③	テトラアンミン亜鉛（Ⅱ）イオン	4	正四面体	無色
④	テトラアンミン亜鉛（Ⅱ）イオン	6	正八面体	深青色
⑤	テトラアンミン銅（Ⅱ）イオン	4	正方形	深青色
⑥	テトラアンミン銅（Ⅱ）イオン	6	正八面体	無色
⑦	ヘキサシアニド鉄（Ⅲ）酸イオン	6	正八面体	黄色
⑧	ヘキサシアニド鉄（Ⅲ）酸イオン	8	正八面体	無色

〔E〕　次の文章を読み，文中の空欄　ア　～　ソ　に最も適するものをそれ
　　ぞれの解答群の中から一つ選び，解答用紙の所定の欄にその番号をマークしなさ
　　い。また，空欄　e　に適する**式**を解答用紙の所定の欄に**丁寧に**記入しなさ
　　い。

　　　原子量が必要な場合は，次の値を用いなさい。

　　H = 1.0，C = 12.0，O = 16.0，Na = 23.0，S = 32.0，Cl = 35.5

(1)　物質の温度や圧力を変化させていくと，一般に固体，液体，気体の間で状態
変化が起きる。一定の圧力のもとで純物質の固体を加熱すると，ある温度でと
けて液体になり始める。この現象を　あ　という。　あ　が終わるま
では，加熱し続けても純物質の温度は一定に保たれる。ある純物質 1 mol の固
体すべてが　あ　するときに吸収する熱量は，同じ温度，圧力条件下の同
じ純物質 1 mol の　い　に等しくなる。　あ　，　い　の組み合
わせとして正しいものは　ア　である。

　物質を冷却するときの物質の温度と冷却し始めてからの時間の関係をグラフ
に表したものを冷却曲線という。図 1 は，液体状態のある純物質を冷却したと
きの冷却曲線である。なお，A は C と D を結ぶ直線を左方向に延長したときの
冷却曲線との交点である。図 1 において，過冷却と呼ばれる状態は　イ
の領域のみである。また，液体と固体が共存しているのは　ウ　の領域の
みである。

　常圧下において，純溶媒に不揮発性の非電解質を完全に溶かした希薄溶液の
凝固点は，純溶媒の凝固点よりも低くなる。両者の凝固点の差（凝固点降下度）
は，モル凝固点降下と　う　の積に等しい。溶質が電解質の希薄溶液の場
合の凝固点降下度は，溶液中のすべての溶質粒子（分子，イオン）の　う
に比例する。次に示す水溶液（ⅰ），（ⅱ），（ⅲ）の中で，最も凝固点が高いのは
水溶液　え　である。ただし，いずれの水溶液も希薄溶液で，それらの密
度は 1.0 g/cm^3 であり，電解質は水溶液中ですべて電離していると仮定する。
　う　，　え　の組み合わせとして正しいものは　エ　である。

水溶液（ⅰ）：質量パーセント濃度 1.0 ％の塩化ナトリウム水溶液
水溶液（ⅱ）：モル濃度 0.050 mol/L の硫酸ナトリウム水溶液
水溶液（ⅲ）：質量モル濃度 0.10 mol/kg のスクロース水溶液

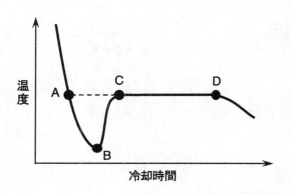

図1

アの解答群

番　号	あ	い
①	昇華	凝固熱
②	昇華	凝縮熱
③	昇華	昇華熱
④	蒸発	凝固熱
⑤	蒸発	凝縮熱
⑥	蒸発	昇華熱
⑦	融解	凝固熱
⑧	融解	凝縮熱
⑨	融解	昇華熱

イの解答群

① Aより左
② AからB
③ BからC
④ CからD
⑤ Dより右
⑥ AからC
⑦ AからBおよびCからD
⑧ BからD
⑨ AからD

┌─────┐
│　ウ　│　の解答群
└─────┘

① 　**A**より左　　　　　　　　　② 　**A**から**B**

③ 　**B**から**C**　　　　　　　　④ 　**C**から**D**

⑤ 　**D**より右　　　　　　　　　⑥ 　**A**から**C**

⑦ 　**A**から**B**および**C**から**D**　　⑧ 　**B**から**D**

⑨ 　**A**から**D**

┌─────┐
│　エ　│　の解答群
└─────┘

番　号	う	え
①	質量パーセント濃度	（ⅰ）
②	質量パーセント濃度	（ⅱ）
③	質量パーセント濃度	（ⅲ）
④	質量モル濃度	（ⅰ）
⑤	質量モル濃度	（ⅱ）
⑥	質量モル濃度	（ⅲ）
⑦	モル濃度	（ⅰ）
⑧	モル濃度	（ⅱ）
⑨	モル濃度	（ⅲ）

(2)　物質はそれぞれ固有の化学エネルギーを持っている。化学反応による化学エ
ネルギーの減少分の一部が，光エネルギーとして放出される現象を化学発光と
いう。たとえば，塩基性水溶液中で，触媒を用いてルミノールを　お　で
　か　すると　き　色の発光が見られる。　お　，　か　，
　き　の組み合わせとして正しいものは　オ　である。

　　緑色植物は，光エネルギーを利用して二酸化炭素と水から糖類を合成し，酸
素を発生させる。これを一般に光合成という。ここでは，気体の二酸化炭素と
液体の水から固体のグルコースと気体の酸素のみが生じる化学反応について考
　　　　　(a)
える。ただし，いずれの化学反応および状態変化も 25 ℃，1.013×10^5 Pa の
もとで起こるものとする。

光合成は水が酸化される式（ⅰ）の反応から始まる。

$$2H_2O \rightarrow O_2 + 4H^+ + 4e^- \qquad （ⅰ）$$

この反応を液体の水から気体の酸素と気体の水素が生成する反応とみなした場合，その熱化学方程式は式（ⅱ）のように表される。ただし，25℃，1.013×10^5 Pa における気体の水の生成熱を 242 kJ/mol，液体の水の蒸発熱を 44 kJ/mol とする。

$$2H_2O（液）= O_2（気）+ 2H_2（気）\boxed{\ \ カ\ \ } kJ \qquad （ⅱ）$$

次に，もう一つの反応物である気体の二酸化炭素について考える。25℃，1.013×10^5 Pa における二酸化炭素分子中の C＝O の結合エネルギーを 804 kJ/mol，酸素分子中の O＝O の結合エネルギーを 498 kJ/mol，黒鉛の昇華熱を 716 kJ/mol とすると，気体の二酸化炭素の生成熱は $\boxed{\ \ キ\ \ }$ kJ/mol と求められる。

これまでの記述と 25℃，1.013×10^5 Pa における固体のグルコースの生成熱 1270 kJ/mol をもとに，固体のグルコース 1 mol が生じる際の下線部(a)の化学反応の反応熱は $\boxed{\ \ ク\ \ }$ kJ と求められる。

$\boxed{\ \ オ\ \ }$ の解答群

番　号	お	か	き
①	過酸化水素	還元	青
②	過酸化水素	還元	赤
③	過酸化水素	酸化	青
④	過酸化水素	酸化	赤
⑤	水酸化ナトリウム	還元	青
⑥	水酸化ナトリウム	還元	赤
⑦	水酸化ナトリウム	酸化	青
⑧	水酸化ナトリウム	酸化	赤

カ	の解答群

① － 572　　　　② － 396　　　　③ － 286

④ － 198　　　　⑤ ＋ 198　　　　⑥ ＋ 286

⑦ ＋ 396　　　　⑧ ＋ 484　　　　⑨ ＋ 572

キ	の解答群

① － 1110　　　② － 410　　　　③ － 394

④ － 104　　　　⑤ 104　　　　　⑥ 394

⑦ 410　　　　　⑧ 892　　　　　⑨ 1110

ク	の解答群

① － 4526　　　② － 2810　　　③ － 1952

④ － 274　　　　⑤ 274　　　　　⑥ 304

⑦ 1952　　　　⑧ 2810　　　　　⑨ 4526

(3) 反応に関与しないある溶媒中において，化合物 X と化合物 Y から化合物 Z のみが生じる反応について考える。この反応では，逆反応は起こらず，X または Y のどちらかが完全に消費されなければ反応は完了しないものとする。また，溶媒の密度は常に一定と仮定する。X のモル濃度が c，Y のモル濃度が $3c$ となるように，容器に X，Y および溶媒のみを入れて密閉した。その後，反応が完了したとき，Y および Z のモル濃度はそれぞれ c であった。この結果にもとづくと，化学反応式は式（ i ）となる。

X ＋ [　く　] → Z　　　（ i ）

次に，X のモル濃度が $4c$，Y のモル濃度が $6c$ となるように，容器に X，Y および溶媒のみを入れて密閉した。その後，反応が完了したとき，Z のモル濃度は [　け　] c であった。[　く　]，[　け　] の組み合わせとして正しいものは [　ケ　] である。

　　ある一定の温度において，容器に X，Y および溶媒のみを入れて密閉し，反応開始直前の X と Y のモル濃度と反応開始直後の Z の生成速度との関係について調べたところ，表 1 の結果が得られた。ただし，d は定数である。

表 1

	反応開始直前の X のモル濃度	反応開始直前の Y のモル濃度	反応開始直後の Z の生成速度
実験条件 1	c	$2c$	d
実験条件 2	c	$4c$	$2d$
実験条件 3	c	$6c$	$3d$
実験条件 4	$\dfrac{c}{2}$	$4c$	d
実験条件 5	$\dfrac{3c}{2}$	$4c$	$3d$

この結果から，反応開始直後の Z の生成速度 v を速度定数 k，X のモル濃度 [X] および Y のモル濃度 [Y] を用いて表すと式（ⅱ）となる。

$$v = k \boxed{\quad こ \quad} \qquad （ⅱ）$$

また，k は $\boxed{\quad さ \quad}$ となる。反応開始直前の X および Y のモル濃度が表 1 に示された実験条件 3 の場合，反応開始直後の Y の減少速度は $\boxed{\quad し \quad}$ d となる。$\boxed{\ こ\ }$，$\boxed{\ さ\ }$，$\boxed{\ し\ }$ の組み合わせとして正しいものは $\boxed{\ \ コ\ \ }$ である。

　　反応開始直前の X および Y のモル濃度が実験条件 5 と同じ条件になるように，容器に X，Y，化合物 M および溶媒を入れて密閉した。これを実験条件 6 とする。実験条件 6 において，M それ自身は式（ⅰ）の反応の前後で変化せず，また式（ⅰ）の反応の活性化状態も実験条件 5 における活性化状態から変化しなかった。このとき，実験条件 5 と 6 を比較すると，反応開始直後の Z の生成速度は $\boxed{\ す\ }$，式（ⅰ）の反応の反応熱 $\boxed{\ せ\ }$。$\boxed{\ す\ }$，$\boxed{\ せ\ }$ の組み合わせとして正しいものは $\boxed{\ \ サ\ \ }$ である。

ケ　の解答群

番　号	く	け
①	Y	2
②	Y	3
③	Y	4
④	2 Y	2
⑤	2 Y	3
⑥	2 Y	4
⑦	3 Y	2
⑧	3 Y	3
⑨	3 Y	4

コ　の解答群

番　号	こ	さ	し
①	$[X][Y]$	$\dfrac{d}{2c^2}$	6
②	$[X][Y]$	$\dfrac{d}{2c^2}$	9
③	$[X][Y]$	$\dfrac{d}{4c^3}$	6
④	$[X][Y]$	$\dfrac{d}{4c^3}$	9
⑤	$[X][Y]^2$	$\dfrac{d}{2c^2}$	6
⑥	$[X][Y]^2$	$\dfrac{d}{2c^2}$	9
⑦	$[X][Y]^2$	$\dfrac{d}{4c^3}$	6
⑧	$[X][Y]^2$	$\dfrac{d}{4c^3}$	9

サ	の解答群

番　号	す	せ
①	実験条件5の方が大きく	も実験条件5の方が大きい
②	実験条件5の方が大きく	は実験条件5と6で同じである
③	実験条件5の方が大きく	は実験条件6の方が大きい
④	実験条件5と6で同じであり	は実験条件5の方が大きい
⑤	実験条件5と6で同じであり	も実験条件5と6で同じである
⑥	実験条件5と6で同じであり	は実験条件6の方が大きい
⑦	実験条件6の方が大きく	は実験条件5の方が大きい
⑧	実験条件6の方が大きく	は実験条件5と6で同じである
⑨	実験条件6の方が大きく	も実験条件6の方が大きい

(4) 絶対温度 T の条件下で，液体状態の化合物Aに，圧力 P，体積 V_1 の気体ヘリウムをゆっくり通じたところ，Aの一部が蒸発して，気体Aが飽和した，圧力 P，体積 V_2 の混合気体が生じた。このとき，液体状態のAの質量は気体ヘリウムを通じる前と比べて w 減少していた。ただし，$V_2 > V_1$ である。温度 T におけるAの飽和蒸気圧は　シ　であり，Aのモル質量は　ス　である。生じた混合気体のみをすべて体積可変の容器に捕集して，密閉した。この体積可変の容器内に気体のみが存在し，温度 T，圧力 P の条件下で混合気体の体積が V_2 となっている状態をXとする。ただし，すべての気体は理想気体とみなし，気体定数は R とする。また，液体状態のAに通じた気体ヘリウムはすべて混合気体に含まれており，気体ヘリウムの凝縮，昇華(凝華)および液体状態のAへの溶解は起こらないものとする。なお，以下のすべての過程で液体の体積は無視できると仮定する。

　Xの状態から開始し，温度を T に保ちながら容器内部の体積を　セ　まで減少させて一定に保ったところ，容器中に気体として存在していたAの一部が凝縮して，容器内部の圧力は一定となった。このとき，Xの状態で気体として存在していたAの物質量に対する凝縮したAの物質量の割合は r_1 であった。ただし，$0 < r_1 < 1$ である。

　　状態を X に戻したのち，温度を T で一定に保ったまま容器内部の圧力を $5P$ まで変化させて一定に保った。十分な時間が経過したとき，容器内部には液体が存在し，容器内部の圧力が $5P$，体積が $\boxed{\text{ソ}}$ で一定となった。X の状態で気体として存在していた A の物質量に対する凝縮した A の物質量の割合は $\boxed{\text{e}}$ である。

$\boxed{\text{シ}}$ の解答群

① P　　② $\dfrac{RT}{V_1}$　　③ $\dfrac{RT}{V_2}$

④ $\dfrac{PV_2}{V_1}$　　⑤ $\dfrac{PV_1}{V_2}$　　⑥ $\dfrac{P(V_2-V_1)}{V_1}$

⑦ $\dfrac{P(V_2-V_1)}{V_2}$　　⑧ $\dfrac{PV_1}{V_2-V_1}$　　⑨ $\dfrac{PV_2}{V_2-V_1}$

$\boxed{\text{ス}}$ の解答群

① $\dfrac{wV_1}{V_2}$　　② $\dfrac{wRT}{PV_1}$　　③ $\dfrac{wRT}{PV_2}$

④ $\dfrac{wRTV_1}{PV_2^2}$　　⑤ $\dfrac{wRT}{P(V_2-V_1)}$　　⑥ $\dfrac{wRTV_1}{PV_2(V_2-V_1)}$

⑦ $\dfrac{wRT(V_2-V_1)}{PV_1V_2}$　　⑧ $\dfrac{wRTV_1}{P(V_2-V_1)^2}$　　⑨ $\dfrac{wRTV_2}{P(V_2-V_1)^2}$

$\boxed{\text{セ}}$ の解答群

① r_1V_2　　　　　　　② $(1-r_1)V_2$

③ $\dfrac{V_2}{r_1}$　　　　　　　④ $r_1(V_2-V_1)$

⑤ $(1-r_1)(V_2-V_1)$　　　⑥ $V_1+(1-r_1)V_2$

⑦ $(1-r_1)V_1+V_2$　　　⑧ $r_1V_1+(1-r_1)V_2$

⑨ $(1-r_1)V_1+r_1V_2$

$\boxed{\text{ソ}}$ の解答群

① $\dfrac{V_1}{5}$　　　　② $\dfrac{V_2}{5}$　　　　③ $1+\dfrac{V_2^2}{5V_1}$

④ $1 + \dfrac{V_1^2}{5 V_2}$ ⑤ $\dfrac{V_1^2}{V_1 + 5 V_2}$ ⑥ $\dfrac{V_2^2}{V_1 + 5 V_2}$

⑦ $\dfrac{V_1^2}{4 V_1 + V_2}$ ⑧ $\dfrac{V_1 V_2}{V_1 + 4 V_2}$ ⑨ $\dfrac{V_1 V_2}{V_1 + 5 V_2}$

〔F〕　次の文章を読み，文中の空欄 ［　ア　］ ～ ［　ス　］ に最も適するものをそれ
ぞれの解答群の中から一つ選び，解答用紙の所定の欄にその番号をマークしなさ
い。また，空欄 ［　f_1　］ に適する**分子式**を，空欄 ［　f_2　］ に適する**構造式**
を，それぞれ解答用紙の所定の欄に**丁寧に**記入しなさい。

原子量が必要な場合は，次の値を用いなさい。

H = 1.0，C = 12.0，N = 14.0，O = 16.0

(1)　次の記述 i ）～iv）は有機化合物や高分子化合物の性質，反応および製法に関
するものである。

i ）常温・常圧下における，以下の各化合物の同じモル濃度の水溶液のなかで
は，［　ア　］ の水溶液が最も強い酸性を示す。

［　ア　］ の解答群

① アニリン　　　　　　　　② エタノール

③ グリセリン　　　　　　　④ 酢酸

⑤ 二酸化炭素　　　　　　　⑥ ニトロベンゼン

⑦ フェノール　　　　　　　⑧ フマル酸

⑨ ベンゼンスルホン酸

ii ）単糖であるグルコースやフルクトースは，水溶液中では環状構造と鎖状構
造の平衡状態で存在している。鎖状構造のグルコースには ［　あ　］ がある
ので，グルコースの水溶液は還元性を示す。また，鎖状構造のフルクトース
にも酸化されやすい ［　い　］ 部分があるので，フルクトースの水溶液も還
元性を示す。このため，グルコースやフルクトースの水溶液にフェーリング

液を加えて加熱すると，　う　の赤色沈殿が生じる。　あ　，
い　，　う　の組み合わせとして正しいものは　イ　であ
る。

イ　の解答群

番　号	あ	い	う
①	$-CHO$	$\overset{O}{\underset{\parallel}{-C}}-CH_2OH$	CuO
②	$-CHO$	$\overset{O}{\underset{\parallel}{-C}}-CH_2OH$	Cu_2O
③	$-CHO$	$-COOCH_3$	CuO
④	$-CHO$	$-COOCH_3$	Cu_2O
⑤	$-COOH$	$\overset{O}{\underset{\parallel}{-C}}-CH_2OH$	CuO
⑥	$-COOH$	$\overset{O}{\underset{\parallel}{-C}}-CH_2OH$	Cu_2O
⑦	$-COOH$	$-COOCH_3$	CuO
⑧	$-COOH$	$-COOCH_3$	Cu_2O

ⅲ）タンパク質中に，　ウ　のようにベンゼン環をもつアミノ酸が含まれ
るとキサントプロテイン反応を示す。

ウ　の解答群

① アスパラギン酸　　② アラニン　　　　③ グルタミン酸

④ グリシン　　　　　⑤ システイン　　　⑥ セリン

⑦ チロシン　　　　　⑧ メチオニン　　　⑨ リシン

ⅳ）多価カルボン酸またはその無水物と多価アルコールの縮合重合によって得
られる樹脂を　エ　という。

| エ | の解答群

① アクリル樹脂　　　② アルキド樹脂　　　③ エポキシ樹脂

④ シリコーン樹脂　　⑤ 尿素樹脂　　　　　⑥ フェノール樹脂

⑦ フッ素樹脂　　　　⑧ ポリプロピレン　　⑨ メラミン樹脂

(2) ベンゼン環の炭素原子にヒドロキシ基が直接結合した化合物を総称してフェ
ノール類という。フェノールは　　え　　とも呼ばれ，常温・常圧下において
無色の　　お　　である。フェノールは，クメン法によりベンゼンと
　　か　　から三段階の反応を経てつくられる。　え　，　お　，
　か　　の組み合わせとして正しいものは　　オ　　である。

　　フェノールは様々な反応により多様な芳香族化合物へ変換できる。フェノー
ルとナトリウムを反応させると，ナトリウムフェノキシドが生じる。ナトリウ
ムフェノキシドに高温・高圧のもとで　　き　　を反応させたあと，
　く　　を作用させると　　け　　が得られる。　き　，　く　，
　け　　の組み合わせとして正しいものは　　カ　　である。

　　氷水で冷却した塩化ベンゼンジアゾニウムの水溶液にナトリウムフェノキシ
ドの水溶液を加えると，　　こ　　を含む芳香族化合物が生じる。なお，塩化
ベンゼンジアゾニウムは，低温の水溶液中では安定に存在するが，水温が5℃
以上になると，　　さ　　を含む芳香族化合物になる。　こ　，
　さ　　の組み合わせとして正しいものは　　キ　　である。

　　フェノールに濃硝酸と濃硫酸の混合物を加えて加熱すると，ベンゼン環が段
階的にニトロ化されて，最終的に　　ク　　が生成する。いま，1.410 gのフ
ェノールに濃硝酸と濃硫酸の混合物を加えて加熱したところ，加えた濃硝酸が
不足していたため，　　ク　　とジニトロフェノールの混合物が3.300 g生じ
た。この混合物における　　ク　　とジニトロフェノールの物質量比を一桁の
整数の比で表すと，　　ク　　：ジニトロフェノール＝　　ケ　　である。
ここでは，フェノールのニトロ化は理想的に進行し，すべてのフェノールおよ
びすべての硝酸は　　ク　　とジニトロフェノールのみに変化したものとす
る。

オ　の解答群

番　号	え	お	か
①	石炭酸	液体	プロパン
②	石炭酸	液体	プロペン
③	石炭酸	固体	プロパン
④	石炭酸	固体	プロペン
⑤	葉酸	液体	プロパン
⑥	葉酸	液体	プロペン
⑦	葉酸	固体	プロパン
⑧	葉酸	固体	プロペン

カ　の解答群

番　号	き	く	け
①	水素	希硫酸	安息香酸
②	水素	希硫酸	サリチル酸
③	水素	水酸化ナトリウム水溶液	安息香酸
④	水素	水酸化ナトリウム水溶液	サリチル酸
⑤	二酸化炭素	希硫酸	安息香酸
⑥	二酸化炭素	希硫酸	サリチル酸
⑦	二酸化炭素	水酸化ナトリウム水溶液	安息香酸
⑧	二酸化炭素	水酸化ナトリウム水溶液	サリチル酸

| キ | の解答群 |

番　号	こ	さ
①	$-NH_2$	$-NH_3Cl$
②	$-NH_2$	$-NHCOCH_3$
③	$-NH_2$	$-OH$
④	$-N=N-$	$-NH_3Cl$
⑤	$-N=N-$	$-NHCOCH_3$
⑥	$-N=N-$	$-OH$
⑦	$-NO_2$	$-NH_3Cl$
⑧	$-NO_2$	$-NHCOCH_3$
⑨	$-NO_2$	$-OH$

| ク | の解答群 |

① 安息香酸　　　　　　　　　② 酢酸フェニル

③ 2,4,6-トリニトロトルエン　　④ 2,4,6-トリブロモフェノール

⑤ ニトロトルエン　　　　　　⑥ ニトロベンゼン

⑦ ピクリン酸　　　　　　　　⑧ フタル酸

⑨ ベンゼンスルホン酸

| ケ | の解答群 |

① 1：4　　　　　　② 2：3　　　　　　③ 1：3

④ 1：2　　　　　　⑤ 1：1　　　　　　⑥ 2：1

⑦ 3：1　　　　　　⑧ 3：2　　　　　　⑨ 4：1

(3) 環状構造を一つだけもつ，分子量が 50 ～ 100 の範囲内にある炭化水素 A お
よび B について実験をおこない，記述 i)，ii)，iv)および v)の結果を得
た。また，炭化水素 B の構造異性体を用いて実験をおこない，記述 iii)と vi)
の結果を得た。

ⅰ）**A**と**B**をそれぞれ123 mgはかりとり，酸素気流下において完全燃焼させたところ，いずれの場合も396 mgの二酸化炭素と135 mgの水のみが生じた。

ⅱ）**A**と**B**のそれぞれに，白金を触媒として水素を室温で作用させたところ，いずれの場合も**C**のみが得られた。

ⅲ）**B**の環状構造を構成する炭素原子の数と同じ数の炭素原子で構成される環状構造を，唯一の環状構造としてもつ**B**の構造異性体をすべて準備し，それぞれに対して白金を触媒として水素を室温で作用させたところ，いずれの場合も**C**のみが得られた。

ⅳ）**A**と**B**のそれぞれを，過マンガン酸カリウムの酸性水溶液に加えて加熱かくはんしたところ，次頁の**参考**で示した酸化反応だけが理想的に進行し，**A**からは不斉炭素原子をもつ**D**のみが，**B**からは不斉炭素原子をもたない**E**のみが得られた。

ⅴ）**D**と**E**のそれぞれを，ヨウ素を含む水酸化ナトリウム水溶液に加えて加熱かくはんしたところ，**E**を含む溶液でのみ黄色の沈殿が生じた。また，**E**を反応させた溶液では，黄色の沈殿の生成に伴って有機化合物**F**のナトリウム塩が生成した。このナトリウム塩を塩酸で中和すると，有機化合物**F**が遊離した。

ⅵ）**B**の環状構造を構成する炭素原子の数よりも一つ多い数の炭素原子で構成される環状構造をもつ**B**の構造異性体を準備し，過マンガン酸カリウムの酸性水溶液に加えて加熱かくはんしたところ，次頁の**参考**で示した酸化反応だけが理想的に進行し，**G**のみが得られた。

参考：アルケンやシクロアルケンを過マンガン酸カリウムの酸性水溶液中で加熱すると，アルケンやシクロアルケンの二重結合部分が開裂し，カルボニル基をもつ化合物を与える。二重結合を形成している炭素原子に炭化水素基のみが結合している場合はケトンが生じる。一方，二重結合を形成している炭素原子に水素原子が結合している場合，いったん生じたアルデヒドはさらに酸化されてカルボン酸になる。図1にR^1，R^2およびR^3が炭化水素基であるアルケンの反応を例示する。

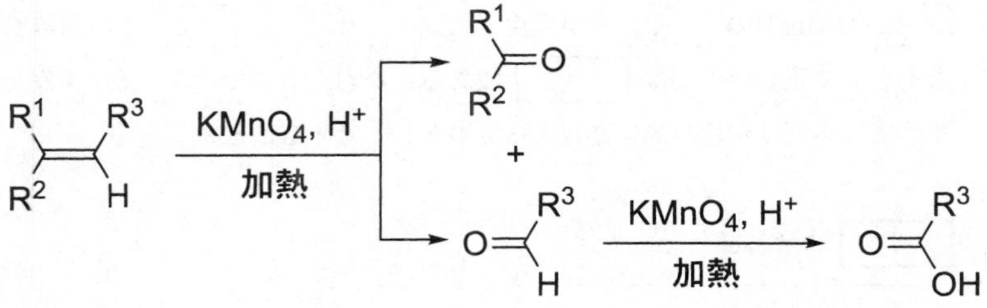

図1

(a)　問題文と記述ⅰ)にもとづけば，炭化水素**A**の分子式は　$\boxed{f_1}$　である。

(b)　記述ⅴ)において，**E**を含む溶液から生成した黄色の沈殿は，　$\boxed{し}$　原子を全部で　$\boxed{す}$　個もつ化合物である。　$\boxed{し}$　，　$\boxed{す}$　の組み合わせとして正しいものは　$\boxed{コ}$　である。

$\boxed{コ}$　の解答群

番　号	し	す
①	水素	2
②	水素	3
③	水素	4
④	炭素	2
⑤	炭素	3
⑥	炭素	4
⑦	ヨウ素	2
⑧	ヨウ素	3
⑨	ヨウ素	4

(c)　記述ⅴ)で生成した有機化合物**F**をn〔mol〕準備し，十分な量の炭酸水素ナトリウム水溶液を加えて室温で穏やかにかくはんしたところ，

せ〔mol〕の そ が発生した。 せ ， そ の組み合わせとして正しいものは サ である。なお，ここでは そ が発生する反応だけが理想的に進行するものとして考えること。

サ の解答群

番 号	せ	そ
①	n	O_2
②	n	H_2
③	n	CO_2
④	$2n$	O_2
⑤	$2n$	H_2
⑥	$2n$	CO_2
⑦	$3n$	O_2
⑧	$3n$	H_2
⑨	$3n$	CO_2

(d) 記述 vi）で生成した **G** とヘキサメチレンジアミンの混合物を加熱したところ，縮合重合が進行し，鎖状の高分子化合物 シ が得られた。

シ の解答群

① $$\left[\begin{array}{c} C-(CH_2)_4-N \\ \| \quad\quad\quad\quad | \\ O \quad\quad\quad\quad H \end{array} \right]_n$$

② $$\left[\begin{array}{c} C-(CH_2)_5-N \\ \| \quad\quad\quad\quad | \\ O \quad\quad\quad\quad H \end{array} \right]_n$$

③ $$\left[\begin{array}{c} C-(CH_2)_6-N \\ \| \quad\quad\quad\quad | \\ O \quad\quad\quad\quad H \end{array} \right]_n$$

④ $$\left[\begin{array}{c} C-(CH_2)_4-N-(CH_2)_6-N \\ \| \quad\quad\quad\quad | \quad\quad\quad\quad\quad | \\ O \quad\quad\quad\quad H \quad\quad\quad\quad\quad H \end{array} \right]_n$$

⑤　$\left[\begin{array}{c} C-(CH_2)_5-N-(CH_2)_6-N \\ \parallel \qquad\quad | \qquad\qquad\quad | \\ O \qquad\quad H \qquad\qquad\quad H \end{array}\right]_n$

⑥　$\left[\begin{array}{c} C-(CH_2)_6-N-(CH_2)_6-N \\ \parallel \qquad\quad | \qquad\qquad\quad | \\ O \qquad\quad H \qquad\qquad\quad H \end{array}\right]_n$

⑦　$\left[\begin{array}{c} C-(CH_2)_3-C-N-(CH_2)_6-N \\ \parallel \qquad\quad \parallel\,| \qquad\qquad\quad | \\ O \qquad\quad O\,H \qquad\qquad\quad H \end{array}\right]_n$

⑧　$\left[\begin{array}{c} C-(CH_2)_4-C-N-(CH_2)_6-N \\ \parallel \qquad\quad \parallel\,| \qquad\qquad\quad | \\ O \qquad\quad O\,H \qquad\qquad\quad H \end{array}\right]_n$

⑨　$\left[\begin{array}{c} C-\bigcirc-C-N-(CH_2)_6-N \\ \parallel \qquad\quad \parallel\,| \qquad\qquad\quad | \\ O \qquad\quad O\,H \qquad\qquad\quad H \end{array}\right]_n$

(e)　**B** の環状構造を構成する炭素原子の数よりも一つ少ない数の炭素原子で構成される環状構造を，唯一の環状構造としてもつ **B** の構造異性体は，全部で　　ス　　個ある。なお，ここでは立体異性体は区別しないで考えること。

　　　ス　　の解答群

　　①　4　　　　　　　　②　5　　　　　　　　③　6

　　④　7　　　　　　　　⑤　8　　　　　　　　⑥　9

　　⑦　10　　　　　　　⑧　11　　　　　　　⑨　12

(f)　問題文と記述 ⅰ)〜ⅴ)にもとづけば，**D** の構造式を　　f_2　　と特定できる。

解 答 編

英 語

Ⅰ　**解答**　**A.**（国連は an international migrant を）通常の居住国外に 1 年間以上滞在している人（と定義している。）（10 字以上 20 字以内）

B.（What is）more

C. origin

D. 実際ヨーロッパに入る人々は概して<u>許可なく</u>入っている

1 —④　2 —⑤　3 —①　4 —②　5 —③　6 —②

7. 2 番目：④　6 番目：⑤　**8** —⑤　**9** —③　**10** —④　**11** —④　**12** —③

13 —④　**14** —⑤　**15** —⑤　**16** —①

〰〰〰〰〰〰〰〰〰〰〰〰〰〰〰〰 **全 訳** 〰〰〰〰〰〰〰〰〰〰〰〰〰〰〰〰

《国際移住の規模と力学》

1　国際連合（UN）は，通常居住している国の外に少なくとも 1 年間滞在している人を，国際移民と定義している。この定義によると，2013 年には世界中で約 2 億 3200 万人の国際移民がいる，と国連は推定した。これは，世界中で 4 番目に人口が多い国，インドネシアの人口にほぼ相当する。今日，世界の 35 人に 1 人が国際移民である。

2　別の言い方をすれば，今日の世界人口のわずか 3 ％しか国際移民はいないのである。しかし，移住は移住する人々以外にも，はるかに多くの人々に影響をもたらしている。国内外において，重要な社会・経済・政治的影響をもたらしているのだ。影響力のある書籍『移民の時代』の著者スティーブン＝カースルズ，ハインツ＝デ＝ハースとマーク＝ミラーによれば

　　今日先進国であれ発展途上国であれ，移住とその影響について個人的に

経験していない人などほとんどいないであろう。この普遍的な経験であることが，移民時代の特徴となっているのだ。

1990年と2013年の間に，世界中の国際移民の数は7700万人，つまり50％増加した。2013年までに約1億3500万人の移民が先進国に住み，9500万人が発展途上国に住んでいた。ヨーロッパに約7200万人，アジアに7000万人，北米に5300万人，アフリカに1800万人，中南米とオーストラリアの両方に約800万人の移民がいた。2000年には世界の移民のほぼ20％，約4600万人が米国に住んでいた。ロシア連邦は，移民にとって2番目に重要な受け入れ国で，約1100万人，次いでドイツ，サウジアラビア，アラブ首長国連邦，イギリスが続き，それぞれ800万から1000万人の移民を受け入れていた。

③　ほとんどの移民が，どの国から来ているかを言うのははるかに難しい。それは主に，出身国のほうは国民の何人が海外に住んでいるのかを記録していないためだ。ただ，現在少なくとも，3500万人の中国人，2000万人のインド人，800万人のフィリピン人が母国外に住んでいると推定されている。

④　これらの事実と数字は衝撃的なメッセージを伝えている。それは，今日の国際移住は世界のあらゆる地域に影響を及ぼしているということだ。「南」から「北」への移動が世界全体の移住に占める比重は増加してきた。実際，［省略］人々が貧困国を離れて富裕国に向かう強力な理由があるのだ。

［省略］

⑤　国際移住の規模や地理の変化に加えて，以前の傾向や過程からの重要な逸脱を示す少なくとも3つの傾向がある。まず，移民に占める女性の割合が急速に増加している。2013年には世界の移民のほぼ半数が女性であった。そのうえ，伝統的に女性は海外にいるパートナーに合流するために移住していたのだが，今日パートナーが移住先にいるかいないかとは関係なく移住する女性の割合が増えている。つまり，女性は残していく家族にとって，主な稼ぎ手であることが多いのだ。

［省略］

⑥　次なる傾向は，出身国，中継国，そして目的地国の間の，これまでの慣

習的な区別があいまいになっていることだ。今日，世界中のほぼすべての
国が，３つのすべての役割を果たしている。つまり移民がそういった国の
すべてを離れ，通過し，またすべての国に向かうということだ。おそらく，
この力学を，地中海以上によく例証している場所は世界のどこにもない。
およそ50年前，北アフリカと南ヨーロッパのすべての国は，主に北ヨー
ロッパに出稼ぎに行っていた移民にとっての出身国であった。およそ20
年前，南ヨーロッパは，北アフリカの人々が南ヨーロッパの発展しつつあ
る国々に出稼ぎに来ることが増え，同時に，南ヨーロッパの人々の中でも
はや仕事を求めて北に向かう動機をもつ人々が減るにつれて，移住して出
て行く地域から移住して来る地域に変わっていった。少なくともアラブの
春まで，北アフリカもまた，サハラ以南のアフリカからやって来る移民の
数が増加するにつれて，出発地から中継地および目的地へと変わり始めて
いた。多くの移民は長い期間中継地にとどまるが，ほとんどの移民は地中
海を渡るつもりなのだ。実際ヨーロッパに入る人々は，概して許可なく入
っている。現在北アフリカの人々は，彼ら自身が北アフリカの地から逃れ
ようとしていて，北アフリカは移住のための，同時に出発地，中継地そし
て目的地となっている。

⑦　最後に，ここ数世紀の間に起こった主要な動きのほとんどは永続的なも
のであったが，今日では一時的な移住がはるかに重要になってきている。
人生のほとんどを海外で生活してきた人でさえ，生まれた地に戻る夢を抱
くことがよくあり，現在では，人々がある国から別の国に移住し，残りの
人生の間そこにとどまることは比較的珍しいことなのだ。

===== 解　説 =====

A. 解答用紙には，「国連は an international migrant を～と定義してい
る」とあり，～の部分が20字のマス目となっている。that definition「そ
の定義」は第１段第１文（The United Nations …）の defines「定義す
る」以下が該当箇所。define O as C「OをCだと定義する」が長さの関
係で define as C O となっているので，a person 以下を訳せばいいことに
なる。a person が先行詞，who 以下が関係代名詞節。stays は「滞在す
る」で outside their usual country of residence は「自分たちの通常の居
住国の外に」が直訳。ちなみに，their は先行詞の a person を受けている。
a person は，以前は his や his or her などで受けていたが，男女平等の

観点から複数形の their にすれば男女の区別なく使えるという利点がある
ので，最近は their が主流になりつつある。for は「〜の間」，at least は
「少なくとも」の意味。

B. 解答用紙には What is が印字されている。「そのうえ」を表すのは
What is more である。more が正解。what is worse「さらに悪いことに
は」や what is more important「さらに重要なことには」，what is more
surprising「さらに驚いたことには」などいろいろな変形バージョンがあ
る。what が副詞節を導き，文頭に用いられたり，文中に挿入されたりす
る。

C. 空所Cの前文で，かつては移民として国民が出ていく地域だった南ヨ
ーロッパが，移民が入ってくる側に変わった，という内容があり，それを
受けて，「北アフリカもまた」なので，「　C　から中継地，目的地へと
変わり始めていた」の空所には「出身地」という意味の語が入る。同段落
第 1 文（Another trend is …）に countries of origin, transit, and
destination とあることを考えると，origin が正解。

D. Those が全体の S，do so の do が V である。Those who は「〜する
人々」の意味。ここでの「人々」はサハラ以南からの移民のことだが，
「人々」の訳で十分だろう。who do enter Europe が関係代名詞節で，節
内は enter が V'，Europe が O'となる。do は動詞を強調しており「実際，
本当に」などと訳す。「実際ヨーロッパに入る人々は」となる。on the
whole は「概して，総じて」の意味で，後ろを修飾することも可能なので，
ここも do so without authorization を修飾している。do so「そうする」
は enter Europe のことで，全体は「実際ヨーロッパに入る人々は概して
許可なく入っている」が和訳となる。

1. 下線部を含む文の主語である This は前文の about 232 million を受け
ていて，文全体の意味は「これは，地球上で 4 番目に人口が多い国，つま
りインドネシアの人口にほぼ相当する」となるので，「約 2 億 3200 万」の
数字に最も近い選択肢が正解ということになる。

2. put に「〜を言う，表現する」の意味がある。to put it briefly「手短
に言えば」のように通例副詞などを伴い，it が目的語のことが多い。本文
では，空所の直後の this は第 1 段最終文（One in every …）の One in
every thirty-five people in the world today is an international migrant.

「今日，世界の 35 人に 1 人が国際移民である」を受けていて，空所を含む
文の直訳は「このことを言う別の方法は，今日の世界の人口のわずか 3％
が国際移民であるということだ」となる。つまり，移民が「35 人に 1 人」
という内容を人口の「わずか 3％」と言い換えている。

3. 空所を含む文の 1 つ前の文（But migration affects …）で「移住は移
住する人々だけでなくはるかに多くの人々に影響をもたらしている」と述
べられている。それを受けて，「（移住は）国内外において重要な社会・経
済・政治的影響をもたらしている」とつながるのが自然な流れだ。at
home は「自国で，国内に」の意味があり，前後に「外国に，海外で」な
どを表す表現があるのが基本なので，abroad「海外で」が正解となる。
②「欠席した」　③「見捨てられた」　④「絶対的に」　⑤「乗って」

4. 空所の直後は do not have となっているので，関係代名詞の主格とな
る。先行詞は「個人的な経験をもっていない」の内容から考えて「人」を
表す名詞となりそうだ。few people が先行詞なので，人を先行詞とする
主格の関係代名詞の who が正解。

5. 空所の前の部分は「数が増えた」という意味で，空所の次には数字と
割合がきているので，差の度合いを表す前置詞 by が正解。

6. host country は「開催国，主催国」や「受入国」の意味があるが，
どちらも海外から人を受け入れる国という意味では変わりはない。下線部
の直後に for migrants「移民にとって」とあり，アメリカに次いでロシア
連邦が 2 番目に移民が住んでいるということなので，②「受入国」が正解。

7. 語群を見ると，It is＋形容詞＋to〜 の構文とわかる。It は形式主語
で，to 以下が真主語。to 不定詞の動詞は say しかない。形容詞の部分は，
比較級を強調する「はるかに」の意味の much がかかった much harder
で，It is much harder to say 〜 までができる。say の目的語は which が
あるので，間接疑問文である。間接疑問文なので，which countries のあ
とには S V の語順 most migrants come from となる。

　It is <u>much harder</u> to say which countries <u>most migrants</u> come from
「ほとんどの移民がどの国から来ているかを言うのははるかに難しい」

8. figure の第一義は「数字」である。第 3 段最終文（It has been …）
に at least 35 million や 20 million，8 million と数字が 3 つあるので
figures と複数形になっている。

9. 空所の後ろに「人々が貧困国を離れて富裕国に向かう強力な理由がある」とある。次に空所の前に Movements from 'South' to 'North'「『南』から『北』への移動」とある。poorer countries ≒ South, richer countries ≒ North の関係が成り立つことがわかる。貧困国から富裕国に行く強力な理由があるということは，「南」から「北」への移動が増えたと考えるのが妥当で③が正解。

10. 下線部の three trends「3つの傾向」についての記述は，第5段第2文（First, the proportion …）の First 以下，第6段第1文（Another trend is …）の Another trend 以下，第7段第1文（Finally, while most …）の Finally 以下である。正解の④は第6段第5文（About twenty years …）が該当箇所。北アフリカの人々が南ヨーロッパの国々に働きに行く数が増えているとある。北アフリカの人々が南ヨーロッパの国々に行くには地中海を通るわけなので，「地中海を避ける傾向にある」の部分が合致しない。

①は第5段第2文（First, the proportion …）に記述があり，1つ目の trend について述べている。②は第6段第2文（Today almost every …），③は同段第5文（About twenty years …）で，ともに2つ目の trend について述べている。⑤は第7段第2文（Even people who …）が該当箇所で3つ目の trend について述べており，①，②，③，⑤はいずれも本文と合致した内容となっている。

11. independently は「独立して，自立して」が直訳だが，何から独立，自立しているのかを考えることが重要。さらには，下線部を含む文が whereas を使って主文と対比関係になっている。whereas の節は，「伝統的に女性は海外にいるパートナーに合流するために移住していた」とあるので，それと反対の内容としては，「パートナーが移住先にいるかいないかにかかわらず」である。

12. blurring は blur「（境界線などが）ぼやける，あいまいになる」という動詞の動名詞である。次の文（Today almost every …）「世界中のほぼすべての国が3つのすべての役割を果たしている。つまり移民がそういった国のすべてを離れ，通過し，そこに向かう」より，「出身国，中継国，目的地国の区別」が「あいまい」になっているということである。

13. 下線部を含む文は no＋単数名詞と比較級で最上級の意味を表してい

る。「この力学を地中海以上によく例証している場所は世界のどこにもない」は「この力学を世界で最もよく例証しているのは，地中海である」ということであり，正解は④である。

14. 下線部の economy には「（経済面から見た）国家」の意味がある。its は単数名詞を受けるので Southern Europe を受けると考えるのが妥当だ。「南ヨーロッパ」はいくつかの国からなるので，economies と複数形になっている。北アフリカの人々がますます出稼ぎに来る目的地は，下線部を含む文前半より南ヨーロッパなので，その南ヨーロッパをさして its と言っている。

15. permanent「永遠の」の対義語は temporary「一時的な」であり，temporary migration で，永住でない，「一時的な移住」という文脈に沿った意味になるので，⑤が正解。①「正式な」 ②「逆の」 ③「第一の」 ④「定期的な」

16. 今日では一時的な移住がはるかに重要になっている，という内容のあとを受けたところが空所の前後である。選択肢は動詞 remain のさまざまな形なので，文法的に，空所直前の and が何と何を並列しているかを考えればよい。空所を含む文の後半は，it is ＋形容詞＋for *A* to *do* の構文で，空所は to migrate の migrate （動詞の原形）と and で並列されている箇所なので，原形の① remain が正解となる。

II 解答 **17**—④ **18**—③ **19**—① **20**—② **21**—⑤ **22**—③
23—④ **24**—⑤ **25**—② **26**—①

・・・・・・・・・・・・・・・・・・・・・・・・・・・・・・・・・ 全 訳 ・・・・・・・・・・・・・・・・・・・・・・・・・・・・・・・・・

《近代化学の父ラヴォワジエ》

① 近代化学を確立するためおそらくほかの誰より貢献した人物は，アントワーヌ-ローラン・ラヴォワジエであり，彼は18世紀後半に活動した，生意気で野心があり，信じられないほど裕福な若いフランス人であった。1743年にパリの裕福な法律一家に生まれた彼は，父親の莫大な遺産を使って，パリのアーセナルにある彼個人の実験室に，金で買える限り最も精巧な化学機器を備えていた。彼は妻であり化学者仲間であるマリー-アンヌ・ピエレット・ポールズの助けを借りて，古代ギリシアから受け継がれた古い考えを体系的に解体し，化学元素という近代的概念を考案すること

によって，化学に彼自ら言うところの「革命」をもたらした。

2　物質世界の万物はいくつかの基本的物質，つまり元素で成り立っている
という考えは，何千年も前から存在していた。さまざまな元素理論が，エ
ジプト，インド，中国そしてチベットを含めた古代文明には存在している。
古代ギリシア人は，物質世界は4大元素，つまり土，水，空気そして火で
成り立っていると主張した。しかし，古代ギリシア人が元素と考えたもの
と，私たちが高校で習う化学元素の定義とには，大きな違いがある。

3　近代化学において元素は，炭素，鉄，あるいは金のような，分解される
こともほかの何かに変換されることもできない物質である。他方，古代ギ
リシア人は，土，水，空気そして火はお互いへと変換されることが『可
能』だと考えていた。4大元素のほかに，彼らは4つの「性質」つまり熱，
冷，乾そして湿という考えを加えた。土は冷たく乾いている，水は冷たく
湿っている，空気は熱く湿っている，そして火は熱く乾いているというこ
とだった。このことは，ある元素を別の元素に変換することが，その性質
を加えたり除いたりすることによって可能になる，たとえば，水（冷たく
て湿っている）に熱を加えれば，空気（熱く湿っている）になることを意
味していた。この物質に関する理論は，錬金術を行うことにより，ある物
質を別の物質に——最も有名なところでは普通の金属を金に——変形す
る，つまり「変質する」可能性を提起した。

4　ラヴォワジエが最初に攻撃したのは，変質という考えであった。彼の最
も偉大な大発見の多くと同様に，彼のアプローチは単純な仮説に基づいて
いた。つまり，質量は化学反応において常に保存されている，という仮説
である。言い換えれば，実験の最初にすべての成分の重さを量り，わずか
な気体の漏れもないように注意しながら，実験の終わりにすべての生成物
の重さを量れば，質量は同じである。化学者たちはしばらく前からこの仮
説を立てていたが，ラヴォワジエこそが，非常に正確な（そして高価な）
計量機を駆使することで，1773年に彼自身の入念な実験の結果を発表し，
この考えを世に広めたのである。

===== 解　説 =====

17. 第1段第1文（The person who …）に「18世紀の後半に活動した」
とある。④の1743以外，生まれた年としては不適切である。

18. 「最も精巧な化学機器」とは，ここでは化学の実験で使われる精巧な

実験装置ということだが，具体例は第4段最終文（Chemists had been…）に a set of extremely precise（and expensive）weighing scales「非常に正確な（そして高価な）計量機一式」とあるように，③「計量機」が適切である。apparatus「機器」の意味がわからなくても，実験室に備え付けるものなので，容易に推測できるであろう。①「遺産，相続」　②「4つの性質」　④「基本的物質」　⑤「材料，成分」

19. 動名詞 dismantling 以下は，その後ろに and でつながれた inventing 以下とともに，化学に革命をもたらした方法を表す。目的語は「古代ギリシアから受け継がれた古い考え方」なので，壊す，とか否定する，といった意味と類推できる。また，dismantle の dis- という接頭辞は，反対，除去，分離を表すことからも正解は①「解体する」と推測できる。

20. 直前の or は，「すなわち，つまり」の意味で，直前にある basic substances を言い換えている。「基本的な物質」に近いものは② elements である。この elements は，続く第2段第2文（Different element theories…），同段第3文（The ancient Greeks…）等にも出てくる。ここは「要素」の意味ではなく「元素」の意味。

21. 下線部は「古代ギリシア人が元素と考えたもの」の意味。第2段第3文（The ancient Greeks…）が該当箇所。「古代ギリシア人は，物質世界は4大元素，つまり土，水，空気そして火で成り立っていると主張した」とあるので，古代ギリシア人の考えた元素とは「土，水，空気そして火」のいずれかということになる。

22. 空所を含む文の最初に On the other hand「その一方で，他方」がある。この表現は対比を表している。第3段第1文（In modern chemistry,…）では，現代化学の元素はほかの何かに変換されることはできない，とある。他方，古代ギリシア人は，元素はお互いに変形されることができると考えたようだ。お互いに変形されることができるとは，あとで説明されているが，水を空気に変形したり，空気を水に変形したりすることが可能だと考えたということである。one another「お互い」が適切である。

23. 第3段第2文冒頭の On the other hand は，現代化学と古代ギリシア人の元素に対する考え方の対比を表していることは前問で説明した。その On the other hand のあとで，古代ギリシア人は4大元素を考案し，その4大元素のほかに4つの性質というものを加えたと言っている。

they は前文の主語である古代ギリシア人と考えるのが妥当。

24. common は「普通の」の意味で，同意語は ordinary，反意語は special「特別な」となる。したがって，⑤ ordinary「普通の」が正解。錬金術とは普通の金属を金などの貴金属に変える技術のことを言う。①「珍しい」　②「純粋な」　③「柔らかな」　④「柔軟な」

25. 第4段第3文冒頭に In other words「言い換えれば」がある。この表現はまさに後ろで具体的に言い換えられていることを表している。mass is always conserved in a chemical reaction を if you weigh … be the same で具体的に言い換えている。「実験の最初にすべての成分の…実験の終わりにすべての生成物の重さを量れば，masses は同じであるはずだ」となる。質量保存の法則のことであり，重さを表す物理用語②「質量」が正解となる。

26. 空所の前に weigh「～の重さを量る」とある。「　26　の最初にすべての成分の重さを量る」という文脈から考えて，また，第4段最終文（Chemists had been …）に experiments という語が見えることからも，① experiment「実験」が正解となる。

＝講　評＝

　2024年度は大問2題の英文で，例年の物語文ではなかった。どちらも評論文で，Ⅰは社会科学系，Ⅱは自然科学系であった。設問は記述式が内容説明，空所補充，英文和訳，選択式が内容説明，空所補充，語句意，語句整序，内容真偽，同意表現であった。

　2024年度の特徴は，大問数の増加と，読解問題のテーマが物語文から評論文に変更されたということだ。問題数は，2022年度以降記述式4問，選択式26問の出題が続いている。

　2024年度の記述式問題は，内容説明が1問。that definition がどのような定義かを説明させる問題で，2024年度は字数制限のない内容説明は出題されなかった。空所補充が2問。1つは「そのうえ」を表す What is more の熟語がポイント。もう1つは前後の内容から類推して，本文中から抜き出させる問題。英文和訳問題は，2022年度は2問であったが，2024年度は2023年度同様に1問であった。Those who do enter Europe on the whole do so without authorization. を和訳させる問題で，without authorization は「許可なく」と訳すよう指示がある。理工学部の英文和訳問題は，語彙は平易だが，前後をしっかり読み類推する力がないと解けないようなものが多いのだが，2024年度は知識力に加えて on the whole が後ろを修飾できると考えられるかが勝負となる英文和訳問題であった。2024年度は，和文英訳は出題されなかった。例年出題されてきた和文英訳問題がなくなった分，空所補充問題が2問出題された計算となる。和文英訳問題が苦手な受験生にとっては，ありがたかったかもしれない。

　2024年度の選択式問題は，2023年度同様，全部で26問であった。空所補充問題は前後関係から論理的に導くもの，文法や熟語などの知識を問うものに分けられるが，2024年度は後者も散見されたという印象だ。内容説明は2024年度も特に前後関係が重要となっている。内容説明問題は後ろの内容がヒントになることが多いが，2024年度の理工学部の問題は前の文脈がヒントになっていることも多かった。同意表現，語句意は標準からやや難しい程度の語が狙われているが，2024年度も2023年度同様，知識問題というより前後の文脈がヒントになっていた。例えば，dismantling や mass などは，そこだけでは正確に意味を取れそうもない。前後をしっかり分析することが重要だ。語句整序問題は難しくはないが，語法や文法などいろいろな視点から考えなければならないという点で，総合的な力が問われている。ぜひ〔解説〕を参照してみてほしい。全体的に選択式問題はよく練られた問題であり，受験生のいろいろな能力を正確に測ることができそうだ。

　理工学部の問題は受験生の総合的な英語の能力と論理的な力を問うていると言える。難問なわけではないが，いざ正解を導こうとすると意外と厄介である。標準レベルの正確な知識と，論理的に読み設問を解く力を身につけることが肝心だ。

数　学

Ⅰ **解答** (1)**ア.** 0　**イ.** 7　**ウ.** 3　**エ.** 3　**オ.** 2　**カ.** 1
(2)**キ.** 2　**ク.** 9　**ケ.** 2　**コ.** 5　**サ.** 9　**シ.** 1

ス. 9　**セ.** 1　**ソ.** 2

(3)**タ.** 3　**チ.** 2　**ツ.** 5　**テ.** 2

(4)**トナニ.** 254　**ヌネノ.** 240　**ハヒフ.** 180　**ヘホ.** 60

━━━━━━━━━━━━ 解　説 ━━━━━━━━━━━━

《小問 4 問》

(1)　方程式 $f(x)=0$ は $x=\dfrac{1}{2}$ を解にもつことから

$$f\left(\frac{1}{2}\right)=4\times\left(\frac{1}{2}\right)^3+k\times\left(\frac{1}{2}\right)^2-l\times\frac{1}{2}+m=\frac{1}{2}+\frac{k}{4}-\frac{l}{2}+m=0$$

よって

$$k-2l+4m+2=0 \quad\cdots\cdots①$$

$f'(x)=12x^2+2kx-l$ であり，$f'(x)$ を $x+2$ で割ると余りは 41 であることから，剰余の定理より

$$f'(-2)=12\times(-2)^2+2k\times(-2)-l=48-4k-l=41$$

よって

$$4k+l=7 \quad\cdots\cdots②$$

②より，$l=7-4k$ を①に代入すると

$$9k=4(3-m)$$

9 と 4 は互いに素な整数であるから

$$k=4a, \ 3-m=9a \quad (a \text{ は整数})$$

と表せる。

k, m は 0 以上の整数より

$$\begin{cases}4a\geqq0\\3-9a\geqq0\end{cases} \quad \text{ゆえに} \quad 0\leqq a\leqq\frac{1}{3}$$

よって，$a=0$ となり，これから

$$k=0, \ l=7, \ m=3 \quad \rightarrow \text{ア}\sim\text{ウ}$$

$$f(x) = 4x^3 - 7x + 3 = (2x-1)(2x^2+x-3)$$
$$= (2x-1)(2x+3)(x-1) = 0$$

を解くと，$x = \dfrac{1}{2}$ 以外の解は

$$x = -\dfrac{3}{2}, \ 1 \quad \rightarrow \text{エ〜カ}$$

(2) $\overrightarrow{OA} \perp \overrightarrow{OB}$ であるから

$$\overrightarrow{OA} \cdot \overrightarrow{OB} = k \times (-k) + 2 \times 1 + 1 \times 2 = -k^2 + 4 = 0$$

$k > 0$ より

$$k = 2 \quad \rightarrow \text{キ}$$

$\overrightarrow{OA} = (2, \ 2, \ 1)$, $\overrightarrow{OB} = (-2, \ 1, \ 2)$ より

$$\triangle OAB = \dfrac{1}{2}\sqrt{|\overrightarrow{OA}|^2 |\overrightarrow{OB}|^2 - (\overrightarrow{OA} \cdot \overrightarrow{OB})^2}$$

$$= \dfrac{1}{2}\sqrt{(2^2 + 2^2 + 1^2) \times \{(-2)^2 + 1^2 + 2^2\} - 0^2}$$

$$= \dfrac{1}{2}\sqrt{9 \times 9} = \dfrac{9}{2} \quad \rightarrow \text{ク，ケ}$$

点Hは平面 α 上の点であるから，$s, \ t$ を実数として

$$\overrightarrow{OH} = s\overrightarrow{OA} + t\overrightarrow{OB}$$

と表せる。

$$\overrightarrow{CH} \perp (\text{平面}\alpha) \iff \overrightarrow{CH} \perp \overrightarrow{OA} \quad \text{かつ} \quad \overrightarrow{CH} \perp \overrightarrow{OB}$$

であり

$$\overrightarrow{OA} \cdot \overrightarrow{OC} = 2 \times 1 + 2 \times 1 + 1 \times 1 = 5$$
$$\overrightarrow{OB} \cdot \overrightarrow{OC} = -2 \times 1 + 1 \times 1 + 2 \times 1 = 1$$

より

$$\overrightarrow{CH} \cdot \overrightarrow{OA} = (\overrightarrow{OH} - \overrightarrow{OC}) \cdot \overrightarrow{OA}$$

$$= s|\overrightarrow{OA}|^2 + t\overrightarrow{OA} \cdot \overrightarrow{OB} - \overrightarrow{OA} \cdot \overrightarrow{OC}$$

$$= 9s - 5 = 0$$

よって　　$s = \dfrac{5}{9}$

$$\overrightarrow{CH} \cdot \overrightarrow{OB} = (\overrightarrow{OH} - \overrightarrow{OC}) \cdot \overrightarrow{OB}$$

$$= s\overrightarrow{OA} \cdot \overrightarrow{OB} + t|\overrightarrow{OB}|^2 - \overrightarrow{OB} \cdot \overrightarrow{OC}$$

$$= 9t - 1 = 0$$

よって $t=\dfrac{1}{9}$

したがって

$$\overrightarrow{\mathrm{OH}}=\frac{5}{9}\overrightarrow{\mathrm{OA}}+\frac{1}{9}\overrightarrow{\mathrm{OB}} \quad \rightarrow コ \sim ス$$

$$\overrightarrow{\mathrm{CH}}=\frac{5}{9}\overrightarrow{\mathrm{OA}}+\frac{1}{9}\overrightarrow{\mathrm{OB}}-\overrightarrow{\mathrm{OC}}$$

$$=\frac{5}{9}(2,\ 2,\ 1)+\frac{1}{9}(-2,\ 1,\ 2)-(1,\ 1,\ 1)$$

$$=\left(-\frac{1}{9},\ \frac{2}{9},\ -\frac{2}{9}\right)$$

より

$$\mathrm{CH}=|\overrightarrow{\mathrm{CH}}|=\sqrt{\left(-\frac{1}{9}\right)^2+\left(\frac{2}{9}\right)^2+\left(-\frac{2}{9}\right)^2}=\sqrt{\frac{1}{9}}=\frac{1}{3}$$

よって，四面体 OABC の体積を V とすると

$$V=\frac{1}{3}\times \mathrm{CH}\times \triangle \mathrm{OAB}=\frac{1}{3}\times \frac{1}{3}\times \frac{9}{2}=\frac{1}{2} \quad \rightarrow セ，ソ$$

参考 △OAB の面積については，$|\overrightarrow{\mathrm{OA}}|=|\overrightarrow{\mathrm{OB}}|=3$ かつ OA⊥OB より，
△OAB は直角三角形だから

$$\triangle \mathrm{OAB}=\frac{1}{2}\times 3\times 3=\frac{9}{2}$$

としてもよい。

(3) (a) 求める体積を V_x とおくと

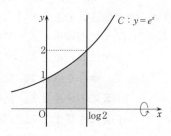

$$V_x=\pi \int_0^{\log 2} y^2 dx$$

$$=\pi \int_0^{\log 2} (e^x)^2 dx$$

$$=\pi \int_0^{\log 2} (e^{2x}) dx$$

$$=\pi \left[\frac{1}{2}e^{2x}\right]_0^{\log 2}$$

$$=\frac{\pi}{2}(e^{2\log 2}-e^0)$$

$$=\frac{\pi}{2}(4-1)=\frac{3}{2}\pi \quad \rightarrow タ，チ$$

(**b**)　求める体積を V_y とおくと

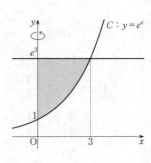

$$V_y = \pi \int_1^{e^3} x^2 dy = \pi \int_1^{e^3} (\log y)^2 dy$$

$$= \pi \left\{ \left[y(\log y)^2 \right]_1^{e^3} - \int_1^{e^3} y \times \frac{2\log y}{y} dy \right\}$$

$$= \pi \left\{ (9e^3 - 0) - 2 \int_1^{e^3} \log y\, dy \right\}$$

$$= \pi \left\{ 9e^3 - 2 \left[y\log y \right]_1^{e^3} + 2 \int_1^{e^3} dy \right\}$$

$$= \pi \left\{ 9e^3 - 2(3e^3 - 0) + 2 \left[y \right]_1^{e^3} \right\}$$

$$= \pi(3e^3 + 2e^3 - 2) = (5e^3 - 2)\pi \quad \rightarrow ツ, テ$$

(**4**)　(**a**)　8人の生徒それぞれに部屋Ｘまたは部屋Ｙに入る2通りがあるが，Ｘあるいはに全員入る場合を除くと

　　　$2^8 - 2 = 254$ 通り　　→トナニ

(**b**)　(a)と同様に考えると，Ｘ，Ｙどちらの部屋にも1人以上の中学生が入る入り方は $2^5 - 2 = 30$ 通りあり，そのそれぞれに対して3人の高校生の入り方は $2^3 = 8$ 通りあるから，求める入り方は

　　　$30 \times 8 = 240$ 通り　　→ヌネノ

(**c**)　Ｘ，Ｙどちらの部屋にも1人以上の高校生が入る入り方は $2^3 - 2 = 6$ 通りであるから，求める入り方は

　　　$(2^5 - 2) \times (2^3 - 2) = 180$ 通り　　→ハヒフ

(**d**)　高校生3人のＸとＹに入る人数は

　　　(ⅰ)Ｘに高校生1人，Ｙに高校生2人

　　　(ⅱ)Ｘに高校生2人，Ｙに高校生1人

　よって，条件を満たす生徒達の入る人数は

　　　(ⅰ)Ｘに中学生2人，高校生1人とＹに中学生3人，高校生2人

　　　(ⅱ)Ｘに中学生3人，高校生2人とＹに中学生2人，高校生1人

　(ⅰ)，(ⅱ)について，誰が入るかを考慮すると，求める入り方は

　　　$_5C_2 \times {}_3C_1 + {}_5C_3 \times {}_3C_2 = 30 + 30 = 60$ 通り　　→ヘホ

Ⅱ ─ 解答

(1)あ. $3x-\sqrt{3}$

(2)い. $-12t^2+4\sqrt{3}\,t+3$

(3)う. $\dfrac{\pi}{3}$　え. $\dfrac{\pi}{2}$　お. $\dfrac{2}{3}\pi$

(4)か. $\dfrac{\sqrt{3}}{2}$　き. $-\sqrt{3}$　(5)く. $\dfrac{\sqrt{3}\,\pi-5}{6}$

══════════ 解 説 ══════════

《接線，三角関数の微分，関数の極値と最大・最小，積分法の応用（面積）》

(1) $f(0)=\sin 0-\sqrt{3}\cos 0=-\sqrt{3}$，$f'(x)=3\cos 3x+2\sqrt{3}\sin 2x$ より，点 $(0,\,-\sqrt{3})$ における接線の方程式は

$$y-(-\sqrt{3})=f'(0)(x-0)$$

$f'(0)=3$ より

$$y=3x-\sqrt{3}\quad\rightarrow\text{あ}$$

(2) $\begin{aligned}f'(x)&=3\cos 3x+2\sqrt{3}\sin 2x\\&=3(4\cos^3 x-3\cos x)+4\sqrt{3}\sin x\cos x\\&=(12\cos^2 x-9+4\sqrt{3}\sin x)\cos x\\&=\{12(1-\sin^2 x)-9+4\sqrt{3}\sin x\}\cos x\\&=(-12\sin^2 x+4\sqrt{3}\sin x+3)\cos x\end{aligned}$

より，$f'(x)=g(\sin x)\cos x$ となる関数 $g(t)$ は

$$g(t)=-12t^2+4\sqrt{3}\,t+3\quad\rightarrow\text{い}$$

(3) (2)より

$$\begin{aligned}f'(x)&=-(12\sin^2 x-4\sqrt{3}\sin x-3)\cos x\\&=-(2\sin x-\sqrt{3})(6\sin x+\sqrt{3})\cos x=0\end{aligned}$$

$\sin x=\dfrac{\sqrt{3}}{2},\ -\dfrac{\sqrt{3}}{6},\ \cos x=0$ であり，$x>0$ で $\sin x=-\dfrac{\sqrt{3}}{6}$ となる x の値は

$$\pi+2n\pi<x<2\pi+2n\pi\quad(n：0\text{ 以上の整数})$$

の範囲にある。

したがって，求める $x_1,\ x_2,\ x_3$ の値は

$$x_1=\frac{\pi}{3},\ x_2=\frac{\pi}{2},\ x_3=\frac{2}{3}\pi\quad\rightarrow\text{う}\sim\text{お}$$

⑷ (3)の結果より，$0 \leqq x \leqq \pi$ における関数 $f(x)$ の増減表は次のようになる。

x	0	$\cdots$	$\dfrac{\pi}{3}$	$\cdots$	$\dfrac{\pi}{2}$	$\cdots$	$\dfrac{2}{3}\pi$	$\cdots$	π
$f'(x)$		$+$	0	$-$	0	$+$	0	$-$	
$f(x)$	$-\sqrt{3}$	↗	$\dfrac{\sqrt{3}}{2}$	↘	$-1+\sqrt{3}$	↗	$\dfrac{\sqrt{3}}{2}$	↘	$-\sqrt{3}$

したがって

$x = \dfrac{\pi}{3}, \ \dfrac{2}{3}\pi$ のとき，最大値 $\dfrac{\sqrt{3}}{2}$ →か

$x = 0, \ \pi$ のとき，最小値 $-\sqrt{3}$ →き

⑸ (4)の結果より，直線 l の方程式は $y = \dfrac{\sqrt{3}}{2}$ であるから，$\dfrac{\pi}{3} \leqq x \leqq \dfrac{2}{3}\pi$ の範囲において直線 l と曲線 C で囲まれた部分の面積を S とおくと

$$S = \int_{\frac{\pi}{3}}^{\frac{2}{3}\pi} \left\{ \frac{\sqrt{3}}{2} - (\sin 3x - \sqrt{3}\cos 2x) \right\} dx$$

$$= \left[\frac{\sqrt{3}}{2}x + \frac{1}{3}\cos 3x + \frac{\sqrt{3}}{2}\sin 2x \right]_{\frac{\pi}{3}}^{\frac{2}{3}\pi}$$

$$= \left(\frac{\sqrt{3}}{3}\pi + \frac{1}{3} - \frac{3}{4} \right) - \left(\frac{\sqrt{3}}{6}\pi - \frac{1}{3} + \frac{3}{4} \right)$$

$$= \frac{\sqrt{3}\pi - 5}{6} \quad →く$$

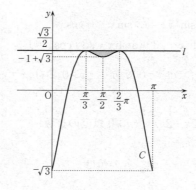

2
0
2
4
年
度

学
部
別
入
試

数
学

Ⅲ ── **解答** （1）け. $\dfrac{4t^2-3t+1}{5}$　（2）こ. $|s-t|$　（3）さ. $\dfrac{3}{8}$　し. $\dfrac{7}{80}$

（4）す. $\dfrac{-1-\sqrt{5}}{4}$,　$\dfrac{-1+\sqrt{5}}{4}$,　$\dfrac{1}{2}$,　$\dfrac{3}{2}$　（5）せ. $\dfrac{3}{20}<s<\dfrac{3}{5}$

══════════════ 解説 ══════════════

《点と直線の距離，2次関数の最小値，絶対値記号を含む方程式》

（1）　点と直線の距離の公式を用いると，点
P $(t,\ t^2)$ と直線 $l : 3x-4y-1=0$ との距離 PQ
は

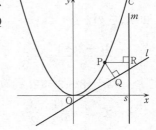

$$PQ=\dfrac{|3t-4t^2-1|}{\sqrt{3^2+(-4)^2}}$$

$$=\dfrac{|3t-4t^2-1|}{5}$$

点 P は $3x-4y-1<0$ の領域にあるから

$$PQ=\dfrac{4t^2-3t+1}{5}\quad →け$$

（2）　$PR=|s-t|\quad →こ$

（3）　(1)の結果より

$$PQ=\dfrac{1}{5}\left\{4\left(t-\dfrac{3}{8}\right)^2+\dfrac{7}{16}\right\}$$

したがって，PQ は

$\quad t=\dfrac{3}{8}$ のとき，最小値 $\dfrac{7}{80}$ をとる。　→さ，し

（4）　$s=\dfrac{2}{5}$，$PQ=PR$ より

$$\dfrac{4t^2-3t+1}{5}=\left|\dfrac{2}{5}-t\right|$$

すべての実数 t について $\dfrac{4t^2-3t+1}{5}>0$ であるから

$$\dfrac{4t^2-3t+1}{5}=\pm\left(\dfrac{2}{5}-t\right)$$

（ⅰ）$t<\dfrac{2}{5}$ のとき

$$\frac{4t^2 - 3t + 1}{5} = \frac{2}{5} - t$$

$$4t^2 + 2t - 1 = 0$$

よって　　$t = \dfrac{-1 \pm \sqrt{5}}{4}$

これらは $t < \dfrac{2}{5}$ を満たす。

(ii) $t \geqq \dfrac{2}{5}$ のとき

$$\frac{4t^2 - 3t + 1}{5} = -\frac{2}{5} + t$$

$$4t^2 - 8t + 3 = (2t - 1)(2t - 3) = 0$$

よって　　$t = \dfrac{1}{2}, \ \dfrac{3}{2}$

これらは $t \geqq \dfrac{2}{5}$ を満たす。

したがって，求める点 P の x 座標を小さい順に並べると

$$\frac{-1 - \sqrt{5}}{4}, \ \frac{-1 + \sqrt{5}}{4}, \ \frac{1}{2}, \ \frac{3}{2} \quad \rightarrow す$$

(5)　$N_s = 4$ となるには，方程式 $\dfrac{4t^2 - 3t + 1}{5} = |s - t|$ が異なる 4 個の実数解をもてばよい。

すなわち，放物線 $y = \dfrac{1}{5}(4t^2 - 3t + 1)$ と直線 $y = \begin{cases} t - s & (t \geqq s) \\ -t + s & (t < s) \end{cases}$ が 4 個の共有点をもてばよい。

$y' = \dfrac{1}{5}(8t - 3)$ より，接線の傾きが 1，-1 となる t の値は

$$t = 1, \ -\frac{1}{4}$$

2 点 $\left(1, \ \dfrac{2}{5}\right), \ \left(-\dfrac{1}{4}, \ \dfrac{2}{5}\right)$ における接線の方程式は，それぞれ

$$y = t - \frac{3}{5}, \ y = -t + \frac{3}{20}$$

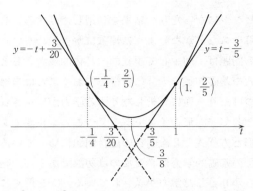

したがって，$\dfrac{3}{20}<s<\dfrac{3}{5}$ である s に対し，直線 $y=t-s$ $(t\geqq s)$，$y=-t+s$ $(t<s)$ は放物線 C とそれぞれ異なる 2 つの共有点をもつから，求める s の値の範囲は

$$\frac{3}{20}<s<\frac{3}{5} \quad \rightarrow せ$$

（講　評）

　例年大問 3 題が出題されており，難易度，問題量ともにそれほど大きな変化はない。

　Ⅰは小問集合で，2022 年度は小問 3 問であったが，2023 年度からは以前と同様に小問 4 問となっている。難易度や出題量に変わりはない。2024 年度は「方程式」，「空間ベクトル」，「微・積分法」，「指数・対数関数」，「図形と方程式」，「場合の数」が出題されているが，確率，三角関数からもよく出題される。これらの分野が単独で出されるのではなく，いくつかの分野と融合させた問題として出されることが多い。全体的には，標準的な問題を中心に，比較的取り組みやすい問題が多いが，いくつかレベルアップした問題が含まれている。教科書傍用の問題集（標準・発展問題）や標準的な入試問題集を通して，苦手分野を作らないような，オールラウンドな学習を心掛けたい。難問を解く力や高度な解法は必要ではない。標準的な学力があれば十分対応できるだろう。

　Ⅱは，微・積分法，三角関数などの知識を必要とする問題である。前

問の結果がヒントになったり，結果を利用したりする。したがって，思い違いや計算ミスなどがないように慎重に解き進めたい。また，最後の面積を求める問題は，図示して視覚的・具体的に考えるとよいだろう。各分野の公式や基礎知識を十分に習得しておくことは当然であるが，それらを関連づけたり，逆に分析したりする学力が要求される。具体的に図示するなどして，図形のイメージをもつことも重要である。

　Ⅲは，図形と方程式と2次関数の融合問題になっている。図形と方程式や2次関数の基礎的学力が必要なのは勿論であるが，絶対値記号の処理を行うしっかりとした学力が試されている。(5)を解くには，絶対値記号を含む2次方程式を，図を効果的に用いて解く少々高度な学力が要求される。落ち着いて，さまざまな条件を踏まえて解く思考力が必要とされる。

　以前は，Ⅲが途中経過も書かせる記述式であったが，2021年度からⅠはマークシート方式，Ⅱ・Ⅲは途中経過を書く必要のない空所補充形式になっている。全体的に，問題文や大問中の各小問が誘導形式もしくは問題解決のヒントになっている。したがって，問題文の読解力，分析力，洞察力が大変重要になってくる。また，前問の結果を使うこともあるので，つまらないミスをすると，それ以降の問題に大きく影響する。常日頃から丁寧に，最後まで解く習慣をつけておきたい。全体を通して難問や奇問はなく，標準的かつ定型的な問題が多い。特に，苦手分野を作らないようにして，大問Ⅰは確実に解けるようになっておきたい。また，頻出の微・積分法については十分な対策を行っておこう。

$$\boxed{\quad 理　科 \quad}$$

◀物　理▶

（1）**ア**—③　**イ**—⑦　**a**. $\dfrac{GM}{R^2}$

（2）**ウ**—⑤　**エ**—①　**オ**—④

（3）**カ**—②　**キ**—⑧　**ク**—②　**ケ**—⑦

══════════ 解説 ══════════

《地球を周回する人工衛星の運動》

（1）**ア.** 人工衛星の速さを v とすると，人工衛星の運動方程式は

$$\frac{mv^2}{R} = mg$$

$$\therefore\quad v = \sqrt{Rg}$$

イ. 周期 T は

$$T = \frac{2\pi R}{v} = \frac{2\pi R}{\sqrt{Rg}} = 2\pi\sqrt{\frac{R}{g}}$$

a. 地表での重力は人工衛星にはたらく万有引力に他ならないから

$$mg = \frac{GMm}{R^2}$$

$$\therefore\quad g = \frac{GM}{R^2}$$

（2）**ウ.** アと同様に

$$\frac{mv_0{}^2}{R_A} = \frac{GMm}{R_A{}^2}$$

$$\therefore\quad v_0 = \sqrt{\frac{GM}{R_A}}$$

エ. 面積速度一定の法則より

$$\frac{1}{2}R_A v_A = \frac{1}{2}R_B v_B$$

$$\therefore \quad v_{\mathrm{B}} = \frac{R_{\mathrm{A}}}{R_{\mathrm{B}}} \times v_{\mathrm{A}}$$

オ. 無限遠点を万有引力による位置エネルギーの基準点とすると，点Aおよび点Bにおける力学的エネルギー保存則は

$$\frac{1}{2} m v_{\mathrm{A}}{}^2 - \frac{GMm}{R_{\mathrm{A}}} = \frac{1}{2} m v_{\mathrm{B}}{}^2 - \frac{GMm}{R_{\mathrm{B}}}$$

ウ，エの結果を用いると

$$\frac{1}{2} v_{\mathrm{A}}{}^2 - v_0{}^2 = \frac{1}{2} \left(\frac{R_{\mathrm{A}}}{R_{\mathrm{B}}} \right)^2 v_{\mathrm{A}}{}^2 - \frac{R_{\mathrm{A}}}{R_{\mathrm{B}}} v_0{}^2$$

$$\frac{1}{2} \left(\frac{R_{\mathrm{A}}}{R_{\mathrm{B}}} + 1 \right) \left(\frac{R_{\mathrm{A}}}{R_{\mathrm{B}}} - 1 \right) v_{\mathrm{A}}{}^2 = \left(\frac{R_{\mathrm{A}}}{R_{\mathrm{B}}} - 1 \right) v_0{}^2$$

題意より $\dfrac{R_{\mathrm{A}}}{R_{\mathrm{B}}} - 1 \neq 0$ であるから

$$\frac{1}{2} \left(\frac{R_{\mathrm{A}}}{R_{\mathrm{B}}} + 1 \right) v_{\mathrm{A}}{}^2 = v_0{}^2$$

$$\therefore \quad R_{\mathrm{B}} = \frac{1}{2 \left(\dfrac{v_0}{v_{\mathrm{A}}} \right)^2 - 1} \times R_{\mathrm{A}}$$

(3)カ. 点Aで人工衛星にはたらく万有引力はx軸の負の向きであり，y軸方向には人工衛星と隕石の間の内力のみがはたらくから，衝突前後で運動量のy成分が保存される。

$$m v_{\mathrm{A}} - m_{\mathrm{S}} v_{\mathrm{S}} = (m + m_{\mathrm{S}}) V_y$$

$$\therefore \quad V_y = \frac{m v_{\mathrm{A}} - m_{\mathrm{S}} v_{\mathrm{S}}}{m + m_{\mathrm{S}}}$$

キ. 加速度の成分を $\vec{a} = (a_x,\ a_y)$ とすると，点Aでの人工衛星の運動方程式より

$$(m + m_{\mathrm{S}}) a_x = - \frac{GM(m + m_{\mathrm{S}})}{R_{\mathrm{A}}{}^2}$$

$$\therefore \quad \vec{a} = \left(- \frac{GM}{R_{\mathrm{A}}{}^2},\ 0 \right)$$

これを用いれば，題意より

$$V_x' = V_x + a_x \Delta t = - \frac{GM}{R_{\mathrm{A}}{}^2} \Delta t$$

$$V_y' = V_y + a_y \Delta t = V_y$$

したがって

$$(V_x', \ V_y') \doteqdot \left(-\frac{GM}{R_A{}^2}\Delta t, \ V_y\right)$$

ク. $\vec{a}$ は人工衛星の質量によらないので，キと同様に

$$v_x' = v_x + a_x\Delta t = -\frac{GM}{R_A{}^2}\Delta t$$

$$v_y' = v_A + a_y\Delta t = v_A$$

カの結果より

$$V_y = \frac{m}{m+m_S}v_A - \frac{m_S}{m+m_S}v_S$$

$0 < \dfrac{m}{m+m_S} < 1, \ 0 < \dfrac{m_S}{m+m_S} < 1, \ v_S > 0$ より

$$V_y < v_A$$

以上より

$$v_x' = V_x', \ v_y' > V_y'$$

ケ. 楕円軌道と x 軸との交点のうち，点Aと異なる点（この点をCとする）までの原点Oからの距離を R_C とし，点Cでの人工衛星の速さを V_C とすると，エと同様に面積速度一定の法則より

$$\frac{1}{2}R_A V_y = \frac{1}{2}R_C V_C$$

$$\therefore \quad V_C = \frac{R_A}{R_C}V_y$$

オと同様に力学的エネルギー保存則より

$$\frac{1}{2}(m+m_S)V_y{}^2 - \frac{GM(m+m_S)}{R_A} = \frac{1}{2}(m+m_S)V_C{}^2 - \frac{GM(m+m_S)}{R_C}$$

オを求めたときと同様に計算すると

$$R_C = \frac{R_A}{2\left(\dfrac{v_0}{V_y}\right)^2 - 1}$$

$R_C > R$ のとき地球と衝突せずに楕円軌道を周回する。
したがって

$$\frac{R_A}{2\left(\dfrac{v_0}{V_y}\right)^2 - 1} > R$$

２０２４年度 学部別入試 理科（物理）

$$\therefore \quad V_y > \sqrt{\frac{2R}{R_A + R}} \times v_0$$

B　**解答**　ア―③　イ―②　ウ―②
(1)エ―⑥　オ―④　カ―①　b．$-I_0{}^2 R$
(2)キ―③　ク―⑦

―――――――――――――― 解　説 ――――――――――――――

《磁場を横切る斜面上の導体棒の運動》

ア. 糸に引かれて x 軸の正の向きに運動する導体棒には誘導起電力が生じる。このとき流れる誘導電流の向きは，レンツの法則より，正（点 P から点 Q）の向きである。この電流が磁場から受ける力は，大きさが IBd で，向きはフレミングの左手の法則より，磁場 B の向き（人差し指）と電流 I の向き（中指）の両方に垂直な図の左向き（親指の向き）である。この力の x 成分，および重力の x 成分を考慮すると，x 軸方向の運動方程式は

$$ma = T - mg\sin\theta - IBd\cos\theta$$

イ. おもりの鉛直方向の運動方程式は

$$Ma = -T + Mg$$

ウ. ア，イの 2 式より

$$(M+m)a = Mg - mg\sin\theta - IBd\cos\theta$$

$$\therefore \quad a = \frac{Mg - mg\sin\theta - IBd\cos\theta}{M+m} \ [\mathrm{m/s^2}]$$

(1)**エ.** 時刻 t のとき，導体棒に生じる誘導起電力 V〔V〕は

$$V = vBd\cos\theta$$

オームの法則より

$$I = \frac{V}{R} = \frac{Bd\cos\theta}{R} \times v \ [\mathrm{A}]$$

オ. エと同様に

$$I_0 = \frac{v_0 Bd\cos\theta}{R}$$

これをウの結果の電流 I に代入し，題意より $a=0$ であるから

$$\frac{Mg - mg\sin\theta - \dfrac{v_0}{R}(Bd\cos\theta)^2}{M+m} = 0$$

$$\therefore \quad v_0 = \frac{R}{\cos^2\theta} \times \frac{Mg - mg\sin\theta}{(Bd)^2} \ \text{[m/s]}$$

b. 導体棒とおもりの力学的エネルギーの減少量は抵抗で発生するジュール熱に等しい。

$$\Delta E = -I_0^2 R \times \Delta t \ \text{[J]}$$

カ. 導体棒にはたらく垂直抗力を N [N] とする。斜面に垂直な方向の力のつり合いより

$$N + I_0 Bd\sin\theta = mg\cos\theta$$

これより導体棒がレールから離れずに運動する条件は

$$N = mg\cos\theta - I_0 Bd\sin\theta > 0$$

$$\therefore \quad I_0 Bd < mg\frac{\cos\theta}{\sin\theta}$$

導体棒が一定の速度で運動しているとき, イの結果より

$$Mg - T = 0$$

$$\therefore \quad T = Mg$$

アの結果に代入して

$$Mg - mg\sin\theta - I_0 Bd\cos\theta = 0$$

$$\therefore \quad I_0 Bd = \frac{Mg - mg\sin\theta}{\cos\theta}$$

したがって

$$\frac{Mg - mg\sin\theta}{\cos\theta} < mg\frac{\cos\theta}{\sin\theta}$$

$$\therefore \quad m > \sin\theta \times M$$

(2)**キ.** コイルには, 電流の変化を妨げる向きに自己誘導による起電力（逆起電力）が生じる。キルヒホッフの第二法則より

$$L\frac{\Delta I}{\Delta t} = vBd\cos\theta$$

$$\therefore \quad \frac{\Delta I}{\Delta t} = \frac{Bd\cos\theta}{L} \times v$$

ク. キの結果に $v = \dfrac{\Delta x}{\Delta t}$ を用いると

$$\frac{\Delta I}{\Delta t} = \frac{Bd\cos\theta}{L} \times \frac{\Delta x}{\Delta t}$$

したがって題意より

$$I = \frac{Bd\cos\theta}{L}x$$

ウの結果に代入して

$$a = \frac{1}{M+m} \times \left\{ Mg - mg\sin\theta - \frac{(Bd\cos\theta)^2}{L}x \right\}$$

$$= -\frac{(Bd\cos\theta)^2}{(M+m)L}\left\{ x - \frac{(Mg-mg\sin\theta)L}{(Bd\cos\theta)^2} \right\}$$

これは単振動の加速度の式に他ならない。ここで単振動の角振動数 ω〔rad/s〕，振動の中心 x_0〔m〕は

$$\omega = \frac{Bd\cos\theta}{\sqrt{(M+m)L}}$$

$$x_0 = \frac{(Mg-mg\sin\theta)L}{(Bd\cos\theta)^2}$$

したがって，求める周期 T〔s〕は，単振動の周期の式より

$$T = \frac{2\pi}{\omega} = \frac{2\pi\sqrt{(M+m)L}}{Bd\cos\theta}\text{〔s〕}$$

Ⓒ 解答 ア—⑤ イ—⑤ ウ—② エ—② オ—③ カ—⑧ キ—① ク—⑥ ケ—⑦

=========== 解 説 ===========

《光の干渉による気体の屈折率の測定》

ア. 屈折の法則より

$$\frac{\sin 45°}{\sin\theta} = \frac{n_S}{n_A}$$

すなわち

$$n_A \times \frac{1}{\sqrt{2}} = n_S\sin\theta$$

$$\therefore \quad \sin\theta = \frac{n_A}{\sqrt{2}\,n_S}$$

イ. 点Bでの反射では，反射の法則より「入射角＝反射角」が成り立つから，AB＝BC である。$d = \text{AB}\cos\theta$ であるから

経路 $ABC = 2AB = \dfrac{2d}{\cos\theta}$

一般に，屈折率 n の物質中での距離が L〔m〕のとき，光路長は nL〔m〕となる。したがって経路 ABC の光路長は $\dfrac{2n_{\mathrm{S}}d}{\cos\theta}$ である。

ここで，「$\sin^2\theta + \cos^2\theta = 1$」より $\cos\theta = \sqrt{1 - \sin^2\theta}$ と，さらにアの結果を用いれば

$$\dfrac{2n_{\mathrm{S}}d}{\cos\theta} = 2n_{\mathrm{S}}d \times \dfrac{1}{\sqrt{1-\sin^2\theta}}$$

$$= 2n_{\mathrm{S}}d \times \dfrac{1}{\sqrt{1 - \left(\dfrac{n_{\mathrm{A}}}{\sqrt{2}\,n_{\mathrm{S}}}\right)^2}}$$

$$= \dfrac{2\sqrt{2}\,n_{\mathrm{S}}{}^2 d}{\sqrt{2n_{\mathrm{S}}{}^2 - n_{\mathrm{A}}{}^2}}\,\text{〔m〕}$$

ウ． 一般に，真空中の光の速さが c で，物質中の光の速さが v〔m/s〕のとき，この物質の屈折率 n は，次式で表される。

$$n = \dfrac{c}{v}$$

したがって，容器1の窒素中を進む光の速さ v〔m/s〕は

$$v = \dfrac{c}{n_0}\,\text{〔m/s〕}$$

エ・オ． 媒質の境界面で，光の振動数 f〔Hz〕は変化しないから，波の式より，物質中の波長 λ'〔m〕は速さに比例する。

したがってウの屈折率の式は次のように表すこともできる。

$$n_0 = \dfrac{c}{v} = \dfrac{f\lambda}{f\lambda'} = \dfrac{\lambda}{\lambda'}$$

これより

$$\lambda' = \dfrac{\lambda}{n_0}\,\text{〔m〕}$$

$$f = \dfrac{c}{\lambda}\,\text{〔Hz〕}$$

カ． 最初，2つの光は強め合っていることから，検出器の位置で位相のずれは 0（同位相）である。この状態から弱め合って極小となったとき，位

相のずれは π（逆位相）となる。したがって再び強め合って極大となったとき，位相のずれは $\underline{2\pi}$（同位相）となる。

キ. 光の強さが極大となるのは，光の干渉条件の式より，次式を満たすときである。

光路差 $= i\lambda$

ここで，同じ厚さの平行平面ガラス S_1 と S_2 が互いに平行に置かれていることから，イで求めた経路 ABC の光路長は，S_2 内における経路 DEF の光路長についても同じ結果を与える。また，光の反射にともなう位相のずれも点Aと点Fで相殺される。このことから，この装置では容器1，2 の外側で光路差は生じない。

したがって，上式の左辺における光路差は，容器1および容器2内の光路長の差に等しいから

$$|n_0 l - n_i l| = i\lambda$$

窒素の屈折率は圧力を増やすと大きくなる，すなわち $n_0 \leqq n_i$ であるから，強め合いの条件は

$$n_i l - n_0 l = i\lambda$$

これより

$$n_i = \frac{\lambda}{l} i + n_0$$

ク. 気体定数 $R\,[\mathrm{J/(mol \cdot K)}]$ をボルツマン定数 $k\,[\mathrm{J/K}]$ とアボガドロ定数 $N_\mathrm{A}\,[1/\mathrm{mol}]$ を用いて表すと

$$R = N_\mathrm{A} k\,[\mathrm{J/(mol \cdot K)}]$$

また，物質量 $m\,[\mathrm{mol}]$ と気体の体積 $V\,[\mathrm{m^3}]$ は，アボガドロ定数 N_A $[1/\mathrm{mol}]$ と単位体積当たりの分子の個数 $N\,[1/\mathrm{m^3}]$ を用いて

$$\frac{m}{V} = \frac{N}{N_\mathrm{A}}\,[\mathrm{mol/m^3}]$$

以上より，理想気体の状態方程式は次式のように書き換えられる。

$$p = \frac{m}{V} RT = \frac{N}{N_\mathrm{A}} \cdot N_\mathrm{A} kT = NkT$$

題意より $N = \dfrac{n-1}{\alpha}$ を代入すると

$$p = \frac{n-1}{\alpha} kT$$

$$\therefore \quad n = 1 + \alpha \frac{p}{kT}$$

ケ. クの結果より

$$n_i = \frac{\alpha p_i}{kT} + 1$$

キの結果より

$$n_i = \frac{\lambda}{l} i + n_0$$

したがって p_i を求めると

$$p_i = \frac{kT}{\alpha} \left(\frac{\lambda}{l} i + n_0 - 1 \right)$$

講 評

例年同様，化学と合わせて合計6題から3題を選んで解答する形式で，難易度も例年通り標準的である。出題形式は，マークシート方式以外に記述式の問題が2問出題された。例年このように小問2問程度の記述式を含むことが多い。

A 地球を周回する人工衛星の運動を，面積速度一定の法則と力学的エネルギー保存則を用いて求める問題。人工衛星が等速円運動をしている場合は，運動方程式を立てることができる。(3)人工衛星が地球と衝突せずに楕円軌道を周回する条件は，近地点距離 R_C が地球半径 R より大きければよい。

B 磁場を横切る斜面上の導体棒について，力学的な取り扱いが必要になる問題。(1)導体棒の速度が増加し，誘導電流が大きくなるにつれて，磁場から受ける力 IBd は大きくなる。この力の x 成分は運動を妨げる向きにはたらくため，やがて導体棒の速度は一定となる。このとき，加速度 $a=0$ である。導体棒がレールから離れない条件は，垂直抗力 $N>0$ である。(2)回路にコイルを含む場合，導体棒が受ける合力が復元力となり，導体棒の運動は単振動となる。このとき運動方程式は「$ma-Kx$」の形になる。

C 干渉計によって気体の屈折率を求める問題。物質中では光の波長

が変化するため，干渉条件の式は経路差を屈折率倍した光路差で考える。光路差が波長の整数倍のとき，2つの光は強め合う。題意に沿って，屈折率と気体の圧力，温度との関係を導く。なお，理想気体の状態方程式「$pV=nRT$」を，与えられた物理量を用いて書き換えるには，物理量の次元を考慮して両辺が同じ単位になるように式を組み立てるとよい。

◀化　学▶

Ⓓ **解答**
(1)**ア**—⑤　**イ**—⑥　**ウ**—⑥　**エ**—⑤　**オ**—⑧　**カ**—⑥
　キ—⑧
(2)**ク**—⑨　**ケ**—①　**コ**—（設問省略）
d.（設問省略）
(3)**サ**—⑥　**シ**—⑥　**ス**—②　**セ**—③

=============== **解説** ===============

《硫黄とその化合物，二段階滴定，金属陽イオンの系統分離》

(1)　**ア.** 硫黄は元素の周期表16族に属する元素である。硫黄は原子番号16なので，硫黄原子は全部で16個の電子をもつ。同一周期のハロゲンは塩素である。

イ. 硫黄の単体には，斜方硫黄，単斜硫黄，ゴム状硫黄などの同素体がある。斜方硫黄と単斜硫黄はともに分子式 S_8 の環状分子であり，ゴム状硫黄は鎖状の高分子である。したがって，どの硫黄の単体中においてもある1つの硫黄原子は他の2個の硫黄原子と結合している。

ウ. 接触法は濃硫酸の製造法である。酸化バナジウム（V）を主成分とする触媒を使用して二酸化硫黄を酸化して三酸化硫黄とし，これを濃硫酸に加えて発煙硫酸にする。その後，希硫酸を加えて発煙硫酸の濃度を調整し，濃硫酸とする。

エ. 1 mol の FeS_2（式量120）から 2 mol の H_2SO_4（分子量98）が生じる。
　したがって，理論的に得られる最大の40.0％硫酸の質量は

$$\frac{6.00 \times \dfrac{95}{100}}{120} \times 2 \times 98 \times \frac{100}{40} = 23.27 \fallingdotseq 23.3 \,[\text{kg}]$$

オ. 硫酸の水への溶解は発熱反応である。希硫酸の調製は，多量の水に濃硫酸を撹拌しながら少しずつ注ぐ。硫酸の溶解熱によって溶液の温度が高くなるので，同時に冷却も行う。

カ. 質量パーセント濃度98.0％の濃硫酸のモル濃度を $x\,[\text{mol/L}]$ とする。1 L の濃硫酸に $x\,[\text{mol}]$ の H_2SO_4 が含まれるので，質量パーセント濃度に関して次式が成立する。

$$\frac{98x}{1.84 \times 1000} \times 100 = 98.0$$

$$\therefore \quad x = 18.4 \text{(mol/L)}$$

希硫酸の調製に必要な濃硫酸の体積を V〔mL〕とすると

$$18.4 \times \frac{V}{1000} = 0.500 \times 2.00$$

$$\therefore \quad V = 54.34 \fallingdotseq 54.3 \text{(mL)}$$

キ. 希硫酸の調製のため，水に溶解する H_2SO_4 は

$$0.500 \times 2.00 = 1.00 \text{(mol)}$$

$1.00\,\text{mol}$ の H_2SO_4 が水に溶解すると，95kJ の熱が発生する。熱量を Q〔J〕，溶液の質量を m〔g〕，溶液の比熱を c〔J/(g·K)〕，溶液の温度変化を Δt〔K〕とすると

$$Q = mc\Delta t$$

が成立するので，調製した希硫酸の調製直後の温度を T〔℃〕とすると，次式が成立する。

$$95 \times 10^3 = 1.0 \times 2.00 \times 10^3 \times 4.2 \times (T - 25)$$

$$\therefore \quad T = 36.3 \fallingdotseq 36 \text{(℃)}$$

(2) **ク.** フェノールフタレインの変色域は pH8.0〜9.8である。フェノールフタレイン水溶液は変色域の塩基性側で赤色，酸性側で無色となる。メチルオレンジの変色域は pH3.1〜4.4である。メチルオレンジ水溶液は変色域の塩基性側で黄色，酸性側で赤色となる。

ケ. 水溶液 **A** が NaOH 単独の場合，中和点は１つしかないので，指示薬にフェノールフタレインを用いてもメチルオレンジを用いても終点までに必要な塩酸の体積は変わらない。よって，$V_1 = V_2$ である。

　一方，Na_2CO_3 単独の場合，二段階滴定となる。指示薬としてフェノールフタレインを用いた場合

$$Na_2CO_3 + HCl \longrightarrow NaHCO_3 + NaCl$$

が完了する第一中和点を確認できるが，メチルオレンジを用いた場合

$$NaHCO_3 + HCl \longrightarrow NaCl + H_2O + CO_2$$

が完了する第二中和点を確認できる。よって，$2V_1 = V_2$ である。

(3) 実験 i)〜vi)をまとめると次のようになる。

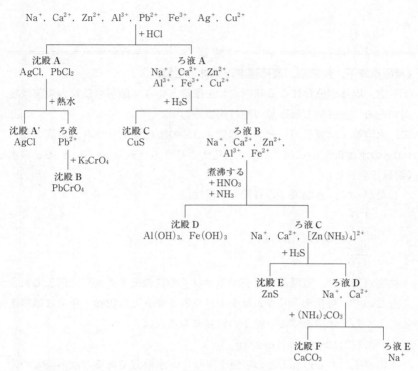

Na^+, Ca^{2+}, Zn^{2+}, Al^{3+}, Pb^{2+}, Fe^{3+}, Ag^+, Cu^{2+}

+HCl

沈殿 A
AgCl, PbCl₂

ろ液 A
Na^+, Ca^{2+}, Zn^{2+},
Al^{3+}, Fe^{3+}, Cu^{2+}

+熱水

+H₂S

沈殿 A'
AgCl

ろ液
Pb^{2+}

沈殿 C
CuS

ろ液 B
Na^+, Ca^{2+}, Zn^{2+},
Al^{3+}, Fe^{2+}

+K₂CrO₄

沈殿 B
PbCrO₄

煮沸する
+HNO₃
+NH₃

沈殿 D
$Al(OH)_3$, $Fe(OH)_3$

ろ液 C
Na^+, Ca^{2+}, $[Zn(NH_3)_4]^{2+}$

+H₂S

沈殿 E
ZnS

ろ液 D
Na^+, Ca^{2+}

+(NH₄)₂CO₃

沈殿 F
CaCO₃

ろ液 E
Na^+

サ． 前図より，ろ液 E には Na^+ が含まれている。

シ． 前図より，2種類の金属化合物の混合物として析出している沈殿は沈殿 D であり，Al と Fe が含まれている。

ス． 分離操作を行う前の水溶液は酸性のため，硫化水素を通じたときに沈殿するのは Ag^+，Cu^{2+}，Pb^{2+} の3つである。

セ． ろ液 C に含まれている錯イオンはテトラアンミン亜鉛（Ⅱ）イオンであり，正四面体構造をもち，その水溶液は無色である。また，Zn^{2+} の配位数は4である。

Ⓔ　解答　(1)ア—⑦　イ—②　ウ—⑧　エ—⑥
(2)オ—③　カ—①　キ—⑥　ク—②
(3)ケ—⑤　コ—①　サ—⑤
(4)シ—⑦　ス—⑤　セ—②　ソ—⑧

e. $\dfrac{4V_2}{V_1+4V_2}$

━━━━━━━━━━ **解 説** ━━━━━━━━━━

《凝固点降下，反応熱，反応速度，気体の性質》

(1) **ア．**固体が液体になる状態変化を融解という。融解の反対の現象は凝固である。融解熱と凝固熱の絶対値は等しい。

エ．水溶液(ⅰ)は質量パーセント濃度1.0％の塩化ナトリウム水溶液より，100gの水溶液(ⅰ)中には1.0gの塩化ナトリウム（式量58.5）と99gの水（溶媒）を含む。

したがって，水溶液(ⅰ)の質量モル濃度は

$$\frac{\dfrac{1.0}{58.5}}{\dfrac{99}{1000}}=0.172\,(\text{mol/kg})$$

凝固点降下は，電離後に存在する全粒子の質量モル濃度に比例して大きくなるので，塩化ナトリウムはナトリウムイオンと塩化物イオンに電離することから，水溶液(ⅰ)の全粒子の質量モル濃度は

$$0.172\times2=0.344\,(\text{mol/kg})$$

水溶液(ⅱ)は0.050mol/Lの硫酸ナトリウム水溶液である。水溶液(ⅱ)の密度は1.0g/cm³より，1Lの水溶液(ⅱ)の質量は1.0×10^3gであり，溶質として0.050molの硫酸ナトリウム（式量142）を含む。

したがって，水溶液(ⅱ)の質量モル濃度は

$$\frac{0.050}{\dfrac{1000-0.050\times142}{1000}}=0.0503\,(\text{mol/kg})$$

水溶液(ⅱ)の全粒子の質量モル濃度を求めると，1molの硫酸ナトリウムは2molのナトリウムイオンと1molの硫酸イオンに電離することから

$$0.0503\times3=0.1509\doteqdot0.151\,(\text{mol/kg})$$

水溶液(ⅲ)は非電解質のスクロースの水溶液であるので，水溶液(ⅱ)の全粒子の質量モル濃度は0.10mol/kgである。全粒子の質量モル濃度が大きいほど凝固点が降下するので，最も凝固点が高いのは水溶液(ⅲ)である。

(2) **オ．**ルミノールを塩基性水溶液中で触媒を用いて過酸化水素で酸化すると青色の発光がみられる。

カ. 気体の水の生成熱の熱化学方程式

$$H_2 \text{（気）} + \frac{1}{2}O_2 \text{（気）} = H_2O \text{（気）} + 242\,kJ$$

に液体の水の蒸発熱の熱化学方程式

$$H_2O \text{（液）} = H_2O \text{（気）} - 44\,kJ$$

を代入すると，液体の水の生成熱の熱化学方程式

$$H_2 \text{（気）} + \frac{1}{2}O_2 \text{（気）} = H_2O \text{（液）} + 286\,kJ$$

が得られる。この熱化学方程式を2倍し，移項すると

$$2H_2O \text{（液）} = 2H_2 \text{（気）} + O_2 \text{（気）} - 572\,kJ$$

が得られる。

キ. 二酸化炭素の生成熱を $Q\,$〔kJ/mol〕とすると，熱化学方程式は次のようになる。

$$C \text{（黒鉛）} + O_2 \text{（気）} = CO_2 \text{（気）} + Q\,\text{〔kJ〕}$$

ここで

反応熱＝（生成物の結合エネルギーの総和）

－（反応物の結合エネルギーの総和）

より

$$Q = 804 \times 2 - (716 + 498) = 394\,\text{〔kJ/mol〕}$$

ク. 下線部(a)の反応の反応熱を $Q'\,$〔kJ〕とすると，熱化学方程式は次のようになる。

$$6CO_2 \text{（気）} + 6H_2O \text{（液）} = C_6H_{12}O_6 \text{（固）} + 6O_2 \text{（気）} + Q'\,\text{〔kJ〕}$$

ここで

反応熱＝（生成物の生成熱の総和）－（反応物の生成熱の総和）

より

$$Q' = 1270 - (6 \times 394 + 6 \times 286) = -2810\,\text{〔kJ〕}$$

(3) **ケ.** 化合物 **Y** の係数が2のとき，次のように問題文の条件にあうことがわかる。

$$X + 2Y \longrightarrow Z$$

	X	2Y	Z	
反応前	c	$3c$	0	〔mol/L〕
変化量	$-c$	$-2c$	$+c$	〔mol/L〕
反応後	0	c	c	〔mol/L〕

また，化合物 **X** のモル濃度が $4c$，**Y** のモル濃度が $6c$ となるようにした

とき，次のようになる。

$$X \;+\; 2Y \;\longrightarrow\; Z$$

	X	2Y	Z	
反応前	$4c$	$6c$	0	〔mol/L〕
変化量	$-3c$	$-6c$	$+3c$	〔mol/L〕
反応後	c	0	$3c$	〔mol/L〕

コ． 表1の実験条件2は実験条件1と比べ，**X**のモル濃度が変わらず，**Y**のモル濃度が2倍になっている。このとき，化合物**Z**の生成速度は2倍になっているので，**Z**の生成速度は**Y**のモル濃度に比例することがわかる。また，実験条件5は実験条件4と比べ，**Y**のモル濃度が変わらず，**X**のモル濃度が3倍になっている。このとき，**Z**の生成速度は3倍になっているので，**Z**の生成速度は**X**のモル濃度に比例することがわかる。

　以上より，反応速度式は

$$v = k[\mathbf{X}][\mathbf{Y}]$$

この反応速度式に実験条件1の各データを代入すると，

$$d = k \cdot c \cdot 2c$$

$$\therefore \quad k = \frac{d}{2c^2}$$

　実験条件3のとき，**Z**の生成速度が$3d$である。反応式より，**Y**と**Z**の係数比は2:1なので，**Y**の減少速度は$6d$となる。

サ． 化合物**M**は反応前後で変化せず，活性化状態も変化させないので，反応物でも触媒でもない。したがって，実験条件5と6を比較したとき，反応開始直後の**Z**の生成速度は実験条件5と6で同じであり，反応熱も実験条件5と6で同じである。

(4)　**シ．** 絶対温度 T の条件下で，圧力 P，体積 V_1 のヘリウムが，気体**A**の飽和により体積 V_2 へと変化しているので，**A**が飽和後の混合気体のヘリウムの分圧は，ボイルの法則より，$\dfrac{PV_1}{V_2}$ となる。**A**の分圧（＝飽和蒸気圧）は，混合気体の全圧 P からヘリウムの分圧を除いて，次のようになる。

$$P - \frac{PV_1}{V_2} = \frac{P(V_2 - V_1)}{V_2}$$

ス． 混合気体中の気体**A**の質量は液体**A**の質量の減少量と同じ w である。**A**のモル質量を M とすると，気体**A**に対して，次のように気体の状態方

程式が成立する。

$$\frac{P(V_2 - V_1)}{V_2} \times V_2 = \frac{w}{M} RT$$

よって

$$M = \frac{wRT}{P(V_2 - V_1)}$$

セ. **X**から容器内部の体積をVになるまで減少させたとする。このとき，**X**の状態で気体として存在していた**A**の物質量に対する凝縮した**A**の物質量の割合はr_1である。したがって，**X**の状態で気体として存在していた**A**の物質量をnとすると，体積Vの容器内に存在する気体**A**の物質量は$n(1-r_1)$となる。気体**A**に対して，次のように気体の状態方程式が成立する。

$$\frac{P(V_2 - V_1)}{V_2} \times V = n(1-r_1)RT$$

また，**X**の状態で気体として存在していた**A**の物質量nは，次のように表せる。

$$n = \frac{w}{\dfrac{wRT}{P(V_2 - V_1)}} = \frac{P(V_2 - V_1)}{RT}$$

したがって

$$V = (1 - r_1)V_2$$

ソ. **X**に戻したのち，圧力を$5P$まで変化させたとき，容器内部には**A**の液体が存在しているので，気体**A**の分圧は飽和蒸気圧である$\dfrac{P(V_2 - V_1)}{V_2}$である。また，ヘリウムの分圧は，$5P - \dfrac{P(V_2 - V_1)}{V_2}$である。

ヘリウムの物質量n_{He}は，**X**で気体の状態方程式から次のように求められる。

$$\frac{PV_1}{V_2} \times V_2 = n_{He}RT$$

$$\therefore \quad n_{He} = \frac{PV_1}{RT}$$

圧力を$5P$まで変化させたときの容器の体積をV'とすると，ヘリウム

に対して次の気体の状態方程式が成立する。

$$\left\{5P-\frac{P(V_2-V_1)}{V_2}\right\}V'=\frac{PV_1}{RT}RT$$

したがって

$$V'=\frac{V_1V_2}{V_1+4V_2}$$

e. 圧力を $5P$ まで変化させた状態において，気体となっている $\mathbf{A}$ の物質量を n_g とおくと，次の気体の状態方程式が成立する。

$$\frac{P(V_2-V_1)}{V_2}\times\frac{V_1V_2}{V_1+4V_2}=n_\mathrm{g}RT$$

したがって

$$n_\mathrm{g}=\frac{PV_1(V_2-V_1)}{RT(V_1+4V_2)}$$

が得られる。$\mathbf{X}$ の状態で気体として存在していた $\mathbf{A}$ の物質量は，

$\dfrac{P(V_2-V_1)}{RT}$ より，凝縮した $\mathbf{A}$ の物質量の割合は

$$\frac{\dfrac{P(V_2-V_1)}{RT}-\dfrac{PV_1(V_2-V_1)}{RT(V_1+4V_2)}}{\dfrac{P(V_2-V_1)}{RT}}=\frac{4V_2}{V_1+4V_2}$$

（**F**）**解答**　(1)**ア**─⑨　**イ**─②　**ウ**─⑦　**エ**─②

　　　　　　(2)**オ**─④　**カ**─⑥　**キ**─⑥　**ク**─⑦　**ケ**─⑨

(3)**f₁.** C_6H_{10}　**コ**─⑧　**サ**─⑥　**シ**─⑧　**ス**─⑧

f₂.

$$CH_3-CH\!-\!(CH_2)_2COOH$$
$$|$$
$$COOH$$

━━━━━━━━━━━━━━ **解説** ━━━━━━━━━━━━━━

《天然有機化合物，合成高分子化合物，フェノールとその化合物，環状構造を１つだけもつ炭化水素の構造決定》

(1)　**ア.** ベンゼンスルホン酸は強酸である。

イ. グルコースやフルクトースがフェーリング液と反応すると Cu_2O の赤色沈殿が生じる。

ウ. 選択肢の中でベンゼン環を有するアミノ酸はチロシンである。

⑵　**オ.** フェノールは石炭酸とも呼ばれ，常温・常圧下で無色の固体で，ベンゼンとプロペンを原料とするクメン法で製造されている。

カ. ナトリウムフェノキシドに高温・高圧で二酸化炭素を作用させるとサリチル酸ナトリウムが生じ，これに希硫酸を加えるとサリチル酸が遊離する。

キ. 氷冷した塩化ベンゼンジアゾニウムの水溶液にナトリウムフェノキシドの水溶液を加えるとアゾ基をもつ p-ヒドロキシアゾベンゼンが生じる。塩化ベンゼンジアゾニウムの水溶液の温度が5℃以上になると，塩化ベンゼンジアゾニウムはフェノールへと変化する。

ク・ケ. フェノール（分子量94）に濃硝酸と濃硫酸の混合物を加えて加熱すると最終的にピクリン酸（分子量229）が生じる。1.410gのフェノールから生じたピクリン酸とジニトロフェノール（分子量184）をそれぞれ x〔mol〕，y〔mol〕とする。ピクリン酸とジニトロフェノールの合計の物質量はフェノールの物質量と等しいので，次式が成立する。

$$x+y=\frac{1.410}{94} \quad \cdots\cdots①$$

また，ピクリン酸とジニトロフェノールの合計の質量について

$$229x+184y=3.300 \quad \cdots\cdots②$$

①，②より　　$x=1.2\times10^{-2}$〔mol〕，$y=3.0\times10^{-3}$〔mol〕

したがって

　　　　フェノール：ジニトロフェノール＝4:1

⑶　**f₁.** 記述ⅰ）のデータを用いて元素分析を行う。123mgの炭化水素**A**中の炭素の質量は，生じた二酸化炭素（分子量44）の質量が396mgより

$$396\times\frac{12}{44}=108〔mg〕$$

水素の質量は，生じた水（分子量18）の質量が135mgより

$$135\times\frac{2}{18}=15〔mg〕$$

したがって，炭化水素**A**の組成式は

$$C:H=\frac{108}{12}:\frac{15}{1}=3:5$$

より，C_3H_5である。**A**は分子量が50〜100の範囲内にあるので，**A**の分

子式は C_6H_{10} である。

コ．ヨードホルムの化学式は CHI_3 である。

サ．f_2． A および B は環状構造を 1 つだけもつ。また，記述ⅱ）で水素が付加していること，分子式が C_6H_{10} であることから炭素間二重結合を 1 つもつとわかる。

　記述(ⅱ)より，C は A および B に水素付加して生じる。また，記述(ⅲ)より，B の環状構造を構成する炭素原子の数と同じ数の炭素原子で構成される環状構造を，唯一の環状構造としてもつ B の構造異性体をすべて準備し，それぞれに対して白金を触媒として水素を室温で作用させた場合にも C が得られる。これらより，A，B ともに 5 員環を有していることがわかる。

　記述ⅳ）より，A と B を酸化開裂し，1 種類の化合物のみが得られたことから，A と B は環内に炭素間二重結合をもつことがわかる。

　これまでの考察から，A および B の候補は次の①〜③の 3 種類に絞られる。

①
$$CH_3$$
$$C$$
$$CH \quad CH_2$$
$$CH_2-CH_2$$

②
$$CH_3$$
$$CH$$
$$CH \quad CH_2$$
$$CH-CH_2$$

③
$$CH_3$$
$$CH$$
$$CH_2 \quad CH_2$$
$$CH=CH$$

候補となる化合物を左から順に酸化開裂すると，次の①′〜③′ が得られる。

①′　$CH_3-\overset{\displaystyle O}{\underset{\displaystyle \|}{C}}-CH_2-CH_2-CH_2-COOH$

②′　$CH_3-\overset{*}{C}H-CH_2-CH_2-COOH$
　　　　　　$|$
　　　　　$COOH$

③′　$HOOC-CH_2-CH-CH_2-COOH$
　　　　　　　　　$|$
　　　　　　　　CH_3

　ここで，D は不斉炭素原子をもつので，D の構造は，②′ と決まり，さらに A の構造は②と決定できる。E はヨードホルム反応陽性なので，E の構造は①′ と決まり，さらに B の構造は，①と決定できる。

　ヨードホルム反応は，次のように $R-CO-$ の部分がカルボン酸のナトリウム塩へと変化し，強酸を加えるとカルボン酸として遊離する。

$$CH_3-\underset{\underset{O}{\|}}{C}-R \longrightarrow R-COONa \longrightarrow R-COOH$$

よって，**E** にこの一連の操作を行ったあとに得られる **F** の構造は

$$HOOC-CH_2-CH_2-CH_2-COOH$$

と決定できる。2価カルボン酸は炭酸水素ナトリウム水溶液と次のように反応する。

$$R-(COOH)_2 + 2NaHCO_3 \longrightarrow R-(COONa)_2 + 2H_2O + 2CO_2$$

したがって，n〔mol〕の **F** から $2n$〔mol〕の CO_2 が生じる。

シ. 記述 vi）より，**B** の環状構造を構成する炭素原子の数よりも1つ多い数の炭素原子で構成される環状構造をもつ **B** の異性体は

$$\begin{array}{ccc} & CH_2 & \\ CH & & CH_2 \\ \| & & | \\ CH & & CH_2 \\ & CH_2 & \end{array}$$

である。これを酸化開裂して得られる **G** は

$$HOOC-CH_2-CH_2-CH_2-CH_2-COOH$$

とわかり，**G** はアジピン酸である。アジピン酸とヘキサメチレンジアミンの縮合重合で得られる鎖状の高分子化合物はナイロン66である。

ス. C_6H_{10} で4員環を1つと炭素間二重結合を1つもつ化合物は次に示す11通りである。

$$\begin{array}{l} CH_2-CH_2 \\ | \qquad | \\ CH_2-CH-CH=CH_2 \end{array} \qquad \begin{array}{l} CH_2-C=CH_2 \\ | \qquad | \\ CH_2-CH-CH_3 \end{array} \qquad \begin{array}{l} CH= CH \\ | \qquad | \quad CH_3 \\ CH_2-C{\Large<}_{CH_3} \end{array}$$

$$\begin{array}{l} CH_2-CH_2 \\ | \qquad | \\ CH_2-C=CH-CH_3 \end{array} \qquad \begin{array}{l} CH_2-C-CH_3 \\ | \qquad \| \\ CH_2-C-CH_3 \end{array} \qquad \begin{array}{l} CH_2 \\ \| \\ C{-}{-}{-}CH_2 \\ | \qquad | \\ CH_2-CH-CH_3 \end{array}$$

$$\begin{array}{l} CH_2-CH \\ | \qquad \| \\ CH_2-C-CH_2-CH_3 \end{array} \qquad \begin{array}{l} CH= C-CH_3 \\ | \qquad | \\ CH_2-CH-CH_3 \end{array}$$

$$\begin{array}{l} CH=CH \\ | \qquad | \\ CH_2-CH-CH_2-CH_3 \end{array} \qquad \begin{array}{l} CH-CH-CH_3 \\ \| \qquad | \\ CH-CH-CH_3 \end{array} \qquad \begin{array}{l} CH_3 \\ | \\ C{-}{-}{-}CH \\ | \qquad | \\ CH_2-CH-CH_3 \end{array}$$

講評

　　化学と物理を合わせて6題の中から3題を選んで解答する形式は例年通り。2024年度は理論・無機の融合問題が1題，理論化学1題，有機化学1題が出題された。一部にやや思考力を要する問題が見られたが，標準的な良問が多く，日頃の学習の成果が試される問題であった。

　　D　(1)硫黄とその化合物に関する問題。後半に濃度の計算や溶解熱による溶液の上昇温度の計算が出題されており，ここで差がつきやすい。(2)炭酸ナトリウムの二段階滴定をテーマとした問題。第一中和点，第二中和点までに要する塩酸の体積量からナトリウム化合物の種類を決定する必要があり，やや難しい。(3)金属陽イオンの系統分離の問題で基本的である。

　　E　(1)凝固点降下に関する問題。凝固点の高い水溶液を選ぶ問題では，質量パーセント濃度やモル濃度を質量モル濃度に直す必要があり，計算量が多いが，他は基本的な知識問題であった。(2)反応熱に関する問題，(3)反応速度に関する問題で，どちらも基本的である。(4)気体の性質（蒸気圧を含む）の問題。数値計算であれば標準的な問題だが，文字式ばかりで解答するため煩雑になり，苦戦した受験生が多かったのではないだろうか。

　　F　(1)有機化合物や高分子化合物に関する知識問題で，基本的である。(2)フェノールをテーマとした問題で，基本的である。(3)環状構造と炭素間二重結合をそれぞれ1つずつもつ炭化水素の構造決定に関する問題。**A**と**B**が5員環を有するということを問題文の記述から気付けないと構造決定が進まない。4員環構造と炭素間二重結合を1つずつもつ構造異性体数を数える問題も解きにくい。やや難しい問題であった。

2023
年度

問題と解答

■学部別入試

問題編

▶試験科目・配点

教　科	科　　　　目	配　点
外国語	「コミュニケーション英語Ⅰ・Ⅱ・Ⅲ，英語表現Ⅰ・Ⅱ」，ドイツ語（省略），フランス語（省略）から1科目選択	120 点
数　学	数学Ⅰ・Ⅱ・Ⅲ・Ａ・Ｂ	120 点
理　科	「物理基礎・物理」，「化学基礎・化学」から各3題，計6題出題し，そのうち任意の3題選択	120 点

▶備　考

「数学Ｂ」は「数列・ベクトル」から出題する。

■■■英語■■■

（60 分）

以下の英文は、水族館を舞台とした小説の一部である。物語には、清掃員の Tova、館長の Terry、そして水槽に飼育されているタコの Marcellus が登場する。これを読んで問に答えなさい。

That evening at the aquarium, Terry's office light is on. Tova pokes her head through the door to say hello.

"Hey, Tova!" Terry waves her in. A white takeout carton注1 sits atop of a pile of papers on his desk, a pair of chopsticks sticking up like antennae, propped in what Tova knows is vegetable fried rice from the one Chinese restaurant in the area, down in Elland. The same sort of carton that lured the octopus from his enclosure that night.

"Good evening, Terry." Tova inclines her head.

"Take a load off," he says, <u>nod</u> at the chair across from his desk. He holds up

A
a fortune cookie in a plastic wrapper. "You want one? They always give me at least two, sometimes three or four. I don't know how many people they think I could be feeding with this one pint of fried rice."

Tova smiles, but doesn't sit, remaining in the doorway. "That's kind, but no thank you."

[…]

"I'd like the front to look nice for the crowds this weekend." Terry runs a hand down his face, which looks <u>exhausted</u>. "If you can't get to all the floors, don't

B
worry about it, okay? We can catch up next week."

Fourth of July is always the aquarium's busiest weekend. Back in Sowell Bay's heyday,注2 the town used to put on a big waterfront festival. These days, it's just busier than average.

Tova pulls on her rubber gloves. The pump rooms will get done, and the front windows [2] . It will be a late night, but she has [3] staying up late.

"You're a lifesaver, Tova." Terry flashes her a grateful grin.

"It's something to do." She smiles back.

Terry shuffles around the papers and mess on his desk, and something silver catches Tova's [4] . A heavy-looking clamp,注3 its bar at least as thick as Terry's index finger. He lifts it absently, then puts it back down again, like a paperweight.

But Tova has the distinct feeling it's not a paperweight.

"May I ask what that's for?" Tova leans on the doorway, a sick feeling settling in her stomach.

Terry lets out a sigh. "I think Marcellus has been going rogue注4 again."

"Marcellus?"

"The GPO." It takes a moment for Tova to parse the acronym.注5 Giant Pacific octopus. And he has a name. How did she not know?

"I see," Tova says quietly.

"I don't know how he does it. But I'm down eight sea cucumbers注6 this month." Terry picks up the clamp again and holds it in his cupped palm like he's weighing it. "I think he's slipping through that little gap. I need to pick up a piece of wood to go over the back of his tank before I can put this thing on."

[…]

"Hello, friend," she says to the octopus. At the sound of her voice, the octopus unfurls from behind a rock, a starburst of orange and yellow and white. He blinks at her as he drifts toward the glass. His color looks better tonight, Tova notes. Brighter.

She smiles. "Not feeling so adventurous tonight, [8] ?"

He sucks a tentacle^{注7} to the glass, his bulbous mantle^{注8} briefly heaving as if he's letting out a sigh, even though that's impossible. Then in a shockingly swift motion he jets toward the back of his tank, his eye still trained on her, and traces the edge of the tiny gap with the tip of a tentacle.

"No, you don't, Mister. Terry's on to you," Tova scolds, and she scoots off toward the door that leads around back to the rear access for all of the tanks along this section of the outside wall. When she comes into the tiny, humid room, she expects to find the creature in ⬚ 11 ⬚ escape, but to her surprise he's still there in his tank.

"Then again, perhaps you should have one last night of freedom," she says, thinking of the heavy clamp on Terry's desk.

The octopus presses his face against the back glass and extends his arms upward, like a child's plea to be carried.
"You want to shake hands," she says, guessing.

The octopus's arms swirl in the water.

"Well, I suppose so." She drags over one of the chairs tucked under the long metal table and steadies herself as she climbs up, tall ⬚ 15 ⬚ now to remove the cover on the back of the tank. As she's unfastening the latch, she realizes the octopus might be taking advantage of her. Getting her to remove the lid so he can escape.

She takes the gamble. Lifts the lid.

He floats below, languid^{注9} now, all eight arms spread out around him ⬚ 18 ⬚ an alien star. Then he lifts one out of the water. Tova extends her hand, still covered in faint round bruises^{注10} from last time, and he winds around it again, ⬚ 19 ⬚ smelling her. The tip of his tentacle reaches neck-high and pokes at her chin.

Hesitantly, she touches the top of his mantle, as one might pet a dog. "Hello, Marcellus. That's what they ⬚ 21 ⬚ , isn't it?"

Suddenly, with the arm still wrapped around hers, he gives a sharp tug. Tova's balance falters on the chair and for ① fears / ② into / ③ a moment /

④ to pull / ⑤ her / ⑥ he's trying / ⑦ she his tank.

She leans over ┌── 24 ──┐ her nose nearly touches the water, her own eyes now inches from his, his otherworldly pupil注11 so dark blue it's almost black, an iridescent marble. <u>They study each other for what seems like an eternity</u>, and
　　　　　　　　　　　　c
Tova realizes an additional octopus arm has wound its way over her other shoulder, prodding注12 her freshly done hair.

Tova laughs. "Don't muss注13 it. I was just at the beauty shop this morning."

Then he releases her and vanishes behind his rock. Stunned, Tova looks around. Had he heard something? She touches her neck, the cold wetness where his tentacle ┌── 25 ──┐.

He reappears, drifting back upward. A small gray object is looped on the tip of one of his arms. He extends it to her. An offering.

Her house key. The one she lost last year.

（出典 Shelby Van Pelt. *Remarkably Bright Creatures*. 2022）

注1　takeout carton　テイクアウト用の紙パック

注2　Back in Sowell Bay's heyday　（物語の舞台である）ソウェル・ベイの全盛
　　　期には

注3　clamp　物をはさむ道具、クランプ

注4　going rogue　悪さをする

注5　parse the acronym　略称の意味を明らかにする

注6　I'm down eight sea cucumbers　「ナマコを 8 匹やられてるんだ」

注7　tentacle　タコの触手

注8　bulbous mantle　タコの丸くふくらんだ部分

注9　languid　ゆったりとした様子で

注10　bruises　あざ

注11　pupil　瞳孔

注12　prodding　つつく

注13　muss　くしゃくしゃにする

A．下線部 **A** の単語を、文脈上もっとも適切なかたちに変えて、解答欄に書きなさい。

B．下線部 **B** を、別の表現で言い換えなさい。ただし、"extremely" に続くかたちで、英単語 1 語を解答欄に書くこと。

C．下線部 **C** を和訳し、解答欄に書きなさい。ただし、「Marcellus と Tova は」に続くかたちにすること。

D．つぎの文を英訳し、解答欄に書きなさい。ただし、"We" から始めること。

　　彼女がなくした鍵を、そのタコがどうやって見つけたのか、私たちにはわからない。

1．下線部 1 の意味として、文脈上もっとも適切なものを次の中から 1 つ選び、解答欄の該当する番号をマークしなさい。
　　①　一般のお客さん　　　　②　平日　　　　　　　　③　ふだんのにぎわい
　　④　他の水族館　　　　　　⑤　通常料金

2．空欄　　2　　に入れるのに、文脈上もっとも適切なものを次の中から 1 つ選び、解答欄の該当する番号をマークしなさい。
　　①　as well　　　　　　　②　either　　　　　　　③　in
　　④　yet　　　　　　　　　⑤　a lot

3．空欄　　3　　に入れるのに、文脈上もっとも適切なものを次の中から 1 つ選び、解答欄の該当する番号をマークしなさい。
　　①　a trouble　　　　　　②　ever been　　　　　③　never minded

④　got to　　　　　　　　⑤　something of

4.　空欄　　4　　に入れるのに、文脈上もっとも適切なものを次の中から 1 つ選び、解答欄の該当する番号をマークしなさい。

①　thumb　　　　　　②　eye　　　　　　③　ear

④　lip　　　　　　　　⑤　face

5.　下線部 5 から読みとれる Tova の気持ちとして、文脈上もっとも適切なものを次の中から 1 つ選び、解答欄の該当する番号をマークしなさい。

①　Terry の手にした道具をうらやましく思っている。

②　Terry の手にした道具を取り上げたいと思っている。

③　Terry の手にした道具の使いみちを知りたいと思っている。

④　Terry の手にした道具の正式名称を聞きたがっている。

⑤　Terry の手にした道具を貸してもらいたいと思っている。

6.　下線部 6 について、Tova が理解した内容として、文脈上もっとも適切なものを次の中から 1 つ選び、解答欄の該当する番号をマークしなさい。

①　Terry が腹を立てていること

②　Marcellus と GPO はまったくの別物であること

③　Terry しか知り得ないタコの個性があるということ

④　水族館のタコにはさまざまな種類があること

⑤　自分の知っているタコが Marcellus という名前であること

7.　下線部 7 の内容として、文脈上もっとも適切なものを次の中から 1 つ選び、解答欄の該当する番号をマークしなさい。

①　palm　　　　　　②　clamp　　　　　　③　tank

④　paperweight　　　⑤　octopus

8.　空欄　　8　　に入れるのに、文脈上もっとも適切なものを次の中から 1 つ選び、解答欄の該当する番号をマークしなさい。

① is it　　　　　　　② are you　　　　　　　③ does she

④ will they　　　　　　⑤ was he

9. 下線部 9 の「不可能である」ことの内容として、文脈上もっとも適切なものを次
　の中から 1 つ選び、解答欄の該当する番号をマークしなさい。

① 体を光らせること

② 水槽の外に逃げ出すこと

③ 人間の気持ちを理解すること

④ ガラスに吸いつくこと

⑤ ため息をつくこと

10. 下線部 10 に向かって Tova が駆け出していった理由として、文脈上もっとも
　適切なものを次の中から 1 つ選び、解答欄の該当する番号をマークしなさい。

① Terry にもう一度会うため

② Terry が帰宅したことを確認するため

③ タコが逃げると思ったため

④ タコを水槽の外に出すため

⑤ 部屋の換気をするため

11. 空欄　　11　　に入れるのに、文脈上もっとも適切なものを次の中から 1 つ選
　び、解答欄の該当する番号をマークしなさい。

① between　　　　　　② order to　　　　　　③ front of

④ the midst of　　　　⑤ spite of

12. 下線部 12 で、Tova が "one last night" と言った理由として、文脈上もっとも
　適切なものを次の中から 1 つ選び、解答欄の該当する番号をマークしなさい。

① Terry がすき間をふさぐため

② 水槽の外にもうエサがないため

③ Tova が引退してしまうため

④ タンクの水がなくなってしまうため

⑤　水族館が閉館するため

13.　下線部 13 の意味として、文脈上もっとも適切なものを次の中から 1 つ選び、
　　解答欄の該当する番号をマークしなさい。
　　①　親の愛情を求めること
　　②　おやつを欲しがること
　　③　抱っこをせがむこと
　　④　ベビーカーに乗りたがること
　　⑤　いっしょに遊びたがること

14.　下線部 14 の "so" の意味として、文脈上もっとも適切なものを次の中から 1 つ
　　選び、解答欄の該当する番号をマークしなさい。
　　①　手を振ること
　　②　お別れをすること
　　③　挨拶をすること
　　④　触手を見せること
　　⑤　握手をすること

15.　空欄　　15　　に入れるのに、文脈上もっとも適切なものを次の中から 1 つ選
　　び、解答欄の該当する番号をマークしなさい。
　　①　just　　　　　　②　so　　　　　　③　not
　　④　enough　　　　　⑤　for

16.　下線部 16 の意味として、文脈上もっとも適切なものを次の中から 1 つ選び、
　　解答欄の該当する番号をマークしなさい。
　　①　タコが彼女を驚かそうとしていること
　　②　タコが彼女に秘密を打ち明けようとしていること
　　③　タコが彼女を打ち負かそうとしていること
　　④　タコが彼女を利用しようとしていること
　　⑤　タコが彼女を不利な立場に追いやろうとしていること

17. 下線部 17 の意味として、文脈上もっとも適切なものを次の中から 1 つ選び、
解答欄の該当する番号をマークしなさい。

①　運命を信じる　　　　②　賭けに出る　　　　　③　適当にやる

④　点を稼ぐ　　　　　　⑤　確実に行う

18. 空欄　　18　　に入れるのに、文脈上もっとも適切なものを次の中から 1 つ選
び、解答欄の該当する番号をマークしなさい。

①　with　　　　　　　②　to　　　　　　　　③　by

④　like　　　　　　　⑤　for

19. 空欄　　19　　に入れるのに、文脈上もっとも適切なものを次の中から 1 つ選
び、解答欄の該当する番号をマークしなさい。

①　as if　　　　　　　②　even though　　　③　nothing but

④　in case　　　　　　⑤　just so

20. 下線部 20 の "pet" の意味として、文脈上もっとも適切なものを次の中から 1
つ選び、解答欄の該当する番号をマークしなさい。

①　to own and look after an animal

②　to teach an animal to do something

③　to move your hand gently over an animal

④　to take an animal for a walk

⑤　to give food to an animal

21. 空欄　　21　　に入れるのに、文脈上もっとも適切なものを次の中から 1 つ選
び、解答欄の該当する番号をマークしなさい。

①　call you　　　　　②　are　　　　　　　③　want to do

④　tried to do　　　　⑤　look like

22. 下線部 22 の意味として、文脈上もっとも適切なものを次の中から 1 つ選び、
解答欄の該当する番号をマークしなさい。

① サッと振り払う

② ギュッと握る

③ グサッと刺す

④ グッと引っ張る

⑤ ピタッと張り付く

23. 下線部 23 の語群を、文脈上もっとも適切な順番に並べ替え、2 番目と 6 番目にあたる番号を解答欄 1 列につき 1 つずつマークしなさい。ただし、文頭の単語も小文字にしてある。

24. 空欄　　24　　に入れるのに、文脈上もっとも適切なものを次の中から 1 つ選び、解答欄の該当する番号をマークしなさい。

① by　　　　　　　② until　　　　　　③ toward

④ with　　　　　　⑤ for

25. 空欄　　25　　に入れるのに、文脈上もっとも適切なものを次の中から 1 つ選び、解答欄の該当する番号をマークしなさい。

① was　　　　　　② became　　　　　③ lost

④ ate　　　　　　⑤ looked

26. 以下の文には、本文の内容に**合致しないもの**が 1 つある。次の中から選び、解答欄の該当する番号をマークしなさい。

① Marcellus は触手を水面に出した。

② Tova は Terry の勧めたフォーチュンクッキーを食べなかった。

③ Tova は朝に美容室に行ったばかりだった。

④ 深夜の仕事を引き受けてくれた Tova を、Terry は命の恩人と呼んだ。

⑤ Tova は Marcellus のことを GPO と呼んだ。

数学

（90 分）

〔Ⅰ〕　次の ア から ラ にあてはまる 0 から 9 までの数字を，解答用紙の所定
の欄にマークせよ。 コサ ， シス ， ソタ ， ツテ ， ヌネ ，
 ハヒ は 2 桁の数である。なお，分数は既約分数にすること。

(1)　a, b, c を実数の定数とし，関数 $f(x)$ を

$$f(x) = \begin{cases} \dfrac{1 + 3x - a\cos 2x}{4x} & (x > 0) \\[2mm] bx + c & (x \leqq 0) \end{cases}$$

で定める。$f(x)$ が $x = 0$ で微分可能であるとき

$$a = \boxed{\text{ア}}, \quad b = \frac{\boxed{\text{イ}}}{\boxed{\text{ウ}}}, \quad c = \frac{\boxed{\text{エ}}}{\boxed{\text{オ}}}$$

である。

(2)　(a)　t を実数とする。x についての方程式 $x + \dfrac{1}{x} = t$ が実数解をもつ
ための必要十分条件は

$$t \leqq -\boxed{\text{カ}} \quad \text{または} \quad t \geqq \boxed{\text{キ}}$$

である。

(b)　k を実数の定数とし，$f(x) = 7x^4 + 2x^3 + kx^2 + 2x + 7$ とする。
　　$x = a$ が方程式 $f(x) = 0$ の解であるとき，$t = a + \dfrac{1}{a}$ とおくと

$$\boxed{\text{ク}}\,t^2 + \boxed{\text{ケ}}\,t + \left(k - \boxed{\text{コサ}}\right) = 0$$

が成り立つ。

方程式 $f(x) = 0$ の異なる実数解の個数が 3 個となるような k の値は $k = -\boxed{\text{シス}}$ である。

(3) 当たりくじ 4 本とはずれくじ 6 本からなる 10 本のくじがある。この中から A が 2 本のくじを同時に引き，その後 B が 2 本のくじを同時に引く。ただし，A が引いたくじは元には戻さないものとする。

(a) A の引いたくじが 2 本とも当たりである確率は $\dfrac{\boxed{\text{セ}}}{\boxed{\text{ソタ}}}$ である。

(b) A と B が引いたくじの中に 1 本も当たりがない確率は $\dfrac{\boxed{\text{チ}}}{\boxed{\text{ツテ}}}$ である。

(c) A が引いたくじのうち 1 本だけが当たりで，かつ B が引いたくじのうち 1 本だけが当たりである確率は，$\dfrac{\boxed{\text{ト}}}{\boxed{\text{ナ}}}$ である。

(d) B の引いたくじが 2 本とも当たりである確率は $\dfrac{\boxed{\text{ニ}}}{\boxed{\text{ヌネ}}}$ である。

(4) 四面体 OABC において，辺 OA を $1:3$ に内分する点を D，辺 AB を $1:2$ に内分する点を E，辺 OC を $1:2$ に内分する点を F とすると，

$$\overrightarrow{DE} = \frac{\boxed{\text{ノ}}}{\boxed{\text{ハヒ}}}\overrightarrow{OA} + \frac{\boxed{\text{フ}}}{\boxed{\text{ヘ}}}\overrightarrow{OB}$$

$$\overrightarrow{DF} = -\frac{\boxed{\text{ホ}}}{\boxed{\text{マ}}}\overrightarrow{OA} + \frac{\boxed{\text{ミ}}}{\boxed{\text{ム}}}\overrightarrow{OC}$$

である。さらに，3 点 D, E, F を通る平面と辺 BC の交点を G とすると，

$$\overrightarrow{DG} = \frac{\boxed{\text{メ}}}{\boxed{\text{モ}}}\overrightarrow{DE} + \frac{\boxed{\text{ヤ}}}{\boxed{\text{ユ}}}\overrightarrow{DF}$$

である。したがって

$$\overrightarrow{\mathrm{BG}} = \frac{\boxed{\text{ヨ}}}{\boxed{\text{ラ}}}\overrightarrow{\mathrm{BC}}$$

となる。

〔II〕　次の　$\boxed{\text{あ}}$ ，$\boxed{\text{う}}$ ，$\boxed{\text{え}}$ ，$\boxed{\text{お}}$ にあてはまる数と，$\boxed{\text{い}}$

にあてはまる式を求めよ。解答は解答用紙の所定の欄に記入せよ。途中経過
を記入する必要はない。

$f(x) = \dfrac{1}{8}x^2 - \log x \ (x > 0)$ とし，座標平面上の曲線 $y = f(x)$ を C と
する。ただし，$\log x$ は x の自然対数を表す。関数 $f(x)$ は $x = \boxed{\text{あ}}$ で最
小値をとる。曲線 C 上の点 A $(1, f(1))$ における曲線 C の接線を ℓ とすると，
ℓ の方程式は $y = \boxed{\text{い}}$ である。曲線 C と接線 ℓ および直線 $x = 2$ で囲
まれた部分の面積は $\boxed{\text{う}}$ である。また，点 $(t, f(t)) \ (t > 1)$ を P とし，
点 A から点 P までの曲線 C の長さを $L(t)$ とすると $L(2) = \boxed{\text{え}}$ であ
る。また，$\displaystyle\lim_{t \to 1+0} \frac{L(t)}{t-1} = \boxed{\text{お}}$ である。

〔 III 〕　　次の　[か]　,　[こ]　にあてはまる数と,　[き]　,　[く]　,　[け]

にあてはまる式を求めよ。解答は解答用紙の所定の欄に記入せよ。途中経過
を記入する必要はない。

長さ 2 の線分 AB を直径とする円 O の周上に, 点 P を $\cos \angle \mathrm{PBA} = \dfrac{\sqrt{3}}{3}$
となるようにとる。このとき BP = [か] である。線分 AB 上に A, B と
は異なる点 Q をとり, $x = \mathrm{AQ}\ (0 < x < 2)$ とする。PQ を x の式で表す
と PQ = [き] となる。また, 三角形 BPQ の面積 S を x の式で表すと
$S =$ [く] である。直線 PQ と円 O の交点のうち, P でないものを R と
する。三角形 AQR の面積 T を x の式で表すと $T =$ [け] である。また,
$0 < x < 2$ の範囲で x を動かすとき, T が最大になるのは $x =$ [こ] の
ときである。

理科

（80 分）

物理 3 題（A，B，C），化学 3 題（D，E，F）の合計 6 題からなってい
ます。この 6 題のうちから 3 題を任意に選択して解答しなさい。4 題以上
解答した場合には，すべての解答が無効になります。

◀物　理▶

〔A〕　次の文中の　ア　～　ク　に最も適するものをそれぞれの解答群から
一つ選び，解答用紙の所定の欄にその番号をマークせよ。また，空欄　a　に
適する式または数値を解答用紙の所定の欄に記入せよ。

　図 1 のように，高さ L の直方体と半径 L の円柱の一部（$\angle BOC = 90°$）からなる
質量 M の台が，水平な床の上に置かれている。直方体の上面 AB は，曲面 BC と
B でなめらかにつながっている。質量 m の小球をこの台上で運動させる。運動は
紙面を含む鉛直面内に限られ，小球と台の間の摩擦，台と床面との間の摩擦，お
よび空気抵抗は無視できる。重力加速度の大きさを g とする。

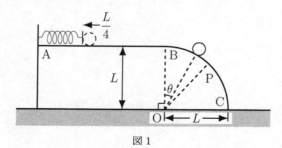

図 1

(1)　台は床に固定されているとする。図 1 のように，ばね定数 k，自然の長さ L の

軽いばねを台の左端に固定した。ばねを自然の長さから $\dfrac{L}{4}$ 縮め，小球をばねの右端に置いて静かに放した。小球が水平面 AB 上でばねから離れたときの小球の速さは $\dfrac{1}{2}\sqrt{gL}$ であった。ばね定数を求めると $k=$ $\boxed{\text{a}}$ である。

　その後，小球は点 B を通過して曲面 BC 上を滑り，図 1 の点 P で台から離れた。小球が曲面上を滑っているとき，点 O と小球の位置を結ぶ線分が線分 OB となす角を θ とすると，このときの小球の速さは $\dfrac{1}{2}\sqrt{gL} \times$ $\boxed{\text{ア}}$ である。また，小球が台から受ける垂直抗力の大きさは $mg \times ($ $\boxed{\text{イ}}$ $)$ である。小球が点 P で台から離れるとき，θ は $\boxed{\text{ウ}}$ の関係式を満たす。

小球は台から離れた後，床に衝突した。小球が点 P で台を離れてから床に衝突するまでにかかる時間は $\boxed{\text{エ}} \times \sqrt{\dfrac{L}{g}}$ である。

(2) 台は床に固定されておらず，床面上を水平方向に運動できるとする。図 2 のように，台の左端に固定したばねを取りはずし，静止している台上の点 B に小球を置いて静かに放したところ，小球は曲面 BC 上を滑りはじめた。これと同時に，台も動きはじめた。

　小球が曲面 BC 上を滑っているとき，点 O と小球の位置を結ぶ線分が線分 OB となす角を θ とする。このとき，小球は台から大きさ N の垂直抗力を受けており，床に静止した人の立場から見て台は水平右向きを正として加速度 A で運動しているとする。台の水平方向の運動方程式は $MA=$ $\boxed{\text{オ}}$ である。次に，台上に静止した人の立場から見た小球の運動を考える。小球は点 O を中心とした半径 L の円運動をしている。台が水平方向に運動していることによる慣性力を考慮すると，小球が角度 θ の位置を滑っているとき，小球にはたらく力の円運動の中心方向の成分は $\boxed{\text{カ}}$ で与えられる。ただし，成分の符号は中心 O に向かう向きを正とする。中心方向の運動方程式より，台上に静止した人の立場から見た小球の速さ v を求めることができる。

　その後，小球は $\theta=\theta'$ のとき図 2 の点 Q で台から離れた。台上に静止した人の立場から見た点 Q における小球の速さ v' は，$v'=$ $\boxed{\text{キ}}$ である。また，床に静止している人の立場から見たこのときの台の水平方向の速さ V は，$V=$ $\boxed{\text{ク}} \times v'$ である。

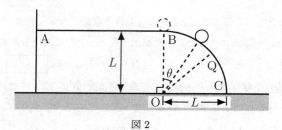

図 2

ア の解答群

① $\sqrt{-3+4\sin\theta}$ ② $\sqrt{5-4\sin\theta}$ ③ $\sqrt{-7+8\sin\theta}$ ④ $\sqrt{9-8\sin\theta}$

⑤ $\sqrt{-3+4\cos\theta}$ ⑥ $\sqrt{5-4\cos\theta}$ ⑦ $\sqrt{-7+8\cos\theta}$ ⑧ $\sqrt{9-8\cos\theta}$

イ の解答群

① $3\sin\theta-2$ ② $3\sin\theta-\dfrac{9}{4}$ ③ $2\sin\theta-\dfrac{3}{4}$ ④ $-2\sin\theta+\dfrac{5}{4}$

⑤ $3\cos\theta-2$ ⑥ $3\cos\theta-\dfrac{9}{4}$ ⑦ $2\cos\theta-\dfrac{3}{4}$ ⑧ $-2\cos\theta+\dfrac{5}{4}$

ウ の解答群

① $\sin\theta=\dfrac{3}{8}$ ② $\sin\theta=\dfrac{5}{8}$ ③ $\sin\theta=\dfrac{2}{3}$ ④ $\sin\theta=\dfrac{3}{4}$

⑤ $\cos\theta=\dfrac{3}{8}$ ⑥ $\cos\theta=\dfrac{5}{8}$ ⑦ $\cos\theta=\dfrac{2}{3}$ ⑧ $\cos\theta=\dfrac{3}{4}$

エ の解答群

① $\dfrac{1}{2}\left(3-\sqrt{3}\right)$ ② $\dfrac{1}{8}\left(3\sqrt{13}-\sqrt{21}\right)$ ③ $\dfrac{1}{8}\left(\sqrt{123}-3\sqrt{3}\right)$

④　$\dfrac{1}{9}\left(\sqrt{138}-\sqrt{30}\right)$　　⑤　$\dfrac{2}{9}\left(\sqrt{33}-\sqrt{6}\right)$

$\boxed{\text{オ}}$　の解答群

① 　$-N\sin\theta$　　　　　　　　　　② 　$-N\cos\theta$

③ 　$N\sin\theta$　　　　　　　　　　　④ 　$N\cos\theta$

⑤ 　$-N\sin\theta+mg\sin\theta\cos\theta$　　　⑥ 　$-N\cos\theta+mg\sin\theta\cos\theta$

⑦ 　$N\sin\theta-mg\sin\theta\cos\theta$　　　⑧ 　$N\cos\theta-mg\sin\theta\cos\theta$

$\boxed{\text{カ}}$　の解答群

① 　$-mg\sin\theta+N+mA\cos\theta$　　② 　$-mg\cos\theta+N+mA\sin\theta$

③ 　$-mg\sin\theta+N-mA\cos\theta$　　④ 　$-mg\cos\theta+N-mA\sin\theta$

⑤ 　$mg\sin\theta-N+mA\cos\theta$　　　⑥ 　$mg\cos\theta-N+mA\sin\theta$

⑦ 　$mg\sin\theta-N-mA\cos\theta$　　　⑧ 　$mg\cos\theta-N-mA\sin\theta$

$\boxed{\text{キ}}$　の解答群

① 　$\sqrt{gL\sin\theta'}$　　② 　$\sqrt{2gL\sin\theta'}$　　③ 　$\sqrt{gL\sin^3\theta'}$　　④ 　$\sqrt{2gL\sin^3\theta'}$

⑤ 　$\sqrt{gL\cos\theta'}$　　⑥ 　$\sqrt{2gL\cos\theta'}$　　⑦ 　$\sqrt{gL\cos^3\theta'}$　　⑧ 　$\sqrt{2gL\cos^3\theta'}$

$\boxed{\text{ク}}$　の解答群

① 　$\dfrac{m}{M}$　　　　　　② 　$\dfrac{m}{m+M}$　　　　　③ 　$\dfrac{M}{m+M}$

④ 　$\dfrac{m\sin\theta'}{M}$　　　⑤ 　$\dfrac{m\sin\theta'}{m+M}$　　　⑥ 　$\dfrac{M\sin\theta'}{m+M}$

⑦ 　$\dfrac{m\cos\theta'}{M}$　　　⑧ 　$\dfrac{m\cos\theta'}{m+M}$　　　⑨ 　$\dfrac{M\cos\theta'}{m+M}$

〔B〕 次の文中の　ア　～　ク　に最も適するものをそれぞれの解答群から一つ選び，解答用紙の所定の欄にその番号をマークせよ。また，空欄　b　に適する式または数値を解答用紙の所定の欄に記入せよ。

図1のように，真空中に水平右向きに x 軸，鉛直下向きに y 軸，紙面の表から裏に向かう向きに z 軸をとり，これらの交点を原点 O とする。点 $(0, L, 0)$ に正の電気量 Q 〔C〕をもつ小球 A を固定した。小球 A の電気量 Q の値は $Q > 0$ の範囲で自由に調整できるものとする。また，L 〔m〕より長い軽くて伸び縮みしない絶縁された糸の一端が原点 O に固定されており，他端には正の電気量 q 〔C〕をもつ質量 m 〔kg〕の小球 B がつるされている。クーロンの法則の比例定数を k 〔N·m²/C²〕，重力加速度の大きさを g 〔m/s²〕とする。

Q の値を q としたところ，小球 B は点 $(r_0, L, 0)$ で静止した。このとき，原点 O と小球 B をつなぐ糸が y 軸の正の向きとなす角を θ 〔rad〕とする。小球 B にはたらく糸の張力の大きさを T 〔N〕とするとき，小球 B にはたらく力の x 軸方向のつり合いの式は　ア　である。また，小球 A と小球 B の距離 r_0 は　イ　〔m〕である。

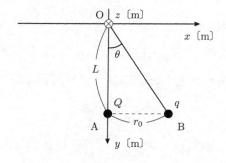

図1

次に，Q の値を q からゆっくり大きくしていくと，Q_0 となったところで小球 B は図2のように y 座標が $\dfrac{L}{2}$ のところで静止した。このときの小球 A と小球 B の距離を r_1 〔m〕とする。無限遠を電位の基準としたときの原点 O の電位は　ウ　〔V〕である。ただし，糸の電位への影響は無視できるものとする。また，小球 B

が持つ静電気力による位置エネルギーは，無限遠を位置エネルギーの基準とすると $\boxed{\text{エ}}$ 〔J〕であり，小球 A と小球 B のまわりの等電位線を描いた図は $\boxed{\text{オ}}$ である。

この状態で小球 B の位置を固定してから，y 軸の正の向きに強さ E〔N/C〕の一様な電場 (電界) を加えた。その後，点 $(r_0, L, 0)$ まで小球 B を移動させて静かに放したところ小球 B は静止したままであった。この間に，加えた電場が小球 B にした仕事は $\boxed{\text{b}}$ 〔J〕である。

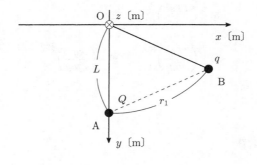

図 2

その後小球 B が静止した状態から，小球 A の電気量 Q の値を Q_0 から Q_1 に変え，それと同時に小球 B に初速度を与えたところ，小球 B は $y = L$ の水平面内で速さ v〔m/s〕の等速円運動をした。このとき Q_1 と v が満たす関係式は $Q_1 = \boxed{\text{カ}}$ である。再び小球 B を点 $(r_0, L, 0)$ に固定し，さらに y 軸の負の向きに磁束密度の大きさが B〔T〕の一様な磁場 (磁界) を加えた。小球 A の電気量 Q の値を Q_1 から Q_2 $(Q_2 < Q_1)$ に変え，それと同時に小球 B に初速度を与えたところ，小球 B は磁場を加える前と同じ等速円運動をした。加えた磁場による $\boxed{\text{キ}}$ であり，このとき Q_2 と B が満たす関係式は $Q_2 = \boxed{\text{カ}} + \boxed{\text{ク}}$ である。

$\boxed{\text{ア}}$ の解答群

① $T\sin\theta = mg$ ② $T\sin\theta = k\dfrac{q^2}{r_0}$ ③ $T\sin\theta = k\dfrac{q^2}{r_0^2}$ ④ $T\sin\theta = k\dfrac{q^2}{r_0^3}$

⑤　$T\cos\theta = mg$　⑥　$T\cos\theta = k\dfrac{q^2}{r_0}$　⑦　$T\cos\theta = k\dfrac{q^2}{r_0{}^2}$　⑧　$T\cos\theta = k\dfrac{q^2}{r_0{}^3}$

| イ | の解答群

①　$\dfrac{kq^2}{mg}$　　　②　$\dfrac{Lkq^2}{mg}$　　　③　$\dfrac{kq^2}{Lmg}$

④　$\left(\dfrac{kq^2}{mg}\right)^{\frac{1}{2}}$　　⑤　$\left(\dfrac{Lkq^2}{mg}\right)^{\frac{1}{2}}$　　⑥　$\left(\dfrac{kq^2}{Lmg}\right)^{\frac{1}{2}}$

⑦　$\left(\dfrac{kq^2}{mg}\right)^{\frac{1}{3}}$　　⑧　$\left(\dfrac{Lkq^2}{mg}\right)^{\frac{1}{3}}$　　⑨　$\left(\dfrac{kq^2}{Lmg}\right)^{\frac{1}{3}}$

| ウ | の解答群

①　$k\dfrac{Q_0}{L} + k\dfrac{q}{r_1}$　②　$-k\dfrac{Q_0}{L} - k\dfrac{q}{r_1}$　③　$k\dfrac{Q_0}{L^2} + k\dfrac{q}{r_1{}^2}$　④　$-k\dfrac{Q_0}{L^2} - k\dfrac{q}{r_1{}^2}$

⑤　$k\dfrac{Q_0}{L} - k\dfrac{q}{r_1}$　⑥　$-k\dfrac{Q_0}{L} + k\dfrac{q}{r_1}$　⑦　$k\dfrac{Q_0}{L^2} - k\dfrac{q}{r_1{}^2}$　⑧　$-k\dfrac{Q_0}{L^2} + k\dfrac{q}{r_1{}^2}$

| エ | の解答群

①　$k\dfrac{Q_0 q}{r_1{}^2}$　　②　$k\dfrac{q}{r_1{}^2}$　　③　$k\dfrac{Q_0 q}{r_1}$　　④　$k\dfrac{q}{r_1}$

⑤　$-k\dfrac{Q_0 q}{r_1{}^2}$　　⑥　$-k\dfrac{q}{r_1{}^2}$　　⑦　$-k\dfrac{Q_0 q}{r_1}$　　⑧　$-k\dfrac{q}{r_1}$

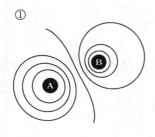 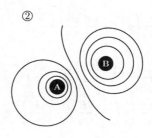
 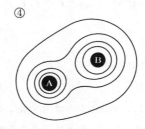
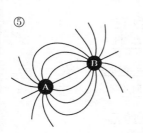 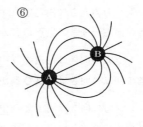
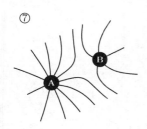 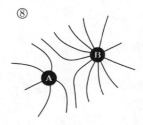

オ　の解答群

① ②

③ ④

⑤ ⑥

⑦ ⑧

カ　の解答群

① $\dfrac{mr_0}{kq}\left\{g\left(1+\dfrac{qE}{mg}\right)\dfrac{r_0}{L}+\dfrac{v^2}{r_0}\right\}$　　② $\dfrac{mr_0}{kq}\left\{g\left(1+\dfrac{qE}{mg}\right)\dfrac{r_0}{L}-\dfrac{v^2}{r_0}\right\}$

③ $\dfrac{mr_0}{kq}\left\{g\left(1-\dfrac{qE}{mg}\right)\dfrac{r_0}{L}+\dfrac{v^2}{r_0}\right\}$　　④ $\dfrac{mr_0}{kq}\left\{g\left(1-\dfrac{qE}{mg}\right)\dfrac{r_0}{L}-\dfrac{v^2}{r_0}\right\}$

⑤ $\dfrac{mr_0{}^2}{kq}\left\{g\left(1+\dfrac{qE}{mg}\right)\dfrac{r_0}{L}+\dfrac{v^2}{r_0}\right\}$　　⑥ $\dfrac{mr_0{}^2}{kq}\left\{g\left(1+\dfrac{qE}{mg}\right)\dfrac{r_0}{L}-\dfrac{v^2}{r_0}\right\}$

⑦ $\dfrac{mr_0{}^2}{kq}\left\{g\left(1-\dfrac{qE}{mg}\right)\dfrac{r_0}{L}+\dfrac{v^2}{r_0}\right\}$　　⑧ $\dfrac{mr_0{}^2}{kq}\left\{g\left(1-\dfrac{qE}{mg}\right)\dfrac{r_0}{L}-\dfrac{v^2}{r_0}\right\}$

キ　の解答群

① ローレンツ力の向きは円運動の 中心から遠ざかる向きで,
円運動の回転の向きは原点 O 側から見て 反時計回り

② ローレンツ力の向きは円運動の 中心に向かう向きで,
円運動の回転の向きは原点 O 側から見て 反時計回り

③ ローレンツ力の向きは円運動の 中心から遠ざかる向きで,
円運動の回転の向きは原点 O 側から見て 時計回り

④ ローレンツ力の向きは円運動の 中心に向かう向きで,
円運動の回転の向きは原点 O 側から見て 時計回り

ク　の解答群

① $qvB\dfrac{r_0}{k}$　　　② $\left(-qvB\dfrac{r_0}{k}\right)$　　　③ $vB\dfrac{r_0}{k}$　　　④ $\left(-vB\dfrac{r_0}{k}\right)$

⑤ $qvB\dfrac{r_0{}^2}{k}$　　　⑥ $\left(-qvB\dfrac{r_0{}^2}{k}\right)$　　　⑦ $vB\dfrac{r_0{}^2}{k}$　　　⑧ $\left(-vB\dfrac{r_0{}^2}{k}\right)$

〔C〕　次の文中の　　ア　　～　　ケ　　に最も適するものをそれぞれの解答群から一つ選び，解答用紙の所定の欄にその番号をマークせよ。

　図 1 のように，球体内部に入れた単原子分子理想気体の状態変化について考える。球体は，気体を通さない厚さを無視できる断熱材でできている。球体内部にはヒーターがあり，内部の気体を加熱することができる。また，球体の周囲の気体は，球体内部と同じ種類の気体である。球体内部の気体の温度が T_0〔K〕，体積が V_0〔m^3〕，圧力が P_0〔Pa〕，密度が ρ_0〔kg/m^3〕であり，周囲の気体の温度が T_0〔K〕，圧力が P_0〔Pa〕，密度が ρ_0〔kg/m^3〕の状態を，状態 0 とする。気体定数を R〔J/(mol・K)〕とすると，単原子分子理想気体の定積モル比熱 (定積モル熱容量) は $\dfrac{3}{2}R$〔J/(mol・K)〕であり，定圧モル比熱 (定圧モル熱容量) は $\dfrac{5}{2}R$〔J/(mol・K)〕である。ヒーターの質量，体積，熱容量は無視する。また，以下の (1) から (3) では，重力の影響を無視する。状態 0 のとき球体は周囲の気体中で静止しており，球体が膨張・収縮しても球体の重心は動かない。

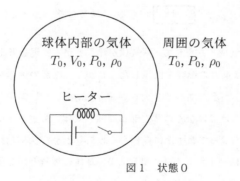

球体内部の気体　　　周囲の気体
T_0, V_0, P_0, ρ_0　　　T_0, P_0, ρ_0

ヒーター

図 1　状態 0

(1)　球体が伸び縮みしない物質できており (球体 A)，体積が常に一定の場合を考える。状態 0 から，ヒーターで熱量 Q〔J〕（$Q > 0$）を球体内部の気体に与えたところ，温度が T_1〔K〕となった (状態 1)。状態 0 から状態 1 へ変化する過程で球体内部の気体が得た内部エネルギーは　　ア　　〔J〕であるので，$T_1 = $　　イ　　$\times T_0$ と表される。

(2)　次に，球体が伸び縮みする物質でできており (球体 B)，球体内部と周囲の

気体の圧力が等しくなるように自由に膨張・収縮する場合を考える。状態 0 から，球体内部の気体をヒーターでゆっくりと加熱して温度を T_2〔K〕とした。この間，周囲の気体の状態は状態 0 と同じであったが，球体内部の気体は膨張して体積が V_2〔m³〕，密度が ρ_2〔kg/m³〕となった (状態 2)。状態 0 から状態 2 に変化する過程で，球体内部の気体が得た内部エネルギーは ウ 〔J〕である。

(3) 再び，球体 B の内部の気体の状態変化を考える。状態 0 から，周囲の気体の圧力が P_3〔Pa〕までゆっくり減少すると，球体内部の気体は断熱膨張して温度は T_3〔K〕，体積は V_3〔m³〕になった (状態 3)。この過程では，球体内部の気体の圧力 P〔Pa〕と体積 V〔m³〕の間に，γ を定数として「$PV^\gamma = $ 一定」という関係が常に成り立つ。したがって，温度変化 $\Delta T = T_3 - T_0$ は $\left\{ \boxed{\text{エ}} \right\} \times T_0$ となり，このことから内部エネルギーの変化を求めることができる。ここで，状態 0 から状態 3 へ変化する過程で球体内部の気体が得た熱量を Q'〔J〕，外部からされた仕事を W〔J〕として，内部エネルギーの変化 ΔU〔J〕を考えると，$\boxed{\text{オ}}$ である。したがって，$\gamma > 1$ でなければならない。

(4) 球体を熱気球とみなして，熱気球が浮き上がる原理を考えてみよう。(1) から (3) までは重力の影響を無視した。しかし，内部の気体を除いた球体の質量を m〔kg〕，重力加速度の大きさを g〔m/s²〕として重力の影響を考慮すると，球体だけではなく球体内部と周囲の気体にも重力がはたらいて気体の圧力が高さによってわずかに変化する。このとき，球体には浮力がはたらき，その大きさはアルキメデスの原理より，球体の体積と同じ体積の周囲の気体にはたらく重力の大きさに等しい。

前問 (2) では，伸び縮みする物質でできた球体 B の内部の気体を加熱することで，気体を状態 0 から状態 2 に変化させた。状態 2 で重力を考慮したときに，球体が浮き上がる条件を求める。状態 2 の物理量が適用できるとして球体にはたらく力を求め，球体にはたらく力のつり合いを考えれば $\boxed{\text{カ}} = 0$ となる。状態 0 と状態 2 では理想気体の状態方程式が成り立つので，T_2 を T_0, V_0, ρ_0, m を用いて表すと $T_2 = \boxed{\text{キ}} \times T_0$ となる。球

体内部の気体の温度が T_2 より高ければ球体 B は浮き上がる。

　一般的な熱気球は，(1) で述べた伸び縮みしない物質でできた球体 A の下部に小さな穴が開いた構造（球体 A′）をしている。まず，球体 B の熱気球の場合と同様に重力の影響を無視して，気体の状態変化を考える。球体 A′ では球体内部の気体の体積は常に一定で，圧力は周囲の気体の圧力と常に等しいとみなせる。状態 0 からヒーターで球体内部の気体を加熱した。この間，周囲の気体の状態は状態 0 と同じであったが，球体内部の気体は温度が T_4〔K〕，密度が ρ_4〔kg/m³〕の状態になった (状態 4)。状態 4 で重力の影響を考慮したときに，球体が浮き上がる条件を求める。状態 4 の物理量が適用できるとして球体にはたらく力を求め，球体にはたらく力のつり合いを考えれば　　ク　　$= 0$ となる。状態 0 と状態 4 では理想気体の状態方程式が成り立つので，T_4 を T_0, V_0, ρ_0, m を用いて表すと $T_4 =$ 　　ケ　　 $\times T_0$ となる。球体内部の気体の温度が T_4 より高ければ球体 A′ は浮き上がる。

　球体にはたらく力のつり合いの式から，球体 B の熱気球では球体の体積を大きくすることで浮力を大きくしているのに対し，球体 A′ の熱気球では球体内部の気体にはたらく重力の大きさを小さくすることで浮き上がらせていることがわかる。

　　ア　　の解答群

① $P_0 V_0$　　　　② $-P_0 V_0$　　　③ Q　　　　④ $-Q$

⑤ $-Q + P_0 V_0$　⑥ $Q + P_0 V_0$　⑦ $Q - P_0 V_0$　⑧ 0

　　イ　　の解答群

① $\dfrac{2Q}{3P_0 V_0}$　　② $\dfrac{2Q}{5P_0 V_0}$　　③ $\dfrac{3Q}{2P_0 V_0}$　　④ $\dfrac{5Q}{2P_0 V_0}$

⑤ $\dfrac{2Q + 3P_0 V_0}{3P_0 V_0}$　⑥ $\dfrac{2Q + 5P_0 V_0}{5P_0 V_0}$　⑦ $\dfrac{3Q + 2P_0 V_0}{2P_0 V_0}$　⑧ $\dfrac{5Q + 2P_0 V_0}{2P_0 V_0}$

　ウ　の解答群

① $\dfrac{P_0 V_0}{T_0}(T_2 - T_0)$　　② $\dfrac{3P_0 V_0}{2T_0}(T_2 - T_0)$　　③ $\dfrac{5P_0 V_0}{2T_0}(T_2 - T_0)$

④ $\dfrac{7P_0 V_0}{2T_0}(T_2 - T_0)$　　⑤ $\dfrac{P_0 V_0 T_2}{T_0}$　　⑥ $\dfrac{3P_0 V_0 T_2}{2T_0}$

⑦ $\dfrac{5P_0 V_0 T_2}{2T_0}$　　⑧ $\dfrac{7P_0 V_0 T_2}{2T_0}$　　⑨ 0

　エ　の解答群

① $\left(\dfrac{V_3}{V_0}\right)^{\gamma-1} - 1$　② $\left(\dfrac{V_3}{V_0}\right)^{\gamma} - 1$　③ $\left(\dfrac{V_3}{V_0}\right)^{\gamma+1} - 1$

④ $\left(\dfrac{V_0}{V_3}\right)^{\gamma-1} - 1$　⑤ $\left(\dfrac{V_0}{V_3}\right)^{\gamma} - 1$　⑥ $\left(\dfrac{V_0}{V_3}\right)^{\gamma+1} - 1$

　オ　の解答群

① $Q' < 0, W = 0$ より, $\Delta U < 0$　　② $Q' > 0, W = 0$ より, $\Delta U > 0$

③ $Q' < 0, W > 0$ より, $\Delta U = 0$　　④ $Q' > 0, W < 0$ より, $\Delta U = 0$

⑤ $Q' = 0, W > 0$ より, $\Delta U > 0$　　⑥ $Q' = 0, W < 0$ より, $\Delta U < 0$

　カ　の解答群

① $V_2 \rho_0 g - mg$　　② $2V_2 \rho_0 g - mg$

③ $V_2 \rho_2 g - mg$　　④ $2V_2 \rho_2 g - mg$

⑤ $V_2 \rho_0 g - V_2 \rho_2 g - mg$　　⑥ $V_2 \rho_0 g + V_2 \rho_2 g - mg$

⑦ $-V_2 \rho_0 g + V_2 \rho_2 g - mg$　　⑧ $V_2 \rho_0 g + V_2 \rho_2 g + mg$

キ の解答群

① $\dfrac{V_0\rho_0}{V_0\rho_0 - m}$ ② $\dfrac{V_0\rho_0}{m}$ ③ $\dfrac{V_0\rho_0}{V_0\rho_0 + m}$

④ $\dfrac{V_0\rho_0 - m}{V_0\rho_0}$ ⑤ $\dfrac{m}{V_0\rho_0}$ ⑥ $\dfrac{V_0\rho_0 + m}{V_0\rho_0}$

ク の解答群

① $V_0\rho_0 g - mg$ ② $2V_0\rho_0 g - mg$

③ $V_0\rho_4 g - mg$ ④ $2V_0\rho_4 g - mg$

⑤ $V_0\rho_0 g - V_0\rho_4 g - mg$ ⑥ $V_0\rho_0 g + V_0\rho_4 g - mg$

⑦ $- V_0\rho_0 g + V_0\rho_4 g - mg$ ⑧ $V_0\rho_0 g + V_0\rho_4 g + mg$

ケ の解答群

① $\dfrac{V_0\rho_0}{V_0\rho_0 - m}$ ② $\dfrac{V_0\rho_0}{m}$ ③ $\dfrac{V_0\rho_0}{V_0\rho_0 + m}$

④ $\dfrac{V_0\rho_0 - m}{V_0\rho_0}$ ⑤ $\dfrac{m}{V_0\rho_0}$ ⑥ $\dfrac{V_0\rho_0 + m}{V_0\rho_0}$

◀化　学▶

〔D〕　次の文章を読み，文中の空欄 　ア　 ～ 　テ　 に最も適するものをそれ
ぞれの解答群の中から一つ選び，解答用紙の所定の欄にその番号をマークしなさ
い。また，空欄 　d　 に適する**電子 e⁻ を含むイオン反応式**を解答用紙の所
定の欄に**丁寧**に記入しなさい。

原子量，ファラデー定数 F および標準状態における気体のモル体積 V_m が必要
な場合は，それぞれ次の値を用いなさい。

H = 1.0,　N = 14.0,　O = 16.0

F = 9.65 × 10⁴ C/mol

V_m = 22.4 L/mol

対数が必要な場合は，次の値を用いなさい。

$\log_{10} 2.0 = 0.30$, $\log_{10} 3.0 = 0.48$, $\log_{10} 5.0 = 0.70$, $\log_{10} 7.0 = 0.85$

(1)　窒素 N は 15 族に属する 　あ　 であり，その原子は全部で 　い　 個
の電子をもつ。窒素原子は，他の原子と結合して化合物や多原子イオンをつく
る。たとえば，生体を構成するタンパク質は，窒素 N を含む化合物である。
海水中では，硝酸イオンやアンモニウムイオンなどとして存在する。なお，ア
ンモニウムイオンに含まれる窒素原子の酸化数は 　う　 である。
　あ　，　い　，　う　 の組み合わせとして正しいものは
　ア　 である。

単体の窒素 N_2 は常温常圧で無色無臭の気体である。N_2 は，工業的には液
体空気の 　え　 で得られる。実験室では，N_2 は，　お　 を加熱して
発生させて，　か　 により捕集する。　え　，　お　，
　か　 の組み合わせとして正しいものは 　イ　 である。

硝酸 HNO_3 は，化学肥料や火薬，医薬品，染料などの原料として広く利用
されている。HNO_3 は工業的にはオストワルト法により製造されている。オス
トワルト法では，まず，化合物 　き　 を空気と混合し，高温で白金を触媒
として反応させ，化合物 　く　 とする。　く　 を含む気体を熱交換器

で冷却した後，　く　を空気中の酸素で酸化すると化合物　け　となる。　け　を水と反応させると，HNO_3 と　く　になる。　け　と水との反応で生成する　く　は，酸素により酸化されて　け　となる。オストワルト法を用いて，6.0 kg の　き　を全て反応させると，理論的には最大で　ウ　kg の HNO_3 が得られる。　き　，　く　，　け　の組み合わせとして正しいものは　エ　である。

　質量パーセント濃度 60 %以上の HNO_3 水溶液を濃硝酸という。質量パーセント濃度 61.0 %，密度 1.380 g/cm³ の濃硝酸の質量モル濃度は　オ　mol/kg である。この濃硝酸　カ　mL を純水で希釈して 2.00 L とした場合，モル濃度 1.00 mol/L の希硝酸となる。

　一部の金属元素の単体は，濃硝酸に入れると表面にち密な酸化被膜ができてそれ以上反応しなくなり，不動態となる。たとえば，元素記号が　キ　で表される金属元素の単体を，濃硝酸に入れると不動態となる。　キ　の単体の粉末と酸化鉄(Ⅲ) Fe_2O_3 の粉末を混ぜて点火すると，鉄の酸化物が還元されて，融解した鉄の単体が生じる。この反応は鉄道のレールの溶接などに利用される。　キ　を主成分とし，銅などを添加して作られる合金は　ク　とよばれる。

　ア　の解答群

番　号	あ	い	う
①	典型元素	5	− 3
②	典型元素	5	＋ 3
③	典型元素	7	− 3
④	典型元素	7	＋ 3
⑤	遷移元素	5	− 3
⑥	遷移元素	5	＋ 3
⑦	遷移元素	7	− 3
⑧	遷移元素	7	＋ 3

イ　の解答群

番　号	え	お	か
①	再結晶	亜硝酸アンモニウム水溶液	水上置換
②	再結晶	亜硝酸アンモニウム水溶液	下方置換
③	再結晶	塩化アンモニウムと 水酸化カルシウムの混合物	水上置換
④	再結晶	塩化アンモニウムと 水酸化カルシウムの混合物	下方置換
⑤	分留	亜硝酸アンモニウム水溶液	水上置換
⑥	分留	亜硝酸アンモニウム水溶液	下方置換
⑦	分留	塩化アンモニウムと 水酸化カルシウムの混合物	水上置換
⑧	分留	塩化アンモニウムと 水酸化カルシウムの混合物	下方置換

ウ　の解答群

① 8.2　　　② 11　　　③ 13　　　④ 15　　　⑤ 17

⑥ 22　　　⑦ 25　　　⑧ 33　　　⑨ 38

| エ | の解答群

番　号	き	く	け
①	NO	NO_2	NH_3
②	NO	NO_2	N_2O_5
③	NO	N_2O_5	NH_3
④	NO	N_2O_5	NO_2
⑤	NH_3	NO	NO_2
⑥	NH_3	NO	N_2O_5
⑦	NH_3	NO_2	NO
⑧	NH_3	NO_2	N_2O_5

| オ | の解答群

① 9.68×10^{-3} ② 1.01×10^{-2} ③ 1.34×10^{-2}

④ 2.48×10^{-2} ⑤ 8.42×10^{-1} ⑥ 9.68

⑦ 10.1 ⑧ 13.4 ⑨ 24.8

| カ | の解答群

① 45.7 ② 63.0 ③ 74.9 ④ 80.7 ⑤ 87.0

⑥ 91.3 ⑦ 126 ⑧ 150 ⑨ 174

| キ | の解答群

① Ag   ② Al   ③ K   ④ Mg

⑤ Mn   ⑥ Na   ⑦ Si   ⑧ Zn

| ク | の解答群

① 黄銅   ② ジュラルミン   ③ ステンレス鋼

④ 青銅   ⑤ ニクロム   ⑥ 白銅

⑦ 洋銀   ⑧ 緑青

(2)　図 1 に示す，電解質として固体高分子膜を用いた燃料電池を使い，電気エネルギーを取り出す実験をおこなう。電極 A および電極 B は触媒作用をもつ多孔質の電極であり，それらは水で加湿された固体高分子膜で仕切られている。電極 A，電球，直流電流計および電極 B を順に接続し，この外部回路に流れる電流を直流電流計で測定する。電極 A に気体の水素 H_2 を，電極 B に気体の酸素 O_2 をそれぞれ供給すると，　こ　となる電極 A では H_2 の　さ　が進行し，生成した水素イオン H^+ は固体高分子膜を通り電極 B に移動する。このとき，電子が　し　から外部回路を通り　す　に移動する。ただし，供給する H_2 および O_2 は理想気体とみなし，H_2 および O_2 は固体高分子膜を通り抜けられないものとする。また，一方の電極での反応により生成した電子は，外部回路を移動してもう一方の電極での反応にすべて使用されると仮定する。このとき，電極 B での反応は，電子 e^- を含むイオン反応式で　d　と表せる。　こ　，　さ　，　し　，　す　の組み合わせとして正しいものは　ケ　である。

　図 1 の燃料電池を使い，外部回路に 3.00×10^2 mA の電流を 32 分 10 秒間流した。このとき，消費された H_2 と O_2 の体積の合計は標準状態で　コ　L である。

　次に，上記の燃料電池を四つ直列に接続した外部電源に，図 2 のように電解槽と直流電流計を接続して，電気分解の実験をおこなった。図 2 では，四つの燃料電池はそれぞれ直流電源の記号で表している。電解槽の陰極および陽極にはそれぞれ鉄電極および黒鉛電極を用い，電解液には温度 25℃ に保たれた 1.00 mol/L の塩化ナトリウム NaCl 水溶液 2.0 L を用いた。電気分解実験の開始前には，この電解液の pH は 7.00 であった。ただし，NaCl は電解液中で完全に電離し，ナトリウムイオン Na^+ のモル濃度は電気分解実験のすべての過程で変化しないものとする。また，電気分解実験のすべての過程で固体は析出せず，電解液の体積は変化しないものとする。周囲の気体および電気分解により発生した気体は理想気体とみなし，それらは電解液とは反応せず，電解液に溶解もしないと仮定する。さらに，流れた電流はすべて電気分解に使われ，電気分解により生成した物質やイオンは電極と反応せず，電気分解により電解槽の電極から O_2 は発生しないものとする。なお，25℃ における水のイオン積は

1.0×10^{-14} (mol/L)^2 とする。

　図 2 の電解槽に 3.00×10^2 mA の電流を 16 分 5 秒間流したところ，電解槽の電極から気体が発生した。この電気分解実験後に電解液を十分にかくはんすると，電解液の pH は 　サ　 となる。この電気分解実験において，外部電源として用いた四つの燃料電池で消費された O_2 の体積の合計は，標準状態で 　シ　 L である。

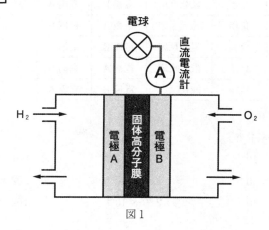

図 1

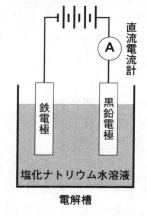

図 2

ケ の解答群

番　号	こ	さ	し	す
①	正極	還元反応	電極 A	電極 B
②	正極	還元反応	電極 B	電極 A
③	正極	酸化反応	電極 A	電極 B
④	正極	酸化反応	電極 B	電極 A
⑤	負極	還元反応	電極 A	電極 B
⑥	負極	還元反応	電極 B	電極 A
⑦	負極	酸化反応	電極 A	電極 B
⑧	負極	酸化反応	電極 B	電極 A

コ の解答群

① 3.36×10^{-2} 　　② 6.72×10^{-2} 　　③ 1.01×10^{-1}

④ 1.34×10^{-1} 　　⑤ 1.68×10^{-1} 　　⑥ 2.02×10^{-1}

⑦ 2.35×10^{-1} 　　⑧ 2.69×10^{-1} 　　⑨ 3.02×10^{-1}

サ の解答群

① 2.22 　　② 2.35 　　③ 2.52 　　④ 2.82 　　⑤ 3.12

⑥ 10.88 　　⑦ 11.18 　　⑧ 11.48 　　⑨ 11.78

シ の解答群

① 1.68×10^{-2} 　　② 3.36×10^{-2} 　　③ 5.04×10^{-2}

④ 6.72×10^{-2} 　　⑤ 1.01×10^{-1} 　　⑥ 1.34×10^{-1}

⑦ 1.68×10^{-1} 　　⑧ 2.02×10^{-1} 　　⑨ 2.69×10^{-1}

(3) 水溶液 A，B，C はそれぞれ，Ag^+，Ba^{2+}，Ca^{2+}，Cu^{2+}，Fe^{3+}，Pb^{2+}，Zn^{2+} のうち，いずれか 2 種類の金属イオンを含む。なお，水溶液 A，B，C には，それぞれ異なる種類の金属イオンが含まれている。

　　以下の記述 i)〜iv) は，常温常圧における水溶液 A に関する情報である。

ⅰ）水溶液 A は無色である。

ⅱ）水溶液 A にヨウ化カリウム水溶液を加えると，黄色沈殿が生じた。
_(a)

ⅲ）水溶液 A に硫化水素を通じると，黒色沈殿が生じた。硫化水素を十分
に通じた後に，ろ過して沈殿を取り除いた。このろ液のごく一部を白金線
の先につけ，ガスバーナーの外炎に入れたところ，黄緑色の炎色反応を示
した。残りのろ液にアンモニア水を少量ずつ徐々に加えて塩基性にした
が，その過程で沈殿は生じなかった。その後，炭酸アンモニウム水溶液を
加えると，白色沈殿が生じた。

ⅳ）水溶液 A に少量の水酸化ナトリウム水溶液を加えると，白色沈殿が生
じた。さらに，過剰量の水酸化ナトリウム水溶液を加えると，生じた沈殿
はすべて溶解し，無色の溶液になった。

　問題の説明文とⅰ）〜ⅳ）の情報をもとに判断すると，水溶液 A に含まれる
金属イオンは ス と セ である。 ス と セ にマー
クする解答の順番は問わない。

　以下の記述ⅴ）〜ⅶ）は，記述内に加熱操作がある場合を除き，常温常圧にお
ける水溶液 B に関する情報である。

ⅴ）水溶液 B は有色である。

ⅵ）水溶液 B に少量の水酸化ナトリウム水溶液を加えると，沈殿が生じ
た。さらに，過剰量の水酸化ナトリウム水溶液を加えても，溶解しない沈
殿が残っていたので，ろ過して沈殿を取り除いた。このろ液に硫化水素を
通じたが，沈殿は生じなかった。

ⅶ）水溶液 B に希塩酸を加えたが，沈殿は生じなかった。この希塩酸を加
えた水溶液に硫化水素を通じると黒色沈殿が生じた。硫化水素を十分に通
じた後に，ろ過して沈殿を取り除いた。そのろ液は有色であった。このろ
液を煮沸して硫化水素を追い出した後に，希硝酸を加えて加熱すると水溶
液の色が変化した。

　問題の説明文とⅴ）〜ⅶ）の情報をもとに判断すると，水溶液 B に含まれる
金属イオンは ソ と タ である。 ソ と タ にマー
クする解答の順番は問わない。

　以下の記述ⅷ）〜ⅹ）は，常温常圧における水溶液 C に関する情報である。

viii）水溶液 C は無色である。

ix）水溶液 C に少量のアンモニア水を加えると，沈殿が生じた。さらに，過剰量のアンモニア水を加えると，生じた沈殿はすべて溶解し，無色の溶液になった。

x）水溶液 C に少量の水酸化ナトリウム水溶液を加えると，沈殿が生じた。さらに，過剰量の水酸化ナトリウム水溶液を加えても，溶解しない褐色沈殿が残っていたので，ろ過して褐色沈殿を取り除いた。このろ液に塩酸を少量ずつ徐々に加えていくと，<u>白色沈殿</u>が生じた。さらに，塩酸を少
　　　　　　　　　　　　　　　　　　(b)
量ずつ徐々に加え続けると，生じた白色沈殿はすべて溶解した。

　問題の説明文とviii）～ x）の情報をもとに判断すると，水溶液 C に含まれる金属イオンは　チ　と　ツ　である。　チ　と　ツ　にマークする解答の順番は問わない。

　下線部(a)の沈殿に含まれる化合物を構成する金属元素と非金属元素の原子数の比は，金属元素：非金属元素 ＝　せ　である。また，下線部(b)の沈殿に含まれる化合物を構成する金属元素と非金属元素の原子数の比は，金属元素：非金属元素 ＝　そ　である。ただし，これらの沈殿は純物質であり，水分子または水和物は含まれていないものとする。　せ　，　そ　の組み合わせとして正しいものは　テ　である。

　　　ス　の解答群

①　Ag^+　　　　②　Ba^{2+}　　　　③　Ca^{2+}　　　　④　Cu^{2+}

⑤　Fe^{3+}　　　　⑥　Pb^{2+}　　　　⑦　Zn^{2+}

　　　セ　の解答群

①　Ag^+　　　　②　Ba^{2+}　　　　③　Ca^{2+}　　　　④　Cu^{2+}

⑤　Fe^{3+}　　　　⑥　Pb^{2+}　　　　⑦　Zn^{2+}

　　　ソ　の解答群

①　Ag^+　　　　②　Ba^{2+}　　　　③　Ca^{2+}　　　　④　Cu^{2+}

⑤　Fe^{3+}　　　　⑥　Pb^{2+}　　　　⑦　Zn^{2+}

タ　の解答群

① Ag^+ ② Ba^{2+} ③ Ca^{2+} ④ Cu^{2+}

⑤ Fe^{3+} ⑥ Pb^{2+} ⑦ Zn^{2+}

チ　の解答群

① Ag^+ ② Ba^{2+} ③ Ca^{2+} ④ Cu^{2+}

⑤ Fe^{3+} ⑥ Pb^{2+} ⑦ Zn^{2+}

ツ　の解答群

① Ag^+ ② Ba^{2+} ③ Ca^{2+} ④ Cu^{2+}

⑤ Fe^{3+} ⑥ Pb^{2+} ⑦ Zn^{2+}

テ　の解答群

番　号	せ	そ
①	1：1	1：1
②	1：1	1：2
③	1：1	1：4
④	1：2	1：1
⑤	1：2	1：2
⑥	1：2	1：4
⑦	2：1	1：1
⑧	2：1	1：2
⑨	2：1	1：4

〔E〕 次の文章を読み，文中の空欄 ア ～ タ に最も適するものをそれ
ぞれの解答群の中から一つ選び，解答用紙の所定の欄にその番号をマークしなさ
い。また，空欄 e に適する**式**を解答用紙の所定の欄に**丁寧に**記入しなさ
い。

原子量が必要な場合は，次の値を用いなさい。

H = 1，O = 16，S = 32，Cu = 64

(1) 異なる種類の原子間の共有結合では，それぞれの原子が共有電子対を引き寄
せる強さに違いがある。この共有電子対を引き寄せる強さの尺度を電気陰性度
という。電気陰性度が あ 元素の原子ほど共有電子対を強く引き寄せ
る。たとえば，HCl分子の場合には，H原子の方がCl原子よりも電気陰性度
が い ため，H原子はわずかに う の電荷を帯びる。
あ ， い ， う の組み合わせとして正しいものは
ア である。

共有結合している原子間に生じる電荷の偏りを結合の極性という。二原子分
子の場合は，結合に極性があり，分子全体としても極性がある分子を極性分子
という。また，結合に極性がなく，分子全体としても極性がない分子を無極性
分子という。3個以上の原子からなる多原子分子の極性には，分子の形も関係
する。

分子の形は，共有結合を形成する原子の最外殻の電子対の配置をもとに推測
することができる。たとえば，水分子の酸素原子の最外殻には，共有電子対と
非共有電子対を合わせて計 え 組の電子対がある。これらの電子対どう
しが電気的な反発により互いに離れるため，水分子は お 形の
か 分子となる。 え ， お ， か の組み合わせと
して正しいものは イ である。

メタン分子の炭素原子の最外殻には4組の共有電子対がある。これらの電子
対どうしの電気的な反発により，メタン分子は き 形になる。アンモニ
ア分子の窒素原子の最外殻には3組の共有電子対と1組の非共有電子対があ
る。これらの電子対どうしの電気的な反発により，アンモニア分子は
く 形になる。二酸化炭素分子の炭素原子の最外殻には4組の共有電子

対がある。これらの共有電子対が 2 組ずつそれぞれ酸素原子との共有結合に使われるため，二酸化炭素分子は直線形になる。硫化水素分子は，硫黄原子の最外殻の電子対の配置をもとに考えると，　け　形である。メタン分子，アンモニア分子，二酸化炭素分子，硫化水素分子の四つのうち，　ウ　は極性分子に，　ウ　以外のすべての分子は無極性分子に分類できる。個々の分子の極性は，分子の間にはたらく分子間力にも影響する。　き　，　く　，　け　の組み合わせとして正しいものは　エ　である。

　1 種類の分子からなる純物質の沸点は，同じ圧力下で比較した場合，その物質を構成する分子の分子間力が強くなるほど　こ　くなる傾向にある。分子間力の強さの違いにより，塩素 Cl_2 の沸点のほうが臭素 Br_2 の沸点より　さ　く，フッ化水素 HF の沸点のほうが塩化水素 HCl の沸点より　し　い。　こ　，　さ　，　し　の組み合わせとして正しいものは　オ　である。

　　ア　の解答群

番　号	あ	い	う
①	大きい	大きい	正
②	大きい	大きい	負
③	大きい	小さい	正
④	大きい	小さい	負
⑤	小さい	大きい	正
⑥	小さい	大きい	負
⑦	小さい	小さい	正
⑧	小さい	小さい	負

イ の解答群

番 号	え	お	か
①	2	折れ線	極性
②	2	折れ線	無極性
③	2	直線	極性
④	2	直線	無極性
⑤	4	折れ線	極性
⑥	4	折れ線	無極性
⑦	4	直線	極性
⑧	4	直線	無極性

ウ の解答群

① メタン分子とアンモニア分子

② メタン分子と二酸化炭素分子

③ メタン分子と硫化水素分子

④ アンモニア分子と二酸化炭素分子

⑤ アンモニア分子と硫化水素分子

⑥ 二酸化炭素分子と硫化水素分子

⑦ メタン分子

⑧ アンモニア分子

⑨ 二酸化炭素分子

エ　の解答群

番　号	き	く	け
①	正四面体	三角錐	折れ線
②	正四面体	三角錐	直線
③	正四面体	正三角	折れ線
④	正四面体	正三角	直線
⑤	正方	三角錐	折れ線
⑥	正方	三角錐	直線
⑦	正方	正三角	折れ線
⑧	正方	正三角	直線

オ　の解答群

番　号	こ	さ	し
①	高	高	高
②	高	高	低
③	高	低	高
④	高	低	低
⑤	低	高	高
⑥	低	高	低
⑦	低	低	高
⑧	低	低	低

(2)　外部装置により絶対温度 T_1 に保たれたピストン付きの密閉容器中に物質量 n_1 の液体状態の水(以降，水(液体)とよぶ)のみを入れて，容器内部の体積が V_1 の状態でピストンを固定した。ただし，以下のすべての過程で容器の温度は T_1 に保たれており，水の状態変化に伴う熱の出入りによる容器内部の温度変化は無視できるものとする。また，水の蒸発熱は圧力条件によらず一定と仮定し，気体状態の水(水蒸気)は理想気体とみなす。

ピストンを固定してから十分な時間が経過したとき，容器中の圧力は P_1 で

一定となり，容器中には水（液体）と水蒸気が 1：9 の体積比で存在していた。一般に，物質は液体から気体に状態変化するときに熱を　す　する。ここでは，最初に容器中に入れた水（液体）の一部が，体積 V_1 の容器内部で圧力 P_1 の水蒸気に状態変化する過程で　す　した熱量の総和を Q_1 として，以下の過程について考える。ただし，$Q_1 > 0$ とする。

ピストンをゆっくりと移動し，容器内部の体積が $18\,V_1$ の状態で再びピストンを固定した。ピストンを固定してから十分な時間が経過したとき，容器中の圧力は　せ　P_1 で一定となり，容器中には水（液体）と水蒸気が 1：199 の体積比で存在していた。このとき，容器中に存在する水蒸気の物質量は，ピストンを移動する直前に存在していた水蒸気の物質量の　カ　倍である。また，容器内部の体積を V_1 から $18\,V_1$ まで変化させる過程で新たに蒸発した水が，水（液体）から水蒸気への状態変化に伴い　す　した熱量の総和は　キ　Q_1 である。　す　と　せ　の組み合わせとして正しいものは　ク　である。

さらに，ピストンをゆっくりと移動して容器内部の体積を増加させた。このとき，容器内部の体積と圧力の積は，容器内部の体積が $180\,V_1$ になるまでは体積の増加に伴い増加したが，容器内部の体積が $180\,V_1$ 以上では一定となった。このことから，水の蒸発熱を 1 mol あたりの熱量として表すと　ケ　Q_1/n_1 となる。また，容器内部の体積が $200\,V_1$ になったときの圧力は　コ　P_1 となる。

　カ　の解答群

① $\dfrac{10}{199}$　② $\dfrac{180}{199}$　③ $\dfrac{199}{180}$　④ 17　⑤ 18

⑥ $\dfrac{189}{10}$　⑦ $\dfrac{199}{10}$　⑧ 180　⑨ 199

　キ　の解答群

① $\dfrac{10}{199}$　② $\dfrac{180}{199}$　③ $\dfrac{199}{180}$　④ 17　⑤ 18

⑥ $\dfrac{189}{10}$　⑦ $\dfrac{199}{10}$　⑧ 180　⑨ 199

ク の解答群

番 号	す	せ
①	吸収	$\dfrac{10}{199}$
②	吸収	$\dfrac{1}{18}$
③	吸収	$\dfrac{180}{199}$
④	吸収	1
⑤	放出	$\dfrac{10}{199}$
⑥	放出	$\dfrac{1}{18}$
⑦	放出	$\dfrac{180}{199}$
⑧	放出	1

ケ の解答群

① 9 ② 10 ③ 18 ④ 60 ⑤ 162

⑥ 180 ⑦ 200 ⑧ 900 ⑨ 1800

コ の解答群

① $\dfrac{1}{200}$ ② $\dfrac{1}{180}$ ③ $\dfrac{9}{10}$ ④ 1 ⑤ $\dfrac{10}{9}$

⑥ 9 ⑦ 10 ⑧ 180 ⑨ 200

(3) 水に他の物質を均一に溶かして作った混合物のことを水溶液という。ここで
は水のモル質量を M_w〔g/mol〕とおいて，水溶液について考える。

　　水溶液のさまざまな性質は純水とは異なる。たとえば，不揮発性の物質を溶

質とする水溶液は，同じ温度の純水に比べて蒸気圧が　　そ　　く，同じ外圧

下の純水に比べて沸点が　　た　　い。不揮発性の非電解質を溶質とする希薄

溶液の蒸気圧は，溶媒のモル分率と純溶媒の蒸気圧の積に等しくなる。この関

係にもとづくと，モル質量 M_x〔g/mol〕の不揮発性の非電解質 x を w_x〔g〕はか

りとり W〔g〕の純水に溶かした水溶液（以降，水溶液 X とよぶ）の蒸気圧は，

　　サ　　 P_0〔Pa〕と表すことができる。ただし，P_0〔Pa〕は同じ温度の純水の蒸

気圧とする。なお，水溶液 X は希薄溶液とみなす。

　上記の水溶液 X について，常圧下で凝固点を調べたところ，常圧下の純水

の凝固点に比べて ΔT〔K〕　　ち　　いことがわかった。この結果をもとに考

えると，W〔g〕の純水にモル質量 M_y〔g/mol〕の不揮発性の非電解質 y を

w_y〔g〕溶かした水溶液（以降，水溶液 Y とよぶ）の常圧下の凝固点は，常圧下の

純水の凝固点に比べて　　シ　　 ΔT〔K〕　　ち　　くなる。ただし，水溶液

Y は希薄溶液とみなす。　　そ　　，　　た　　，　　ち　　の組み合わせと

して正しいものは　　ス　　である。

　一定の温度で固体を溶媒に溶かしていくと，溶質の量がある一定値を超える

とそれ以上は溶けなくなる。このとき溶けずに残った固体と飽和溶液が共存

し，見かけ上は溶解も析出も起こっていない状態を溶解平衡という。ここで

は，常圧下で塩化カリウム KCl の固体と KCl の飽和水溶液が共存する溶解平

衡について考える。なお，常圧，20℃の条件下で純水 1g に溶解する KCl の

最大量を a_{20}〔g〕とする。また，常圧，50℃の条件下で純水 1g に溶解する

KCl の最大量を a_{50}〔g〕とする。ただし，$a_{20} < a_{50}$ である。温度 50℃の KCl の

飽和水溶液 1g には KCl が　　e　　〔g〕溶けている。この飽和水溶液 1g の

温度を 50℃から 20℃まで下げた場合，降温を開始してから 20℃の溶解平衡

に達するまでに析出する KCl の質量の合計は　　セ　　〔g〕である。ただし，

この飽和水溶液には KCl 以外は溶けていないものとする。また，温度変化に

伴う水の蒸発および凝縮は生じないと仮定する。なお，20℃から 50℃の温度

範囲では温度が高くなるとともに KCl の　　つ　　が進行するため，

　　て　　にもとづいて考えると，KCl の水への溶解は　　と　　を伴うこと

がわかる。　　つ　　，　　て　　，　　と　　の組み合わせとして正しいも

のは　　ソ　　である。

　次に，常圧下で硫酸銅(Ⅱ)五水和物 $CuSO_4 \cdot 5H_2O$ の固体と硫酸銅(Ⅱ) $CuSO_4$ の飽和水溶液が共存する溶解平衡について考える。なお，常圧，20 ℃の条件下で純水 1 g に溶解する $CuSO_4$ の最大量を b_{20}〔g〕とする。また，常圧，50 ℃の条件下で純水 1 g に溶解する $CuSO_4$ の最大量を b_{50}〔g〕とする。ただし，$b_{20} < b_{50}$ である。温度 50 ℃で $CuSO_4$ の飽和水溶液 1 g を準備し，この水溶液の温度を 50 ℃から 20 ℃まで下げた。降温を開始してから 20 ℃の溶解平衡に達するまでに析出する $CuSO_4 \cdot 5H_2O$ の質量の合計は　タ　〔g〕である。ただし，この飽和水溶液には $CuSO_4$ 以外は溶けておらず，$CuSO_4 \cdot 5H_2O$ 以外は析出しないものとする。また，温度変化に伴う水の蒸発および凝縮は生じないと仮定する。

　　サ　の解答群

①　$\dfrac{W}{w_x}$　　　　　　　②　$\dfrac{w_x}{W}$　　　　　　　③　$\dfrac{w_x}{W + w_x}$

④　$\dfrac{w_x}{M_x W}$　　　　　　⑤　$\dfrac{M_w w_x}{M_x W}$　　　　　⑥　$\dfrac{W}{M_w(W + w_x)}$

⑦　$\dfrac{w_x}{M_x(W + w_x)}$　　⑧　$\dfrac{M_x W}{M_x W + M_w w_x}$　⑨　$\dfrac{M_w w_x}{M_x W + M_w w_x}$

　　シ　の解答群

①　$\dfrac{w_y}{w_x}$　　　　　　　　　　　②　$\dfrac{w_x}{w_x + w_y}$

③　$\dfrac{w_y}{w_x + w_y}$　　　　　　　　④　$\dfrac{M_y w_x}{M_x w_y}$

⑤　$\dfrac{M_x w_y}{M_y w_x}$　　　　　　　　⑥　$\dfrac{M_x w_x}{M_y w_y}$

⑦　$\dfrac{M_y w_y}{M_x w_x}$　　　　　　　　⑧　$\dfrac{M_y w_x}{M_y w_x + M_x w_y}$

⑨　$\dfrac{M_y(M_x W + M_w w_x)}{M_x(M_y W + M_w w_y)}$

　ス　の解答群

番　号	そ	た	ち
①	高	高	高
②	高	高	低
③	高	低	高
④	高	低	低
⑤	低	高	高
⑥	低	高	低
⑦	低	低	高
⑧	低	低	低

　セ　の解答群

① 1

② $a_{50} - a_{20}$

③ $a_{50} - a_{20} + 1$

④ $\dfrac{a_{50} - a_{20}}{a_{20}}$

⑤ $\dfrac{a_{50} - a_{20}}{a_{50}}$

⑥ $\dfrac{a_{50} - a_{20}}{a_{20} + 1}$

⑦ $\dfrac{a_{50} - a_{20}}{a_{50} + 1}$

⑧ $\dfrac{a_{50} - a_{20} + 1}{a_{20} + 1}$

⑨ $\dfrac{a_{50} - a_{20} + 1}{a_{50} + 1}$

　ソ　の解答群

番　号	つ	て	と
①	析出	ヘンリーの法則	吸熱
②	析出	ヘンリーの法則	発熱
③	析出	ルシャトリエの原理	吸熱
④	析出	ルシャトリエの原理	発熱
⑤	溶解	ヘンリーの法則	吸熱
⑥	溶解	ヘンリーの法則	発熱
⑦	溶解	ルシャトリエの原理	吸熱
⑧	溶解	ルシャトリエの原理	発熱

| タ | の解答群

① $\dfrac{25}{16}(b_{50} - b_{20})$

② $\dfrac{25(b_{50} - b_{20})}{16\,b_{50}}$

③ $\dfrac{b_{50} - b_{20}}{b_{20} + 1}$

④ $\dfrac{25(b_{50} - b_{20})}{16(b_{50} + 1)}$

⑤ $\dfrac{16\,b_{50} - 9\,b_{20} + 1}{b_{20} + 1}$

⑥ $\dfrac{25(b_{50} - b_{20})}{16(1 - b_{20})(b_{50} + 1)}$

⑦ $\dfrac{25(b_{50} - b_{20})}{(16 - 9\,b_{20})(b_{50} + 1)}$

⑧ $\dfrac{25(b_{50} - b_{20})}{(16 - 25\,b_{20})(b_{50} + 1)}$

⑨ $\dfrac{b_{50} - 25\,b_{20}}{(16 - 9\,b_{20} + 7\,b_{50})(b_{50} + 1)}$

〔F〕　次の文章を読み，文中の空欄　ア　～　タ　に最も適するものをそれ
ぞれの解答群の中から一つ選び，解答用紙の所定の欄にその番号をマークしなさ
い。また，空欄　f　に適する**構造式**を解答用紙の所定の欄に**丁寧に**記入し
なさい。

原子量が必要な場合は，次の値を用いなさい。

H = 1.0,　C = 12,　N = 14,　O = 16,　Cl = 35

(1)　次の記述ⅰ）～ⅴ）は有機化合物や高分子化合物の構造，製法，反応に関する
ものである。

ⅰ）　ア　は互いに構造異性体である。

| ア | の解答群

① エタンとエチレン

② エタノールとアセトン

③ エチレングリコールと酢酸エチル

④ ギ酸と酢酸

⑤ シクロプロパンとプロペン

⑥ フタル酸と無水フタル酸

⑦　1-ブチンと 1-ブテン

⑧　プロパンとプロピン

⑨　プロパンと 2-メチルプロパン

ⅱ）ベンゼン環の炭素原子にヒドロキシ基が直接結合した構造をもつ芳香族化合物を総称して　あ　という。分子式が C_7H_8O で表される芳香族化合物のうち，　い　水溶液を加えると反応して青色～赤紫色に呈色する化合物は最大で　う　個ある。　あ　，　い　，　う　の組み合わせとして正しいものは　イ　である。

　　　イ　の解答群

番　号	あ	い	う
①	フェノール類	アンモニア性硝酸銀	3
②	フェノール類	アンモニア性硝酸銀	4
③	フェノール類	塩化鉄(Ⅲ)	3
④	フェノール類	塩化鉄(Ⅲ)	4
⑤	芳香族カルボン酸	アンモニア性硝酸銀	3
⑥	芳香族カルボン酸	アンモニア性硝酸銀	4
⑦	芳香族カルボン酸	塩化鉄(Ⅲ)	3
⑧	芳香族カルボン酸	塩化鉄(Ⅲ)	4

ⅲ）グリシン，アラニンおよびメチオニンが，同じ種類の分子間または異なる種類の分子間で脱水縮合して生じる鎖状のトリペプチドには，最大で　ウ　種類の構造式が考えられる。なお，立体異性体については考えなくてよい。

　　　ウ　の解答群

①　3　　　　②　6　　　　③　9　　　　④　12　　　　⑤　15

⑥　18　　　⑦　21　　　⑧　24　　　⑨　27

iv) ゴムノキの樹皮を傷つけると白い | エ | を採取できる。| エ | に
酢酸水溶液を加えて凝析させたのち，固めて乾燥させると天然ゴム（生ゴム）
が得られる。

| エ | の解答群

① エボナイト　　　② キュプラ　　　　③ ノボラック

④ ビスコース　　　⑤ ベークライト　　⑥ メラミン

⑦ ラテックス　　　⑧ レゾール　　　　⑨ レーヨン

v) グルコースは，酵母のもつ酵素によるアルコール発酵でエタノールと二酸
化炭素になる。このグルコースのアルコール発酵により，エタノール 23.0 g
を得るためには，グルコースは少なくとも | オ | g 必要である。なお，
すべてのグルコースはアルコール発酵によりエタノールと二酸化炭素のみに
なるものとする。

| オ | の解答群

① 6.0　　　② 11　　　③ 12　　　④ 22　　　⑤ 23

⑥ 44　　　⑦ 45　　　⑧ 90　　　⑨ 92

(2)　分子中に炭素原子間の三重結合を一つもつ鎖式不飽和炭化水素をアルキンと
いう。アルキンの分子式は，炭素原子の数を n とすると，一般式 | え |
で表される。なお，アルキンのうち，炭素原子の数 n が 3 の化合物には，
| お | 個の構造がある。炭素原子の数 n が 2 のアルキンであるアセチレン
分子の炭素原子間の結合距離は，エチレン分子やエタン分子の炭素原子間の結
合距離と比べて | か |。| え |，| お |，| か | の組み合わ
せとして正しいものは | カ | である。

　　アンモニア性硝酸銀水溶液に気体のアセチレンを通じると，銀アセチリドの
| キ | 沈殿が生じる。この銀アセチリドを生じる反応は，アセチレンの検
出に用いられる。

　　硫酸水銀（Ⅱ）を触媒として，1 分子のアセチレンに 1 分子の水を付加させる

と，中間生成物の き を生じ，その後，ただちに く になる。工業的に く は，塩化パラジウム（Ⅱ）と塩化銅（Ⅱ）を触媒として，水中で け を酸素と共に反応させてつくられている。 き ， く ， け の組み合わせとして正しいものは ク である。

　1分子のアセチレンに，触媒を用いて1分子の ケ を付加させるとアクリロニトリルが得られる。アクリロニトリルと塩化ビニルを共重合させたものからできる繊維は燃えにくく，防炎カーテンなどに用いられる。ここで，アクリロニトリルと塩化ビニルを共重合させて得られた平均分子量 1.0×10^5 の直鎖状の共重合体について考える。この共重合体の質量に対する共重合体が含む塩素の質量の割合を百分率（質量パーセント）で表すと 14 % であった。この共重合体の質量に対する共重合体が含む窒素の質量の割合を百分率で表すと コ ％となる。なお，共重合の過程では，それぞれの単量体に含まれる炭素原子間の二重結合以外の化学結合は変化しないものとする。

カ の解答群

番　号	え	お	か
①	C_nH_{2n-2} $(n \geqq 2)$	1	長い
②	C_nH_{2n-2} $(n \geqq 2)$	1	短い
③	C_nH_{2n-2} $(n \geqq 2)$	2	長い
④	C_nH_{2n-2} $(n \geqq 2)$	2	短い
⑤	C_nH_{2n} $(n \geqq 2)$	1	長い
⑥	C_nH_{2n} $(n \geqq 2)$	1	短い
⑦	C_nH_{2n} $(n \geqq 2)$	2	長い
⑧	C_nH_{2n} $(n \geqq 2)$	2	短い

キ の解答群

①　青色　　②　赤色　　③　白色　　④　橙色　　⑤　緑色　　⑥　紫色

ク　の解答群

番　号	き	く	け
①	エタノール	アセトアルデヒド	エチレン
②	エタノール	アセトアルデヒド	エタン
③	エタノール	酢酸	エチレン
④	エタノール	酢酸	エタン
⑤	ビニルアルコール	アセトアルデヒド	エチレン
⑥	ビニルアルコール	アセトアルデヒド	エタン
⑦	ビニルアルコール	酢酸	エチレン
⑧	ビニルアルコール	酢酸	エタン

ケ　の解答群

① 塩化水素　　　　　② 塩素分子　　　　　③ ギ酸

④ 酢酸　　　　　　　⑤ シアン化水素　　　⑥ 臭素分子

⑦ 水素分子　　　　　⑧ フェノール　　　　⑨ ホルムアルデヒド

コ　の解答群

① 12　　　② 13　　　③ 14　　　④ 16　　　⑤ 18

⑥ 20　　　⑦ 25　　　⑧ 26　　　⑨ 75

(3) 同一の分子式で表される芳香族炭化水素 **A**，**B** および **C** について以下の実験をおこない，記述ⅰ）〜ⅴ）の結果を得た。なお，芳香族炭化水素 **A**，**B** および **C** は，それぞれ二つのベンゼン環をもつことがわかっている。また，いずれの芳香族炭化水素についても，ナフタレンなどに見られる二つの環状構造が一辺を共有した構造をもたないこともわかっている。

ⅰ）**A** を 45 mg はかりとり，酸素気流下において完全燃焼させたところ，154 mg の二酸化炭素と 27 mg の水のみを生じた。

ⅱ）**A**，**B** および **C** のそれぞれに，白金を触媒として水素を室温で作用させた

　ところ，**A** からは芳香族化合物 **D** のみが，**B** からは芳香族化合物 **E** のみ
が，**C** からは芳香族化合物 **F** のみが得られた。芳香族化合物 **D**，**E** および **F**
のそれぞれには，ベンゼン環が二つ含まれていた。なお，**A**，**B** および **C** の
それぞれ 1.0 mol に対して，1.0 mol の水素分子が付加した。

iii）**D**，**E** および **F** のそれぞれに，濃硝酸と濃硫酸の混合物（混酸）を作用させ
　たところ，**D**，**E** および **F** に含まれる二つのベンゼン環に結合した水素原子
　のうち，いずれか一つがほかの原子団に置換された。置換された位置の違い
　により，**D** と **E** からはそれぞれ三つの構造異性体の混合物が，**F** からは四
　つ以上の構造異性体の混合物が得られた。ここで，**E** から生じた三種類の化
　合物には，不斉炭素原子がそれぞれに一つ含まれていた。**D** と **F** から生じ
　たすべての化合物には，不斉炭素原子は存在しなかった。

iv）**D** と **F** のそれぞれを過マンガン酸カリウム水溶液に加えて反応させ，溶
　液を酸性にしたところ，**D** からは芳香族化合物 **G** が，**F** からはベンゼン環
　を二つもつ芳香族化合物 **H** が得られた。

v）**G** と **H** のそれぞれに炭酸水素ナトリウムの飽和水溶液を加えたところ，
　どちらの溶液からも同じ種類の気体が生じた。

(a) 記述 i）にもとづけば，芳香族炭化水素 **A** がもつ炭素原子の数(x)と水素
　原子の数(y)の組み合わせとして正しいものは　│　サ　│　である。

サ の解答群

番 号	x	y
①	14	10
②	14	12
③	14	14
④	16	12
⑤	16	14
⑥	16	16
⑦	18	14
⑧	18	16
⑨	18	18

(b) 記述ⅲ)で進行した反応は シ である。

シ の解答群

① アセタール化 ② エステル化 ③ カップリング

④ けん化 ⑤ ジアゾ化 ⑥ スルホン化

⑦ ニトロ化 ⑧ 乳化 ⑨ ハロゲン化

(c) 記述ⅳ)で生じた G は，D の代わりにエチルベンゼンを原料として記述
ⅳ)の実験操作をおこなうことでも合成できる。G は ス である。

ス の解答群

① アセチルサリチル酸 ② 安息香酸

③ サリチル酸 ④ テレフタル酸

⑤ ピクリン酸 ⑥ フェノール

⑦ フタル酸 ⑧ ベンゼンスルホン酸

⑨ マレイン酸

(d) 記述ⅴ）で発生した気体をナトリウムフェノキシドの水溶液に通じるとフェノールを生じる。なお，ナトリウムフェノキシドは，　セ　と固体の水酸化ナトリウムを混合して，それらを高温で融解することでつくることができる。

　　　　セ　　の解答群

① 安息香酸ナトリウム　　　　　　② o-キシレン

③ p-キシレン　　　　　　　　　　④ クメン

⑤ o-クレゾール　　　　　　　　　⑥ p-クレゾール

⑦ トルエン　　　　　　　　　　　⑧ ピクリン酸

⑨ ベンゼンスルホン酸ナトリウム

(e) 問題文，各実験の結果および設問の解答にもとづくと，芳香族炭化水素 **A** の構造の候補としては最大で　ソ　個，芳香族炭化水素 **C** の構造の候補としては最大で　タ　個，それぞれ考えられる。ここでは立体異性体は区別して考えること。

　　　　ソ　　の解答群

① 1　　　　② 2　　　　③ 3　　　　④ 4　　　　⑤ 5

⑥ 6　　　　⑦ 7　　　　⑧ 8　　　　⑨ 9

　　　　タ　　の解答群

① 1　　　　② 2　　　　③ 3　　　　④ 4　　　　⑤ 5

⑥ 6　　　　⑦ 7　　　　⑧ 8　　　　⑨ 9

(f) 問題文，各実験の結果および設問の解答にもとづいて考えると，芳香族炭化水素 **B** の構造式を　f　と特定できる。

解答編

■英語■

解答　A．nodding
　　　　B．（extremely）tired

C．（Marcellus と Tova は）永遠と思えるほどの間お互い観察し合っている

D．（We）don't know how the octopus found the key that she had lost.

1—③　2—①　3—③　4—②　5—③　6—⑤　7—②　8—②
9—⑤　10—③　11—④　12—①　13—③　14—⑤　15—④　16—④
17—②　18—④　19—①　20—③　21—①　22—④
23．2番目：⑦　6番目：⑤　24—②　25—①　26—⑤

◆◆全　訳◆◆

≪水族館の清掃員とタコの秘密≫

　その夜水族館，テリーのオフィスには明かりがついている。トヴァはあいさつをするためドアから顔を出す。

　「やあ，トヴァ！」　テリーは手を振って彼女を招き入れる。白いテイクアウト用の紙パックが彼のデスクの書類の山の上に置いてある。一膳の箸がアンテナのように突き出ていて，エランドのはずれの地域にある唯一の中華料理店のものだとトヴァが知っている野菜チャーハンがそれを支えている。あの夜に彼の囲いからあのタコをおびき寄せたのと同じ種類の紙パックだ。

　「こんばんは，テリーさん」　トヴァは頭を傾ける。

　「座りなさい」と彼はデスクの対面にあるいすをあごでしゃくりながら言う。彼はビニールのラップで包まれたフォーチュンクッキーを手に取る。「1つ欲しいかい？　彼らはいつも少なくとも2つ，時には3つか4つくれるんだ。俺がこの1パイントのチャーハンで何人分をまかなえると連中

は思っているのか俺にはわからないな」

　トヴァは微笑んだが，座らず，戸口のところにとどまっている。「ご親切に，でも結構です」

［中略］

　「今週末，正面を客にいい感じに見えるようにしたいんだ」 テリーは自分の顔を手でなでおろすが，その顔は非常に疲れているように見える。「すべてのフロアは無理だとしても，心配しなくてだいじょうぶだよ，いいかい？ 来週には追いつけるから」

　7月第4週はいつもこの水族館の最も忙しい週末なのだ。ソウェル・ベイの全盛期には，この町は水辺の祭典を催したものだ。最近はふだんのにぎわいよりちょっと忙しいくらいだ。

　トヴァはゴム手袋を装着する。ポンプ室は終わるだろうし，正面の窓も終わるであろう。夜遅くなるだろうが，彼女は遅くまで起きていることがいやであったことは一度もないのだ。

　「君は命の恩人だよ，トヴァ」 テリーは彼女に感謝の微笑みを投げかける。

　「しなければならないことですから」 彼女は微笑み返す。

　テリーはデスクの上にある書類や散乱したものをあちこちに動かしていて，そして何か銀色のものがトヴァの目に留まる。重そうなクランプであり，その棒状の部分は少なくともテリーの人差し指くらいの厚さがある。彼はぼんやりとそれを持ち上げ，それから文鎮のように再び下に置くのだ。

　しかしトヴァはそれは文鎮ではないとはっきりと感じている。

　「それは何のためのものか教えてもらってもいいですか？」 トヴァはいやな予感を感じながら戸口に寄りかかっている。

　テリーはため息をつく。「マーセラスはまた悪さをしているのだと思う」

　「マーセラス？」

　「GPO だよ」 トヴァが略称の意味を明らかにするのに少し時間がかかる。Giant Pacific octopus だ。そして彼には名前があるのだ。なぜ知らなかったのだろう？

　「わかりました」とトヴァは静かに言う。

　「彼がどうやっているのかわからないんだ。でも今月ナマコを8匹やられてるんだ」 テリーはクランプを再び手に取り，手のひらをカップのよ

うにしてまるで重さを量るかのようにそれを持っている。「彼はあの小さなすき間を通り抜けているのだと思う。彼の水槽の後ろにかぶせるために木材を一つ手に入れる必要があるんだ。そうすればこれを彼に取りつけられる」

　　　　　　　　　　　　［中略］

　「こんにちは，友よ」と彼女はタコに言う。彼女の声を聞いて，タコは岩の後ろから腕を広げる。オレンジ，イエロー，白の星型である。彼はガラスのほうに移動する間彼女に瞬きをする。今晩彼の血色はよりよく見える，そうトヴァは指摘する。より明るい色だ。

　彼女は微笑む。「今夜はそんなに冒険する気にはならないわよね？」

　彼は触手をガラスに吸いつけ，彼の丸くふくらんだ部分はまるでため息をついているかのように短く波打っている。そんなことはありえないのだが。その後，彼は衝撃的なほど速い動きで，目は依然として彼女に向けられたまま，水槽の後ろに素早く移動し，触手の先端を使って小さなすき間の端をなぞる。

　「ダメよ，ミスター。テリーはあなたのことをお見通しよ」とトヴァは叱り，ドアのほうへ急いでいく。外壁のこの区画に沿って並んでいるすべての水槽に後ろから入れるところに通じているのだ。彼女が小さな，湿気の多い部屋に入ると，彼女はこの生物が逃げる最中であることを予想したが，驚いたことに，彼は依然として水槽の中にいる。

　「でも，おそらく自由の最後の一晩になるはずよ」と，彼女はテリーのデスクにある重いクランプのことを考えて言う。

　タコは，抱っこしてほしいと懇願する子どものように，自分の顔を後部ガラスに押し当て，自分の腕を上のほうに伸ばす。

　「あなた握手したいのね」と彼女は推測しながら言う。

　タコの腕は水槽の中でぐるぐる回っている。

　「まあ，そうなのね」　彼女は長い金属のテーブルの下に押し込まれていたいすの一つを引き出し，その上に乗りながら背筋を伸ばして今や水槽の後ろのカバーを外すほどの高さにある。彼女はかんぬきを外そうとしているときに，タコは自分のことを利用しているかもしれないと気づく。彼が逃げられるよう彼女にふたを取ってもらう，と。

　彼女は賭けに出る。ふたを持ち上げる。

　彼は今ゆったりとした様子で水面下で浮揚していき，8本の腕すべてが異星人の星のように彼の周囲に広がっている。それから彼は1本の腕を水の外に出す。トヴァは前回のかすかな丸いあざにまだ覆われている手を広げ，そして彼はまるで彼女のにおいを嗅いでいるかのように彼女の手にまた巻きつく。彼の触手の先端は首の高さまで到達し彼女のあごをつつくのだ。

　遠慮がちに，彼女は人が犬をなでるように彼の外套膜の先端に触れる。「こんにちは，マーセラス。皆あなたのことをそう呼んでいるのよね」

　突然，まだ腕を彼女の腕に巻きつけたまま，彼はグッと引っ張る。トヴァのバランスはいすの上でぐらつき，彼女は彼が自分を水槽の中に引っ張り込もうとするのではないかと一瞬不安になる。

　彼女の鼻がもう少しで水に触れそうになるまで彼女は傾く。今や彼女自身の目が彼の目まで数インチとなり，彼の浮世離れした瞳孔はほぼ黒だと言えるほどダークブルーで，玉虫色のマーブルだ。彼らは永遠と思えるほどの間お互い観察し合っている。そしてトヴァは，タコの別の腕がくねりながら彼女のもう一方の肩に巻きつき，彼女の整えたばかりの髪をつついているのに気づく。

　トヴァは笑う。「くしゃくしゃにしないで。今朝美容室に行ったばかりなのよ」

　それから彼は彼女を解放し岩の後ろに消える。あっけに取られて，トヴァはあたりを見回す。彼は何かを聞いたのかしら？　彼女は自分の首を触り，彼の触手があったところに冷たい水分を感じる。

　彼は再び現れ，また上のほうに浮揚していく。小さな灰色の物体が彼の腕の1本の先端で輪になっている。彼はそれを彼女に渡す。贈り物だ。

　彼女の家の鍵だ。彼女が昨年なくしたものだ。

━━━━━━━━━━ ◀解　説▶ ━━━━━━━━━━

A．he が S，says が V，"Take a load off" が O で，say は第4文型では使えないのでこれで完全な文となっている。そうすると nod 以下は副詞句ではないかと考えられる。逆に says が V の1つ目で nods が V の2つ目と考えるのは不自然極まりない。副詞句となれば分詞構文と不定詞の副詞的用法が候補となろう。仮に不定詞ならここは目的「～するために」であろうが，それでは意味を成さない。分詞構文にして付帯状況「～しなが

ら」と考えれば意味を成すので，nodding が正解。

B．exhausted「疲れ果てた，疲れ切った」は extremely tired「非常に疲れた」で言い換え可能。tired が正解。

C．トヴァの目とタコであるマーセラスの目が数インチのところにある状況での下線部である。study は「〜を勉強する」だと不自然な日本語なので，「〜を観察する」くらいがいい。each other は「お互い」の意味なので「お互い観察し合っている」とする。for は後ろに期間を表す表現があれば「〜の間」となる。for thirty years「30 年の間」のような例を考えればわかりやすい。ただ，ここは for の後ろに数字があるわけではないのでわかりにくい。what は関係代名詞・主格で「〜するもの，こと」の意味。seem like 〜 は「〜のようだ，〜のように思われる」，an eternity は「（永遠と言えるほどの）長い期間」の意味。「長い期間のように思われるものの間」が直訳で，日本語らしくするのは結構難しい。〔解答〕は an eternity を「永遠」と訳し，「永遠と思えるほどの間」とした。実際は永遠のような長い間見つめ合っていたわけではないが，本人たちにとっては長く感じられたのだ。

D．「私たちにはわからない」は We don't know もしくは We have no idea で「そのタコがどうやって見つけたのか」は how the octopus found となる。how は単独で使われ「（手段，方法を表し）どのように，どうやって」の意味がある。「彼女がなくした鍵を」は the key (that) she (had) lost と書くのがいいだろう。彼女がなくした特定の鍵だから the key となる。関係代名詞の that（もしくは which）は目的格なので省略できる。なくしたのは見つけた時より時間的に前なので過去完了形を使ってもいいが，今から見ればどちらも過去なので had を削除して lost と過去形だけでもいい。

１．第 7 段第 1 文（Fourth of July …）に「7 月第 4 週はいつもこの水族館の最も忙しい週末」とある。それに対して下線部を含む文は「最近の 7 月第 4 週末は平均より少し忙しい」が直訳。直前の文からの流れで，「かつて全盛期には水辺の祭典が開催されたこともあって目もくらむような忙しさだったが」というニュアンスが含まれる。最近はそれほどでもないが，それでも 7 月第 4 週末はそれ以外の時期（ふだんのにぎわい）よりは少し忙しい，ということ。

２．空所を含む文は「ポンプ室は終わるだろうし，正面の窓も終わるであろう」と解するのが自然な流れだろう。as well は文末に置かれ「～もまた」の意味。ちなみに，get done は「終わる，片付く」の意味である。②either は not ～ either の形で「…もまた（～ない）」の意味。I haven't seen pandas and my brother hasn't either.「私はパンダを見たことがなく私の弟もそうだ」のような使い方をする。

３．空所の前の「夜遅くなるだろう」に対して but があるので，後ろは逆接の関係となる。空所の後ろが -ing の形であることも大きなヒント。never minded が正解で，mind *doing*「～するのをいやがる，気にする」が見えると解決する。has (never) minded が現在完了形になっていることもしっかり押さえよう。never があるので現在完了形の経験「～したことがある」になっている。

４．catch *A*'s eye で「*A* の目に留まる」の意味。Her beautiful hair caught my eye.「彼女の美しい髪が私の目に留まった」のような使い方をする。

５．May I ask ～? は「～を尋ねてもいいですか？」の意味。What ～ for?「何のために～？」は，What did you come to Japan for?「あなたは何のために日本に来たのですか？」のような例文からわかるように，目的を尋ねることができる表現である。下線部は「それは何のためにあるのか尋ねてもいいですか？」が直訳。that は a heavy-looking clamp のことで，トヴァはこの道具の用途を尋ねているので，③が正解ということになる。

６．I see. は「わかりました」の意味で，トヴァが「マーセラス？」と尋ねたのに対してテリーが「GPO だよ」と答えた内容に対応している。下線部の 2 つ前の文で，And he has a name.「彼には名前があるのだ」とタコにマーセラスという名前があることに納得して「わかりました」と言っているので，⑤が正解。

７．put *A* on *B* には「*A* を *B* に取りつける」の意味がある。下線部の前後は put this thing on Marcellus「マーセラスにこのものを取りつける」が本来の形で，Marcellus が自明なので省略されたと考えよう。this thing の this は話者の近場，または手元にあるものと推察できるので，今手のひらにある「クランプ」ということになる。テリーはまず水槽背後の

すき間を木材でふさぎ，その後にマーセラスにこのはさむ器具を取りつけ
ようと考えているようだ。

8．コンマとクエスチョンマークの間に入るものと言えば付加疑問文と考
えられる。選択肢もすべて空所が付加疑問文であることを示している。主
語と動詞を特定しないといけないが，省略されているので補うことから始
める。You are が省略されていると考えるのが理にかなっている。トヴァ
がタコに向けて「今夜はそんなに冒険する気にはならないわよね？」と今
日は逃げ出さないよう忠告している場面だ。付加疑問文を使う場合，前半
が肯定文なら付加疑問文は否定文，前半が否定文なら付加疑問文は肯定文
となる。ここでは前半が否定文なので付加疑問文は肯定文となり，are を
使うことになる。また，主語は You と人称代名詞なのでそのまま you を
置くことになる。

9．even though S V は「〜だけれども」の意味なので「それは不可能
であるけれども」が直訳。that は前に述べた内容を受けることが多いが，
ここも he's letting out a sigh「彼はため息をついている」の部分を受け
ている。確かにタコにため息はつけないであろう。

10．下線部の the door を開けて入った部屋が次の文に出てくるが，そこ
で「彼女はこの生物が逃げる最中であることを予想した」と述べられてい
る。トヴァはタコが水槽の後ろのすき間から逃げるのではないかと心配し，
それがある部屋のドアに急いだのだ。③の「タコが逃げると思ったため」
が正解。

11．①「〜の中間に」　②「〜するために」　③「〜の前に」　④「〜の最
中で」　⑤「〜にもかかわらず」

　②order to は，in order to *do*「〜するために」の形で使い，to の後ろ
は動詞の原形でないといけないので，これが正解であれば，空所の後ろの
escape は動詞で「逃げる，逃亡する」の意味ということになる。その他
は文法的には名詞を目的語にすることになるので，空所の後ろの escape
は動詞ではなく，「逃亡，脱出」の意味の名詞となる。内容から判断する
と in the midst of 〜「〜の最中で」が最適。I'm in the midst of
remodeling my house.「私は家のリフォーム中だ」のような使い方がで
きる。トヴァはタコのマーセラスがすき間からまた逃げ出すのではないか
と急いで水槽の後ろにやって来たのだ。

12.　下線部は「おそらくあなたは自由の最後の一晩を持っているはずだ」が直訳。should は「〜するべきだ」の意味もあるが，ここは perhaps がヒントで，予想を表す「〜するはずだ，きっと〜するだろう」の意味。「自由の最後の一晩」が意味するところは，下線部直後の「テリーのデスクにある重いクランプのことを考えて」から類推可能だ。つまり，第 18 段最終文（I need to pick up …）にあるように，テリーは水槽の後ろのすき間をふさいだうえ，クランプでタコをはさむことを考えている。①が正解。

13.　a child's plea to be carried の plea to do は「〜したいという懇願」，be carried は意味上の主語が child であることがヒント。carry a child で「子どもを抱く」の意味となる。したがって，下線部の訳は「抱っこされたいという子どもの懇願」となり，③が一番近い意味となる。

14.　I suppose so「私はそう思う」の so は前文脈のどこかを受けて使われる。たとえば，"Can I come with you?" "Well, I suppose so."「君と一緒に行ってもいい？」「うーん，まあいいよ」の so は you can come with me の内容を受けている。下線部の前を見ると，トヴァが You want to shake hands と言ったのに対して，「タコの腕は水槽の中でぐるぐる回っている」とあるので，タコが彼女の発言に反応したように見える。したがって so は you want to shake hands の内容を受けていると考えるのが自然である。shake hands は「握手をする」の意味なので，⑤が正解。

15.　空所の前の tall が形容詞で，空所の後ろは now だがその後ろに to remove と不定詞が続いているのがヒント。形容詞 + enough to do「〜するのに十分…，〜するほど…」が見えるとよい。タコが入っている水槽はかなり大きいようで，トヴァはいすの上に乗って背筋を伸ばさないと水槽の後ろのカバーを外すことができないようだ。

16.　might は「（ひょっとすると）〜かもしれない」の意味。may より断定度が低い。take advantage of 〜 は「〜（機会など）を利用する」の意味が基本だが，〜に「人」がくる場合，悪い意味で使われることが多い。日本語でも「彼は私を利用しているのかもしれない」のニュアンスは決してよくないであろう。I think she takes advantage of his generosity.「彼女は彼の寛容さを利用していると思う」のような例がある。

17.　take a gamble で「一か八かやってみる，賭けに出る」の意味。

gamble「ギャンブル」の意味を考えれば何となくこの熟語も類推できるであろう。トヴァはふたを開けることによってタコが逃げるかどうか賭けに出たのである。

18.「8 本の腕すべてが彼の周囲に広がっている」様子は星のように見えなくもないだろう。似ているさまを表す like「～のように」がピッタリだ。The earth is round, like a ball.「地球はボールのように丸い」の例でわかるように，like は「地球」と「ボール」が似ているさまを表すことができる。

19. ①「まるで～するかのように」　②「～だけれど」　③「～にすぎない」　④「～するといけないので」　⑤「～するためだけに」

　as if S V は原則後ろが仮定法で，The couple treated the child as if he were their own.「その夫婦はその子どもをまるで自分たちの子どもであるかのように扱った」のような使い方をする。仮定法を使っていることからもわかるように，as if 以下は事実に反する記述をする。また，as if のような従位接続詞の直後の「S ＋ be 動詞」は省略が可能で，Though very tired, he went on with his work.「彼はとても疲れていたけれども，仕事を続けた」のように言えることも思い出そう。空所の前後は he winds around it again, as if (he were) smelling her「彼はまるで彼女のにおいを嗅いでいるかのように彼女の手にまた巻きつく」となる。タコなので実際に彼女のにおいを嗅ぐのはむりだから，as if を使うことになる。「また」とあるのは前回も同じような行為があって，その際に彼女の手にあざができたようだ。⑤ just so は，I came here just so I could visit you.「私はあなたを訪問するためだけにここに来たのです」のような使い方ができる。so (that) S can *do*「S が～できるように，S が～するために」に only の意味の just がついた形である。

20. ①「ある動物を所有し世話をする」　②「ある動物に何かをする仕方を教える」　③「ある動物の表面上で手をやさしく動かす」　④「ある動物を散歩に連れて行く」　⑤「ある動物に食べ物を与える」

　いわゆる様態の as は「～するように，～するのと同様に」の訳となるが，as の前後は同じような語彙を使い同じような構造になっているのが基本。「私がこの単語を発音するようにみなさんもこの単語を発音してください」のような日本語で考えてもそうなる。下線部の as はこの様態の

as ではないかと考え，pet は touch に近い意味ではないかと類推するとよい。touch は「〜に触れる」で pet は「〜をなでる」の意味。③が正解。

21. That's what 〜 はネイティブがよく使う便利な表現。"It rains thirty-five days a month on Yakushima." "That's what they say." 「屋久島では月に 35 日雨が降るんだ」「そう言われているね」のような使い方ができる。That's what they say. は「それは人々が言うことだ」が直訳で，「確かに皆そう言っているね」という表現となる。空所の前にある That's の That は Marcellus というタコの名前を指していて，①の call you を入れることにより，「それは人々があなたを呼んでいるものだ」という直訳となる。「皆あなたのことをそう呼んでいるのよね」という内容となる。

22. tug of war と言えば「綱引き」のことで，tug は「引っ張ること」の意味。下線部直後の「トヴァのバランスはいすの上でぐらつき…」や，それに続く 23 の整序問題の内容もヒントなる。④の「グッと引っ張る」が正解だ。

23. 下線部直前に for という前置詞があるので，まずは for a moment 「一瞬」とする。そのあとは she fears he's trying to pull her into (his tank) と続く。fears の後ろには that が省略されていて，fear that S V は「〜ではないかと心配する」の意味。try to *do* は「〜しようとする」，pull *A* into *B* は「*A* を *B* の中に引っ張り込む」の意味で，つながりは何となく見えるのではないか。

24. 空所の前後はどちらも節になっている。したがって，空所には接続詞が入るのではと考えることが重要。接続詞になりうるのは② until と⑤ for になる。接続詞の for は I can't tell whether he is old or young, for I have never seen him. 「彼が年を取っているか若いかわからない。というのも彼を一度も見たことがないからだ」のような使い方をする。だいたい for の前にコンマがあり，後ろで理由を表す接続詞である。ただ，空所の後ろはまったく理由となっていないので不可。「彼女の鼻がもう少しで水に触れそうになるまで彼女は傾く」という内容となるので，② until が正解。until S V「〜するまで」

25. 第 29 段最終文（The tip of …）で「彼の触手の先端は首の高さまで到達し」とある。タコの触手が彼女の首に触れたのであろう。当該文の構

造は付帯状況の with が省略されていると考えるといい。She touches her neck, (with) the cold wetness where his tentacle was. ということである。with O C で「O が C の状態で」が直訳。付帯状況の with は省略できることも押さえておこう。He came in, glass in hand.「彼はグラスを片手に入って来た」のような例があり，He came in, with a glass in his hand. が省略のない形となる。where は「〜するところに」の意味がある。There were a lot of parks where he lived.「彼が住んでいたところにたくさんの公園があった」のような使い方ができる。「彼女は自分の首に触れる，冷たい水分が彼の触手が存在していたところにある状態で」が直訳。「ある，いる，存在している」の意味の be 動詞の過去形が正解。

26.　⑤が正解。第 14 段（Terry lets out …）でテリーが「マーセラスはまた悪さをしているのだと思う」と言ったのに対してトヴァは「マーセラス？」と質問している。それに対するテリーの答えが「GPO だよ」だ。「Marcellus のことを GPO と呼んだ」のはトヴァではなくテリーなので，これが本文の内容に合致しない選択肢ということになる。

①は第 29 段第 2 文（Then he lifts …）が該当箇所。「彼は 1 本の腕を水の外に出す」とある。arm と tentacle は「腕」と「触手」の日本語から考えても同じものだと言えるので，「触手を水面に出した」は本文の内容に一致する。

②は第 4 段第 2・3 文（He holds up … want one?）で「彼はビニールのラップで包まれたフォーチュンクッキーを手に取る。『1 つ欲しいかい？』」とテリーが勧めたのに対して，第 5 段第 2 文（"That's kind, …）でトヴァは「ご親切に，でも結構です」と断っているので，フォーチュンクッキーを食べなかったことになり，一致する。

③は第 33 段第 3 文（I was just …）でトヴァが「今朝美容室に行ったばかりなのよ」と言っているので，本文の内容に一致する。

④は第 8 段（Tova pulls on …）の「トヴァはゴム手袋を装着する。ポンプ室は終わるだろうし，正面の窓も終わるであろう。夜遅くなるだろうが，彼女は遅くまで起きていることがいやであったことは一度もないのだ」の内容が選択肢の「深夜の仕事を引き受けてくれた」の部分，第 9 段（"You're a lifesaver, …）の「『君は命の恩人だよ，トヴァ』テリーは彼女に感謝の微笑みを投げかける」が選択肢の「Tova を，Terry は命の恩

人と呼んだ」の部分に一致する。

❖講　評

　2023 年度も例年同様大問 1 題の出題で，2022 年度同様物語文であった。設問は，記述式が 4 問で語形変化，同意表現，英文和訳，和文英訳，選択式が 26 問で内容説明，空所補充，語句意，語句整序，内容真偽であった。

　記述式問題：2021・2022 年度と 2 問出題されていた英文和訳が 1 問になり，語形変化が新しく出題された。字数制限のある内容説明問題は出題されず，字数制限なしの内容説明問題もなかった。A（語形変化）は，原形動詞を分詞構文にするものであった。B（同意表現）は，exhausted が extremely tired で言い換え可能である知識を問うものであった。C（英文和訳）は，They study each other for what seems like an eternity を和訳させる問題であった。理工学部の英文和訳問題は，語彙は平易であるものの，前後をしっかり読み類推する力がないと解けないようなものが多いのだが，2023 年度は知識力に加えていかに日本語らしくできるかが勝負となる問題であった。D（和文英訳）は，「彼女がなくした鍵を，そのタコがどうやって見つけたのか，私たちにはわからない」が課題文。2022 年度同様，本文にヒントがあるタイプであった。和文英訳問題は本文を利用できる場合とそうでない場合があることを押さえておくとよいだろう。

　選択式問題：空所補充問題は，前後関係から論理的に導くもの，熟語などの知識を問うものに分けられると思われるが，2023 年度は後者が多かったと言える。内容説明は，2023 年度も特に前後関係が重要となっている。国公立大学の内容説明問題は後ろの内容がヒントになることが多いが，2023 年度理工学部の問題は前のほうの文脈がヒントになっているものが中心であった。同意表現，語句意は標準からやや難しい程度の語が狙われているが，2023 年度も 2022 年度同様知識問題というより前後の文脈がヒントになっていた。たとえば，13 の a child's plea to be carried や 20 の as one might pet a dog などは，ここだけでは正確に意味を取れそうもない。前後をしっかり分析することが重要だ。語句整序問題は難しくはないが，語法や文法などいろいろな視点から考えな

ければならないという点で総合的な力が問われている。ぜひ〔解説〕を参照してみてほしい。全体的に選択式問題はよく練られた問題であり，受験生のいろいろな能力を正確に測ることができそうだ。

　理工学部の問題は受験生の総合的な英語の能力と論理的な力を問うていると言える。難問なわけではないが，いざ正解を導こうとすると意外と厄介である。標準レベルの正確な知識と，論理的に読み設問を解く力を身につけることが肝心だ。

数学

I **解答** (1)ア. 1　イ. 1　ウ. 2　エ. 3　オ. 4
(2)カ. 2　キ. 2　ク. 7　ケ. 2　コサ. 14
シス. 18
(3)セ. 2　ソタ. 15　チ. 1　ツテ. 14　ト. 2　ナ. 7　ニ. 2
ヌネ. 15
(4)ノ. 5　ハヒ. 12　フ. 1　ヘ. 3　ホ. 1　マ. 4　ミ. 1
ム. 3　メ. 3　モ. 4　ヤ. 9　ユ. 4　ヨ. 3　ラ. 4

◀解　説▶

≪小問 4 問≫

(1)
$$\lim_{h\to+0}\frac{f(0+h)-f(0)}{h}=\lim_{h\to+0}\frac{\frac{1+3h-a\cos 2h}{4h}-c}{h}$$
$$=\lim_{h\to+0}\frac{1+3h-a(1-2\sin^2 h)-4hc}{4h^2}$$
$$=\lim_{h\to+0}\left(\frac{1-a}{4h^2}+\frac{3-4c}{4h}+\frac{a\sin^2 h}{2h^2}\right)\ \ \cdots\cdots①$$

①が極限値をもつためには，$1-a=0$，$3-4c=0$ より

$$a=1,\ \ c=\frac{3}{4}$$

よって

$$\lim_{h\to+0}\frac{f(0+h)-f(0)}{h}=\lim_{h\to+0}\frac{1}{2}\left(\frac{\sin h}{h}\right)^2=\frac{1}{2}$$

また，このとき

$$\lim_{h\to-0}\frac{f(0+h)-f(0)}{h}=\lim_{h\to-0}\frac{(bh+c)-c}{h}=b$$

$f(x)$ が $x=0$ で微分可能であるためには

$$\lim_{h\to+0}\frac{f(0+h)-f(0)}{h}=\lim_{h\to-0}\frac{f(0+h)-f(0)}{h}\ \text{より}$$

$$\frac{1}{2}=b$$

したがって，求める a, b, c の値は

$$a=1, \quad b=\frac{1}{2}, \quad c=\frac{3}{4} \quad →ア～オ$$

(2)(a)　与式の両辺に x をかけて整理すると

$$x^2 - tx + 1 = 0$$

$x=0$ は解ではないから，判別式を D とおくと，実数解をもつための必要十分条件は

$$D = t^2 - 4 = (t+2)(t-2) \geqq 0$$

よって

$$t \leqq -2 \text{ または } t \geqq 2 \quad →カ，キ$$

(b)　$x=0$ は方程式 $f(x)=0$ の解ではないから，$f(x)=0$ の両辺を x^2 で割ると

$$7x^2 + 2x + k + \frac{2}{x} + \frac{7}{x^2} = 0$$

$x=a$ が方程式 $f(x)=0$ の解であるとき

$$7a^2 + 2a + k + \frac{2}{a} + \frac{7}{a^2} = 0$$

$$7\left(a^2 + \frac{1}{a^2}\right) + 2\left(a + \frac{1}{a}\right) + k = 0$$

$t = a + \dfrac{1}{a}$ とおくと，$t^2 - 2 = a^2 + \dfrac{1}{a^2}$ より

$$7(t^2 - 2) + 2t + k = 0$$

$$7t^2 + 2t + (k-14) = 0 \quad \cdots\cdots① \quad →ク～サ$$

(a)の結果より，a が実数解をもつための t の値の範囲は $t \leqq -2$, $t \geqq 2$ であり

$$\left.\begin{array}{l} t < -2, \ 2 < t \text{ のとき，実数 } t \text{ について } a \text{ は異なる 2 実数解} \\ t = -2, \ t = 2 \text{ のとき，実数 } t \text{ について } a \text{ は重解（1 個）} \end{array}\right\} \cdots\cdots②$$

をもつ。

①は $k = -7t^2 - 2t + 14$ より

$$y = k, \quad y = -7t^2 - 2t + 14 = -7\left(t + \frac{1}{7}\right)^2 + \frac{99}{7}$$

とおいて $t \leqq -2$, $t \geqq 2$ に注意してグラフを描くと，右図のようになる。

したがって，②とグラフを併せて考えると，求める k の値は

$k = -18$ →シス

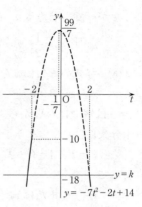

(3)(a) A の引いたくじが 2 本とも当たりである確率は

$$\frac{{}_4C_2}{{}_{10}C_2} = \frac{6}{45} = \frac{2}{15} \quad →セ〜タ$$

(b) A も B もはずれくじを引けばよいから

$$\frac{{}_6C_2}{{}_{10}C_2} \times \frac{{}_4C_2}{{}_8C_2} = \frac{15}{45} \times \frac{6}{28} = \frac{1}{14} \quad →チ〜テ$$

(c) A は当たりとはずれを引くから，B は残った当たりくじ 3 本，はずれくじ 5 本から 1 本ずつ引けばよい。

$$\frac{{}_4C_1 \times {}_6C_1}{{}_{10}C_2} \times \frac{{}_3C_1 \times {}_5C_1}{{}_8C_2} = \frac{4 \times 6}{45} \times \frac{3 \times 5}{28} = \frac{2}{7} \quad →ト，ナ$$

(d) B の引いたくじが 2 本とも当たりであるのは，次の 3 つの場合がある。

(i)A が 2 本とも当たりを引く

(ii)A が当たりとはずれを 1 本ずつ引く

(iii)A が 2 本ともはずれを引く

(i)〜(iii)は排反事象であるから，それぞれの確率の和を求めると

$$\frac{{}_4C_2}{{}_{10}C_2} \times \frac{{}_2C_2}{{}_8C_2} + \frac{{}_4C_1 \times {}_6C_1}{{}_{10}C_2} \times \frac{{}_3C_2}{{}_8C_2} + \frac{{}_6C_2}{{}_{10}C_2} \times \frac{{}_4C_2}{{}_8C_2}$$

$$= \frac{6}{45} \times \frac{1}{28} + \frac{4 \times 6}{45} \times \frac{3}{28} + \frac{15}{45} \times \frac{6}{28}$$

$$= \frac{1}{210} + \frac{2}{35} + \frac{1}{14}$$

$$= \frac{2}{15} \quad →ニ〜ネ$$

(4) $\overrightarrow{OD} = \frac{1}{4}\overrightarrow{OA}$, $\overrightarrow{OE} = \frac{2\overrightarrow{OA} + \overrightarrow{OB}}{3}$, $\overrightarrow{OF} = \frac{1}{3}\overrightarrow{OC}$

より

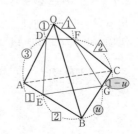

$$\overrightarrow{DE} = \overrightarrow{OE} - \overrightarrow{OD} = \frac{2\overrightarrow{OA} + \overrightarrow{OB}}{3} - \frac{1}{4}\overrightarrow{OA}$$

$$= \frac{5}{12}\overrightarrow{OA} + \frac{1}{3}\overrightarrow{OB} \quad \rightarrow ノ \sim ヘ$$

$$\overrightarrow{DF} = \overrightarrow{OF} - \overrightarrow{OD} = \frac{1}{3}\overrightarrow{OC} - \frac{1}{4}\overrightarrow{OA}$$

$$= -\frac{1}{4}\overrightarrow{OA} + \frac{1}{3}\overrightarrow{OC} \quad \rightarrow ホ \sim ム$$

$BG : GC = u : (1-u) \quad (0 < u < 1)$ とおくと, $\overrightarrow{OG} = (1-u)\overrightarrow{OB} + u\overrightarrow{OC}$ だから

$$\overrightarrow{DG} = \overrightarrow{OG} - \overrightarrow{OD} = (1-u)\overrightarrow{OB} + u\overrightarrow{OC} - \frac{1}{4}\overrightarrow{OA}$$

$$= -\frac{1}{4}\overrightarrow{OA} + (1-u)\overrightarrow{OB} + u\overrightarrow{OC} \quad \cdots\cdots ①$$

また, 点 G は 3 点 D, E, F を通る平面上にあるから, s, t を実数として

$$\overrightarrow{DG} = s\overrightarrow{DE} + t\overrightarrow{DF} = s\left(\frac{5}{12}\overrightarrow{OA} + \frac{1}{3}\overrightarrow{OB}\right) + t\left(-\frac{1}{4}\overrightarrow{OA} + \frac{1}{3}\overrightarrow{OC}\right)$$

$$= \left(-\frac{t}{4} + \frac{5}{12}s\right)\overrightarrow{OA} + \frac{s}{3}\overrightarrow{OB} + \frac{t}{3}\overrightarrow{OC} \quad \cdots\cdots ②$$

①, ②より

$$-\frac{1}{4}\overrightarrow{OA} + (1-u)\overrightarrow{OB} + u\overrightarrow{OC} = \left(-\frac{t}{4} + \frac{5}{12}s\right)\overrightarrow{OA} + \frac{s}{3}\overrightarrow{OB} + \frac{t}{3}\overrightarrow{OC}$$

4 点 O, A, B, C は同一平面上にないから

$$\begin{cases} -\dfrac{1}{4} = -\dfrac{t}{4} + \dfrac{5}{12}s \\ 1-u = \dfrac{s}{3} \\ u = \dfrac{t}{3} \end{cases}$$

これらから

$$s = \frac{3}{4}, \quad t = \frac{9}{4}, \quad u = \frac{3}{4}$$

よって

$$\overrightarrow{DG} = \frac{3}{4}\overrightarrow{DE} + \frac{9}{4}\overrightarrow{DF} \quad \rightarrow メ \sim ユ$$

$BG : GC = \dfrac{3}{4} : \dfrac{1}{4} = 3 : 1$ より

$$\overrightarrow{BG} = \dfrac{3}{4}\overrightarrow{BC} \quad →ヨ, \ ラ$$

II 解答 あ. 2 い. $-\dfrac{3}{4}x + \dfrac{7}{8}$ う. $\dfrac{37}{24} - 2\log 2$

え. $\dfrac{3}{8} + \log 2$ お. $\dfrac{5}{4}$

━━━━◀解 説▶━━━━

≪関数の最小値，接線，積分法の応用（面積），曲線の長さ，極限値≫

$f'(x) = \dfrac{1}{4}x - \dfrac{1}{x} = \dfrac{x^2 - 4}{4x} = \dfrac{(x+2)(x-2)}{4x}$ よ

り，$x > 0$ における関数 $f(x)$ の増減表は右
のようになる。

x	0	$\cdots$	2	$\cdots$
$f'(x)$		$-$	0	$+$
$f(x)$		$\searrow$	$\dfrac{1}{2} - \log 2$	$\nearrow$

よって，関数 $f(x)$ は

$$x = 2 \quad →あ$$

で最小値 $\dfrac{1}{2} - \log 2$ をとる。

また，点 $A(1, f(1))$ における接線 l の方程式は，$f(1) = \dfrac{1}{8}$，$f'(1) = -\dfrac{3}{4}$

より

$$y - \dfrac{1}{8} = -\dfrac{3}{4}(x - 1)$$

すなわち

$$y = -\dfrac{3}{4}x + \dfrac{7}{8} \quad →い$$

曲線 C と接線 l および直線 $x = 2$ で囲まれた部
分の面積を S とおくと

$$S = \int_1^2 \left\{ \left(\dfrac{1}{8}x^2 - \log x \right) - \left(-\dfrac{3}{4}x + \dfrac{7}{8} \right) \right\} dx$$

$$= \int_1^2 \left(\dfrac{1}{8}x^2 + \dfrac{3}{4}x - \dfrac{7}{8} - \log x \right) dx$$

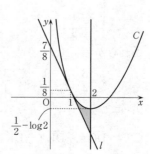

$$= \left[\frac{1}{24}x^3 + \frac{3}{8}x^2 - \frac{7}{8}x\right]_1^2 - \left(\left[x\log x\right]_1^2 - \int_1^2 dx\right)$$

$$= \frac{37}{24} - 2\log 2 \quad \to う$$

さらに

$$L(2) = \int_1^2 \sqrt{1 + \{f'(x)\}^2}\, dx = \int_1^2 \sqrt{1 + \left(\frac{1}{4}x - \frac{1}{x}\right)^2}\, dx$$

$$= \int_1^2 \sqrt{\frac{(x^2+4)^2}{16x^2}}\, dx = \int_1^2 \left(\frac{x}{4} + \frac{1}{x}\right) dx$$

$$= \left[\frac{x^2}{8} + \log x\right]_1^2 = \frac{3}{8} + \log 2 \quad \to え$$

$$\lim_{t \to 1+0} \frac{L(t)}{t-1} = \lim_{x \to 1+0} \frac{L(t) - L(1)}{t-1} = L'(1)$$

$L(t) = \int_1^t \sqrt{1 + \{f'(x)\}^2}\, dx$ より $L'(t) = \sqrt{1 + \{f'(t)\}^2}$ であるから

$$\lim_{t \to 1+0} \frac{L(t)}{t-1} = \sqrt{1 + \{f'(1)\}^2} = \sqrt{1 + \left(\frac{1}{4} - 1\right)^2}$$

$$= \sqrt{\frac{25}{16}} = \frac{5}{4} \quad \to お$$

Ⅲ　**解答**　か. $\dfrac{2}{3}\sqrt{3}$ 　き. $\sqrt{x^2 - \dfrac{8}{3}x + \dfrac{8}{3}}$ 　く. $\dfrac{\sqrt{2}}{3}(2-x)$

け. $\sqrt{2} \times \dfrac{2x^2 - x^3}{3x^2 - 8x + 8}$ 　こ. $\dfrac{4}{3}$

━━━━━━━◀解　説▶━━━━━━━

≪余弦定理，三角形の面積，三角形の相似，分数関数の最大≫

△APB において，∠APB $= \dfrac{\pi}{2}$ であるから

$$BP = AB \times \cos\angle PBA = 2 \times \frac{\sqrt{3}}{3}$$

$$= \frac{2}{3}\sqrt{3} \quad \to か$$

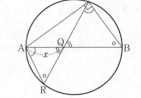

△PBQ において，余弦定理より

$$PQ^2 = BP^2 + BQ^2 - 2 \times BP \times BQ \times \cos\angle PBA$$

$$= \left(\frac{2}{3}\sqrt{3}\right)^2 + (2-x)^2 - 2 \times \frac{2}{3}\sqrt{3} \times (2-x) \times \frac{\sqrt{3}}{3}$$

$$= x^2 - \frac{8}{3}x + \frac{8}{3}$$

PQ>0 より

$$PQ = \sqrt{x^2 - \frac{8}{3}x + \frac{8}{3}} \quad \rightarrow き$$

$0 < \angle PBA < \pi$ より，$\sin \angle PBA > 0$ であるから

$$\sin \angle PBA = \sqrt{1 - \cos^2 \angle PBA} = \sqrt{1 - \left(\frac{\sqrt{3}}{3}\right)^2}$$

$$= \frac{\sqrt{6}}{3}$$

よって

$$S = \frac{1}{2} \times BP \times BQ \times \sin \angle PBA = \frac{1}{2} \times \frac{2}{3}\sqrt{3} \times (2-x) \times \frac{\sqrt{6}}{3}$$

$$= \frac{\sqrt{2}}{3}(2-x) \quad \rightarrow く$$

円周角の定理より $\angle PBQ = \angle ARQ$，$\angle BPQ = \angle RAQ$ なので，$\triangle AQR \backsim \triangle PQB$ であるから

$$T : S = AQ^2 : PQ^2$$

よって

$$T = \frac{AQ^2}{PQ^2} \times S = \frac{x^2}{x^2 - \dfrac{8}{3}x + \dfrac{8}{3}} \times \frac{\sqrt{2}}{3}(2-x)$$

$$= \sqrt{2} \times \frac{2x^2 - x^3}{3x^2 - 8x + 8} \quad \rightarrow け$$

T を x で微分すると

$$\frac{dT}{dx} = \sqrt{2} \times \frac{(4x - 3x^2)(3x^2 - 8x + 8) - (2x^2 - x^3)(6x - 8)}{(3x^2 - 8x + 8)^2}$$

$$= \sqrt{2} \times \frac{-3x^4 + 16x^3 - 40x^2 + 32x}{(3x^2 - 8x + 8)^2}$$

$$= -\sqrt{2} \times \frac{x(3x - 4)(x^2 - 4x + 8)}{(3x^2 - 8x + 8)^2}$$

$x^2-4x+8=(x-2)^2+4>0$ に注意すると，関数 T の $0<x<2$ における増減表は右のようになる。

したがって，T が最大になるのは

$$x=\frac{4}{3}\quad\rightarrow こ$$

のときである。

x	0	$\cdots$	$\dfrac{4}{3}$	$\cdots$	2
$\dfrac{dT}{dx}$		+	0	−	
T		↗	極大 かつ 最大	↘	

❖講　評

　大問 3 題が出題されている。2023 年度も，難易度，問題量ともに例年とそれほど大きな変化はない。

　Ⅰは小問集合で，2022 年度は小問 3 問であったが，2023 年度は以前と同様に小問 4 問に戻った。難易度やボリュームに変化はない。全体として出題範囲に偏りが出ないように，Ⅱ・Ⅲで出題できなかった分野から問題が出されている。2023 年度は「微分法」「方程式」「確率」「空間ベクトル」が出題されているが，図形と方程式，三角・指数・対数関数からもよく出題される。これらの分野を単独にというより，いくつかの分野を融合させた問題が目につく。全体的に見れば，標準的な問題が中心であり，比較的取り組みやすい問題が多いが，いくつかレベルアップした問題が含まれている。基礎的な入試問題集や教科書傍用の問題集（標準・発展問題）を通して，苦手分野を作らないような，オールラウンドな学習を心掛けたい。基礎～標準的な学力があれば十分対応できるだろう。

　Ⅱは，微・積分法，極限値などの知識を必要とする問題である。前問の結果を必要とされるから，思い違いや計算ミスなどがないように慎重に解き進めたい。また，最後の極限値を求める問題は，微分係数の定義の十分な理解が要求される。各分野の公式や基礎知識を十分に修得しておくことは当然であるが，それらを関連づけたり，逆に分析したりする学力が要求される。具体的に図示するなどして，図形のイメージをもつことも重要である。

　Ⅲは，図形と計量と微分法（体積）の融合問題になっている。三角形の相似など図形の性質の知識も少なからず必要とされる。余弦定理や三

角形の面積の公式を用いて面積 T を求め，次に T が最大になるときの x の値を求める。このとき，少々計算がややこしい分数関数の微分を行う。常日頃の演習量の差が現れたのではないだろうか。

　出題形式については，I はマークシート方式，II・III は途中経過を書く必要のない空所補充形式となっている。2020 年度までは，III については途中経過も求められる記述式であったが，2021 年度以降は II と同じ形式になった。全体的に，問題文や大問中の各小問が誘導形式もしくは問題解決のヒントになっている。したがって，問題文の読解力，分析力，洞察力が大変重要になってくる。また，前問の結果を使ったりもするから，つまらないミスをすると，それ以降の問題に大きく影響する。常日頃から丁寧に，最後まで解く習慣をつけておきたい。全体を通して難問や奇問はなく，標準的かつ定型的な問題が多数である。特に，I は確実に解けるようになっておくとともに，頻出の微・積分法については十分な対策を行っておきたい。

■理科■

◀物　理▶

A **解答** (1) a. $\dfrac{4mg}{L}$ 　ア—⑧　イ—⑥　ウ—⑧　エ—②

(2) オ—①　カ—⑥　キ—⑤　ク—⑧

◀解　説▶

≪動く台上の小球の運動≫

(1) a. 力学的エネルギー保存則より

$$\frac{1}{2}k\left(\frac{L}{4}\right)^2 = \frac{1}{2}m\left(\frac{1}{2}\sqrt{gL}\right)^2$$

$$\therefore \quad k = \frac{4mg}{L}$$

ア. 水平面 AB を重力による位置エネルギーの基準面とした場合, 力学的エネルギー保存則は, なす角 θ のときの小球の速さを v_0 として

$$\frac{1}{2}m\left(\frac{1}{2}\sqrt{gL}\right)^2 = \frac{1}{2}mv_0{}^2 - mgL(1-\cos\theta)$$

$$\therefore \quad v_0 = \frac{1}{2}\sqrt{gL(9-8\cos\theta)}$$

イ. 曲面上を滑る小球の運動は鉛直面内の円運動である。円の中心方向の運動方程式は, 求める垂直抗力の大きさを N として

$$\frac{mv_0{}^2}{L} = mg\cos\theta - N$$

アの結果を代入して v_0 を消去すると

$$N = mg\left(3\cos\theta - \frac{9}{4}\right)$$

ウ. 台から離れるとき, $N=0$ である。イの式を用いて

$$mg\left(3\cos\theta - \frac{9}{4}\right) = 0$$

$$\therefore \quad \cos\theta = \frac{3}{4}$$

エ．台から離れた小球の運動は，点Pにおける接線方向への斜方投射である。点Pにおける速さはアの式にウの結果を代入して

$$v_0 = \frac{1}{2}\sqrt{gL(9-8\cos\theta)} = \frac{1}{2}\sqrt{gL\left(9-8\times\frac{3}{4}\right)}$$

$$= \frac{1}{2}\sqrt{3gL}$$

点Pを原点とし，鉛直下向きに y 軸をとると，小球は，鉛直方向には鉛直投げおろしと同じ運動をするから，床に衝突するまでの時間を t として

$$y = v_0\sin\theta\cdot t + \frac{1}{2}gt^2$$

ここでウの結果を用いれば

$$y = L\cos\theta = \frac{3}{4}L$$

$$v_0\sin\theta = v_0\sqrt{(1-\cos^2\theta)} = \frac{1}{2}\sqrt{3gL}\times\sqrt{1-\left(\frac{3}{4}\right)^2}$$

$$= \frac{\sqrt{21gL}}{8}$$

整理して t の2次方程式を解くと

$$\frac{1}{2}gt^2 + \frac{\sqrt{21gL}}{8}t - \frac{3}{4}L = 0$$

$$t = \frac{-\sqrt{21gL} \pm \sqrt{21gL + 96gL}}{8g}$$

$t > 0$ より

$$t = \frac{1}{8}(3\sqrt{13}-\sqrt{21})\times\sqrt{\frac{L}{g}}$$

(2)　オ．台は，小球にはたらく垂直抗力の反作用を受けて水平方向に加速度運動をする。このとき運動方程式は

$$MA = -N\sin\theta$$

カ・キ．台上の人の立場では，小球には水平左向きに mA の慣性力がはたらいて見え，中心方向について円運動の運動方程式は

$$\frac{mv^2}{L} = mg\cos\theta - N + mA\sin\theta$$

題意より，$\theta=\theta'$ のとき $v=v'$ である。このとき台から離れるから，$N=0$ となり，床上の人の立場のオの式より $A=0$ である。これらをカの式に代入すれば

$$\frac{mv'^2}{L}=mg\cos\theta'$$

$$\therefore\quad v'=\sqrt{gL\cos\theta'}$$

ク．小球と台の間にはたらく水平方向の力は内力のみであるから，水平方向の運動量の和は保存する。床上の人から見たこのときの小球の速度の水平成分の大きさを u とすると

$$mu+M\times(-V)=0$$

$$\therefore\quad u=\frac{M}{m}V$$

台上の人から見た小球の速度の水平成分 $v'\cos\theta'$ について，相対速度の式を用いると

$$v'\cos\theta'=u-(-V)$$

以上 2 式より u を消去すれば

$$v'\cos\theta'=\frac{M}{m}V+V$$

$$\therefore\quad V=\frac{m\cos\theta'}{m+M}v'$$

B 解答　ア―③　イ―⑧　ウ―①　エ―③　オ―③　カ―⑥　キ―①　ク―⑧

b．$\frac{1}{2}qEL$

◀解　説▶

≪点電荷のつりあい，電場と磁場による点電荷の等速円運動≫

ア．クーロンの法則より小球Bには x 軸の正の向きにクーロン力 $\frac{kq^2}{r_0^2}$ がはたらく。したがって，小球Bにはたらく力の x 軸方向のつりあいの式は

$$T\sin\theta=k\frac{q^2}{r_0^2}$$

イ．小球Bにはたらく力の y 軸方向のつりあいの式は

$$T\cos\theta = mg$$

アの式と上の式より T を消去すると

$$\tan\theta = \frac{kq^2}{mgr_0{}^2}$$

また，図1の三角形 OAB について次式が成り立つ。

$$\tan\theta = \frac{r_0}{L}$$

以上2式を比較すれば

$$\frac{r_0}{L} = \frac{kq^2}{mgr_0{}^2}$$

$$\therefore \quad r_0 = \left(\frac{Lkq^2}{mg}\right)^{\frac{1}{3}} \text{〔m〕}$$

ウ．図2では三角形 OAB は BO＝BA の二等辺三角形である。原点Oの電位 V_0〔V〕は，Oにおける小球A，Bそれぞれによる電位の和であるので

$$V_0 = k\frac{Q_0}{L} + k\frac{q}{r_1} \text{〔V〕}$$

エ．単位電気量あたりの位置エネルギーが電位である。したがって，小球Bがもつ静電気力による位置エネルギー U〔J〕は，小球Bの位置における小球Aによる電位 V〔V〕を用いて

$$U = qV = k\frac{Q_0 q}{r_1} \text{〔J〕}$$

オ．選択肢⑤〜⑧は，正電荷から出て負電荷に入るか，それぞれの点電荷と無限遠を結んでいることから，電気力線を表す。よって不適。一方，等電位線は電気力線と直交するから①〜④は等電位線であり，いずれも2つの点電荷による電位の和を表す。正電荷のまわりの等電位線は山，負電荷のまわりの等電位線は窪地の等高線に対応し，符号の異なる2つの電荷の間には電位0の等電位線が生じるから，①と②は異符号の電荷を表し，不適。小球A，Bが同符号の電荷を表すのは③と④である。点電荷による電位は電気量に比例し，距離に反比例する。電位の等しい点を連ねた線（たとえば，もっとも外側の線か外側から2本目の線）に注目すると，③では，小球Bより小球Aのまわりで距離が大きくなっていることから，小球Aの

方が電気量の絶対値が大きい。題意より，$Q_0 > q$ であるから，③が適する（④では，小球Bの方が電気量の絶対値が大きく，不適）。

b．正電荷が受けるクーロン力の向きは電場の向きに等しい。よって，小球Bが受ける力 qE は y 軸の正の向き。電場に垂直な向きの移動では仕事をしないから，電場の向きに沿って y 軸正方向に距離 $\dfrac{L}{2}$ だけ移動させたときの仕事 W〔J〕は

$$W = qE \times \frac{L}{2} = \frac{1}{2}qEL \text{〔J〕}$$

別解　電場が単位電気量の電荷にする仕事は，この間の電位の減少量に等しい。$y = \dfrac{L}{2}$ の位置から $y = L$ の位置まで運んだときの電位の減少量は $\dfrac{1}{2}EL$ であるから

$$W = q \times \frac{1}{2}EL = \frac{1}{2}qEL \text{〔J〕}$$

カ．糸の張力を T' とすると，小球Bが受ける向心力は

$$T'\sin\theta - k\frac{Q_1 q}{r_0^2}$$

鉛直方向は力がつりあうので

$$T'\cos\theta = mg + qE$$

これとイの $\tan\theta$ の式を代入して T' と θ を消去すると，向心力は

$$(mg + qE)\tan\theta - k\frac{Q_1 q}{r_0^2} = (mg + qE)\cdot\frac{r_0}{L} - k\frac{Q_1 q}{r_0^2}$$

したがって，円運動の運動方程式は

$$\frac{mv^2}{r_0} = (mg + qE)\cdot\frac{r_0}{L} - k\frac{Q_1 q}{r_0^2}$$

これより

$$Q_1 = \frac{mr_0^2}{kq}\left\{g\left(1 + \frac{qE}{mg}\right)\frac{r_0}{L} - \frac{v^2}{r_0}\right\}$$

キ．$Q_2 < Q_1$ より

$$k\frac{Q_2 q}{r_0^2} < k\frac{Q_1 q}{r_0^2}$$

となり，電気量の値を変えると円運動の中心から遠ざかる向きの力は小さ

くなる。したがって，同じ等速円運動をするためには，小球Bが磁場から受けるローレンツ力が，円運動の中心から遠ざかる向きにはたらけばよい。また，フレミングの左手の法則より，このとき，小球Bは原点O側から見て反時計回りの円運動をする。

ク．キの結果より，ローレンツ力 qvB は次式を満たす。

$$k\frac{Q_2 q}{r_0{}^2} + qvB = k\frac{Q_1 q}{r_0{}^2}$$

これより

$$Q_2 = Q_1 - vB\frac{r_0{}^2}{k}$$

C　解答

(1)ア―③　イ―⑤
(2)ウ―②
(3)エ―④　オ―⑥
(4)カ―⑤　キ―⑥　ク―⑤　ケ―①

◀解　説▶

≪熱気球が浮き上がる条件≫

(1)　ア．球体Aの条件より，状態1への過程は定積変化であるから，気体は外部に仕事をしない。したがって，内部エネルギーの変化 $\Delta U_1〔J〕$ は，熱力学第一法則より

$$\Delta U_1 = Q〔J〕$$

イ．理想気体の内部エネルギーは絶対温度で決まるから，気体の物質量を $n〔\mathrm{mol}〕$ として

$$\Delta U_1 = \frac{3}{2}nR(T_1 - T_0)$$

状態0での理想気体の状態方程式 $P_0 V_0 = nRT_0$ を代入して n，R を消去し，さらにアの結果を用いれば

$$\frac{3P_0 V_0}{2T_0}(T_1 - T_0) = Q$$

$$\therefore\quad T_1 = \frac{2Q + 3P_0 V_0}{3P_0 V_0}T_0$$

(2)　ウ．球体Bの条件より，状態2への過程は定圧変化である。この場合

も内部エネルギーはイと同様に計算でき，その変化を ΔU_2〔J〕として

$$\Delta U_2 = \frac{3}{2}nR(T_2 - T_0) = \frac{3P_0V_0}{2T_0}(T_2 - T_0)\text{〔J〕}$$

(3) エ．状態3への過程は断熱変化である。題意より「$PV^\gamma = $ 一定」が成り立つ。

$$P_0V_0{}^\gamma = P_3V_3{}^\gamma \quad \cdots\cdots\text{(i)}$$

この場合も，ボイル・シャルルの法則が成り立つから

$$\frac{P_0V_0}{T_0} = \frac{P_3V_3}{T_3} \quad \cdots\cdots\text{(ii)}$$

式(i)と式(ii)を辺々割って

$$\frac{\dfrac{P_0V_0{}^\gamma}{P_0V_0}}{T_0} = \frac{\dfrac{P_3V_3{}^\gamma}{P_3V_3}}{T_3}$$

$$T_0V_0{}^{\gamma-1} = T_3V_3{}^{\gamma-1}$$

$$T_3 = \left(\frac{V_0}{V_3}\right)^{\gamma-1}T_0$$

したがって

$$\Delta T = T_3 - T_0 = \left\{\left(\frac{V_0}{V_3}\right)^{\gamma-1} - 1\right\}T_0$$

オ．熱力学第一法則において，断熱過程であることから $Q' = 0$，および膨張過程であることから $W < 0$ を考慮すると

$$\Delta U = Q' + W < 0$$

(4) カ．アルキメデスの原理より，球体には大きさ $V_2\rho_0 g$ の浮力が上向きにはたらく。これが，球体および内部の気体にはたらく重力とつりあうから，上向きを正として

$$V_2\rho_0 g - V_2\rho_2 g - mg = 0$$

キ．理想気体の状態方程式より

状態 0：$P_0V_0 = nRT_0$

状態 2：$P_0V_2 = nRT_2$

この2式より V_2 を V_0 で表すと

$$V_2 = \frac{T_2}{T_0}V_0$$

また，気体の単位物質量あたりの質量を M〔kg/mol〕とすると，気体の

密度は

$$\rho_0 = \frac{nM}{V_0}$$

$$\rho_2 = \frac{nM}{V_2}$$

と表されるから，これを用いて状態方程式を書き換えると

状態 0 ：$P_0 = \rho_0 \dfrac{R}{M} T_0$

状態 2 ：$P_0 = \rho_2 \dfrac{R}{M} T_2$

この 2 式より ρ_2 を ρ_0 で表すと

$$\rho_2 = \frac{T_0}{T_2} \rho_0$$

以上得られた V_2 および ρ_2 の表式を力のつりあいの式に代入すれば

$$\frac{T_2}{T_0} V_0 \rho_0 g - \frac{T_2}{T_0} V_0 \cdot \frac{T_0}{T_2} \rho_0 g - mg = 0$$

$$\therefore \quad T_2 = \frac{V_0 \rho_0 + m}{V_0 \rho_0} T_0$$

ク．球体 A′ の条件より，状態 4 への過程では球体内部の気体の物質量は変化する。このことを考慮して，カと同様に力のつりあいの式を立てれば

$$V_0 \rho_0 g - V_0 \rho_4 g - mg = 0$$

ケ．球体内部の気体の物質量が変化しても，単位物質量あたりの質量 M は不変であるから，キと同様に密度を用いた状態方程式が成り立つ。

状態 0 ：$P_0 = \rho_0 \dfrac{R}{M} T_0$

状態 4 ：$P_0 = \rho_4 \dfrac{R}{M} T_4$

この 2 式より

$$\rho_4 = \frac{T_0}{T_4} \rho_0$$

クのつりあいの式に代入すれば

$$V_0 \rho_0 g - \frac{T_0}{T_4} V_0 \rho_0 g - mg = 0$$

$$\therefore \quad T_4 = \frac{V_0 \rho_0}{V_0 \rho_0 - m} T_0$$

❖講　評

　　例年同様，化学と合わせて合計 6 題から 3 題を選んで解答する形式で，難易度も例年通り標準的である。出題形式に関しては，マークシート方式以外に記述式の問題が 2 問出題された。2021・2022 年度は全問マークシート方式であったが，例年はこのように小問 2 問程度の記述式を含むことが多い。

　　A　動く台上の曲面を小球が滑りおりて離れる問題。(1)台が固定されている場合，慣性系での運動だから，曲面上では鉛直面内の円運動，曲面を離れてからは，接線方向へ投げ出された斜方投射である。(2)台と小球の間の力により，台は加速度運動するから，台の立場は非慣性系である。運動方程式が成り立つためには，台の加速度と逆向きに慣性力を加える必要がある。慣性系では，台と小球の水平方向の運動量の和は保存するが，非慣性系では，小球には内力以外に慣性力がはたらくから運動量は保存しない。

　　B　点電荷間の力，重力，一様電場と一様磁場から受ける力によって，水平面内で等速円運動する問題。クーロン力，ローレンツ力の他，力のつりあいや等速円運動の運動方程式など，力学的な取り扱いが必要になる問題は頻出である。

　　C　熱気球が浮き上がる条件を，気体の状態変化と力のつりあいから求める問題。(3)球体 B の断熱変化ではポアソンの式「PV＝一定」のほか，物質量一定であればボイル・シャルルの法則が成り立つ。これらの式から，選択肢に用いられている物理量のみで表すように変形すればよい。一方，球体 A′ では気体の出入りがあるため，ボイル・シャルルの法則は成り立たない。そこで，物質量が変化しても，単位物質量あたりの質量 M（分子量×10^3）は変化しないことから，物質量を用いた状態方程式 $PV = nRT$ の代わりに，与えられた密度と M を用いて状態方程式を立てる。(4)重力の影響を考慮すると，球体の上面と下面の間に生じる圧力差に由来する浮力がはたらく。

◀化　学▶

D　解答　(1)ア—③　イ—⑤　ウ—⑥　エ—⑤　オ—⑨　カ—⑧
キ—②　ク—②

(2)ケ—⑦　コ—③　サ—⑦　シ—④　d．$O_2 + 4H^+ + 4e^- \longrightarrow 2H_2O$

(3)ス・セ—②・⑥（順不同）　ソ・タ—④・⑤（順不同）
チ・ツ—①・⑦（順不同）　テ—⑤

━━━━━━━━━━━◀解　説▶━━━━━━━━━━━

≪窒素とその化合物，燃料電池と電気分解，金属陽イオンの反応≫

(1)　ア．窒素は 15 族に属する典型元素であり，その原子は全部で 7 個の電子をもつ。アンモニウムイオン NH_4^+ のN原子の酸化数を x とすると，H原子の酸化数が $+1$ より

$$x + 1 \times 4 = +1 \quad \therefore \quad x = -3$$

イ．単体の窒素 N_2 は工業的には液体空気の分留で得られる。N_2 は水に溶けにくい気体で，実験室では次のように亜硝酸アンモニウム水溶液を加熱して発生させ，水上置換で捕集する。

$$NH_4NO_2 \longrightarrow N_2 + 2H_2O$$

ウ・エ．オストワルト法は，次のような工程で硝酸を得る方法である。

① アンモニアの酸化

$$4NH_3 + 5O_2 \longrightarrow 4NO + 6H_2O$$

② 一酸化窒素の空気酸化

$$2NO + O_2 \longrightarrow 2NO_2$$

③ 二酸化窒素と水（温水）との反応

$$3NO_2 + H_2O \longrightarrow 2HNO_3 + NO$$

①～③の工程をまとめると次のような反応式となる。

$$NH_3 + 2O_2 \longrightarrow HNO_3 + H_2O$$

まとめた反応式より，反応させる NH_3 の物質量が $\dfrac{6.0}{17.0}$ kmol のとき，理論的に得られる HNO_3（分子量 63.0）の最大量は $\dfrac{6.0}{17.0}$ kmol であるので

$$\frac{6.0}{17.0} \times 63.0 = 22.2 \fallingdotseq 22 \,[\mathrm{kg}]$$

の硝酸が得られる。

オ．問題の濃硝酸が 1 L あるとすると，濃硝酸の質量は

$$1.380 \times 1000 = 1380 \,[\mathrm{g}]$$

である。この溶液に含まれている HNO_3 は

$$1380 \times \frac{61.0}{100} = 841.8 \,[\mathrm{g}]$$

である。よって，溶媒の水は

$$1380 - 841.8 = 538.2 \,[\mathrm{g}]$$

したがって，質量モル濃度は

$$\frac{\dfrac{841.8}{63.0}}{\dfrac{538.2}{1000}} = 24.82 \fallingdotseq 24.8 \,[\mathrm{mol/kg}]$$

カ．必要な濃硝酸の体積を $V\,[\mathrm{mL}]$ とすると

$$\frac{841.8}{63.0} \times \frac{V}{1000} = 1.00 \times 2.00$$

$$\therefore \quad V = 149.6 \fallingdotseq 150 \,[\mathrm{mL}]$$

キ．不動態になる金属は Fe，Ni，Al などである。選択肢には Al のみが与えられているので，解答は Al である。

ク．Al と Cu の合金をジュラルミンという。

(2) ケ・d．酸性の電解質を用いた燃料電池の各電極の反応は次のようになる。

　　負極：$H_2 \longrightarrow 2H^+ + 2e^-$

　　正極：$O_2 + 4H^+ + 4e^- \longrightarrow 2H_2O$

負極では酸化反応が，正極では還元反応がそれぞれ起きる。

(注)本問では固体高分子膜としか記述されていないが，文中で H^+ が移動するとあるので，酸性の電解質を使っていると判断できる。

コ．正極と負極の反応をまとめると

$$2H_2 + O_2 \longrightarrow 2H_2O \quad (電子は 4e^- 流れる)$$

のようになる。流れた電子の物質量は

$$\frac{3.00\times10^2\times10^{-3}\times(32\times60+10)}{9.65\times10^4}=6.00\times10^{-3}\,[\text{mol}]$$

化学反応式の係数比より，発生した気体の体積の合計は

$$6.00\times10^{-3}\times\frac{3}{4}\times22.4=0.1008\fallingdotseq1.01\times10^{-1}\,[\text{L}]$$

サ．流れた電子の物質量は

$$\frac{3.00\times10^2\times10^{-3}\times(16\times60+5)}{9.65\times10^4}=3.00\times10^{-3}\,[\text{mol}]$$

である。電気分解の各電極の反応式は

陽極：$2Cl^-\longrightarrow Cl_2+2e^-$

陰極：$2H_2O+2e^-\longrightarrow H_2+2OH^-$

である。pH に影響するのは陰極での反応より

$$[OH^-]=\frac{3.00\times10^{-3}}{2.00}=\frac{3}{2}\times10^{-3}\,[\text{mol/L}]$$

$$\therefore\quad pOH=3-\log_{10}3.0+\log_{10}2.0=2.82$$

したがって

$$pH=14-pOH=11.18$$

シ．複数の電池を直列につないだ場合，各電池を流れる電子の物質量は同じとなる。したがって，燃料電池の正極の反応式より，4つの燃料電池を直列につないだ場合の O_2 の体積の合計は

$$3.00\times10^{-3}\times\frac{1}{4}\times4\times22.4=6.72\times10^{-2}\,[\text{L}]$$

(3) ス・セ．ⅲ）より，炎色反応で黄緑色の炎になるのは Ba^{2+} である。ⅱ）より，ヨウ化物イオンで黄色沈殿を生じるのは Ag^+ または Pb^{2+} である。また，ⅳ）より，過剰の水酸化ナトリウム水溶液で生じた沈殿が溶解し，錯イオンとなるのは Pb^{2+} または Zn^{2+} である。ⅱ）～ⅳ）の結果より，水溶液 **A** には Ba^{2+} と Pb^{2+} が含まれていることがわかる。

ソ・タ．ⅴ）より，水溶液が有色となる金属イオンは Cu^{2+} または Fe^{3+} である。ⅶ）より，酸性下で硫化物の黒色沈殿が生じるのは，Ag^+，Cu^{2+}，Pb^{2+} であり，Pb^{2+} はすでに水溶液 **A** に入っていることがわかっているので，水溶液 **B** には Ag^+，Cu^{2+} が含まれる可能性がある。しかし，Ag^+ が含まれる場合，塩酸で沈殿が生じるはずなので，Ag^+ は入っておらず，

Cu^{2+} が含まれると決まる。ここで，沈殿を取り除いても，ろ液が有色であることから，Fe^{3+} が水溶液**B**に入っていることが確定する（硫化水素により，Fe^{3+} は Fe^{2+} となっているが，Fe^{2+} も有色である。希硝酸により，Fe^{2+} が Fe^{3+} へと戻ると淡緑色から黄褐色になり，色が変化する）。以上より，水溶液**B**には Cu^{2+} と Fe^{3+} が含まれていることがわかる。

チ・ツ．ix）より，過剰のアンモニア水で沈殿が溶解し錯イオンとなるのは Ag^+，Cu^{2+}，Zn^{2+} である。ここで，Cu^{2+} は水溶液**B**に含まれるので候補から除かれる。x）より，水酸化ナトリウム水溶液で生じた沈殿が褐色であることから Ag^+ が水溶液**C**に含まれることが確定する。ろ液に塩酸を加えたことで白色沈殿が生じたことから，錯イオンになっていたものが水酸化物の沈殿になったと考えることができ，Zn^{2+} が含まれていることがわかる（水溶液**A**，**B**，**C**に含まれていない残りの候補は Ca^{2+} と Zn^{2+} であるが，Ca^{2+} の水酸化物は沈殿しない）。以上より，水溶液**C**には Ag^+ と Zn^{2+} が含まれていることがわかる。

テ．下線部(a)の沈殿は PbI_2，下線部(b)の沈殿が $Zn(OH)_2$ より，ともに金属元素：非金属元素＝1：2 である。

E 解答

(1)ア—③　イ—⑤　ウ—⑤　エ—①　オ—③

(2)カ—⑦　キ—⑥　ク—④　ケ—⑦　コ—③

(3)サ—⑧　シ—⑤　ス—⑥　セ—⑦　ソ—⑦　タ—⑦

e．$\dfrac{a_{50}}{a_{50}+1}$

◀解　説▶

≪分子，気体の性質，希薄溶液の性質，固体の溶解度≫

(1)　ア．電気陰性度の大きい原子ほど共有電子対を強く引き寄せる。HCl では H のほうが Cl より電気陰性度が小さいため，共有電子対が Cl 原子のほうに偏り，H 原子はわずかに正の電荷を帯びる。

イ．水分子の電子式は以下のようであり，計 4 組の電子対をもつ。水分子は折れ線形で，極性分子である。

$$H \!:\! \overset{\cdot\cdot}{\underset{\cdot\cdot}{O}} \!:\! H$$

ウ・エ．メタンは正四面体形，アンモニアは三角錐形，二酸化炭素は直線

形，硫化水素は折れ線形であり，分子内の正電荷と負電荷の重心の一致するメタンと二酸化炭素は無極性分子である。反対に，アンモニアと硫化水素は極性分子である。

オ．1種類の分子からなる純物質の沸点は，同じ圧力下で比較した場合，その物質を構成する分子の分子間力が強くなるほど高くなる。分子間力の強さは水素結合＞極性分子間のファンデルワールス力＞無極性分子間のファンデルワールス力の順である。また，ファンデルワールス力は分子量が大きいほど強くなる。したがって，無極性分子どうしである Cl_2 と Br_2 の沸点の比較では，分子量の小さい Cl_2 の沸点は分子量の大きい Br_2 の沸点より低い。また，水素結合する HF の沸点は水素結合を形成しない HCl の沸点より高い。

(2)　カ．体積 V_1 のとき，水（液体）と水蒸気は 1：9 の体積比より，水蒸気の体積は $\dfrac{9}{10}V_1$ である。絶対温度 T_1，容器内の圧力 P_1（液体が存在しているので，絶対温度 T_1 での水の蒸気圧は P_1 とわかる）より，水蒸気の物質量を n_A とおくと，気体の状態方程式から

$$P_1 \times \frac{9}{10}V_1 = n_A R T_1$$

$$\therefore \quad n_A = \frac{9}{10}V_1 \times \frac{P_1}{RT_1}$$

体積 $18V_1$ のときでも同様に考える。圧力が蒸気圧の P_1 であることに注意して，水蒸気の物質量を n_B とおくと，気体の状態方程式より

$$P_1 \times \frac{199}{200} \times 18V_1 = n_B R T_1$$

$$\therefore \quad n_B = \frac{199}{200} \times 18V_1 \times \frac{P_1}{RT_1}$$

したがって，n_B は n_A の

$$\frac{n_B}{n_A} = \frac{\dfrac{199}{200} \times 18V_1 \times \dfrac{P_1}{RT_1}}{\dfrac{9}{10}V_1 \times \dfrac{P_1}{RT_1}} = \frac{199}{10} \ 倍$$

である。

キ．$n_A = \dfrac{9}{10}V_1 \times \dfrac{P_1}{RT}$ の水が蒸発するときに吸収した熱量が Q_1 であるの

で，新たに蒸発した水の物質量

$$n_B - n_A = \frac{199}{200} \times 18V_1 \times \frac{P_1}{RT_1} - \frac{9}{10}V_1 \times \frac{P_1}{RT_1}$$

$$= \frac{199 \times 18 - 9 \times 20}{200}V_1 \times \frac{P_1}{RT_1}$$

では，吸収した熱量は

$$\frac{\dfrac{199 \times 18 - 9 \times 20}{200}V_1 \times \dfrac{P_1}{RT_1}}{\dfrac{9}{10}V_1 \times \dfrac{P_1}{RT}} \times Q_1 = \frac{189}{10}Q_1$$

である。

ク．カ，キで述べている通り，蒸発熱は吸熱で，ピストンを動かす前も後も液体の水が存在しているので，圧力は蒸気圧 P_1 である。

ケ．体積が $180V_1$ 以上で体積と圧力の積が一定になったことから，体積 $180V_1$ 以上でボイルの法則が成立するようになり，全ての水が気体になったことがわかる。体積 $180V_1$ では水蒸気の圧力は蒸気圧 P_1 と一致するので，気体の状態方程式より，n_1 は

$$P_1 \times 180V_1 = n_1 RT_1$$

$$\therefore \quad n_1 = 180V_1 \times \frac{P_1}{RT_1}$$

と表せる。$n_A = \dfrac{9}{10}V_1 \times \dfrac{P_1}{RT}$ の水が蒸発するときに吸収した熱量が Q_1 であるので，n_1 の水が蒸発するときに吸収した熱量は

$$\frac{180V_1 \times \dfrac{P_1}{RT_1}}{\dfrac{9}{10}V_1 \times \dfrac{P_1}{RT}} \times Q_1 = 200Q_1$$

よって，水 $1\,\mathrm{mol}$ あたりでは，$\dfrac{200Q_1}{n_1}$ である。

コ．体積 $200V_1$ のときの水蒸気の圧力を P とすると，ボイルの法則より

$$P_1 \times 180V_1 = P \times 200V_1$$

$$\therefore \quad P = \frac{9}{10}P_1$$

(3)　サ．溶液の蒸気圧は溶媒のモル分率と純溶媒の蒸気圧の積に等しい

（ラウールの法則）から

$$\frac{\dfrac{W}{M_w}}{\dfrac{W}{M_w}+\dfrac{w_x}{M_x}}\times P_0=\frac{M_x W}{M_x W+M_w w_x}P_0〔Pa〕$$

シ．水溶液 **X** の凝固点降下度 ΔT は $\Delta T=km$（k：モル凝固点降下，m：溶液の質量モル濃度）で求められる。水溶液 **X** のデータより，水のモル凝固点降下 k を求めると

$$\Delta T=k\times\frac{\dfrac{w_x}{M_x}}{\dfrac{W}{1000}}\qquad\therefore\quad k=\frac{M_x W}{1000 w_x}\Delta T$$

となる。よって，水溶液 **Y** の凝固点降下度 $\Delta T'$〔K〕は

$$\Delta T'=\frac{M_x W}{1000 w_x}\Delta T\times\frac{\dfrac{w_y}{M_y}}{\dfrac{W}{1000}}=\frac{M_x w_y}{M_y w_x}\Delta T〔K〕$$

ス．希薄溶液の性質は，蒸気圧降下，沸点上昇，凝固点降下である。

e．1g の飽和 KCl 水溶液に溶解している KCl を x〔g〕とすると，溶質の質量と溶液の質量とのあいだに，次の関係が成立する。

$$\frac{x}{1}=\frac{a_{50}}{1+a_{50}}$$

$$\therefore\quad x=\frac{a_{50}}{a_{50}+1}〔g〕$$

セ．1g の飽和 KCl 水溶液の温度を 50℃ から 20℃ に下げたときの析出量を y〔g〕とすると，析出量と溶液の質量とのあいだに，次の関係が成立する。

$$\frac{y}{1}=\frac{a_{50}-a_{20}}{1+a_{50}}$$

$$\therefore\quad y=\frac{a_{50}-a_{20}}{a_{50}+1}〔g〕$$

ソ．温度が高いほど KCl の溶解は進行するので，ルシャトリエの原理に基づくと，KCl の溶解は吸熱を伴うことがわかる。

タ．1g の飽和 $CuSO_4$ 水溶液に溶解している $CuSO_4$ を w〔g〕とすると，

溶質の質量と溶液の質量とのあいだに，次の関係が成立する。

$$\frac{w}{1} = \frac{b_{50}}{1 + b_{50}}$$

$$\therefore \quad w = \frac{b_{50}}{b_{50}+1}\,[\,g\,]$$

温度の低下により析出する $CuSO_4 \cdot 5H_2O$（$CuSO_4 = 160$，$CuSO_4 \cdot 5H_2O = 250$）の質量を $z\,[\,g\,]$ とすると，溶質の質量と溶液の質量とのあいだに，次の関係が成立する。

$$\frac{1 \times \dfrac{b_{50}}{b_{50}+1} - z \times \dfrac{160}{250}}{1 - z} = \frac{b_{20}}{1 + b_{20}}$$

$$\therefore \quad z = \frac{25(b_{50} - b_{20})}{(16 - 9b_{20})(b_{50}+1)}\,[\,g\,]$$

F 解答 (1)アー⑤ イー③ ウー⑨ エー⑦ オー⑦
(2)カー② キー③ クー⑤ ケー⑤ コー⑥
(3)サー② シー⑦ スー② セー⑨ ソー② ター③

f. （構造式）$C=CH_2$

◀解 説▶

≪天然有機化合物，アセチレンとその誘導体，合成高分子化合物，芳香族炭化水素の構造決定≫

(1) ア．シクロプロパンとプロペンはどちらも分子式 C_3H_6 で表される化合物で，構造異性体の関係にある。

イ．ベンゼン環の炭素原子にヒドロキシ基が直接結合した構造をもつ芳香族化合物を総称してフェノール類という。フェノール類は塩化鉄(Ⅲ)水溶液を加えると青～赤紫色を呈する。分子式 C_7H_8O で表されるフェノール類は，次の3種類ある。

（構造式 OH, CH₃ の3種類）

ウ. グリシン（G），アラニン（A），メチオニン（M）が同じ種類の分子間または異なる種類の分子間で脱水縮合して生じる鎖状のトリペプチドは，立体異性体を考慮しないと，次の 27 通りある。

① 同じアミノ酸でトリペプチドをつくる場合

G–G–G，A–A–A，M–M–M の 3 通り。

② 2 つの同じアミノ酸と 1 つの異なるアミノ酸でトリペプチドをつくる場合

アミノ酸の組合せは，(G×2，A)，(G×2，M)，(A×2，G)，(A×2，M)，(M×2，G)，(M×2，A) の 6 通り。

(G×2，A) では G–G–A，G–A–G，A–G–G の 3 通りあり，他の組合せも同様なので，合計で 6×3＝18 通り。

③ 3 つの異なるアミノ酸でトリペプチドをつくる場合

G，A，M の順列は　3!＝6 通り

①，②，③の合計は 27 通りとなる。

エ. ゴムノキの樹液はラテックスという。

オ. アルコール発酵の反応式 $C_6H_{12}O_6 \longrightarrow 2CH_3CH_2OH + 2CO_2$ より，エタノール（分子量 46）$\dfrac{23.0}{46} = 0.500$〔mol〕を得るには，グルコース（分子量 180）は

$$\frac{0.500}{2} \times 180 = 45 \text{〔g〕}$$

必要である。

(2) カ. アルキンは一般式 C_nH_{2n-2} で表される脂肪族化合物である。炭素数 3 のアルキンには $HC{\equiv}C–CH_3$ の 1 通りの構造しかない。炭素間の結合距離は，単結合＞二重結合＞三重結合の順に短くなる。

キ. アンモニア性硝酸銀水溶液にアセチレンを通じると，銀アセチリド $AgC{\equiv}CAg$ の白色沈殿が生じる。

ク. アセチレンに 1 分子の水を付加させると，ビニルアルコールを生じたのち，異性化してアセトアルデヒドへと変わる。工業的には，アセトアルデヒドは塩化パラジウム（Ⅱ）と塩化銅（Ⅱ）を触媒としてエチレンを酸素と反応させて製造している。

ケ. アセチレンに 1 分子のシアン化水素 HCN を作用させると，次に示す

ようなアクリロニトリルが得られる。

$$\begin{array}{c} H \\ H \end{array} C = C \begin{array}{c} H \\ CN \end{array}$$

コ．1mol の共重合体中のアクリロニトリル（分子量 53）と塩化ビニル（分子量 62）をそれぞれ x〔mol〕，y〔mol〕とする。付加重合で合成される共重合体の質量は単量体の質量の合計と等しいので

$$53x + 62y = 1.0 \times 10^5 \quad \cdots\cdots ①$$

共重合体における塩素の質量パーセントより

$$\frac{35y}{1.0 \times 10^5} \times 100 = 14 \quad \cdots\cdots ②$$

①，②より　　$y = 400$，$x = 1.418 \times 10^3 \fallingdotseq 1.42 \times 10^3$

したがって，窒素の質量パーセントは

$$\frac{14x}{1.0 \times 10^5} \times 100 = \frac{14 \times 1.42 \times 10^3}{1.0 \times 10^5} \times 100 = 19.8 \fallingdotseq 20 〔\%〕$$

(3)　サ．記述ⅰ)のデータを用いて元素分析を行う。45mg の芳香族炭化水素 **A** 中の炭素の質量は，生じた二酸化炭素（分子量 44）の質量が 154 mg であることより

$$154 \times \frac{12}{44} = 42 〔mg〕$$

水素の質量は，生じた水（分子量 18）の質量が 27 mg であることより

$$27 \times \frac{2}{18} = 3.0 〔mg〕$$

である。したがって，**A** の組成式は

$$C : H = \frac{42}{12} : \frac{3.0}{1} = 7 : 6$$

より，C_7H_6 である。**A** は分子内にベンゼン環を 2 つもち，選択肢の候補を参考にすると，分子式は $C_{14}H_{12}$ である。

シ．芳香族化合物に濃硝酸と濃硫酸の混合物（混酸）を作用させるとニトロ化が起き，ベンゼン環の H 原子がニトロ基 $-NO_2$ に置換される。

ス．**G** はエチルベンゼンを過マンガン酸カリウムで酸化させた化合物と同じである。ベンゼン環に直接ついた炭化水素基は酸化されるとカルボキシ基へと変化するので，**G** は安息香酸である。

セ．ナトリウムフェノキシドは，ベンゼンスルホン酸ナトリウムのアルカリ融解で合成できる。

ソ・タ・f．$C_{14}H_{12}$ の不飽和度（炭素間二重結合や環状構造の数の和）は

$$\frac{14 \times 2 + 2 - 12}{2} = 9$$

であり，ベンゼン環の不飽和度は 4 であることから，2 つのベンゼン環以外の不飽和度は $9 - 4 \times 2 = 1$ である。**A**，**B**，**C** のそれぞれ 1.0 mol に対し，1.0 mol の水素分子が付加することから炭素間二重結合を 1 つもち，それ以外のベンゼン環以外の二重結合や環状構造はもたないことがわかる。また，2 つのベンゼン環がナフタレンのようにつながった構造はもたない。$C_{14}H_{12}$ でこのような構造をもつ化合物は，立体異性体を区別すると次の 6 通りである。

B に水素を付加して生成した **E** のベンゼン環をニトロ化した化合物は不斉炭素原子をもつので，条件にあうのは次のような場合である。

(ニトロ化した化合物はひとつの例)

したがって，**B** の構造は

である。**C**に水素を付加して生成した**F**を過マンガン酸カリウムで酸化して生成した**H**は 2 つのベンゼン環をもつことから，**C**は 2 つのベンゼン環が単結合で連結した構造をもつ次のうちのどれかである。

この 3 つの化合物を水素化した化合物のベンゼン環に結合した水素原子の 1 つをニトロ基に置換すると，どれも 4 つ以上の構造異性体が得られる。したがって，**C**の候補は最大 3 個である。よって，**A**の候補の最大数は残りの次の 2 個となる。

❖講　評

　化学と物理を合わせて 6 題の中から 3 題を選んで解答する形式は例年通り。2023 年度は理論・無機の融合問題が 1 題，理論化学 1 題，有機化学 1 題が出題された。一部にやや思考力を要する問題が見られたが，標準的な良問が多く，日頃の学習の成果が試される問題であった。

　D　(1)窒素とその化合物に関する問題。基礎知識が問われている。(2)燃料電池と電気分解の問題。基本的であるが，燃料電池 4 つを直列に接続した操作の部分の処理で差がつきやすい。(3)金属陽イオンの問題。単純な系統分離の問題ではなく，実験から陽イオンを推定する問題で，取り組みにくいと思った受験生が多かったと思われる。

　E　(1)分子に関する問題。基本的であり落とせない。(2)気体に関する問題。問題文から条件をていねいに読み取る必要があり，やや難しい。(3)溶液の性質の問題。数値計算であれば標準的な問題だが，文字式ばか

りで解答するため煩雑になり，苦戦した受験生が多かったと思われる。

F （1）天然有機化合物を含む有機の小問集合。基本的である。（2）アセチレンをテーマとした問題。知識問題ばかりだが，最後の共重合体の問題はやや難しい。（3）芳香族炭化水素の構造決定に関する問題。２つのベンゼン環がナフタレンのようにつながった構造はもたないが，ベンゼン環が２つある芳香族炭化水素の問題は目新しく，思考力を要する問題であった。ベンゼン環２つが単結合でつながっているケースに気づけたかどうかがポイントである。

2022
年度

問題と解答

■学部別入試

問題編

▶試験科目・配点

教　科	科　　　　　　目	配　点
外国語	「コミュニケーション英語Ⅰ・Ⅱ・Ⅲ，英語表現Ⅰ・Ⅱ」，ドイツ語（省略），フランス語（省略）から1科目選択	120 点
数　学	数学Ⅰ・Ⅱ・Ⅲ・A・B	120 点
理　科	「物理基礎・物理」，「化学基礎・化学」から各3題，計6題出題し，そのうち任意の3題選択	120 点

▶備　考

「数学B」は「数列・ベクトル」から出題する。

■英語■

（60 分）

以下の英文は，アフリカ南部のジンバブエ共和国に暮らす少年と，アメリカ合衆国の少女とのあいだで交わされた文通をめぐる実話である。これを読んで問に答えなさい。

Mrs. Jarai entered our classroom, smiling.

"Class, I have pen pal letters from America!" she said in a chipper voice.　It was mid-October and toward the end of our school year, so this was a welcome surprise.

Everyone started chattering — we all knew and loved America.　It was the land of Coca-Cola and the WWF, World Wrestling Federation注1.　Kids with money would Xerox注2 different wrestling photos from American magazines they found in town, and then sell them to other students.　It was very popular to have an eight-

by-ten black-and-white copy of Hulk Hogan注3 — he was considered a god in Zimbabwe.　My older brother, Nation, managed to get one somehow, and we hung it on our wall at home, using bubble gum as tape.　It was a status thing.　"Do you have Hulk Hogan?　Or Macho Man?"　This was my view of America — men with

big muscles who wore skullcaps and knee-high boots and made lots of money.　The big life!　I wanted to know what kids my age were like in this faraway country.

[...]

Mrs. Jarai handed me the first letter and asked me to read it out loud.　We learned English in school — Zimbabwe used to be a British colony — but I spoke Shona注4 with my family and friends.　Mutare, where I lived, was 99 percent Shona. I knew how to speak English but used it only in this class, so the words felt funny in my mouth.　I tried to mimic the voices I had heard on the radio and television:

high-pitched and nasally.

　"*Hello, my name is Caitlin*," I began.　It was such a strange name that everyone laughed.　I had never heard of Pennsylvania, and had a difficult time 4 it.　But then I got to the part where she listed the sports she played and smiled: We had something in common.　I played soccer daily with my friends but had never heard of field hockey and was not sure how to say the word.

　"*Field hooky*," I tried.

　"HAH-kee," Mrs. Jarai corrected me before I continued.

　"*I also really like the Spice Girls*注5*.　Do you know them?　Baby Spice is my favorite.*"

　Someone sang "*If you want to be my lover!*" and everyone laughed, 6 our teacher.　The Spice Girls were very popular in Zimbabwe.

　"*What is life like in Zimbabwe?　I hope you write me back!　Sincerely, Caitlin Stoicsitz.*"

　The class burst out in laughter again as I tried to pronounce her last name.

　Mrs. Jarai just shook her head, smiled, and said, "I cannot help you with that one!"

　Mrs. Jarai told those of us who had gotten letters to <u>craft a response</u> and bring it back the following day.　I always loved homework, but this felt more important than any regular school <u>assignment</u>: I had a new friend.　In America.

[...]

　Mrs. Jarai was smiling again.　As everyone took a 8 , I could see she was holding a very festive and colorful letter in her hand.

　"We have our first response," Mrs. Jarai announced, handing the letter to me. A row of hearts and stars framed my name and address, each perfectly drawn in different colors — a rainbow of blue, red, yellow, green, and orange.　I opened it immediately, careful not to rip <u>the excellent artwork</u>, as my desk mates leaned in for a closer look.

　When I unfolded the letter, a small snapshot fell onto my desk.

　I could not believe my pen pal would send me something so precious.　Photos are very rare and quite 　10　 in Zimbabwe.

　　I picked up her photo off my desk and was struck by how sweet Caitlin looked, like an angel.　Her hair was so blond, it looked like gold.

　　By then, other students were gathered around my desk, wanting to have a look.

　　I handed ① could / ② she / ③ the photo / ④ up for / ⑤ so / ⑥ to Mrs. Jarai / ⑦ hold it everyone to see, and quickly scanned her letter.　My heart was racing as I read each sentence.　Caitlin wrote about her hobbies and wanted to know mine.　And then she asked about the climate in Zimbabwe.　I was already thinking of how I would respond, when Mrs. Jarai returned the photo to me.　That's when I saw that Caitlin had written a note on its back.　She wanted my photo in return.

　　My heart went 　13−あ　 sprinting 　13−い　 a standstill.　This request was difficult, if not impossible.　It worried me through all of my classes that day and all the way home, too.　I did not know anyone who owned a camera.　The only way to get a photo was to hire a professional photographer to come to your house.　That cost a lot of money.

　　I wondered if this was the same in America.　Caitlin's picture looked very professional.　I couldn't even tell where it was taken — somewhere inside?　The background was sky blue, like her shirt.　I was so touched that Caitlin would send me something so special, and I wanted to return the favor — but wasn't sure how. And that was not my only worry.

　　As I was leaving class, Mrs. Jarai said, "Martin, I'm so happy that your pen pal has written again, but the school does not have the funds to send letters for you anymore.　I hope your parents will help you keep up this important correspondence."

　　I understood — stamps were expensive in Zimbabwe.　But so were bread, tea, and milk, and many other things we used to eat regularly that were now rare treats. Inflation was continuing to rise, which meant my father's paycheck bought less and less food.　How could I possibly ask for a photograph to be taken, as 　18　 as stamps, when we had not eaten bread in more than a month? Since food had gotten noticeably more expensive, my mother started sending me to pick up my father's paycheck every two weeks before he had a chance to spend it on Chibuku, a popular alcoholic beverage made from sorghum or maize注6. It came in a carton that you shake before you drink to mix the citrusy sediment that settles on the bottom. My father preferred beer, but Chibuku was cheaper and had the same effect. And he liked to have a good time, especially at the end of a long workweek. So my job was to collect his pay before he had a chance to celebrate. After my mother used it to buy food and pay our rent and utilities, there was no money for breakfast tea, let alone alcohol.

[…]

That night, before I went to sleep, I pinned Caitlin's photo on the wall beside the poster of Hulk Hogan.

The next morning, I woke to see Caitlin smiling │ 20 │ on me. As happy as I was to have her photo there, I was also deeply concerned. I wanted to send her a photo of me as she requested. But how? Hiring a photographer cost the same as a week's worth of mealie meal, the cornmeal used to make sadza注7. I wrestled with different ideas for a week or so │ 21 │ I finally shared my dilemma with my mother.

Her eyes lit up.

"Martin, do you remember winning the award at school?" she asked.

Two years prior, I had scored the highest on a national placement test in my school. Everyone in Zimbabwe took this test at the end of primary school. At our graduation ceremony, the headmaster announced that my score was the highest not only in our school but in all of Mutare. There was a collective gasp in the audience, followed by an applause that thundered in my bones.

I was proud, but my father was even more so. He seemed to grow │ 23 │ inch that afternoon, walking around with his chest puffed out, his smile brighter and bigger than usual. He was so pleased that he asked the photographer who had come to the ceremony to take our photo. In it, I'm wearing my school uniform.   My father is standing to my right and Nation is to my left, holding the certificate rolled up like a baton.   They are both smiling, but I am looking very serious and staring straight at the camera.   I had never had my photo taken before or since.   To be honest, I was a little nervous.   But when we got the photo back, I understood how special it was.   The photo actually captured a very happy moment in my life and froze it forever.

"Send her that," my mother said.
24
"Really?" I asked.

It was the only photo that we owned.

Instead of answering, she got the box where she kept all my report cards and certificates to get the photo.   She also handed me money for   25   .

"Your friend is waiting to hear from you," my mother said.

(出典 Caitlin Alifirenka, Martin Ganda. *I Will Always Write Back: How One Letter Changed Two Lives*. 2015)

注1 World Wrestling Federation　アメリカのプロレス団体

注2 Xerox　会社名に由来する「コピーをとる」という意味の動詞

注3 Hulk Hogan　アメリカ人のプロレスラー

注4 Shona　ジンバブエの公用語のひとつ

注5 Spice Girls　イギリスのアイドルグループ

注6 sorghum or maize　トウモロコシなどの穀物

注7 sadza　トウモロコシ粉で作る主食

A．下線部 **A** を本文中の英単語1語で言い換えなさい。

B．下線部 **B** を和訳し，解答欄に書きなさい。

C. 下線部 C を和訳し，解答欄に書きなさい。

D. つぎの文を英訳し，解答欄に書きなさい。

　　生き延びるための唯一の方法は，その国から脱出することだった。

1. 下線部 1 が指し示すものとして，文脈上もっとも適切なものを次の中から 1 つ
　選び，解答欄の該当する番号をマークしなさい。
　① 飲料会社とプロレス団体　　　　② 自分のクラスの仲間
　③ 金持ちの子どもたち　　　　　　④ レスラーの写真のコピー
　⑤ アメリカから輸入された雑誌

2. 下線部 2 の内容として，文脈上もっとも適切なものを次の中から 1 つ選び，解
　答欄の該当する番号をマークしなさい。
　① 腕力がものをいう弱肉強食の国
　② スター選手のいる成功の機会に恵まれた国
　③ 奇抜な服装が流行している最先端の国
　④ 体の大きな人間ばかりが得をする不平等な国
　⑤ 宣伝ばかり大げさで薄っぺらな国

3. 下線部 3 で，なぜ「私」はこのような行動をとったのか。文脈上もっとも適切な
　ものを次の中から 1 つ選び，解答欄の該当する番号をマークしなさい。
　① 授業では必ずそうするように決まっていたから
　② この地域では英語の得意な芸能人が多いから
　③ アメリカの文通相手を笑わせたいから
　④ イギリスのラジオが大好きだから
　⑤ 英語を母語とする人のような発音をしたいから

4. 空欄 [　4　] に入れるのに，文脈上もっとも適切なものを次の中から1つ選び，解答欄の該当する番号をマークしなさい。

① memorizing　　　② spelling　　　③ pronouncing

④ typing　　　　　⑤ visualizing

5. 下線部5について，誰がどのような理由で微笑んだのか。文脈上もっとも適切なものを次の中から1つ選び，解答欄の該当する番号をマークしなさい。

① Caitlin が，Martin のスポーツする姿を想像して微笑んだ。

② Caitlin が，英語の手紙を読み上げる Martin に感心して微笑んだ。

③ Martin が，Caitlin のつづり間違いに気づいて微笑んだ。

④ Martin が，自分と Caitlin の共通点を発見して微笑んだ。

⑤ クラスメイトが，Caitlin の手紙を音読する Martin の姿に微笑んだ。

6. 空欄 [　6　] に入れるのに，文脈上もっとも適切なものを次の中から1つ選び，解答欄の該当する番号をマークしなさい。

① rather than　　　② thanks to　　　③ including

④ regarding　　　　⑤ according to

7. 下線部7の言い換えとして，文脈上もっとも適切なものを次の中から1つ選び，解答欄の該当する番号をマークしなさい。

① write a reply　　　　　② express a sentiment

③ leave a message　　　　④ deliver a speech

⑤ make a note

8. 空欄 [　8　] に入れるのに，文脈上もっとも適切なものを次の中から1つ選び，解答欄の該当する番号をマークしなさい。

① walk　　　　② chance　　　③ picture

④ bath　　　　⑤ seat

9. 下線部 9 の内容として，文脈上もっとも適切なものを次の中から 1 つ選び，解
答欄の該当する番号をマークしなさい。

①　ハートや星のマークが描かれた絵葉書

②　ハートや星のマークで囲まれた宛名

③　ハートや星のマークからなる虹の絵

④　ハートや星のマークが描かれた切手

⑤　ハートや星のマークが印刷された封筒

10.　空欄　　10　　に入れるのに，文脈上もっとも適切なものを次の中から 1 つ選
び，解答欄の該当する番号をマークしなさい。

①　expensive　　　　　②　useful　　　　　　③　fragile

④　popular　　　　　　⑤　cool

11.　下線部 11 の語群を，文脈上もっとも適切な順番に並べ替え，2 番目と 6 番目
にあたる番号を解答欄 1 列につき 1 つずつマークしなさい。

12.　下線部 12 の内容として，文脈上もっとも適切なものを次の中から 1 つ選び，
解答欄の該当する番号をマークしなさい。

①　Caitlin の連絡先　　　　　　　②　Caitlin からのメッセージ

③　Caitlin の備忘録　　　　　　　④　Caitlin の悩み事

⑤　Caitlin のサイン

13.　空欄　13 – あ　　　13 – い　　に入れるのに，文脈上もっとも適切な組み合わせを
次の中から 1 つ選び，解答欄の該当する番号をマークしなさい。

①　not / but　　　　　②　both / and　　　　　③　from / to

④　too / at　　　　　　⑤　as / as

14. 下線部 14 について，「私」がこのように強調する理由として，もっとも適切な
    ものを次の中から 1 つ選び，解答欄の該当する番号をマークしなさい。
    ① 彼女の表情がとても緊張していたから
    ② 背景に手がかりとなるものが写っていなかったから
    ③ 服装がとても高価そうだったから
    ④ 空の色がジンバブエの空とそっくりだったから
    ⑤ 写真に記された地名を読みとることができなかったから

15. 下線部 15 の内容として，文脈上もっとも適切なものを次の中から 1 つ選び，
    解答欄の該当する番号をマークしなさい。
    ① 郵送代を正しく計算する方法
    ② もらった写真を送り返す方法
    ③ きちんとした礼状を書く方法
    ④ 自分の写真を用意する方法
    ⑤ 喜びを上手に表現する方法

16. 下線部 16 の意味として，文脈上もっとも適切なものを次の中から 1 つ選び，
    解答欄の該当する番号をマークしなさい。
    ① money that you earn from keeping your money in an account in a bank
    ② money in the form of notes and coins
    ③ money that is stored electronically on a computer
    ④ money needed or available to spend on something
    ⑤ money that is charged by a bank for borrowing money

17. 下線部 17 の意味として，文脈上もっとも適切なものを次の中から 1 つ選び，
    解答欄の該当する番号をマークしなさい。
    ① exchange of letters   ② long-distance friendship
    ③ different opinion   ④ good conversation
    ⑤ written contract

18. 空欄 　18　 に入れるのに，文脈上もっとも適切なものを次の中から 1 つ選
　び，解答欄の該当する番号をマークしなさい。

　① rare　　　　　　　② high　　　　　　　③ well

　④ much　　　　　　　⑤ good

19. 下線部 19 の説明として，文脈上もっとも適切なものを次の中から 1 つ選び，
　解答欄の該当する番号をマークしなさい。

　① 副業として父が販売しているアルコール飲料

　② ジンバブエでは高値で売られているアルコール飲料

　③ 沈殿物があるのでよく振ってから飲むアルコール飲料

　④ ビールのようには酔えないものの，とても安価なアルコール飲料

　⑤ 勤務中に父がこっそり飲んでいるアルコール飲料

20. 空欄 　20　 に入れるのに，文脈上もっとも適切なものを次の中から 1 つ選
　び，解答欄の該当する番号をマークしなさい。

　① away　　　　　　　② out　　　　　　　③ against

　④ down　　　　　　　⑤ up

21. 空欄 　21　 に入れるのに，文脈上もっとも適切なものを次の中から 1 つ選
　び，解答欄の該当する番号をマークしなさい。

　① unless　　　　　　② before　　　　　　③ if

　④ because　　　　　　⑤ after

22. 下線部 22 の内容として，文脈上もっとも適切なものを次の中から 1 つ選び，
　解答欄の該当する番号をマークしなさい。

　① 歓声が沸き起こったあと，会場は水を打ったように静まり返った。

　② 会場全体が息をのんだあと，割れんばかりの拍手が起こった。

　③ 驚きの声が上がったかと思うと，会場は爆笑に包まれた。

　④ 激しい雷雨が過ぎ去り，参加者全員が安堵の息をついた。

　⑤ 緊張に包まれていた会場は，ほどなくしてなごやかな雰囲気に変わった。

23. 空欄 [23] に入れるのに，文脈上もっとも適切なものを次の中から 1 つ選
　　び，解答欄の該当する番号をマークしなさい。

　　① per　　　　　　　　② no　　　　　　　　③ any

　　④ every　　　　　　　⑤ another

24. 下線部 24 の内容として，文脈上もっとも適切なものを次の中から 1 つ選び，
　　解答欄の該当する番号をマークしなさい。

　　① 全国テストの成績表　　　　　② 卒業証書のコピー

　　③ 父と兄の肖像画　　　　　　　④ 唯一の記念写真

　　⑤ Caitlin への返信

25. 空欄 [25] に入れるのに，文脈上もっとも適切なものを次の中から 1 つ選
　　び，解答欄の該当する番号をマークしなさい。

　　① a while　　　　　　② the photographer　　③ our rent

　　④ stamps　　　　　　⑤ good

26. 以下の文には，本文の内容に**合致するもの**が 1 つある。次の中から選び，解答
　　欄の該当する番号をマークしなさい。

　　① Martin は，以前，Hulk Hogan のような文通相手を夢見ていた。

　　② ジンバブエの物価は，Martin が子どもの頃に比べて高くなった。

　　③ Caitlin は，ジンバブエの文化よりも自然について知りたがっている。

　　④ Martin の母は，Caitlin に息子の優秀さを自慢したがっている。

　　⑤ Mrs. Jarai は，ジンバブエの現実を Caitlin に教えたくないと思っている。

数学

(90 分)

〔 I 〕　　次の ア から ニ にあてはまる 0 から 9 までの数字を，解答用紙の所定の欄にマークせよ。 ウエオ は 3 桁の数，カキ ，クケ ，シス は 2 桁の数である。また，ツ と ツ には同じものがあてはまる。なお，分数は既約分数にすること。

(1)　$f(x) = (x + 2)(x - 1)^{10}$ とし，この式を展開して

$$f(x) = a_0 + a_1 x + a_2 x^2 + \cdots + a_{11} x^{11}$$

と表す。ただし，$a_0, a_1, \cdots, a_{11}$ は定数である。

(a)　多項式 $f(x)$ を $x - 2$ で割ったときの余りは ア である。

(b)　$a_{10} = -$ イ である。

(c)　$a_0 + a_2 + a_4 + a_6 + a_8 + a_{10} =$ ウエオ である。

(d)　$f(i) =$ カキ $-$ クケ i である。ただし，i は虚数単位である。

(2)　座標平面上の曲線 $x^2 + 2xy + 2y^2 = 5$ を C とする。

(a)　直線 $2x + y = t$ が曲線 C と共有点をもつとき，実数 t のとり得る値の範囲は $-$ コ $\leqq t \leqq$ サ である。

(b)　直線 $2x + y = t$ が曲線 C と $x \geqq 0$ の範囲で共有点を少なくとも 1 個もつとき，実数 t のとり得る値の範囲は

$$-\frac{1}{2}\sqrt{シス} \leqq t \leqq セ $$

である。

(3)　$f(x) = (\log x)^2 + 2\log x + 3$ として，座標平面上の曲線 $y = f(x)$ を C とする。ただし，$\log x$ は x の自然対数を表し，e を自然対数の底とする。

(a)　関数 $f(x)$ は，$x = \dfrac{\boxed{\text{ソ}}}{e}$ のとき最小値 $\boxed{\text{タ}}$ をとる。

(b)　曲線 C の変曲点の座標は $\left(\boxed{\text{チ}} , \boxed{\text{ツ}} \right)$ である。

(c)　直線 $y = \boxed{\text{ツ}}$ と曲線 C で囲まれた図形の面積は $\dfrac{\boxed{\text{テ}}}{e^2}$ である。

(d)　a を実数とする。曲線 C の接線で，点 $(0, a)$ を通るものがちょうど 1 本あるとき，a の値は $\boxed{\text{ト}}$ である。

(e)　b を実数とする。曲線 C の 2 本の接線が点 $(0, b)$ で垂直に交わるとき，b の値は $\dfrac{\boxed{\text{ナ}}}{\boxed{\text{ニ}}}$ である。

〔 II 〕　次の $\boxed{\text{あ}}$ から $\boxed{\text{か}}$ にあてはまる数や式を解答用紙の所定の欄に記入せよ。途中経過を記入する必要はない。また，$\boxed{\text{え}}$ と $\boxed{\text{え}}$ には同じものがあてはまる。

　　　平面上の長さ 3 の線分 AB 上に，$\text{AP} = t \ (0 < t < 3)$ を満たす点 P をとる。中心を O とする半径 1 の円 O が，線分 AB と点 P で接しているとする。$\alpha = \angle\text{OAB}$，$\beta = \angle\text{OBA}$ とおく。$\tan\alpha$, $\tan\beta$, $\tan(\alpha + \beta)$ を t で表すと $\tan\alpha = \boxed{\text{あ}}$，$\tan\beta = \boxed{\text{い}}$，$\tan(\alpha + \beta) = \boxed{\text{う}}$ である。$0 < \alpha + \beta < \dfrac{\pi}{2}$ であるような t の範囲は $\boxed{\text{え}}$ である。

　　　t は $\boxed{\text{え}}$ の範囲にあるとする。点 A，B から円 O に引いた接線の接点のうち，P でないものをそれぞれ Q，R とすると，$\angle\text{QAB} + \angle\text{RBA} < \pi$ である。したがって，線分 AQ の Q の方への延長と線分 BR の R の方への延長は交わり，その交点を C とすると，円 O は三角形 ABC の内接円である。

このとき，線分 CQ の長さを t で表すと CQ = | お | である。また，t が | え | の範囲を動くとき，三角形 ABC の面積 S のとり得る値の範囲は | か | である。

〔 III 〕　次の | き | から | せ | にあてはまる数や式を解答用紙の所定の欄に記入せよ。途中経過を記入する必要はない。

右の図のような 6 つの平行四辺形で囲まれた平行六面体 OABC–DEFG において，すべての辺の長さは 1 であり，$\overrightarrow{OA}$, $\overrightarrow{OC}$, $\overrightarrow{OD}$ のどの 2 つのなす角も $\dfrac{\pi}{3}$ であるとする。

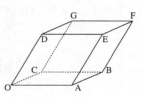

(1)　$\overrightarrow{OF}$ を $\overrightarrow{OA}$, $\overrightarrow{OC}$, $\overrightarrow{OD}$ を用いて表すと，$\overrightarrow{OF}$ = | き | である。

(2)　$|\overrightarrow{OF}|$, $\cos\angle AOF$ を求めると，$|\overrightarrow{OF}|$ = | く | , $\cos\angle AOF$ = | け | となる。

(3)　三角形 ACD を底面とする三角錐 OACD を，直線 OF のまわりに 1 回転してできる円錐の体積は | こ | である。

(4)　対角線 OF 上に点 P をとり，$|\overrightarrow{OP}| = t$ とおく。点 P を通り，$\overrightarrow{OF}$ に垂直な平面を H とする。平行六面体 OABC–DEFG を平面 H で切ったときの断面が六角形となるような t の範囲は | さ | である。このとき，平面 H と辺 AE の交点を点 Q として，$|\overrightarrow{AQ}|$ を t の式で表すと $|\overrightarrow{AQ}|$ = | し | である。また，$|\overrightarrow{PQ}|^2$ を t の式で表すと

$$|\overrightarrow{PQ}|^2 = |\overrightarrow{OQ}|^2 - |\overrightarrow{OP}|^2 = \boxed{\text{す}}$$

である。

(5)　平行六面体 OABC–DEFG を，直線 OF のまわりに 1 回転してできる回転体の体積は | せ | である。

理科

（80分）

物理3題（A，B，C），化学3題（D，E，F）の合計6題が出題されています。この6題のうちから3題を任意に選択して解答しなさい。4題以上解答した場合には，すべての解答が無効になります。

▶▶▶ 物　理 ◀◀◀

〔A〕　次の文中の　ア　～　ケ　に最も適するものをそれぞれの解答群から一つ選び，解答用紙の所定の欄にその記号をマークせよ。

　　図のように水平な床の上を動く質量 M の台と，台の上を水平に動く質量 m の小物体があり，それらの運動を x 軸を水平右向きにとって考える。台と小物体は紙面内で運動する。小物体と台の左右の壁との衝突の反発係数（はねかえり係数）は e（$0 < e < 1$）であり，M，m，e の間には $m < eM$ が成り立つ。台の左右の壁の間の距離は L であり，小物体の大きさは無視できるほど小さい。また，台は床の上をなめらかに滑ることができ，空気抵抗は無視できる。はじめ小物体は台の左の壁に接しており，小物体と台はともに原点（$x = 0$）に静止していた。ただし台の位置座標は，はじめ小物体と接している点の座標とする。この状態から時刻 $t = 0$ に小物体にだけ正の初速度 v_0 を与えた。

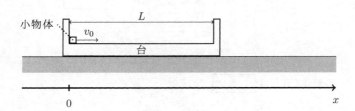

(1)　小物体が台の上をなめらかに滑ることができる場合を考える。

　　　時刻 $t = 0$ に小物体に初速度 v_0 を与えたあと，時刻 t_1 に小物体が台に 1 回目の衝突をした。1 回目の衝突直後から 2 回目の衝突が起こる直前までの台の速度は　ア　，小物体の速度は　イ　である。また，2 回目の衝突が起こる時刻は $t_2 =$　ウ　$\times \dfrac{L}{v_0}$ である。ここで時刻 t_3 に 3 回目の衝突が起こるまでの台，小物体の位置 x と時刻 t の関係を表す図について考えよう。たとえば $\dfrac{m}{M} = 0.3$，$e = 0.6$ としたときの図は　エ　である。

(2)　台と小物体の間に摩擦力がはたらく場合を考える。

　　　台と小物体の間の動摩擦係数を μ'，重力加速度の大きさを g とする。時刻 $t = 0$ に小物体に初速度 v_0 を与えたあと，小物体は台の壁に一度も衝突することなく台に対して距離 l だけ滑り，台に対する相対速度が 0 になった。この瞬間の小物体の速度は　オ　，位置は $x = d$ であり，その時刻は　カ　$\times \dfrac{v_0}{\mu' g}$ であった。この過程において摩擦力が台に対してした仕事は　キ　であり，また，$l =$　ク　$\times \dfrac{v_0{}^2}{2\mu' g}$，$d =$　ケ　$\times \dfrac{v_0{}^2}{2\mu' g}$ である。

　　ア　の解答群

①　$\dfrac{(1+e)m}{m+M}v_0$　　　②　$-\dfrac{(1+e)m}{m+M}v_0$　　　③　$\dfrac{(1-e)m}{m+M}v_0$　　　④　$\dfrac{(e-1)m}{m+M}v_0$

⑤　$\dfrac{(1+e)m}{M-m}v_0$　　　⑥　$\dfrac{(1+e)m}{m-M}v_0$　　　⑦　$\dfrac{(1-e)m}{M-m}v_0$　　　⑧　$\dfrac{(e-1)m}{M-m}v_0$

　　イ　の解答群

①　$\dfrac{m+eM}{m+M}v_0$　　　②　$-\dfrac{m+eM}{m+M}v_0$　　　③　$\dfrac{m-eM}{m+M}v_0$　　　④　$\dfrac{eM-m}{m+M}v_0$

⑤　$\dfrac{m+eM}{M-m}v_0$　　　⑥　$\dfrac{m-eM}{M-m}v_0$　　　⑦　$\dfrac{m-eM}{m-M}v_0$　　　⑧　$\dfrac{m+eM}{m-M}v_0$

ウ の解答群

① $\dfrac{1+e}{e}$ 　　② $\dfrac{e}{1+e}$ 　　③ $\dfrac{(1-e)(m+M)}{(2-e)m-eM}$

④ $\dfrac{(1+e)(m+M)}{(2+e)m+eM}$ 　　⑤ $\dfrac{1-e}{e}$ 　　⑥ $\dfrac{e}{1-e}$

⑦ $\dfrac{(1-e)(m+M)}{(2-e)m+eM}$ 　　⑧ $\dfrac{(1+e)(m+M)}{(2+e)m-eM}$ 　　⑨ $\dfrac{1}{e}$

エ の解答群

①

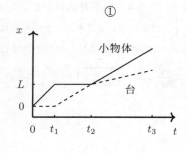

②

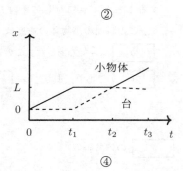

③

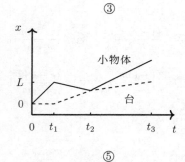

④

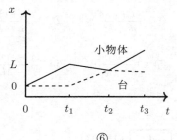

⑤

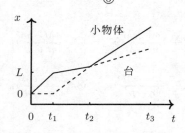

⑥

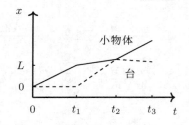

$\boxed{\text{オ}}$ の解答群

① $\dfrac{m}{M}v_0$　　　② $\dfrac{M}{m}v_0$　　　③ $\dfrac{M-m}{m}v_0$　　　④ $\dfrac{M-m}{M}v_0$

⑤ $\dfrac{m}{m+M}v_0$　　⑥ $\dfrac{M}{m+M}v_0$　　⑦ $\dfrac{m}{M-m}v_0$　　⑧ $\dfrac{M}{M-m}v_0$

⑨ 0

$\boxed{\text{カ}}$ の解答群

① $\dfrac{m+M}{m}$　　② $\dfrac{M-m}{m}$　　③ $\dfrac{m+M}{M}$　　④ $\dfrac{M-m}{M}$

⑤ $\dfrac{m}{m+M}$　　⑥ $\dfrac{m}{M-m}$　　⑦ $\dfrac{M}{m+M}$　　⑧ $\dfrac{M}{M-m}$

⑨ 1

$\boxed{\text{キ}}$ の解答群

① $\mu'mgl$　　② $-\mu'mgl$　　③ $\mu'mgd$　　④ $-\mu'mgd$

⑤ $\mu'mg(d+l)$　⑥ $-\mu'mg(d+l)$　⑦ $\mu'mg(l-d)$　⑧ $\mu'mg(d-l)$

$\boxed{\text{ク}}$ と $\boxed{\text{ケ}}$ の解答群

① $\dfrac{m}{m+M}$　　② $\dfrac{M}{m+M}$　　③ $\dfrac{2Mm}{(m+M)^2}$　　④ $\dfrac{Mm}{(m+M)^2}$

⑤ $\dfrac{m}{M-m}$　　⑥ $\dfrac{M}{M-m}$　　⑦ $\dfrac{m(2M+m)}{(m+M)^2}$　　⑧ $\dfrac{M(M+2m)}{(m+M)^2}$

〔B〕　次の文中の　ア　～　ケ　に最も適するものをそれぞれの解答群から
一つ選び，解答用紙の所定の欄にその記号をマークせよ。

　　電場（電界）・磁場（磁界）内における荷電粒子の運動から，粒子のもつ電気量
と質量の比を測定する手法の原理について考えよう。

　　コンデンサー内に生じる電場を用いると，荷電粒子を加速することができる。
いま，十分に大きい面積をもち，極板の端の影響が無視できる平行板コンデンサー
が真空中にある。極板の面積が S〔m²〕，真空の誘電率は ε_0〔F/m〕である。極板
間に電圧を加えたところ，2 つの極板に，それぞれ $+Q$〔C〕，$-Q$〔C〕$(Q > 0)$
の電気量が蓄えられた。このとき，2 つの極板間の電気力線の数は，Q を用いて
　ア　本と表される。電場の強さは単位面積を垂直に貫く電気力線の数なの
で，極板間に生じる電場の強さは　イ　〔N/C〕となる。ここで，極板間の距
離が d〔m〕で，加えた電圧が V〔V〕のとき，コンデンサーに蓄えられた電気量
は V, S, d, ε_0 を用いて $Q =$ 　ウ　と表される。したがって，平行板コンデン
サーの極板間に電圧を加えることで一様な電場をつくることができる。

　　以下では，真空中の荷電粒子の運動を考える。重力や地磁気の影響は無視でき
る。図で示されるように，紙面上に x 軸と y 軸をとり，右向きを x 軸の正の向き，
上向きを y 軸の正の向きとする。領域 i には y 軸の正の向きに，強さ E_1〔N/C〕の
一様な電場が加えられている。質量 m〔kg〕，電気量 q〔C〕$(q > 0)$ の荷電粒子を，
この電場を用いて加速する。領域 i の下端に静止していた荷電粒子が l〔m〕動い
て，領域 i の上端に達した。そのとき，荷電粒子の速さは $v =$ 　エ　〔m/s〕と
なり，l〔m〕進むのにかかった時間は　オ　〔s〕となる。

　　図のように，領域 i を y 軸の正の向きに直進した荷電粒子は，小さな穴を通り
速さ v〔m/s〕で領域 ii に進入した。領域 ii には紙面に垂直で裏から表へ向かう
向きに磁束密度の大きさ B〔T〕の一様な磁場が加えられており，さらに強さ E_2
〔N/C〕の一様な電場が加えられている。荷電粒子は，y 軸の正の向きに直進し，
速さ v を変えずに領域 ii を通り抜けた。このとき，領域 ii に加えられた電場の向
きと，強さ E_2〔N/C〕は，v を用いて　カ　と表される。

　　その後，荷電粒子は y 軸の正の向きに速さ v で領域 iii に進入した。領域 iii には
紙面に垂直で裏から表へ向かう向きに磁束密度の大きさ B〔T〕の一様な磁場が

加えられており，電場は加えられていない。荷電粒子は半径 r〔m〕の半円軌道を進み，領域ⅲ内に進入した点から x 軸の正の向きに $2r$〔m〕離れた位置にある検出器に入った。このとき，v を用いると $r =$　キ　と表される。また，荷電粒子が領域ⅲに入ってから検出器に入るまでの時間は，B を用いると　ク　〔s〕となる。荷電粒子の電気量と質量の比は B，r，l，E_1 を用いると $\dfrac{q}{m} =$　ケ　〔C/kg〕となる。このように，電場・磁場内における荷電粒子の運動を解析することで，粒子のもつ電気量と質量の比を測定することができる。このような測定法は質量分析法とよばれ，様々な分野で応用されている。

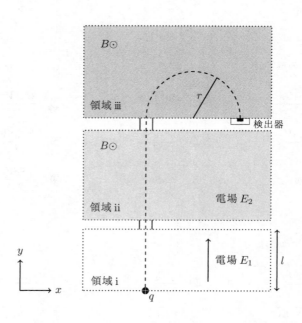

　ア　の解答群

① $\varepsilon_0 Q$

② $2\pi \varepsilon_0 Q$

③ $\dfrac{2\pi Q}{\varepsilon_0}$

④ $\dfrac{4\pi Q}{\varepsilon_0}$

⑤ $\dfrac{\varepsilon_0 Q}{2}$

⑥ $\dfrac{Q}{2\varepsilon_0}$

⑦ $\dfrac{Q}{\varepsilon_0}$ ⑧ $\dfrac{2Q}{\varepsilon_0}$ ⑨ $\dfrac{4Q}{\varepsilon_0}$

イ の解答群

① $\varepsilon_0 QS$ ② $2\pi\varepsilon_0 QS$ ③ $\dfrac{\varepsilon_0 QS}{2}$

④ $\dfrac{Q}{\varepsilon_0 S}$ ⑤ $\dfrac{2Q}{\varepsilon_0 S}$ ⑥ $\dfrac{4Q}{\varepsilon_0 S}$

⑦ $\dfrac{Q}{2\varepsilon_0 S}$ ⑧ $\dfrac{2\pi Q}{\varepsilon_0 S}$ ⑨ $\dfrac{4\pi Q}{\varepsilon_0 S}$

ウ の解答群

① $\dfrac{\varepsilon_0 SV}{2d}$ ② $\dfrac{\varepsilon_0 SV}{d}$ ③ $\dfrac{2\varepsilon_0 SV}{d}$

④ $\dfrac{4\varepsilon_0 SV}{d}$ ⑤ $\dfrac{2\pi\varepsilon_0 SV}{d}$ ⑥ $\dfrac{4\pi\varepsilon_0 SV}{d}$

⑦ $\varepsilon_0 SdV$ ⑧ $2\varepsilon_0 SdV$ ⑨ $\dfrac{\varepsilon_0 SdV}{2}$

エ の解答群

① $\dfrac{2qlE_1}{m}$ ② $\dfrac{qlE_1}{m}$ ③ $\dfrac{qlE_1}{2m}$

④ $\sqrt{\dfrac{2qlE_1}{m}}$ ⑤ $\sqrt{\dfrac{qlE_1}{m}}$ ⑥ $\sqrt{\dfrac{qlE_1}{2m}}$

⑦ $\sqrt{\dfrac{2qE_1}{ml}}$ ⑧ $\dfrac{qE_1}{ml}$ ⑨ $\dfrac{2qE_1}{ml}$

オ　の解答群

① $\dfrac{ml}{2qE_1}$　　　　② $\dfrac{ml}{qE_1}$　　　　③ $\dfrac{2ml}{qE_1}$

④ $\sqrt{\dfrac{l}{2qE_1}}$　　　　⑤ $\sqrt{\dfrac{l}{qE_1}}$　　　　⑥ $\sqrt{\dfrac{2l}{qE_1}}$

⑦ $\sqrt{\dfrac{ml}{2qE_1}}$　　　　⑧ $\sqrt{\dfrac{ml}{qE_1}}$　　　　⑨ $\sqrt{\dfrac{2ml}{qE_1}}$

カ　の解答群

① y 軸の正の向き，$E_2 = vB$　　　② y 軸の負の向き，$E_2 = vB$

③ y 軸の正の向き，$E_2 = \dfrac{v}{B}$　　　④ y 軸の負の向き，$E_2 = \dfrac{v}{B}$

⑤ x 軸の正の向き，$E_2 = vB$　　　⑥ x 軸の負の向き，$E_2 = vB$

⑦ x 軸の正の向き，$E_2 = \dfrac{v}{B}$　　　⑧ x 軸の負の向き，$E_2 = \dfrac{v}{B}$

キ　の解答群

① $\dfrac{mv}{2qB}$　　② $\dfrac{mv}{qB}$　　③ $\dfrac{2mv}{qB}$　　④ $\dfrac{4mv}{qB}$

⑤ $\dfrac{qB}{2mv}$　　⑥ $\dfrac{qB}{mv}$　　⑦ $\dfrac{2qB}{mv}$　　⑧ $\dfrac{4qB}{mv}$

ク　の解答群

① $\dfrac{qB}{\pi m}$　　　　② $\dfrac{2qB}{\pi m}$　　　　③ $\dfrac{qB}{2\pi m}$

④ $\dfrac{m}{qB}$　　　　⑤ $\dfrac{2m}{qB}$　　　　⑥ $\dfrac{m}{2qB}$

⑦ $\dfrac{\pi m}{qB}$　　　　⑧ $\dfrac{2\pi m}{qB}$　　　　⑨ $\dfrac{\pi m}{2qB}$

$\boxed{\quad ケ \quad}$ の解答群

① $\dfrac{2\pi l E_1}{B^2 r^2}$　　② $\dfrac{\pi l E_1}{B^2 r^2}$　　③ $\dfrac{2 l E_1}{B^2 r^2}$　　④ $\dfrac{l E_1}{B^2 r^2}$

⑤ $\dfrac{2\pi r^2 l E_1}{B^2}$　　⑥ $\dfrac{\pi r^2 l E_1}{B^2}$　　⑦ $\dfrac{2 r^2 l E_1}{B^2}$　　⑧ $\dfrac{r^2 l E_1}{B^2}$

〔C〕　次の文中の　$\boxed{\quad ア \quad}$ ～ $\boxed{\quad ケ \quad}$　に最も適するものをそれぞれの解答群から一つ選び，解答用紙の所定の欄にその記号をマークせよ。

(1)　x 軸の正の方向に伝わる振幅 A〔m〕の正弦波 1 がある。図 1 は位置 $x = 0$ における媒質の変位 y〔m〕と時刻 t〔s〕の関係（y-t 図）を示す。また，図 2 は時刻 $t = 0$ における変位 y〔m〕と位置 x〔m〕の関係（y-x 図）を示す。図 1 と図 2 から正弦波 1 の振動数は $\boxed{\quad ア \quad}$〔Hz〕であり，波の速さは $\boxed{\quad イ \quad}$〔m/s〕であることがわかる。また，時刻 t〔s〕，位置 x〔m〕における変位 y〔m〕を表す式は $y = \boxed{\quad ウ \quad}$ である。

　　正弦波 1 と同じ y-t 図で特徴づけられ，正弦波 1 と同じ速さで x 軸の負の方向に伝わる正弦波を正弦波 2 とする。正弦波 1 と正弦波 2 が同時に存在する場合には，定常波（定在波）が形成される。この定常波の節の位置は $\ell = 0, 1, 2, 3, \cdots$ として $x = \boxed{\quad エ \quad}$〔m〕である。

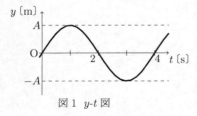

図 1　y-t 図

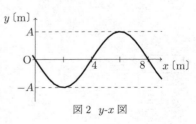

図 2　y-x 図

(2)　図 3 のように，観測者 O，左右両側に振動数 f_0〔Hz〕の音波を出す音源 S，音波を反射する反射板 R が一直線上に並んでいる。観測者 O と音源 S は地面

に対して静止しており，反射板Rは速さv〔m/s〕で音源Sと観測者Oに近づいている。観測者Oが観測する音波を利用して，反射板Rの速さvを求めてみよう。ただし，風が吹いていないときの音の速さをV〔m/s〕とし，$v < V$とする。

観測者 O   音源 S   反射板 R

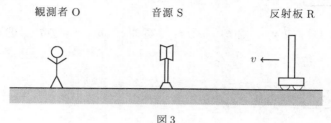

図3

はじめに風が吹いていない場合を考える。まず，反射板Rを速さvで動く観測者とみなすと，反射板Rが受け取る音波の振動数は，$f_1 = \boxed{} \times f_0$〔Hz〕である。次に，反射板Rを速さ$v$〔m/s〕で動く振動数$f_1$〔Hz〕の音源とみなすと，反射板Rで反射して観測者Oに伝わる音波の振動数は，f_0を用いて $\boxed{} \times f_0$〔Hz〕と表される。また，音源Sから観測者Oに直接伝わる音波もあるため，観測者Oは1秒間あたりにn回のうなりを観測することになる。このとき，nを用いて反射板Rの速さvを求めると$v = \boxed{}$となる。

今度は風が吹いている場合を考える。観測者Oから反射板Rの方向に速さW〔m/s〕の一様な風が吹いているとする。ただし，$v + W < V$である。音源Sから観測者Oに直接伝わる音波の振動数は，$\boxed{} \times f_0$〔Hz〕である。また，反射板Rで反射する音波も観測者Oに伝わる。このとき，観測者Oが1秒間あたりに観測するうなりの回数は，$\boxed{} \times f_0$である。したがって，風が吹いているときに反射板Rの速さvを求めるには，風の影響を考慮しなければならない。

$\boxed{\text{ア}}$ の解答群

① $\dfrac{1}{4}$ ② $\dfrac{1}{2}$ ③ $\dfrac{3}{4}$ ④ 1

⑤ $\dfrac{5}{4}$ 　　　　　　⑥ $\dfrac{3}{2}$ 　　　　　　⑦ $\dfrac{7}{4}$ 　　　　　　⑧ 2

　イ　 の解答群

① 1　　② 2　　③ 3　　④ 4　　⑤ 5　　⑥ 6　　⑦ 7　　⑧ 8

　ウ　 の解答群

① $A \sin \dfrac{\pi}{4}(t - x)$ 　　　② $A \sin \dfrac{\pi}{4}(t + x)$ 　　　③ $A \sin \dfrac{\pi}{2}\left(t - \dfrac{x}{2}\right)$

④ $A \sin \dfrac{\pi}{2}\left(t + \dfrac{x}{2}\right)$ 　　⑤ $A \sin \pi\left(t - \dfrac{x}{4}\right)$ 　　⑥ $A \sin \pi\left(t + \dfrac{x}{4}\right)$

⑦ $A \sin 2\pi\left(t - \dfrac{x}{8}\right)$ 　　⑧ $A \sin 2\pi\left(t + \dfrac{x}{8}\right)$

　エ　 の解答群

① $\pm\dfrac{1}{2}(2\ell + 1)$ 　② $\pm(2\ell + 1)$ 　③ $\pm\dfrac{3}{2}(2\ell + 1)$ 　④ $\pm2(2\ell + 1)$

⑤ $\pm\ell$ 　　　　⑥ $\pm2\ell$ 　　　　⑦ $\pm3\ell$ 　　　　⑧ $\pm4\ell$

　オ　 の解答群

① $\dfrac{V - v}{V}$ 　　② $\dfrac{V + v}{V}$ 　　③ $\dfrac{V}{V - v}$ 　　④ $\dfrac{V}{V + v}$

⑤ $\dfrac{V - v}{V + v}$ 　　⑥ $\dfrac{V + v}{V - v}$ 　　⑦ 1

　カ　 の解答群

① $\dfrac{V - v}{V + v}$ 　　　　　② $\dfrac{V + v}{V - v}$ 　　　　　③ $\dfrac{(V - v)(V + v)}{V^2}$

④ $\dfrac{(V+v)^2}{V^2}$　　　　⑤ $\dfrac{(V-v)^2}{V^2}$　　　　⑥ $\dfrac{V^2}{(V-v)(V+v)}$

⑦ $\dfrac{V^2}{(V+v)^2}$　　　　⑧ $\dfrac{V^2}{(V-v)^2}$　　　　⑨ 1

$\boxed{\text{キ}}$ の解答群

① $\dfrac{n}{f_0+n}V$　　② $\dfrac{2n}{f_0+n}V$　　③ $\dfrac{n}{2f_0+n}V$　　④ $\dfrac{n}{f_0+2n}V$

⑤ $\dfrac{f_0+n}{n}V$　　⑥ $\dfrac{f_0+n}{2n}V$　　⑦ $\dfrac{2f_0+n}{n}V$　　⑧ $\dfrac{f_0+2n}{n}V$

$\boxed{\text{ク}}$ の解答群

① $\dfrac{V-W}{V}$　　② $\dfrac{V+W}{V}$　　③ $\dfrac{V}{V-W}$　　④ $\dfrac{V}{V+W}$

⑤ $\dfrac{V-W}{V+W}$　　⑥ $\dfrac{V+W}{V-W}$　　⑦ 1

$\boxed{\text{ケ}}$ の解答群

① $\dfrac{2v(V+W)}{(V-W-v)V}$　　　　　② $\dfrac{2v(V+W)}{(V-W+v)V}$

③ $\dfrac{2v(V-W)}{(V+W-v)V}$　　　　　④ $\dfrac{2v(V-W)}{(V+W+v)V}$

⑤ $\dfrac{2vV}{(V-W-v)(V+W)}$　　　　⑥ $\dfrac{2vV}{(V-W+v)(V+W)}$

⑦ $\dfrac{2vV}{(V+W-v)(V-W)}$　　　　⑧ $\dfrac{2vV}{(V+W+v)(V-W)}$

▶▶▶ 化 学 ◀◀◀

〔D〕 次の文章を読み，文中の空欄 | ア | ～ | チ | に最も適するものをそれ
ぞれの解答群の中から一つ選び，解答用紙の所定の欄にその番号をマークしなさ
い。ただし， | ウエ | については，2桁の数値になるように順番にも注意して
解答を選び，マークしなさい。

原子量，式量，ファラデー定数 F および標準状態における気体のモル体積 V_m
が必要な場合は，それぞれ次の値を用いなさい。

H = 1.0, C = 12.0, N = 14.0, O = 16.0, Na = 23.0, P = 31.0, S = 32.0,

K = 39.0, Ca = 40.0, I = 127.0, AgNO$_3$ = 170, CuSO$_4$ = 160

F = 9.65 × 10^4 C/mol

V_m = 22.4 L/mol

対数が必要な場合は，それぞれ次の値を用いなさい。

$\log_{10} 2.0 = 0.30$, $\log_{10} 3.0 = 0.48$, $\log_{10} 5.0 = 0.70$, $\log_{10} 7.0 = 0.85$

(1) 炭素と酸素の化合物である二酸化炭素は，炭素化合物の完全燃焼や生物の呼
吸等によって生じる。化石燃料の燃焼等によって大気中に放出される二酸化炭
素は，地球規模の環境問題である地球温暖化の原因物質の一つとして危惧され
ている。

二酸化炭素の結晶は，常圧下で | あ | に伴って周囲から熱を奪うことを
利用した冷却材として知られている。結晶中では，多数の二酸化炭素分子が
| い | によって規則的に配列している。二酸化炭素分子を一つの粒子とし
て捉えると，この粒子の配置は面心立方格子と同じになる。このことから，二
酸化炭素結晶の単位格子中に存在する二酸化炭素分子の数は | う | 個であ
ることがわかる。| あ |，| い |，| う | の組み合わせとして正
しいものは | ア | である。

気体状態の二酸化炭素を実験室で発生させる方法の一つに，キップの装置を
用いた石灰石と希塩酸の反応がある。発生した二酸化炭素は，空気中では

　　え　置換で捕集することができる。二酸化炭素を石灰水に通じると，
　　お　カルシウムの沈殿を生じて白濁する。この白濁液にさらに二酸化炭素を通じ続けると，沈殿が溶けて無色透明の　か　カルシウム水溶液になる。　え　，　お　，　か　の組み合わせとして正しいものは　イ　である。

　　ここで，石灰石に希塩酸を加えて二酸化炭素を発生させる実験について考える。石灰石 3.20 g に 1.00 mol/L の希塩酸を十分量加えたところ，石灰石に含まれるすべての炭酸カルシウムが反応し，標準状態で 0.560 L の二酸化炭素が発生した。このことから，希塩酸を加える前の石灰石に含まれていた炭酸カルシウムの質量は，石灰石全体の質量の　ウエ　％であったことがわかる。ただし，発生した二酸化炭素は，水溶液には溶けずに気体として存在し，理想気体としてふるまうものとする。また，石灰石中の炭酸カルシウム以外の成分は希塩酸と反応しないものとする。

　　ア　の解答群

番　号	あ	い	う
①	昇華	共有結合	2
②	昇華	共有結合	4
③	昇華	分子間力	2
④	昇華	分子間力	4
⑤	融解	共有結合	2
⑥	融解	共有結合	4
⑦	融解	分子間力	2
⑧	融解	分子間力	4

| イ | の解答群 |

番　号	え	お	か
①	下方	酸化	塩化
②	下方	酸化	炭酸水素
③	下方	炭酸	塩化
④	下方	炭酸	炭酸水素
⑤	上方	酸化	塩化
⑥	上方	酸化	炭酸水素
⑦	上方	炭酸	塩化
⑧	上方	炭酸	炭酸水素

| ウ | の解答群 |

① 1　　　　② 2　　　　③ 3　　　　④ 4　　　　⑤ 5

⑥ 6　　　　⑦ 7　　　　⑧ 8　　　　⑨ 9

| エ | の解答群 |

① 1　　　　② 2　．　③ 3　　　　④ 4　　　　⑤ ・5

⑥ 6　　　　⑦ 7　　　　⑧ 8　　　　⑨ 9

(2) 酸化数は，物質中の原子1個ずつの酸化の程度を表す数値である。過酸化水素 H_2O_2，アンモニア NH_3，ヨウ化カリウム KI のうち，水素化ナトリウム NaH 中の H と同じ酸化数の原子をもつものは　　オ　　である。

　　次に示す二つの水溶液の組み合わせ i)〜iii)において，常温常圧下，硫酸酸性のもとで，それぞれを混合した際に起こる酸化還元反応について考える。なお，溶媒の水 H_2O および酸化還元反応で生じる水 H_2O は，すべて液体状態とする。

　　i) 過酸化水素 H_2O_2 水，ヨウ化カリウム KI 水溶液

　　ii) 過酸化水素 H_2O_2 水，過マンガン酸カリウム $KMnO_4$ 水溶液

　　iii) 過酸化水素 H_2O_2 水，二クロム酸カリウム $K_2Cr_2O_7$ 水溶液

組み合わせ i)〜iii)において，酸化剤として働く物質はそれぞれ ┃ き ┃，
┃ く ┃，┃ け ┃ である。また，組み合わせ i)〜iii)における酸化還元
反応式をもとに考えると，気体が発生するのは，組み合わせ ┃ カ ┃ であ
る。このとき発生する気体状態の物質は，常圧下で ┃ こ ┃ と酸化マンガ
ン(Ⅳ) MnO_2 を混ぜて加熱したときに発生する気体状態の物質と同じであ
る。ここでは，酸化マンガン(Ⅳ) MnO_2 は ┃ さ ┃ として働く。┃ き ┃，
┃ く ┃，┃ け ┃ の組み合わせとして正しいものは ┃ キ ┃ であり，
┃ こ ┃，┃ さ ┃ の組み合わせとして正しいものは ┃ ク ┃ である。

　酸化還元反応を利用した，常温常圧下でおこなうヨウ素滴定の実験について
考える。ある濃度の過酸化水素 H_2O_2 水 10.0 mL に希硫酸を加え，0.10 mol/L
のヨウ化カリウム KI 水溶液 40.0 mL を加えたところ，すべての過酸化水素
H_2O_2 が反応し，溶液の色は褐色になった。この水溶液を，指示薬には少量の
デンプン水溶液を用いて，0.050 mol/L のチオ硫酸ナトリウム $Na_2S_2O_3$ 水溶液
で滴定したところ，チオ硫酸ナトリウム $Na_2S_2O_3$ 水溶液を 10.0 mL 加えたと
ころでちょうど反応が完結し，溶液の色は無色になった。この結果から，この
実験に用いた過酸化水素 H_2O_2 水のモル濃度は ┃ ケ ┃ mol/L であったこと
がわかる。なお，水溶液中でチオ硫酸ナトリウム $Na_2S_2O_3$ はナトリウムイオ
ン Na^+ およびチオ硫酸イオン $S_2O_3{}^{2-}$ に完全に電離しており，チオ硫酸イオン
$S_2O_3{}^{2-}$ は滴定中の反応で電子を失って四チオン酸イオン $S_4O_6{}^{2-}$ となる。

┃ オ ┃ の解答群

① H_2O_2 のみ 　　　　　　　　② NH_3 のみ

③ KI のみ 　　　　　　　　　　④ H_2O_2 および NH_3

⑤ H_2O_2 および KI 　　　　　　⑥ NH_3 および KI

⑦ H_2O_2，NH_3，KI のすべて

┃ カ ┃ の解答群

① i)のみ 　　　　　② ii)のみ 　　　　　③ iii)のみ

④ i)および ii) 　　⑤ i)および iii) 　　⑥ ii)および iii)

⑦ i)〜iii)のすべて

| キ | の解答群

番　号	き	く	け
①	H_2O_2	H_2O_2	H_2O_2
②	H_2O_2	H_2O_2	$K_2Cr_2O_7$
③	H_2O_2	$KMnO_4$	H_2O_2
④	H_2O_2	$KMnO_4$	$K_2Cr_2O_7$
⑤	KI	H_2O_2	H_2O_2
⑥	KI	H_2O_2	$K_2Cr_2O_7$
⑦	KI	$KMnO_4$	H_2O_2
⑧	KI	$KMnO_4$	$K_2Cr_2O_7$

| ク | の解答群

番　号	こ	さ
①	濃塩酸	還元剤
②	濃塩酸	酸化剤
③	濃塩酸	触媒
④	塩素酸カリウム $KClO_3$	還元剤
⑤	塩素酸カリウム $KClO_3$	酸化剤
⑥	塩素酸カリウム $KClO_3$	触媒

| ケ | の解答群

① 1.3×10^{-4}　② 2.5×10^{-4}　③ 5.0×10^{-4}　④ 1.0×10^{-3}

⑤ 1.3×10^{-2}　⑥ 2.5×10^{-2}　⑦ 5.0×10^{-2}　⑧ 1.0×10^{-1}

⑨ 2.0×10^{-1}

(3) 生体内では様々な代謝生成物により, 過剰な酸や塩基が生じる場合がある。
これに伴う pH の急激な変動を防ぐために, 緩衝作用による pH の調整がおこ
なわれている。ここでは, ヒトの血液と細胞内液を例に, 生体内の緩衝作用の
しくみについて考える。

　　血液は，主に二酸化炭素 CO_2 と炭酸水素イオン HCO_3^- を含む緩衝液の緩衝作用によって pH が保たれている。ここでは，二酸化炭素 CO_2 と炭酸水素イオン HCO_3^- を含む水溶液を緩衝液 A とし，この溶液の緩衝作用について考える。なお，すべての二酸化炭素 CO_2 は水溶液に常に溶解した状態で存在し，緩衝液 A では，式（ⅰ）の電離平衡のみが成立するものとする。

$$CO_2 + H_2O \rightleftarrows H^+ + HCO_3^- \qquad （ⅰ）$$

　緩衝液 A に少量の強酸を加えると，　し　と H^+ が反応し，式（ⅰ）の電離平衡は　す　に移動する。したがって，緩衝液 A の pH は強酸を加える前と比べてほとんど変化しない。一方，緩衝液 A に少量の強塩基を加えた場合は，　せ　と OH^- が反応するため，この場合にも pH はほとんど変化しない。　し　，　す　，　せ　の組み合わせとして正しいものは　コ　である。

　　細胞内液の場合には，主にリン酸二水素イオン $H_2PO_4^-$ とリン酸水素イオン HPO_4^{2-} を含む緩衝液の緩衝作用によって pH が保たれている。ここでは，温度 25℃ の条件下で，0.200 mol のリン酸二水素ナトリウム NaH_2PO_4 と 0.200 mol のリン酸水素二ナトリウム Na_2HPO_4 を溶かしてつくった 1.00 L の水溶液を緩衝液 B とし，この溶液の緩衝作用について考える。緩衝液 B では，式（ⅱ）の電離平衡が成立するものとし，温度 25℃ における式（ⅱ）の電離定数は 6.3×10^{-8} mol/L とする。なお，リン酸二水素ナトリウム NaH_2PO_4 とリン酸水素二ナトリウム Na_2HPO_4 は水溶液中で完全に電離し，電離により生じる陰イオンは，それぞれリン酸二水素イオン $H_2PO_4^-$ とリン酸水素イオン HPO_4^{2-} のみとする。

$$H_2PO_4^- \rightleftarrows H^+ + HPO_4^{2-} \qquad （ⅱ）$$

　式（ⅱ）の電離平衡をもとに考えると，緩衝液 B の pH は　サ　と求められる。緩衝液 B に 10.0 mol/L の塩酸 2.5 mL を加えてよくかき混ぜ，系が平衡状態に達するまで十分に静置した。このとき，緩衝液 B の pH は　シ　とな

る。ただし，塩化水素 HCl は水溶液中で完全に電離し，塩酸を加えたことによる水溶液の体積変化は無視できると仮定する。

　一方で，純水に強酸を加えた場合には，緩衝液の場合と比べて pH の変化は大きい。例えば，pH が 7.0 の純水 1.0 L に 10.0 mol/L の塩酸 2.5 mL を加えた場合の水溶液の pH は　　ス　　となる。このことからも，生体内で働く緩衝作用が pH の調整に重要な役割を果たしていることがわかる。なお，この場合も，塩化水素 HCl は水溶液中で完全に電離し，塩酸を加えたことによる水溶液の体積変化は無視できると仮定する。

コ の解答群

番　号	し	す	せ
①	CO_2	左	HCO_3^-
②	CO_2	右	HCO_3^-
③	HCO_3^-	左	CO_2
④	HCO_3^-	右	CO_2

サ の解答群

① 6.6　　② 6.7　　③ 6.8　　④ 6.9　　⑤ 7.0

⑥ 7.1　　⑦ 7.2　　⑧ 7.3　　⑨ 7.4

シ の解答群

① 6.6　　② 6.7　　③ 6.8　　④ 6.9　　⑤ 7.0

⑥ 7.1　　⑦ 7.2　　⑧ 7.3　　⑨ 7.4

ス の解答群

① 1.2　　② 1.3　　③ 1.4　　④ 1.5　　⑤ 1.6

⑥ 1.7　　⑦ 1.8　　⑧ 2.1　　⑨ 2.2

(4)　水溶液中に含まれる金属イオンを化合物や単体として取り出す手段として，特定の陰イオンと反応させて沈殿を生じさせる方法，電気分解により酸化，還元する方法などがある。

　　硫酸銅（Ⅱ）$CuSO_4$ 水溶液に少量のアンモニア水を加えると青白色の　そ　銅（Ⅱ）が沈殿した。一方，硝酸銀 $AgNO_3$ 水溶液に少量のアンモニア水を加えると褐色の　た　銀が沈殿した。　そ　銅（Ⅱ）および　た　銀の沈殿に過剰のアンモニア水をそれぞれ加えると，どちらの沈殿も　ち　を配位子とする錯イオンを生じて溶解した。また，硫酸銅（Ⅱ）$CuSO_4$ 水溶液および硝酸銀 $AgNO_3$ 水溶液のそれぞれに　セ　と，いずれも白色の固体のみが沈殿した。　そ　，　た　，　ち　の組み合わせとして正しいものは　ソ　である。

　　次に，硫酸銅（Ⅱ）$CuSO_4$ 水溶液を電解液とする電解槽Ⅰと硝酸銀 $AgNO_3$ 水溶液を電解液とする電解槽Ⅱを用いた電気分解の実験について考える。図1のように二つの電解槽Ⅰおよび電解槽Ⅱを直流電源につないだ装置を作製し，電気分解をおこなった。電解槽Ⅰでは，陰極，陽極ともに銅 Cu 電極を，電解液には 0.500 mol/L の硫酸銅（Ⅱ）$CuSO_4$ 水溶液 1.00×10^2 mL を用いた。電解槽Ⅱでは，陰極，陽極ともに白金 Pt 電極を，電解液には 1.00 mol/L の硝酸銀 $AgNO_3$ 水溶液 1.00×10^2 mL を用いた。図1の装置に 1.00 A の電流をある時間流したところ，電解槽Ⅱの電極 A に銀 Ag が 1.35 g 析出した。電流を流した後の電解槽Ⅰの電解液に含まれる銅（Ⅱ）イオン Cu^{2+} の物質量は　タ　mol である。また，電気分解の際に発生した気体をすべて捕集し，捕集した気体の標準状態における体積を有効数字2桁で表すと　チ　mL となる。ただし，流れた電流はすべて電気分解に使われたものとし，電気分解の前後でいずれの電解液の体積も変わらないものとする。また，電気分解により発生した気体は理想気体としてふるまい，電解槽内の水溶液には溶解しないものとする。

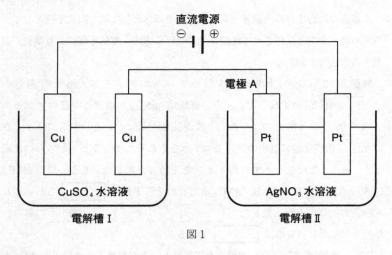

図 1

セ　の解答群

① 塩基性条件下で硫化水素 H_2S を通じる

② 酸性条件下で硫化水素 H_2S を通じる

③ 塩化バリウム $BaCl_2$ 水溶液を加える

④ 希塩酸を加える

⑤ クロム酸カリウム K_2CrO_4 水溶液を加える

⑥ 水酸化ナトリウム $NaOH$ 水溶液を加える

⑦ 石灰水を加える

⑧ ヨウ化カリウム KI 水溶液を加える

ソ の解答群

番 号	そ	た	ち
①	酸化	酸化	アンモニア分子
②	酸化	酸化	アンモニウムイオン
③	酸化	水酸化	アンモニア分子
④	酸化	水酸化	アンモニウムイオン
⑤	水酸化	酸化	アンモニア分子
⑥	水酸化	酸化	アンモニウムイオン
⑦	水酸化	水酸化	アンモニア分子
⑧	水酸化	水酸化	アンモニウムイオン

タ の解答群

① 6.25×10^{-3}　　　② 2.00×10^{-2}　　　③ 2.50×10^{-2}

④ 3.75×10^{-2}　　　⑤ 4.38×10^{-2}　　　⑥ 5.00×10^{-2}

⑦ 5.63×10^{-2}　　　⑧ 6.25×10^{-2}　　　⑨ 5.00×10^{-1}

チ の解答群

① 7.0×10^{-2}　　　② 2.8×10^{-1}　　　③ 7.0×10^{1}

④ 7.5×10^{1}　　　⑤ 1.4×10^{2}　　　⑥ 2.1×10^{2}

⑦ 2.8×10^{2}　　　⑧ 7.0×10^{2}　　　⑨ 2.8×10^{3}

〔E〕 次の文章を読み，文中の空欄 ア ～ チ に最も適するものをそれ
ぞれの解答群の中から一つ選び，解答用紙の所定の欄にその番号をマークしなさ
い。

原子量や標準状態における気体のモル体積 V_m が必要な場合は，それぞれ次の
値を用いなさい。

H = 1.0, He = 4.0, O = 16.0

V_m = 22.4 L/mol

(1) 原子は物質を構成する基本粒子で，中心に存在する原子核と，原子核のまわ
りを取り巻く電子で構成される。原子の質量は非常に小さく，例えば水素原子
1個あたりの質量は ア g である。なお，ここでいう水素原子は水素の
同位体の中で天然存在比が最も大きい原子を指す。

原子は，その中に存在する陽子の数と電子の数が等しいために原子全体では
電気的に中性であるが，電子を失ったり受け取ったりすることにより正または
負の電気を帯びたイオンになる。原子から電子を1個取り去り，1価の陽イオ
ンにするために必要なエネルギーを あ という。一方，原子が電子を1
個受け取り，1価の陰イオンになるときに放出されるエネルギーを い
という。一般に， あ が う 原子ほど1価の陽イオンになりやす
く， い が え 原子ほど1価の陰イオンになりやすい。Al原子と
Ar原子を比べると， お 原子の方が あ が う 。
あ ， い の組み合わせとして正しいものは イ である。
また， う ， え ， お の組み合わせとして正しいものは
ウ である。

原子がイオンになるとき，電子のやり取りにより安定な電子配置になる傾向
がある。例えば，O原子が酸化物イオンになると，その電子配置はマグネシ
ウムイオンの電子配置と等しくなり，最外殻電子の総数は か 個とな
る。酸化物イオンの半径はマグネシウムイオンの半径 き 。
か ， き の組み合わせとして正しいものは エ である。

2個の原子が結びついて分子をつくるとき，それぞれの原子が価電子を出し
てそれらを互いに共有し，安定化する。例えばHCl分子の場合には，H原子

と Cl 原子がそれぞれ 1 個の価電子を出し合い，それらを互いに共有する。HCl 分子では，H 原子は　く　原子と同じ電子配置に，Cl 原子は　け　原子と同じ電子配置になる。　く　，　け　の組み合わせとして正しいものは　オ　である。

　ヘリウムのように 1 個の原子が単独で形成する分子を単原子分子といい，水素分子や酸素分子のように 2 個の原子からなる分子を二原子分子という。また，3 個以上の原子からなる分子を多原子分子という。ここでは単原子分子と二原子分子に着目し，ヘリウム，水素分子および酸素分子の三種の気体からなる混合気体 X について考える。ただし，すべての気体は標準状態の理想気体とみなす。体積 291.2 L，質量 240.0 g の混合気体 X 中の水素分子を完全燃焼させて，燃焼により生成した化合物をすべて取り除いた。残った混合気体 Y 中には気体状態のヘリウムと酸素分子のみが存在し，その体積は標準状態で 156.8 L となっていた。このことから，混合気体 X 中のヘリウムの物質量は　カ　mol と求められる。また，混合気体 Y の平均分子量は　キ　である。

　ア　の解答群

① 1.0×10^{-25}　　　② 1.7×10^{-25}　　　③ 6.6×10^{-25}

④ 1.0×10^{-24}　　　⑤ 1.7×10^{-24}　　　⑥ 6.6×10^{-24}

⑦ 1.0×10^{-23}　　　⑧ 1.7×10^{-23}　　　⑨ 6.6×10^{-23}

　イ　の解答群

番　号	あ	い
①	イオン化エネルギー	電気陰性度
②	イオン化エネルギー	電子親和力
③	電気陰性度	イオン化エネルギー
④	電気陰性度	電子親和力
⑤	電子親和力	イオン化エネルギー
⑥	電子親和力	電気陰性度

ウ　の解答群

番　号	う	え	お
①	大きい	大きい	Al
②	大きい	大きい	Ar
③	大きい	小さい	Al
④	大きい	小さい	Ar
⑤	小さい	大きい	Al
⑥	小さい	大きい	Ar
⑦	小さい	小さい	Al
⑧	小さい	小さい	Ar

エ　の解答群

番　号	か	き
①	2	と等しい
②	2	よりも大きい
③	2	よりも小さい
④	6	と等しい
⑤	6	よりも大きい
⑥	6	よりも小さい
⑦	8	と等しい
⑧	8	よりも大きい
⑨	8	よりも小さい

オ　の解答群

番　号	く	け
①	Ar	Ar
②	Ar	He
③	Ar	Ne
④	He	Ar
⑤	He	He
⑥	He	Ne
⑦	Ne	Ar
⑧	Ne	He
⑨	Ne	Ne

カ　の解答群

① 1.0 　　② 2.0 　　③ 3.0 　　④ 4.0 　　⑤ 6.0

⑥ 7.0 　　⑦ 9.0 　　⑧ 11 　　⑨ 13

キ　の解答群

① 4.0 　　② 8.0 　　③ 12 　　④ 16 　　⑤ 20

⑥ 24 　　⑦ 28 　　⑧ 32 　　⑨ 36

(2)　ある溶液中で化合物 A から化合物 B と化合物 C が生じる次式の化学反応について考える。

$$A \rightarrow B + C$$

ただし，化合物 A，化合物 B，化合物 C は溶液中に溶解した状態でのみ存在し，溶液中の化合物 A，化合物 B，化合物 C 以外の成分は反応には関与しないものとする。また，以下のすべての過程で上式の反応以外は起こらず，化合物 A から化合物 B と化合物 C が生成する過程の反応機構は変化しないものと

する。なお，以下のすべての過程で溶液の体積と容器内の圧力は一定として考
える。

　絶対温度 T_1 に保たれた容器中で上式の反応実験をおこなった。反応開始時
点からの経過時間（反応時間）が $1.0\, t_1$ の時点の化合物 A の濃度を $1.00\, c_1$ とし
て，容器中の化合物 A の濃度の変化を調べた。化合物 A の濃度は，反応の進
行に伴って減少し，反応時間が $5.0\, t_1$ の時点で $0.78\, c_1$ となった。この結果か
ら，$1.0\, t_1$ から $5.0\, t_1$ までの間の化合物 A の平均の濃度は ┌ ク ┐ c_1，平均の
反応速度は ┌ ケ ┐ c_1/t_1 と求められる。

　さらに，容器中の化合物 A の濃度が $0.20\, c_1$ となるまで反応を進行させて，
化合物 A の平均の濃度と平均の反応速度の変化を調べた。化合物 A の濃度が
$0.20\, c_1$ から $1.00\, c_1$ までの範囲の結果を，横軸を化合物 A の平均の濃度，縦軸
を平均の反応速度とする直交座標系のグラフとして表した。この結果，$0.20\, c_1$
から $1.00\, c_1$ までの濃度範囲で，化合物 A の平均の濃度と平均の反応速度の数
値の組を座標とするすべての点が原点を通る 1 本の直線上に位置することがわ
かった。このことから，化合物 A の平均の濃度が $0.50\, c_1$ の場合の平均の反応
速度は ┌ コ ┐ c_1/t_1 と求められる。さらに，化合物 A の濃度が $0.50\, c_1$ とな
る時点は，反応開始時点から ┌ サ ┐ t_1 経過した時点であると推定できる。

　温度を $1.2\, T_1$ に変更して同様の実験をおこなった。得られた結果を，温度
T_1 の実験の場合と同様に，横軸を化合物 A の平均の濃度，縦軸を平均の反応
速度とする直交座標系のグラフとして表した。この結果，温度 $1.2\, T_1$ の場合に
も $0.20\, c_1$ から $1.00\, c_1$ までの濃度範囲で，化合物 A の平均の濃度と平均の反応
速度の数値の組を座標とするすべての点が原点を通る 1 本の直線上に位置する
ことがわかった。この直線の傾きは，温度 T_1 の実験の結果として得られた直
線の傾き ┌ こ ┐ 。また，温度 $1.2\, T_1$ の場合の反応の活性化エネルギーは，
温度 T_1 のときの反応の活性化エネルギー ┌ さ ┐ 。┌ こ ┐，┌ さ ┐
の組み合わせとして正しいものは ┌ シ ┐ である。

┌ ク ┐ の解答群

① 0.78　　② 0.81　　③ 0.85　　④ 0.89　　⑤ 0.91

⑥ 0.93　　⑦ 0.95　　⑧ 0.98　　⑨ 1.00

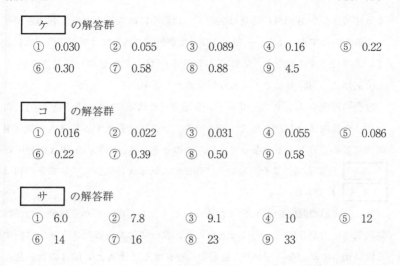

ケ　の解答群

① 0.030　　② 0.055　　③ 0.089　　④ 0.16　　⑤ 0.22

⑥ 0.30　　⑦ 0.58　　⑧ 0.88　　⑨ 4.5

コ　の解答群

① 0.016　　② 0.022　　③ 0.031　　④ 0.055　　⑤ 0.086

⑥ 0.22　　⑦ 0.39　　⑧ 0.50　　⑨ 0.58

サ　の解答群

① 6.0　　② 7.8　　③ 9.1　　④ 10　　⑤ 12

⑥ 14　　⑦ 16　　⑧ 23　　⑨ 33

シ　の解答群

番 号	こ	さ
①	と等しい	と等しい
②	と等しい	よりも大きい
③	と等しい	よりも小さい
④	よりも大きい	と等しい
⑤	よりも大きい	よりも大きい
⑥	よりも大きい	よりも小さい
⑦	よりも小さい	と等しい
⑧	よりも小さい	よりも大きい
⑨	よりも小さい	よりも小さい

(3)　図１のように，円柱底面の垂直方向のみから内部を観察可能な観察窓の付い
　　たピストン付きの密閉容器がある。この容器を絶対温度 T_1 に保ち，物質量 n_1
　　の気体Ａのみを入れて容器内部の体積が V_1 になるようにピストンを固定した
　　ところ，容器中で気体Ｂが生成した。ただし，気体Ａから気体Ｂが生成する
　　反応と気体Ｂから気体Ａが生成する反応は可逆反応で，以下のすべての過程

で気体 A と気体 B 以外の物質は生じず，容器中には気体 A と気体 B のみが存在するものとする。また，圧力および温度が一定の場合には平衡状態が成立しているものとする。なお，気体 A の分子量を M_1，気体 B の分子量を $2M_1$ とし，気体 A と気体 B はどちらも理想気体とみなす。

容器の温度を T_1 に保ち，ピストンを固定した状態で十分に時間が経過したとき，容器内部の圧力は P_1 で一定となり，容器中に存在する気体 A と気体 B の物質量の比は 2：1 となっていた。このとき，容器内部の気体 A の分圧は ┌─ ス ─┐ P_1 である。また，容器中に存在する気体 A と気体 B の物質量の和は ┌─ セ ─┐ n_1 である。

次に，容器の温度を T_1 に保ったまま，ピストンをゆっくりと移動した。容器内部の圧力が $5P_1$ で一定になったとき，混合気体の色はピストンを移動する前に比べて薄くなっており，容器中に存在する気体 A と気体 B の物質量の比は 2：3 となっていた。このとき，容器中に存在する気体 A と気体 B の物質量の和は ┌─ ソ ─┐ n_1 で，容器内部の体積は ┌─ タ ─┐ V_1 である。

さらに，ピストンを可動の状態として容器内部の圧力を $5P_1$ に保ち，温度 T_2 まで容器を冷却した。容器の温度が T_2 で一定となってから十分に時間が経過したとき，混合気体の色は冷却開始前と比べて薄くなっていた。このことから，冷却に伴って気体 ┌─ し ─┐ が生成する方向に平衡が移動したことがわかる。また，┌─ す ─┐ にもとづいて考えると，気体 ┌─ し ─┐ が生成する方向の反応は ┌─ せ ─┐ 反応である。┌─ し ─┐，┌─ す ─┐，┌─ せ ─┐ の組み合わせとして正しいものは ┌─ チ ─┐ である。

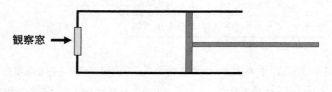

図 1

| ス | の解答群 |

① $\dfrac{1}{6}$　　② $\dfrac{1}{3}$　　③ $\dfrac{1}{2}$　　④ $\dfrac{2}{3}$　　⑤ 1

⑥ $\dfrac{3}{2}$　　⑦ 2　　⑧ 3　　⑨ 6

| セ | の解答群 |

① $\dfrac{1}{8}$　　② $\dfrac{1}{6}$　　③ $\dfrac{3}{8}$　　④ $\dfrac{1}{2}$　　⑤ $\dfrac{5}{8}$

⑥ $\dfrac{2}{3}$　　⑦ $\dfrac{3}{4}$　　⑧ 1　　⑨ 3

| ソ | の解答群 |

① $\dfrac{1}{8}$　　② $\dfrac{1}{6}$　　③ $\dfrac{3}{8}$　　④ $\dfrac{1}{2}$　　⑤ $\dfrac{5}{8}$

⑥ $\dfrac{2}{3}$　　⑦ $\dfrac{3}{4}$　　⑧ 1　　⑨ 3

| タ | の解答群 |

① $\dfrac{1}{8}$　　② $\dfrac{1}{6}$　　③ $\dfrac{3}{8}$　　④ $\dfrac{1}{2}$　　⑤ $\dfrac{5}{8}$

⑥ $\dfrac{2}{3}$　　⑦ $\dfrac{3}{4}$　　⑧ 1　　⑨ 3

| チ | の解答群 |

番　号	し	す	せ
①	A	ヘンリーの法則	吸熱
②	A	ヘンリーの法則	発熱
③	A	ルシャトリエの原理	吸熱
④	A	ルシャトリエの原理	発熱
⑤	B	ヘンリーの法則	吸熱
⑥	B	ヘンリーの法則	発熱
⑦	B	ルシャトリエの原理	吸熱
⑧	B	ルシャトリエの原理	発熱

〔F〕 次の文章を読み，文中の空欄　ア　～　チ　に最も適するものをそれ

ぞれの解答群の中から一つ選び，解答用紙の所定の欄にその番号をマークしなさ

い。また，空欄　f_1　，　f_2　に適する**構造式**を解答用紙の所定の欄に

丁寧に記入しなさい。

　　原子量が必要な場合は，次の値を用いなさい。

H = 1.0, C = 12.0, O = 16.0

(1)　次の記述 i ）～iv）は有機化合物や高分子化合物の製法，反応，構造に関する

　ものである。

　　i ）水と任意の割合で混じり合う　ア　は，工業的には酸化亜鉛等を触媒

　　　に用いて，一酸化炭素 CO と水素 H_2 から高温，高圧下で製造されている。

　　　　ア　の解答群

　　　　① アセトアルデヒド　　② エタノール　　　③ エチレン

　　　　④ ギ酸　　　　　　　　⑤ 酢酸　　　　　　⑥ ナフサ

　　　　⑦ ベンゼン　　　　　　⑧ メタノール　　　⑨ メタン

　　ii）炭素原子間の不飽和結合に，白金触媒を用いて水素 H_2 を反応させると，

　　　炭素原子間の結合は単結合になる。ここで，白金触媒を用いて 1.0 mol の水

　　　素 H_2 と混合した場合に，消費される水素 H_2 の物質量が最も大きいのは

　　　イ　である。なお，ここでは，すべての炭素原子間の不飽和結合に対

　　　する水素 H_2 の付加は理想的に進行し，これ以外の反応は起こらないものと

　　　する。

　　　　イ　の解答群

　　　　① 0.30 mol のアセチレン　　　　② 0.70 mol のエチレン

　　　　③ 1.0 mol のシクロヘキサン　　④ 0.90 mol のシクロヘキセン

　　　　⑤ 0.50 mol の 1,3-ブタジエン　　⑥ 0.45 mol のプロピン

　　　　⑦ 0.30 mol のベンゼン

　⑧　重合度が 10,000 のポリアセチレン 20 g

　⑨　重合度が 20,000 のポリエチレン 30 g

ⅲ）生体内や自然環境中で，酵素や微生物の作用により，安全で分子量の小さ
　　い化合物へと変換される高分子化合物を　あ　という。　あ　には
　　ポリ　い　などがある。なお，　い　は不斉炭素原子を含む。
　　あ　，　い　の組み合わせとして正しいものは　ウ　であ
　　る。

　　　　ウ　の解答群

番号	あ	い
①	形状記憶高分子	エチレン
②	形状記憶高分子	グリコール酸
③	形状記憶高分子	乳酸
④	吸水性高分子	エチレン
⑤	吸水性高分子	グリコール酸
⑥	吸水性高分子	乳酸
⑦	生分解性高分子	エチレン
⑧	生分解性高分子	グリコール酸
⑨	生分解性高分子	乳酸

ⅳ）ポリビニルアルコール 88.0 g に対してホルムアルデヒドの水溶液を用い
　　てアセタール化した。ポリビニルアルコールから生じた高分子化合物以外の
　　物質を完全に除去した後に，高分子化合物の質量をはかると，92.8 g であっ
　　た。このとき，アセタール化されたヒドロキシ基は，最初に用いたポリビニ
　　ルアルコールに存在していたヒドロキシ基の　エ　％である。なお，す
　　べてのポリビニルアルコールのアセタール化は理想的に進行してその他の反
　　応は起こらないものとし，最初に用いたポリビニルアルコールの重合度は十
　　分に大きいものとする。

エ の解答群

① 20   ② 25   ③ 30   ④ 35   ⑤ 40

⑥ 45   ⑦ 50   ⑧ 55   ⑨ 60

(2) アンモニア分子の水素原子を炭化水素基で置換した化合物をアミンという。置換基が脂肪族の炭化水素基のときは脂肪族アミンと呼ばれる。分子式が C_3H_9N で表される脂肪族アミンには オ 個の構造異性体がある。脂肪族アミンであるヘキサメチレンジアミンを う と加熱しながら生成する水を除去すると，縮合重合が起こり，鎖状の高分子化合物の え を生じる。 う ， え の組み合わせとして正しいものは カ である。

　芳香族の炭化水素基を置換基に持つアミンは，芳香族アミンと呼ばれる。代表的な芳香族アミンであるアニリンは， お に金属スズと濃塩酸を加えて反応させたのちに中和すると得られる。このアニリンにさらし粉水溶液を加えると か 。 お ， か の組み合わせとして正しいものは キ である。また，アニリンの希塩酸溶液を氷冷しながら亜硝酸ナトリウム水溶液を加えると， き が得られる。さらに，氷冷した き の水溶液にナトリウムフェノキシドの水溶液を加えて反応させたのちに中和すると， く をもつ橙赤色の芳香族化合物が生じる。 き ， く の組み合わせとして正しいものは ク である。芳香族アミンである p-フェニレンジアミンをテレフタル酸ジクロリドと縮合重合させて得られる鎖状の高分子化合物は ケ の一例である。 ケ からつくられる繊維は，従来の合成繊維に比べて，引っ張り強度が非常に大きく，難燃性や耐熱性，弾性にも優れる。

オ の解答群

① 2   ② 3   ③ 4   ④ 5   ⑤ 6

⑥ 7   ⑦ 8   ⑧ 9   ⑨ 10

カ　の解答群

番号	う	え
①	アジピン酸	ナイロン 6
②	アジピン酸	ナイロン 66
③	アジピン酸	ビニロン
④	アミノ酸	ナイロン 6
⑤	アミノ酸	ナイロン 66
⑥	アミノ酸	ビニロン
⑦	ピクリン酸	ナイロン 6
⑧	ピクリン酸	ナイロン 66
⑨	ピクリン酸	ビニロン

キ　の解答群

番号	お	か
①	ニトログリセリン	赤紫色を呈する
②	ニトログリセリン	黄色沈殿を生じる
③	ニトロトルエン	赤紫色を呈する
④	ニトロトルエン	黄色沈殿を生じる
⑤	ニトロフェノール	赤紫色を呈する
⑥	ニトロフェノール	黄色沈殿を生じる
⑦	ニトロベンゼン	赤紫色を呈する
⑧	ニトロベンゼン	黄色沈殿を生じる

ク　の解答群

番　号	き	く
①	アセトアニリド	アセチル基
②	アセトアニリド	スルホ基
③	アセトアニリド	ヒドロキシ基
④	塩化ベンゼンジアゾニウム	アセチル基
⑤	塩化ベンゼンジアゾニウム	スルホ基
⑥	塩化ベンゼンジアゾニウム	ヒドロキシ基
⑦	ベンゼンスルホン酸	アセチル基
⑧	ベンゼンスルホン酸	スルホ基
⑨	ベンゼンスルホン酸	ヒドロキシ基

ケ　の解答群

① アクリル　　　　　② アミノ樹脂　　　　　③ アミロース

④ アラミド　　　　　⑤ セルロース　　　　　⑥ フェノール樹脂

⑦ ポリエステル　　　⑧ ポリエチレン　　　　⑨ ポリプロピレン

(3) 原子番号が同じでも，　コ　が違うために質量数の異なる原子を互いに同位体という。酸素原子には，放射性同位体を含めて複数の同位体の存在が確認されているが，地球上で天然に安定に存在できるのは　サ　である。

　　酸素原子を含む有機化合物にエステルがある。以下，酸素原子については ^{16}O のみからなる，分子式が $C_4H_8{}^{16}O_2$ で表されるエステルの加水分解反応について考える。エステルの構造式には複数の候補が考えられる。それらの中から一つのエステルを選択し，^{16}O 以外の安定な酸素原子の同位体 ^nO を含む水 $H_2{}^nO$ を使って加水分解すると，^nO を　け　カルボン酸と ^nO を　こ　アルコールが生じる。なお，ここではエステルの加水分解以外の反応は起こらないものとして考えることとする。　け　，　こ　の組み合わせとして正しいものは　シ　である。候補となるすべてのエステルを加水分解した場合に，アンモニア性硝酸銀水溶液との反応で銀を析出させるカ

ルボン酸を与えるエステルは全部で $\boxed{\text{さ}}$ 個ある。また，候補となるすべてのエステルに対して加水分解をおこなった際，生じるカルボン酸とアルコールの中で，ヨードホルム反応を示すものは全部で $\boxed{\text{し}}$ 個ある。 $\boxed{\text{さ}}$ ，$\boxed{\text{し}}$ の組み合わせとして正しいものは $\boxed{\text{ス}}$ である。

$\boxed{\text{コ}}$ の解答群

① イオン化エネルギー　② 価電子の数　　③ 原子核の数

④ 最外殻電子の数　　　⑤ 中性子の数　　⑥ 電子殻の数

⑦ 電子の数　　　　　　⑧ 電子配置　　　⑨ 陽子の数

$\boxed{\text{サ}}$ の解答群

① $^{14}O,\ ^{15}O,\ ^{16}O$ 　　　　　　　② $^{14}O,\ ^{15}O,\ ^{16}O,\ ^{17}O$

③ $^{14}O,\ ^{15}O,\ ^{16}O,\ ^{17}O,\ ^{18}O$ 　　④ $^{15}O,\ ^{16}O,\ ^{17}O$

⑤ $^{15}O,\ ^{16}O,\ ^{17}O,\ ^{18}O$ 　　　　⑥ $^{15}O,\ ^{16}O,\ ^{17}O,\ ^{18}O,\ ^{19}O$

⑦ $^{16}O,\ ^{17}O,\ ^{18}O$ 　　　　　　　⑧ $^{16}O,\ ^{17}O,\ ^{18}O,\ ^{19}O$

⑨ $^{16}O,\ ^{17}O,\ ^{18}O,\ ^{19}O,\ ^{20}O$

$\boxed{\text{シ}}$ の解答群

番　号	け	こ
①	含まない	含まない
②	含まない	含む
③	含む	含まない
④	含む	含む

スの解答群

番　号	さ	し
①	1	2
②	1	3
③	1	4
④	2	2
⑤	2	3
⑥	2	4
⑦	3	2
⑧	3	3
⑨	3	4

(4) 分子式が $C_6H_yO_z$ で表される，5員環の環状構造を持つ有機化合物 **A**，**B**，**C**，**D** を出発原料に用いて以下の実験をおこなった。

 i ）**A**，**B**，**C**，**D** をそれぞれ 50 mg はかりとり，酸素気流下において完全燃焼させたところ，いずれの場合も 132 mg の二酸化炭素と 54 mg の水のみが生じた。

 ii ）**A**，**B**，**C**，**D** のそれぞれを，硫酸酸性の二クロム酸カリウム水溶液に加えて加熱したところ，**A** と **C** は反応しなかったが，**B** からは **E** が，**D** からは **F** がそれぞれ得られた。

 iii ）**A**，**B**，**C**，**D** それぞれのジエチルエーテル溶液に金属ナトリウムを加えたところ，**C** を含む溶液以外からは水素が発生した。

 iv ）**E** と **F** のそれぞれを，炭酸水素ナトリウム水溶液に加えてかくはんしたところ，**E** を含む溶液は変化しなかったが，**F** を含む溶液からは二酸化炭素が発生した。

(a) 記述 i ）にもとづけば，有機化合物 **B** が持つ水素原子の数(y)と酸素原子の数(z)の組み合わせとして正しいものは　　セ　　である。

セ　の解答群

番　号	y	z
①	8	1
②	8	2
③	8	3
④	10	1
⑤	10	2
⑥	10	3
⑦	12	1
⑧	12	2
⑨	12	3

(b) 記述ⅲ)の実験において，有機化合物 **A** と金属ナトリウムから水素が発生する反応だけが理想的に進行する場合，n〔mol〕の水素 H_2 を発生させるには，　す　〔mol〕の有機化合物 **A** と　せ　〔mol〕の金属ナトリウムが必要である。　す　と　せ　の組み合わせとして正しいものは　ソ　である。

ソ　の解答群

番　号	す	せ
①	$0.5n$	$0.5n$
②	$0.5n$	n
③	$0.5n$	$2n$
④	n	$0.5n$
⑤	n	n
⑥	n	$2n$
⑦	$2n$	$0.5n$
⑧	$2n$	n
⑨	$2n$	$2n$

(c) 問題の説明文と各実験の結果にもとづいて考えると，**C** の構造の候補とし
ては，最大で　　タ　　個考えられる。なお，ここでは立体異性体は区別し
ないで考えること。また，　　タ　　個の構造の中で不斉炭素原子が含まれ
ている構造は　　チ　　個ある。

　　タ　　の解答群

① 1　　　　② 2　　　　③ 3　　　　④ 4　　　　⑤ 5
⑥ 6　　　　⑦ 7　　　　⑧ 8　　　　⑨ 9

　　チ　　の解答群

① 1　　　　② 2　　　　③ 3　　　　④ 4　　　　⑤ 5
⑥ 6　　　　⑦ 7　　　　⑧ 8　　　　⑨ 9

(d) 問題の説明文と各実験の結果にもとづいて考えると，有機化合物 **A** の構
造式を　　f_1　　，有機化合物 **F** の構造式を　　f_2　　と特定できる。

解答編

英語

解答 A．homework
B．全訳下線部B参照。
C．全訳下線部C参照。
D．＜解答例＞ The only way to survive was to escape from the country.

1—④ 2—② 3—⑤ 4—③ 5—④ 6—③ 7—① 8—⑤
9—② 10—① 11．2番目—⑥ 6番目—⑦ 12—② 13—③ 14—②
15—④ 16—④ 17—① 18—③ 19—③ 20—④ 21—② 22—②
23—⑤ 24—④ 25—④ 26—②

◆全　訳◆

≪一通の手紙が2人の人生を変えた≫

ジャライ先生が微笑みながら私たちの教室に入って来た。

「みなさん，アメリカの文通友達から何通か手紙が来ましたよ！」と彼女はうれしそうな声で言った。10月中旬であり学年末近くであったので，これはうれしいサプライズであった。

みなおしゃべりをし始めた——私たちはみなアメリカを知っていたし，大好きであった。アメリカはコカ・コーラとWWF，つまり世界レスリング連合の国であった。お金のある子供たちは，町で見つけたアメリカの雑誌のいろいろなレスリングの写真をコピーし，それからそれらを他の生徒たちに売ったものだった。ハルク＝ホーガンの縦8インチ×横10インチの白黒のコピーを持つことはとても人気があった——ジンバブエでは彼は神だと見なされていたのだ。兄のネイションはどうにか1枚手に入れ，風船ガムをテープとして使い家の壁にそれを貼ったのだ。それは社会的地位を表すものであった。「ハルク＝ホーガンを持っている？　マッチョ＝マンは？」　スカルキャップとかかとの高いブーツを身につけ多額の金を稼ぐ

筋肉隆々の男たち——これこそ私のアメリカ観であった。成功した生活！　この遠く離れた国の私と同年齢の子供たちが，どういう人たちなのか私は知りたかった。

[中略]

　ジャライ先生は私に最初の手紙を手渡し，それを声に出して読むよう求めた。私たちは学校で英語を学んでいた——ジンバブエはかつてイギリスの植民地であった——しかし私は家族や友達とはショナ語を話していた。ムタレは私が生活していたところだが，99％がショナ語を使っていた。私は英語の話し方は知っていたが，このクラスでしか使っていなかったので，私の口から発せられる単語は滑稽に感じられた。私はラジオとテレビで聞いていた声を真似ようとした。かん高い鼻声だ。

　「こんにちは，私の名前はケイトリンです」と読み始めた。それは奇妙な名前だったのでみんなが笑った。私はペンシルベニアという言葉を一度も耳にしたことがなく，発音するのに苦労した。しかし一方，私は彼女がやっているスポーツをリストアップしている箇所に達し微笑んだ。私たちに共通の部分があったのだ。私は友だちと毎日サッカーをしていたが，フィールドホッケーという言葉を一度も聞いたことがなく，どう発音したらいいか確信が持てなかった。

　「フィールドホーキー」と私は発音してみた。

　「ホッケーですよ」とジャライ先生は私が続ける前に修正してくれた。

　「私はまたスパイスガールズが本当に好きです。知っていますか？　ベイビー・スパイスは私のお気に入りです」

　誰かが "If you want to be my lover!" を歌い，私たちの先生を含めてみんなが笑った。スパイスガールズはジンバブエでとても人気があったのだ。

　「ジンバブエの生活はどんなのですか？　返事をいただけるとうれしいです！　敬具　ケイトリン＝ストイクシズ」

　私が彼女の名字を発音しようとしたとき，クラスが再び笑い出した。

　ジャライ先生はただただ首を横に振り，微笑んで，「それは手助けできないわ！」と言った。

　ジャライ先生は，私たちの中で手紙をもらった者には返事を書き，翌日持って来るよう指示した。私はいつも宿題は大好きだったけれど，これは

学校のどの通常の宿題より重要だと感じられた。新しい友達を持ったのである。アメリカにだ。

［中略］

　ジャライ先生は再び微笑んでいた。みんなが席に着くと，先生が手にとても華やかでカラフルな手紙を手にしているのがわかった。

　「最初の返事が届きましたよ」とジャライ先生は告げ，私に手紙を手渡してくれた。ハートと星が横一列に私の名前と住所を縁どっていて，それぞれ異なる色で完璧に描かれていた――青，赤，黄色，緑，そしてオレンジの虹色だ。私は即座に手紙を開けたが，私の机の近辺の仲間たちがもっと身近に見たいと身を乗り出してきたので，その秀逸な芸術作品を破らないよう気をつけた。

　私が手紙を開けると，小さな写真が私の机の上に落ちた。

　私の文通友達がそんなに貴重なものを送ってくるとは信じることができなかった。ジンバブエでは写真はとても珍しくかなり高価なのである。

　私は机から写真を拾い，ケイトリンがどれほどかわいく見えるかに感銘を受けた。天使のようであった。彼女の髪はとてもブロンドで，金色のように見えた。

　その時までには，他の生徒たちも見たいという様子で私の机の周りに集まっていた。

　私はジャライ先生に写真を手渡し，先生がそれを持ち上げみんなが見えるようにして，私はすぐさま彼女の手紙にざっと目を通した。一文一文を読んでいる間，私の心臓は高鳴っていた。ケイトリンは彼女の趣味について書き，私の趣味を知りたがっていた。それから彼女はジンバブエの気候について尋ねた。私はすでにどう返事を出すかについて考えていると，ジャライ先生が写真を返してくれた。まさにその時に，写真の裏にケイトリンがメッセージを書いていたのがわかった。彼女はお返しに私の写真を望んでいたのだ。

　私の心臓は高鳴りの状態から停止状態に移った。この依頼は不可能ではないとしても困難だったのだ。これはその日の授業の間ずっと，そして家に帰る途中もずっと私を悩ませていた。私はカメラを持っている人は誰も知らなかったのだ。写真を撮る唯一の方法はプロの写真家を雇って家に来てもらうことであった。それは多額のお金がかかったのだ。

　これはアメリカも同じであろうかと自問した。ケイトリンの写真はプロが撮ったもののように見えた。どこで撮られたかさえわからなかった——どこか建物の中か？　背景は彼女のシャツ同様，スカイブルーであった。ケイトリンが私にそんなに特別なものを送ってくれて感動したので，私は恩返しをしたいと思ったが——どうしたらいいか確信が持てなかった。でもそれだけが私の唯一の心配事ではなかった。

　私が教室を出ようとしていたときに，ジャライ先生が「マーティン，あなたの文通友達が再び書いてきてくれたことはとてもうれしいけど，学校にはもうあなたのために手紙を送る資金がないの。あなたのご両親がこの重要な文通を続ける援助をしてくれるといいんだけど」と言った。

　私はわかっていた——ジンバブエでは切手は高価だったのだ。しかし，パンや紅茶，牛乳に，かつては普通に食べていて今では珍しいごちそうとなった多くの他の物もそうであった。インフレが上昇し続けていたが，それは私の父の給料ではますます食べ物が買えなくなっていることを意味していた。1カ月以上の間パンを買えていなかったのに，いったいどうすれば切手ばかりか写真を撮ってくれるよう求めることができようか？　食べ物が著しく高価になってきたので，私は母に2週間おきに父の給料を受け取りに行かされるようになった。それは，父が給料を，砂糖もろこしかトウモロコシから作られる人気のアルコール飲料のチブクに使う機会を持つ前にである。チブクは紙パックで購入できるのだが，底に沈んでいるシトラスの沈殿物を混ぜるため飲む前にそれを振るのである。父はビールの方が好きだったが，チブクはより安く，同じような効果があった。そして父は特に長い1週間の労働の終わりに楽しい時を過ごすのが好きであった。だから，私の仕事は父が祝う機会を持つ前に父の給料を回収することであった。母が食べ物を買い賃貸料や光熱費を払うために父の給料を使ったあと，B<u>酒は言うまでもなく，朝食に飲む紅茶を買うお金もなかった。</u>

［中略］

　その夜，私は眠る前にハルク゠ホーガンのポスターのそばにケイトリンの写真をピンで留めた。

　翌朝，私は起きるとケイトリンが微笑みながら私を見下ろしているのが見えた。彼女の写真がそこにあってうれしかったのだが，とても心配でもあった。彼女が依頼するように，私は自分の写真を彼女に送りたかった。

でも，どうやって？ 写真家を雇うことは，ひきわりトウモロコシ，つまりサザを作るために使われるトウモロコシ粉の1週間分と同額であった。私は約1週間この異なる考えと格闘したが，最終的に私のジレンマを母に伝えた。

母の目は輝いた。

「マーティン，学校で賞を得たことを覚えている？」と母は言った。

2年前に，私は学校の全国クラス分けテストで最高得点を取ったのだ。ジンバブエのすべての人が小学校の終わりにこのテストを受けた。私たちの卒業式で，校長先生は私の得点が私たちの学校ばかりか，ムタレ全域でも最高得点だったと告げた。会場全体が息をのんだあと，割れんばかりの拍手が起こった。

私は誇らしかったが，父はいっそう誇らしげであった。彼はその日の午後に，さらに高まったようで，胸を膨らませて歩き回り，微笑みはいつもより明るく大きく見えた。彼はとても喜んでいたので，卒業式に来た写真家に私たちの写真を撮るよう頼んだのだ。その写真で，私は制服を着ている。父は私の右に立っていて，ネイションは左にいて，指揮棒のように巻き上げられた証明書を持っている。彼らは2人とも微笑んでいるが，私はとても生真面目に見えていて，まっすぐカメラを見ている。_C私はそれ以前にもその後にも私の写真を撮ってもらったことはなかった。正直に言えば，私は少し緊張していたのだ。しかし私たちが写真を受け取ると，私はそれがどれほど特別なものなのかわかった。その写真は実際のところ，私の人生のとても幸せな瞬間を記録し，永遠に凍結してくれたのだ。

「それを彼女に送りなさい」と母は言った。

「本当に？」と私はたずねた。

それは私たちが持っている唯一の写真であった。

返事をする代わりに，母は写真を取るために私の成績証と証明書がすべて入っている箱を持ってきた。母は切手のお金も渡してくれた。

「あなたの友達はあなたからの手紙を待っているわよ」と母は言った。

━━━━━◀ 解　説 ▶━━━━━

A．下線部を含む部分は「私はいつも宿題は大好きだったけれど，これは学校のどの通常の_Aassignment より重要だと感じられた」となる。this は前文（Mrs. Jarai …）の craft a response and bring it back the following day を受けている。これは宿題のことなので，比較の対象である any regular school assignment も宿題と言えそうだ。homework を正解としていいだろう。

B．there was 〜 はいわゆる there is 構文で「〜があった」となる。money for 〜 は「〜のお金，〜のためのお金」の意味。money for a trip なら「旅行のためのお金，旅行代金」となる。breakfast tea の tea は「紅茶」と訳すのがいいだろう。*A* let alone *B* は「（通例否定文で）*B* は言うまでもなく *A* も」の意味。ここでは，*A* は breakfast tea で，*B* は alcohol である。The baby can't even walk, let alone run. 「その赤ん坊は走るのは言うまでもなく，歩くことさえできない」のような例を参考にしてほしい。

C．had 〜 had は過去完了形。写真を撮ってもらった過去の時点を基準としているので過去完了形となっている。また，never を使っているのでこの過去完了形は経験を表す。2 つ目の had は have の過去分詞だが，have *A done* で「（お金を払ったりして当然の依頼として）*A* を〜してもらう」の意味があるのは重要。いわゆる使役動詞の have である。before と since はどちらも副詞で，前者は「（ある過去の時点を基準として）それ以前に」，後者は「（ある過去の時点を基準として）その後に」の意味である。*A* or *B* は否定文だと「*A* も *B* も〜ない」の訳となり，両方を否定することに注意しよう。「私はそれ以前にもその後にも私の写真を撮ってもらったことはなかった」が解答例である。

D．第 21 段第 5 文に The only way to get a photo was to hire 〜 の文があるので，これを利用して正解を導く。The only way to (*do*) 〜 is to (*do*)…. 「〜する唯一の方法は…することだ」となる。「生き延びる」は survive，「〜から脱出する」は escape from 〜 を使うといい。他に，get out of 〜 や，flee でもいいだろう。全体は過去形なので，The only way to survive was to escape from the country. が解答例となる。

1．下線部を含む文は「お金のある子供たちは，町で見つけたアメリカの雑誌のいろいろなレスリングの写真をコピーし，それからそれらを他の生徒たちに売ったものだった」の内容となる。「売った」のは American magazines ではなくコピーをした different wrestling photos であろう。次に「ハルク=ホーガンの縦 8 インチ×横 10 インチの白黒のコピーを持つ

ことはとても人気があった」とある。④「レスラーの写真のコピー」が一番近い選択肢となる。

2．this は後ろの内容を指すことが可能であり，Now, listen to this.「さあ，これから言うことを聞いてくれ」のような例の this はこれから言うことを指す。下線部の this も同様で，This はダッシュ（—のこと）の後ろの内容を指していると考えられる。「スカルキャップとかかとの高いブーツを身につけ多額の金を稼ぐ筋肉隆々の男たち」の内容に最も近いのは，②「スター選手のいる成功の機会に恵まれた国」となる。「多額の金を稼ぐ筋肉隆々の男たち」とはハルク=ホーガンのようなプロレスラーを念頭に置いているのであろう。

3．下線部は「私はラジオとテレビで聞いていた声を真似ようとした」の内容となる。tried to *do* は「～しようとした」の訳だが，ネイティブは「実際はしなかった，またはできなかった」の意味で解すると言われる。日本語でも「彼女に告白しようとした」と言うと実際には告白できなかったというニュアンスを感じる。下線部の直前で「私の口から発せられる単語は滑稽に感じられた」と言っているのもヒント。ネイティブが発音するように発音したかったのだ。

4．空所の前にある hear of ～ は「～のことを耳にする」の意味で，主に完了形で使われる。初めて聞く名前を目的語にとることも多い。ここでは「Pennsylvania という地名を一度も聞いたことがなかった」の内容となる。have a difficult time *doing* は「～するのに苦労する」の意味。特に英語の初出の単語はスペルも発音も大変なことはよくある。「発音する」の pronounce を使った③ pronouncing が正解。

5．下線部を含む文は「しかし一方，私は彼女がやっているスポーツをリストアップしている箇所に達し微笑んだ。私たちに共通の部分があったのだ」という内容となる。smiled の主語は I である。I は第 23 段第 1 文（As I was …）でジャライ先生が「私」のことを Martin と呼んでいるので，「私」とは Martin ということになる。また，「私たちに共通の部分があったのだ」と言っているが，友達になろうとしている相手と自分に共通の部分があるとわかるとうれしいものであるから，smiled するのも当然だと考える。よって，④を正解とするのがいいだろう。

6．①「というよりむしろ」 ②「～のおかげで」 ③「～を含めた」 ④

「〜に関して」 ⑤「〜によると」

空所の前後は「誰かが *"If you want to be my lover!"* を歌い，私たちの先生 ⎡ 6 ⎤ みんなが笑った。スパイスガールズはジンバブエでとても人気があったのだ」という内容となる。「スパイスガールズはジンバブエでとても人気があった」のだから，生徒たちも私たちの先生も *"If you want to be my lover!"* という曲を知っていたのであろう。急にスパイスガールズの曲を歌い出したのだから，笑う雰囲気もわかる。したがって，③ including「〜を含めた」が最適。

7．①「返事を書く」 ②「感情を表す」 ③「伝言を残す」 ④「演説をする」 ⑤「メモする」

「ジャライ先生は手紙を受け取った人たちに craft a response するよう言った」の部分から類推する。craft には「（技術を駆使して）〜を作る」，response には「返答，返事」の意味がある。先生は手紙を受け取った生徒たちに返事を書くよう言ったのだ。

8．everyone は教室にいる生徒たちであることを押さえる。take a seat で「席にすわる，席に着く」の意味となり，ジャライ先生が教室に入って来たときには気づかなかったが，席にすわる際に，筆者は先生が手紙を持っていることに気づいたのだ。

9．下線部は「その秀逸な芸術作品」が直訳。careful not to rip the excellent artwork は being が省略された分詞構文で，「その秀逸な芸術作品を破らないよう気をつけながら」という意味。前文の A row of hearts and stars framed my name and address「ハートと星が横一列に私の名前と住所を縁どっている」の部分を受けて the excellent artwork と言っていると理解するといい。

10．空所を含む文は「ジンバブエでは写真はとても珍しくかなり高価なのである」とするのが理にかなっている。*A* and *B* の *A* が very rare であることと，その後の文脈で筆者がケイトリンに送る写真を撮るのに難儀しているのがヒント。expensive なので写真を撮ることができないのだ。

11．(I handed) the photo to Mrs. Jarai so she could hold it up for (everyone to see,)

他動詞の hand は hand O₁ O₂＝hand O₂ to O₁ で「O₁ に O₂ を手渡す」の意味。したがって，handed the photo to Mrs. Jarai となる。so that *A* can *do* ～ で「*A* が～できるように」の意味の目的を表すが，that は省略可で，can は時制の一致により could とし，so she could となる。hold up ～「～を持ち上げる」は他動詞＋副詞なので人称代名詞を間に挟まないといけない。したがって，hold it up となる。for everyone to see は for everyone が不定詞の意味上の主語，to see は不定詞・副詞的用法「～するために」である。

12.　下線部の note は「ノート」ではなく「（短い）手紙，メッセージ」くらいの意味。直後の on its back の back は「裏面」，its は前文の the photo「その写真」を受けている。「ケイトリンはその裏面にメッセージを書いていた」が直訳。よって，②「Caitlin からのメッセージ」が正解。③の「備忘録」は「（あとで忘れないようにするために書き留めておく）メモ」というニュアンスなので，ここの note とは意味が違う。

13.　空所を含む段落の前段第 2 文（My heart was …）に「一文一文を読んでいる間，私の心臓は高鳴っていた」というくだりがある。ケイトリンの手紙を読み進めている際には興奮していたのだが，筆者の写真を送ってほしいと書かれているのがわかったときの彼の気持ちを表している。from *A* to *B*「*A* から *B* へ」の *A* と *B* は両極端になることが多い。ここも sprinting は「全速力で走ること」，a standstill は「停止」の意味で両極端の意味となる。sprinting は「短距離走者」を sprinter ということを思い出すと意味を類推できるかもしれない。a standstill は「停止」の意味だが，気持ちが沈んだ状態を表していると考えられる。

14.　下線部の前後は「ケイトリンの写真はプロが撮ったもののように見えた。どこで撮られたかさえわからなかった──どこか建物の中か？　背景は彼女のシャツ同様，スカイブルーであった」の内容となる。even は「どこで撮られたか」の部分を強調しているので，②の「背景に手がかりとなるものが写っていなかったから」が正解。

15.　下線部の前の I wanted to return the favor「私は恩返しをしたかった」は，ケイトリンが写真を送ってきてくれて，彼女が私の写真を欲しがっているので，私も送ってあげたいという意味。第 26 段第 3・4 文の I wanted to send her a photo of me as she requested. But how? でもまったく同じことを言っているので，こちらをヒントにしてもいい。④「自分の写真を用意する方法」が正解。

16.　①「銀行の口座にお金を預けておくことから得るお金」

②「紙幣や硬貨のかたちのお金」

③「コンピューターで電子的に蓄えられているお金」

④「何かに使うために必要とされるか利用できるお金」

⑤「お金を借りたことに対して銀行から請求されるお金」

funds は「（組織が必要とする）お金」の意味。マーティンが通うジンバブエの学校にはもう手紙を送るお金がないと言っている。④が正解となる。

17.　①「手紙のやりとり」　②「長距離の友情」　③「異なる意見」　④「よい会話」　⑤「書面による契約書」

correspondence は「文通，手紙のやりとり」の意味。本文全体が文通友達との文通の話なので，類推は可能であろう。

18.　空所を含む文は「１カ月以上の間パンを買えていなかったのに，いったいどうすれば切手ばかりか写真を撮ってくれるよう求めることができようか？」となる。*A* as well as *B* で「*B* 同様 *A* も，*B* ばかりか *A* も」の意味。パンも買えないのに，切手同様写真を撮ってもらうお金はさらにないと言っているのだ。

19.　チブクは下線部の後ろで「アルコール飲料」と説明されている。また，次の文（It came in …）に「チブクは紙パックで購入できるのだが，底に沈んでいるシトラスの沈殿物を混ぜるため飲む前にそれを振るのである」とある。③「沈殿物があるのでよく振ってから飲むアルコール飲料」が正解。ただ，sediment「沈殿物」が難語なので，消去法で解くしかないかもしれない。

20.　空所を含む文の前段に「ハルク＝ホーガンのポスターのそばにケイトリンの写真をピンで留めた」とある。朝，目が覚めたときには筆者は横になっているはずなので，壁にピンで留めた写真の中のケイトリンは筆者を「見下ろしている」ことになる。smile down on 〜で「微笑みながら〜を見下ろす」となる。④ down が正解。

21.　空所の前後は「私は約１週間この異なる考えと格闘したが，最終的に私のジレンマを母に伝えた」となる。「私のジレンマ」と「異なる考え」はいずれも，ケイトリンに写真を送るにはお金がかかるが，あきらめればケイトリンとの友情が失われるかもしれないことについて示している。空所の直後に finally があるのもヒントで，「約１週間この異なる考えと格闘

した」ほうが「最終的に私のジレンマを母に伝えた」より時間的に前になるのはわかるであろう。

22.　collective は「集団の，団体の」，gasp は難単語で「息をのむこと」の意味。the audience は「観衆，聴衆」の意味だが，ここでは学校の全生徒のことを言っている。〜, followed by … は「〜，そしてその後に…」くらいの訳となる。〜が先で…が後に起きる。a collective gasp in the audience が先，an applause that thundered in my bones が後に起きたとわかる。applause は「拍手」，thunder は名詞で「雷鳴」の意味だが，ここでは動詞で「大きな音を立てる」の意味。in my bones は「私の骨の中で」が直訳。私の骨に拍手の音がずっしりと響く感じ，となる。

23.　正解は⑤の another。My son grew 5 inches last year.「私の息子は昨年 5 インチ背が伸びた」のような言い方がある。ただ，ここの grow another inch「さらに 1 インチ背が伸びた」は比喩的な言い方で，「さらに成長した」くらいの訳になる。空所を含む文の前文（I was proud, …）で my father was even more so「私の父は（私より）いっそうそう（誇らしげ）であった」とあるが，午前中に誇らしげであった父が午後になるとさらにその誇らしさが増したと言っていると考えられる。これは難問。

24.　下線部を含む文の前文で「その写真は実際のところ，私の人生のとても幸せな瞬間を記録し，永遠に凍結してくれたのだ」とある。今までの人生の中で唯一撮った自分の写真のことを言っている。その回想に対して，母が「それを彼女に送りなさい」と言っている場面。④「唯一の記念写真」が正解。

25.　設問 18 の空所前後（How could I … than a month?）では切手の代金を払うのは大変で，写真を撮ってもらうのはもっと大変だと言っていたが，写真の件は解決した。そこで，空所直後で母がマーティンに「あなたの友達はあなたからの手紙を待っているわよ」と言っていることから，切手代も母が出してくれたと考えられる。④の stamps が正解。

26.　①は第 3 段第 4 文（It was very …）と第 7 文（"Do you have …），第 25 段（That night, before …）に Hulk Hogan の話が出てくるが，「文通相手を夢見ていた」とは書かれていないので合致しない。
②は第 24 段第 1 〜 3 文（I understood — …less food.）が該当箇所。切手が高価であるのに加えて，「かつては普通に食べていて今では珍しいごち

そうとなった多くの他の物もそうであった。インフレが上昇し続けていた
が，それは私の父の給料ではますます食べ物が買えなくなっていることを
意味していた」とある。昔は普通に食べていたものが今では食べられない
のだ。また，インフレによってますます食べ物を買えなくなっているのも
物価が高くなったことを示唆している。この選択肢が正解。

③は第 20 段第 4 文（And then she …）が該当箇所。「彼女はジンバブエ
の気候について尋ねた」と書かれているが，少なくとも文化との比較はし
ていないし，文化より自然について知りたがっているとも言えない。

④は第 30 段第 1 文（I was proud, …）が該当箇所であろう。proud とい
う語があるが，この語は「自慢」のような悪い意味ではなく，しかも私と
父が誇りに思ったのであって，主語は母ではない。

⑤は「ジンバブエの現実を Caitlin に教えたくないと思っている」の内容
を表す部分は本文中にはない。

❖講　評

　2022 年度も例年通り大問 1 題の英文。設問は記述式が同意表現，英
文和訳，和文英訳，選択式が内容説明，空所補充，同意表現，語句整序，
語句意，内容真偽であった。2022 年度の特徴は，2021 年度の評論文か
ら従来の物語文に戻ったということ。もう一点は，記述式問題が 3 年前
から 9 問→ 4 問→ 3 問と減っていたが，2022 年度は 4 問に微増したこ
とである。

　2022 年度の記述式問題は，同意表現が 1 問。assignment の言い換え
を本文中から選ぶ問題であった。assignment 自体頻出語であるし，言
い換えるべき語はすぐ近くにあったので，無理のない問題である。英文
和訳問題が 2 問。… there was no money for breakfast tea, let alone
alcohol と I had never had my photo taken before or since を和訳す
る問題であった。理工学部の英文和訳問題は語彙はいたって平易だが，
前後をしっかり読み類推する力がないと解けないようなものが多い。
2022 年度は 2 問とも重要な語彙，熟語，文法が均等に含まれたいわゆ
る良問と言われる英文和訳問題であった。2019 年度のような字数制限
のある内容説明問題は出題されず，2020 年度のような字数制限なしの
内容説明問題もなかった。和文英訳は 1 問。「生き延びるための唯一の

方法は，その国から脱出することだった。」が課題文で，本文中にヒントがあるタイプの問題であった。和文英訳問題は，本文を利用できる場合とそうでない場合があることを押さえておくといいだろう。

　2022 年度の選択式問題は，2021 年度より 1 問減った。記述式問題が増えた分，こちらが減ったことになる。空所補充問題は 2021 年度は前後関係から論理的に導くもの，2020 年度は熟語の知識を問うものが多かったが，2022 年度はどちらかのタイプに偏ることはなかった。内容説明は 2022 年度も前後関係が重要となっている。特に後ろがヒントになることが多いことも押さえておこう。同意表現，語句意は標準からやや難しい程度の語が狙われているが，2022 年度は知識問題というより前後の文脈がヒントになっていた。たとえば，問 12 のように a note といってもいろいろな意味があるので，前後をしっかり読まないと解けない。語句整序問題は難しくはないが，語法や文法などさまざまな視点から考えなければならないという点で総合的な力が問われている。全体的に選択式問題はよく練られた問題であり，受験生のいろいろな能力を正確に測ることができそうだ。

　理工学部の設問は受験生の総合的な英語の能力と論理的な力を問うている。難問ではないが，いざ正解を導こうとすると意外と厄介である。標準レベルの正確な知識と，論理的に英文を読み設問を解く力を身につけることが肝心だ。

数学

I **解答** (1)ア. 4 イ. 8 ウエオ. 512 カキ. 32 クケ. 64
(2)コ. 5 サ. 5 シス. 10 セ. 5
(3)ソ. 1 タ. 2 チ. 1 ツ. 3 テ. 4 ト. 1 ナ. 9 ニ. 4

◀解　説▶

≪小問3問≫

(1) (a) 剰余の定理より

$$f(2) = (2+2)(2-1)^{10} = 4 \quad →ア$$

(b) 二項定理より，$(x-1)^{10}$ の展開式の一般項は

$$_{10}C_r x^{10-r}(-1)^r \quad (r=0, 1, 2, \cdots, 10)$$

$x+2$ との積で x^{10} の係数となるのは

$$_{10}C_1(-1)^1 + 2 \times {_{10}C_0}(-1)^0 = -10 + 2 = -8$$

よって，x^{10} の係数である a_{10} の値は

$$a_{10} = -8 \quad →イ$$

(c) $f(x) = (x+2)(x-1)^{10}$
$$= a_0 + a_1 x + a_2 x^2 + \cdots + a_{10} x^{10} + a_{11} x^{11}$$

であるから

$$f(1) = 0 = a_0 + a_1 + a_2 + \cdots + a_{10} + a_{11} \quad \cdots\cdots①$$
$$f(-1) = (-2)^{10} = a_0 - a_1 + a_2 - \cdots + a_{10} - a_{11} \quad \cdots\cdots②$$

①+② より

$$2(a_0 + a_2 + \cdots + a_{10}) = (-2)^{10} = 1024$$

よって

$$a_0 + a_2 + a_4 + a_6 + a_8 + a_{10} = 512 \quad →ウエオ$$

(d) $f(i) = (i+2)(i-1)^{10} = (i+2)(1-i)^{10}$

であり，$1-i$ を極形式で表すと

$$1 - i = \sqrt{2}\left\{\cos\left(-\frac{\pi}{4}\right) + i\sin\left(-\frac{\pi}{4}\right)\right\}$$

となる。ド・モアブルの定理より

$$(1-i)^{10} = (\sqrt{2})^{10}\left\{\cos\left(-\frac{\pi}{4}\right) + i\sin\left(-\frac{\pi}{4}\right)\right\}^{10}$$

$$= 32\left\{\cos\left(-\frac{5}{2}\pi\right) + i\sin\left(-\frac{5}{2}\pi\right)\right\}$$

$$= -32i$$

したがって

$$f(i) = (i+2) \times (-32i) = 32 - 64i \quad \rightarrow カ 〜 ケ$$

(2)　(a)　直線 $2x+y=t$ が曲線 C と共有点をもつためには，$y=t-2x$ を曲線 C の方程式に代入して整理した 2 次方程式

$$5x^2 - 6tx + 2t^2 - 5 = 0 \quad \cdots\cdots①$$

が実数解をもてばよい。この条件は，①の判別式を D とおくと

$$\frac{D}{4} = 9t^2 - 5(2t^2 - 5) = 25 - t^2 \geqq 0$$

である。よって，求める実数 t の値の範囲は

$$(t+5)(t-5) \leqq 0$$

より　　$-5 \leqq t \leqq 5 \quad \rightarrow コ，サ$

(b)　直線 $2x+y=t$ が曲線 C と $x \geqq 0$ の範囲で共有点をもつためには，2 次方程式①が $x \geqq 0$ の解を少なくとも 1 つもてばよい。

$f(t) = 5x^2 - 6tx + 2t^2 - 5$ とおくと

$$f(t) = 5\left(x - \frac{3}{5}t\right)^2 + \frac{t^2}{5} - 5$$

$y=f(t)$ のグラフは頂点 $\left(\dfrac{3}{5}t,\ \dfrac{t^2}{5}-5\right)$，軸は直線 $x=\dfrac{3}{5}t$，下に凸の放物線であるから，この条件は，次の 2 つに場合分けして考える。

(i)　$\dfrac{3}{5}t \leqq 0$，すなわち $t \leqq 0$ のとき

$$f(0) = 2t^2 - 5 \leqq 0$$

よって

$$-\frac{1}{2}\sqrt{10} \leqq t \leqq \frac{1}{2}\sqrt{10}$$

$t \leqq 0$ より

$$-\frac{1}{2}\sqrt{10} \leqq t \leqq 0$$

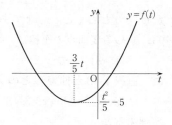

(ⅱ)　$0 < \dfrac{3}{5}t$，すなわち $t > 0$ のとき

$$\dfrac{t^2}{5} - 5 \leqq 0$$

よって

$$-5 \leqq t \leqq 5$$

$t > 0$ より

$$0 < t \leqq 5$$

(ⅰ)，(ⅱ)より，求める値の範囲は

$$-\dfrac{1}{2}\sqrt{10} \leqq t \leqq 5 \quad \to シ\sim セ$$

(3)　(a)　真数は正より，$x > 0$ の範囲で考える。

$f'(x)$ を求めると

$$f'(x) = \dfrac{2\log x}{x} + \dfrac{2}{x} = \dfrac{2(\log x + 1)}{x}$$

$f'(x) = 0$ とおくと，$x = \dfrac{1}{e}$ より関数 $f(x)$ の $x > 0$

x	0	$\cdots$	$\dfrac{1}{e}$	$\cdots$
$f'(x)$		$-$	0	$+$
$f(x)$		$\searrow$	2	$\nearrow$

における増減表は右のようになる。

したがって

$$x = \dfrac{1}{e} のとき　　最小値 2 \quad \to ソ，タ$$

(b)　$f''(x)$ を求めると

$$f''(x) = 2 \times \dfrac{\dfrac{1}{x} \times x - (\log x + 1)}{x^2} = -2 \times \dfrac{\log x}{x^2}$$

$f''(x) = 0$ とおくと，$x = 1$ であり，$x = 1$ の前後で $f''(x)$ の符号は変わるから，求める変曲点の座標は

$$(1,\ 3) \quad \to チ，ツ$$

(c)　直線 $y = 3$ と曲線 C との交点の x 座標を求めると

$$(\log x)^2 + 2\log x + 3 = 3$$

整理すると

$$\log x (\log x + 2) = 0$$

よって

$$\log x = 0, \quad -2$$

すなわち　　$x = 1, \ \dfrac{1}{e^2}$

直線 $y = 3$ と曲線 C との位置関係は右図の
ようであるから，求める面積は

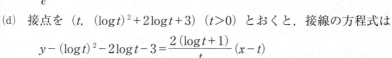

$$\int_{\frac{1}{e^2}}^{1} \{3 - (\log x)^2 - 2\log x - 3\} \, dx$$

$$= \int_{\frac{1}{e^2}}^{1} \{-(\log x)^2 - 2\log x\} \, dx$$

$$= -\left[\{(\log x)^2 + 2\log x\} \cdot x \right]_{\frac{1}{e^2}}^{1} + \int_{\frac{1}{e^2}}^{1} \left(2\log x \cdot \frac{1}{x} + \frac{2}{x} \right) \cdot x \, dx$$

$$= 2\left\{ \int_{\frac{1}{e^2}}^{1} \log x \, dx + \left[x \right]_{\frac{1}{e^2}}^{1} \right\} = 2\left\{ \left[x(\log x - 1) \right]_{\frac{1}{e^2}}^{1} + 1 - \frac{1}{e^2} \right\}$$

$$= \frac{4}{e^2} \quad \rightarrow テ$$

(d)　接点を $(t, \ (\log t)^2 + 2\log t + 3)$ $(t > 0)$ とおくと，接線の方程式は

$$y - (\log t)^2 - 2\log t - 3 = \frac{2(\log t + 1)}{t}(x - t)$$

整理すると

$$y = \frac{2(\log t + 1)}{t} x + (\log t)^2 + 1$$

これが点 $(0, \ a)$ を通るから

$$a = (\log t)^2 + 1 \quad \cdots\cdots ①$$

曲線 C において，接線の本数と接点の個
数は一致するから，①の異なる実数解の個
数を調べる。①の異なる実数解の個数は，
直線 $y = a$ と $y = (\log t)^2 + 1$ との共有点の
個数と一致する。

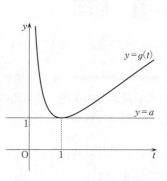

$g(t) = (\log t)^2 + 1$ とすると

$$g'(t) = \frac{2\log t}{t}$$

より，関数 $g(t)$ のグラフおよび増減表は右のよ
うになる。したがって，求める a の値は

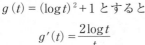

t	0	$\cdots$	1	$\cdots$
$g'(t)$		$-$	0	$+$
$g(t)$		$\searrow$	1	$\nearrow$

$a = 1$　→ト

(e) (d)より，曲線 C 上の点 $(t, f(t))$ における接線が $(0, b)$ を通るとき

$$b = (\log t)^2 + 1$$

が成り立ち，2本の接線が引けるから，$b > 1$ となる。

これを解くと

$$\log t = \pm\sqrt{b-1}$$

接線の傾きは $\dfrac{2(\log t + 1)}{t}$ であり，2接線が垂直に交わっていることから，

2接線の傾きの積は -1 である。接点の x 座標を t_1, t_2 とすると

$$\log t_1 + 1 = \sqrt{b-1} + 1, \quad \log t_2 + 1 = -\sqrt{b-1} + 1$$

$$\log t_1 t_2 = \log t_1 + \log t_2 = 0$$

よって，$t_1 t_2 = 1$ であるから

$$\frac{2(\log t_1 + 1)}{t_1} \times \frac{2(\log t_2 + 1)}{t_2} = 4 \times (1 - b + 1) = 4(2 - b) = -1$$

したがって

$$b = \frac{9}{4}$$　→ナ，ニ

Ⅱ 解答

あ. $\dfrac{1}{t}$　　い. $\dfrac{1}{3-t}$　　う. $\dfrac{3}{-t^2 + 3t - 1}$

え. $\dfrac{3-\sqrt{5}}{2} < t < \dfrac{3+\sqrt{5}}{2}$　　お. $\dfrac{3}{-t^2 + 3t - 1}$　　か. $S \geqq \dfrac{27}{5}$

◀解　説▶

≪三角形の内接円，三角比の平面図形への応用，分数関数の値域≫

△OAP において

$$\tan\alpha = \frac{OP}{AP} = \frac{1}{t}$$　→あ

△OBP において

$$\tan\beta = \frac{OP}{BP} = \frac{1}{3-t}$$　→い

加法定理より

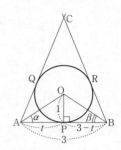

$$\tan(\alpha+\beta)=\frac{\tan\alpha+\tan\beta}{1-\tan\alpha\tan\beta}=\frac{\dfrac{1}{t}+\dfrac{1}{3-t}}{1-\dfrac{1}{t(3-t)}}$$

$$=\frac{3-t+t}{t(3-t)-1}$$

$$=\frac{3}{-t^2+3t-1}\quad\to\text{う}$$

$0<\alpha+\beta<\dfrac{\pi}{2}$ のとき，$\tan(\alpha+\beta)>0$ であるから

$$\frac{3}{-t^2+3t-1}>0$$

$$-t^2+3t-1>0$$

$$t^2-3t+1<0$$

$$\frac{3-\sqrt5}{2}<t<\frac{3+\sqrt5}{2}\quad（\text{これは}\,0<t<3\,\text{を満たす}）\quad\to\text{え}$$

内接円の中心は△ABC の 3 内角の二等分線の交点であるから，△OCQ において

$$\angle\text{OCQ}=\frac{\pi-(2\alpha+2\beta)}{2}=\frac{\pi}{2}-(\alpha+\beta)$$

よって，$\dfrac{\text{OQ}}{\text{CQ}}=\tan\angle\text{OCQ}$ より

$$\text{CQ}=\frac{1}{\tan\left\{\dfrac{\pi}{2}-(\alpha+\beta)\right\}}=\tan(\alpha+\beta)$$

$$=\frac{3}{-t^2+3t-1}\quad\to\text{お}$$

また，△ABC の面積 S は

$$S=2(\triangle\text{OAP}+\triangle\text{OBP}+\triangle\text{OCQ})$$

$$=2\left\{\frac{1}{2}\times t\times1+\frac{1}{2}\times(3-t)\times1+\frac{1}{2}\times\frac{3}{-t^2+3t-1}\times1\right\}$$

$$=3\times\frac{t^2-3t}{t^2-3t+1}$$

$$S' = 3 \times \frac{(2t-3)(t^2-3t+1)-(t^2-3t)(2t-3)}{(t^2-3t+1)^2}$$

$$= 3 \times \frac{2t-3}{(t^2-3t+1)^2}$$

より，$\dfrac{3-\sqrt{5}}{2} < t < \dfrac{3+\sqrt{5}}{2}$ における

S の増減表は右のようになる。

t	$\dfrac{3-\sqrt{5}}{2}$	$\cdots$	$\dfrac{3}{2}$	$\cdots$	$\dfrac{3+\sqrt{5}}{2}$
S'		$-$	0	$+$	
S		$\searrow$	$\dfrac{27}{5}$	$\nearrow$	

したがって，求める S の値の範囲は

$$S \geqq \frac{27}{5} \quad \rightarrow か$$

III **解答** (1)き. $\overrightarrow{OA}+\overrightarrow{OC}+\overrightarrow{OD}$　(2)く. $\sqrt{6}$　け. $\dfrac{\sqrt{6}}{3}$

(3)こ. $\dfrac{\sqrt{6}}{27}\pi$　(4)さ. $\dfrac{\sqrt{6}}{3} < t < \dfrac{2}{3}\sqrt{6}$　し. $\dfrac{\sqrt{6}}{2}t-1$　す. $\dfrac{t^2}{2}-\dfrac{\sqrt{6}}{2}t+1$

(5)せ. $\dfrac{\sqrt{6}}{6}\pi$

━━━━━━━━━ ◀解　説▶ ━━━━━━━━━

≪空間ベクトル，平行六面体を対角線のまわりに回転したときの体積≫

(1) $\overrightarrow{OF} = \overrightarrow{OA}+\overrightarrow{AB}+\overrightarrow{BF}$

$\qquad = \overrightarrow{OA}+\overrightarrow{OC}+\overrightarrow{OD} \quad \rightarrow き$

(2) $|\overrightarrow{OA}| = |\overrightarrow{OC}| = |\overrightarrow{OD}| = 1$

$\qquad \overrightarrow{OA}\cdot\overrightarrow{OC} = \overrightarrow{OC}\cdot\overrightarrow{OD} = \overrightarrow{OD}\cdot\overrightarrow{OA} = 1\times1\times\cos\dfrac{\pi}{3} = \dfrac{1}{2}$

より

$\qquad |\overrightarrow{OF}|^2 = |\overrightarrow{OA}+\overrightarrow{OC}+\overrightarrow{OD}|^2$

$\qquad\qquad = |\overrightarrow{OA}|^2 + |\overrightarrow{OC}|^2 + |\overrightarrow{OD}|^2 + 2\overrightarrow{OA}\cdot\overrightarrow{OC} + 2\overrightarrow{OC}\cdot\overrightarrow{OD} + 2\overrightarrow{OD}\cdot\overrightarrow{OA}$

$\qquad\qquad = 6$

$|\overrightarrow{OF}| > 0$ より

$\qquad |\overrightarrow{OF}| = \sqrt{6} \quad \rightarrow く$

また

$\qquad \overrightarrow{OA}\cdot\overrightarrow{OF} = \overrightarrow{OA}\cdot(\overrightarrow{OA}+\overrightarrow{OC}+\overrightarrow{OD})$

$\qquad\qquad = |\overrightarrow{OA}|^2 + \overrightarrow{OA}\cdot\overrightarrow{OC} + \overrightarrow{OA}\cdot\overrightarrow{OD} = 2$

より

$$\cos\angle AOF = \frac{\overrightarrow{OA}\cdot\overrightarrow{OF}}{|\overrightarrow{OA}||\overrightarrow{OF}|} = \frac{2}{1\times\sqrt{6}} = \frac{\sqrt{6}}{3} \quad \rightarrow\text{け}$$

(3)
$$\begin{aligned}
\overrightarrow{AC}\cdot\overrightarrow{OF} &= (\overrightarrow{OC}-\overrightarrow{OA})\cdot(\overrightarrow{OA}+\overrightarrow{OC}+\overrightarrow{OD}) \\
&= (\overrightarrow{OC}-\overrightarrow{OA})\cdot(\overrightarrow{OC}+\overrightarrow{OA}) + (\overrightarrow{OC}-\overrightarrow{OA})\cdot\overrightarrow{OD} \\
&= |\overrightarrow{OC}|^2 - |\overrightarrow{OA}|^2 + \overrightarrow{OC}\cdot\overrightarrow{OD} - \overrightarrow{OA}\cdot\overrightarrow{OD} \\
&= 0
\end{aligned}$$

$\overrightarrow{AC}\neq\vec{0}$, $\overrightarrow{OF}\neq\vec{0}$ より

$$\overrightarrow{AC}\perp\overrightarrow{OF}$$

同様にして，$\overrightarrow{AD}\perp\overrightarrow{OF}$ がいえるから，△ACD は対角線 OF に垂直である。

△ACD は正三角形であり，外心は重心 $\dfrac{\overrightarrow{OA}+\overrightarrow{OC}+\overrightarrow{OD}}{3}$ と一致する。

よって，円錐の底面の円の半径は $\left|\overrightarrow{OA}-\dfrac{\overrightarrow{OA}+\overrightarrow{OC}+\overrightarrow{OD}}{3}\right|$ となる。

$$\begin{aligned}
\left|\overrightarrow{OA}-\frac{\overrightarrow{OA}+\overrightarrow{OC}+\overrightarrow{OD}}{3}\right|^2 &= \frac{1}{9}\{4|\overrightarrow{OA}|^2+|\overrightarrow{OC}|^2+|\overrightarrow{OD}|^2-4\overrightarrow{OA}\cdot\overrightarrow{OC} \\
&\qquad\qquad +2\overrightarrow{OC}\cdot\overrightarrow{OD}-4\overrightarrow{OD}\cdot\overrightarrow{OA}\} \\
&= \frac{1}{9}(4+1+1-2+1-2) = \frac{1}{3}
\end{aligned}$$

また，円錐の高さは

$$\left|\frac{\overrightarrow{OA}+\overrightarrow{OC}+\overrightarrow{OD}}{3}\right| = \frac{1}{3}|\overrightarrow{OF}| = \frac{\sqrt{6}}{3}$$

したがって，求める円錐の体積は

$$\frac{1}{3}\times\pi\times\frac{1}{3}\times\frac{\sqrt{6}}{3} = \frac{\sqrt{6}}{27}\pi \quad \rightarrow\text{こ}$$

(4)断面が六角形となるのは，平面 H が
右図のようなときである。

平面 H が 3 頂点 A，C，D を通るとき，
断面は正三角形であり，そのときの t の
値は

$$t = \left|\frac{\overrightarrow{OA}+\overrightarrow{OB}+\overrightarrow{OC}}{3}\right| = \frac{\sqrt{6}}{3}$$

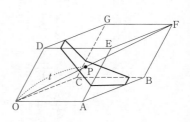

であり，図形の対称性から平面 H が 3 頂点 B，E，G を通るときの t の値は

$$t = |\overrightarrow{OF}| - \frac{\sqrt{6}}{3} = \frac{2}{3}\sqrt{6}$$

したがって，断面が六角形となる t の値の範囲は

$$\frac{\sqrt{6}}{3} < t < \frac{2}{3}\sqrt{6} \quad \to さ$$

$|\overrightarrow{AQ}| = s \ (0 < s < 1)$ とおくと

$$\overrightarrow{OQ} = \overrightarrow{OA} + s\overrightarrow{AE} = \overrightarrow{OA} + s\overrightarrow{OD}$$

であり，$\overrightarrow{PQ} \perp \overrightarrow{OF}$ であるから

$$\begin{aligned}
\overrightarrow{PQ} \cdot \overrightarrow{OF} &= (\overrightarrow{OQ} - \overrightarrow{OP}) \cdot \overrightarrow{OF} \\
&= \left(\overrightarrow{OQ} - \frac{t}{\sqrt{6}}\overrightarrow{OF}\right) \cdot \overrightarrow{OF} \\
&= \overrightarrow{OQ} \cdot \overrightarrow{OF} - \frac{t}{\sqrt{6}}|\overrightarrow{OF}|^2 \\
&= (\overrightarrow{OA} + s\overrightarrow{OD}) \cdot (\overrightarrow{OA} + \overrightarrow{OC} + \overrightarrow{OD}) - \sqrt{6}\,t \\
&= 2 + 2s - \sqrt{6}\,t = 0
\end{aligned}$$

よって

$$s = |\overrightarrow{AQ}| = \frac{\sqrt{6}}{2}t - 1 \quad \to し$$

また

$$|\overrightarrow{OP}|^2 = t^2$$

$$\begin{aligned}
|\overrightarrow{OQ}|^2 &= |\overrightarrow{OA} + s\overrightarrow{OD}|^2 = 1 + s + s^2 \\
&= 1 + \left(\frac{\sqrt{6}}{2}t - 1\right) + \left(\frac{\sqrt{6}}{2}t - 1\right)^2 \\
&= \frac{3}{2}t^2 - \frac{\sqrt{6}}{2}t + 1
\end{aligned}$$

より

$$\begin{aligned}
|\overrightarrow{PQ}|^2 &= |\overrightarrow{OQ}|^2 - |\overrightarrow{OP}|^2 \\
&= \frac{3}{2}t^2 - \frac{\sqrt{6}}{2}t + 1 - t^2 \\
&= \frac{t^2}{2} - \frac{\sqrt{6}}{2}t + 1 \quad \to す
\end{aligned}$$

(5)　求める体積を V とおくと，(3)，(4)の結果より

$$V = 2 \times \frac{\sqrt{6}}{27}\pi + \int_{\frac{\sqrt{6}}{3}}^{\frac{2}{3}\sqrt{6}} \pi |\overrightarrow{PQ}|^2 dt$$

$$= \frac{2\sqrt{6}}{27}\pi + \pi \int_{\frac{\sqrt{6}}{3}}^{\frac{2}{3}\sqrt{6}} \left(\frac{t^2}{2} - \frac{\sqrt{6}}{2}t + 1 \right) dt$$

$$= \frac{2\sqrt{6}}{27}\pi + \pi \left[\frac{t^3}{6} - \frac{\sqrt{6}}{4}t^2 + t \right]_{\frac{\sqrt{6}}{3}}^{\frac{2}{3}\sqrt{6}}$$

$$= \frac{2\sqrt{6}}{27}\pi + \frac{5\sqrt{6}}{54}\pi = \frac{\sqrt{6}}{6}\pi \quad \rightarrow せ$$

❖講　評

　大問 3 題の出題で，難易度，問題量ともに，例年とそれほど大きな変化はない。内容的には，Ⅰ では，2021 年度までは小問 4 問が出題されていたが，2022 年度は小問 3 問であった。全体として，ボリュームは変わっていない。出題範囲に偏りが出ないように工夫されている。「微・積分法」や「図形と方程式」，「ベクトル」が頻出であり，特に「図形と方程式」，「ベクトル」は他分野と融合させた問題が出されている。ベクトル，三角関数，指数・対数関数，場合の数・確率の基礎学力もおろそかにはできない。全体的にみれば標準的な問題が中心であり，比較的取り組みやすい問題が多いが，いくつかレベルの高い問題が含まれている。

　Ⅰ　標準的な問題であるが，できるだけ出題範囲に偏りがないように工夫されている。基礎的な入試問題集や教科書傍用の問題集（標準・発展問題）を通して，苦手分野を残さないような，オールラウンドな学習を心掛けたい。基礎〜標準的な学力があれば十分対応できるであろう。

　Ⅱ　図形の性質，三角比，三角関数，微分法などの知識を必要とする融合問題である。毎年このような融合問題が出題されている。各分野の公式や基礎知識を十分に修得しておくことは当然であるが，それらを関連づけたり，分析したりする学力が要求される。具体的に図示するなどして，図形のイメージをつかむことが重要である。

　Ⅲ　ベクトルと積分法（体積）の融合問題になっている。少し手ごわ

い問題である。立体図形のイメージがつかめるかがポイントになる。各小問が問題解決のヒントになっている。誘導の流れに乗って条件をよく整理し，活用できるようにしよう。

　2020 年度までは，Ⅲについては，途中経過も書くことが求められる記述式であったが，2021 年度からⅠはマークシート方式，Ⅱ・Ⅲは途中経過を書く必要のない空所補充形式に変わった。全体的に，問題文や大問中の各小問が誘導形式もしくは問題解決のヒントになっている。したがって，問題文の読解力，分析力，洞察力が大変重要になってくる。全体的に難問や奇問はなく，標準的かつ定型的な問題が多数である。特に，Ⅰは確実に解けるようになっておくとともに，頻出の微・積分法については十分な対策を行っておきたい。

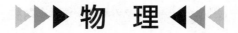

▶▶▶ 物　理 ◀◀◀

A 解答
(1)アー① イー③ ウー① エー③
(2)オー⑤ カー⑦ キー⑧ クー② ケー⑧

◀解　説▶

≪動く台上を運動する小物体と台との衝突≫

(1) ア. 1回目の衝突後の小物体と台の速度をそれぞれ v_1, V_1 とする。
運動量保存則より

$$mv_0 = mv_1 + MV_1$$

$$\therefore \quad v_0 = v_1 + \frac{M}{m}V_1 \quad \cdots\cdots(i)$$

反発係数の式より

$$e = -\frac{v_1 - V_1}{v_0}$$

$$\therefore \quad ev_0 = -v_1 + V_1 \quad \cdots\cdots(ii)$$

(i)+(ii) より v_1 を消去すると

$$(1 + e)\, v_0 = \left(\frac{M}{m} + 1\right) V_1$$

$$\therefore \quad V_1 = \frac{(1 + e)\, m}{m + M} v_0$$

イ. アの結果を(i)に代入して

$$v_1 = v_0 - \frac{M}{m} \cdot \frac{(1 + e)\, m}{m + M} v_0$$

$$= \frac{m - eM}{m + M} v_0$$

ウ. 1回目の衝突が起こる時刻は $t_1 = \dfrac{L}{v_0}$ である。その後，小物体が台に対して $-L$ だけ変位すると2回目の衝突が起こる。台に対する小物体の相

対速度 v' は，(ii)より

$$v' = v_1 - V_1 = -ev_0$$

よって

$$t_2 = t_1 + \frac{(-L)}{v'} = \frac{L}{v_0} + \frac{1}{e} \times \frac{L}{v_0} = \frac{1+e}{e} \times \frac{L}{v_0}$$

エ．選択肢は $x-t$ 図だから，グラフの傾きが速度を表す。題意より

$\dfrac{m}{M} = 0.3$，$e = 0.6$ を用いると，ア，イの結果より

$$V_1 = \frac{(1+e)m}{m+M} v_0 = \frac{(1+e)\dfrac{m}{M}}{\dfrac{m}{M}+1} v_0 = \frac{1.6 \times 0.3}{1.3} v_0 > 0$$

$$v_1 = v_0 - \frac{M}{m} V_1 = v_0 - \frac{1.6}{1.3} v_0 < 0 \quad \left(\because \ \frac{1.6}{1.3} > 1 \right)$$

以上より，時刻 t_1 から t_2 の間のグラフの傾きの正負が合致するのは③または④である。

また，2回目の衝突後の小物体と台の速度をそれぞれ v_2，V_2 とすると，アと同様に

$$mv_0 = mv_2 + MV_2$$

$$\therefore \quad \frac{m}{M} v_0 = \frac{m}{M} v_2 + V_2$$

$$e = -\frac{v_2 - V_2}{v_1 - V_1} = -\frac{v_2 - V_2}{-ev_0}$$

$$\therefore \quad e^2 v_0 = v_2 - V_2$$

したがって

$$0.3v_0 = 0.3v_2 + V_2 \quad \cdots\cdots(iii)$$

$$0.36v_0 = v_2 - V_2 \quad \cdots\cdots(iv)$$

(iii)+(iv)より，V_2 を消去すると

$$v_2 = \frac{0.66}{1.3} v_0 > 0$$

(iv)に代入して

$$V_2 = \frac{0.66}{1.3} v_0 - 0.36v_0 > 0 \quad \left(\because \ \frac{0.66}{1.3} = 0.50\cdots > 0.36 \right)$$

以上より，時刻 t_2 から t_3 の間のグラフの傾きの正負が合致するのは①，

③，⑤である。したがって，解答は③となる。

(2) オ・カ．小物体と台の間には大きさ $\mu'mg$ の動摩擦力がはたらいて，小物体と台は等加速度直線運動をする。それぞれの加速度を a，A とすると，運動方程式より

小物体：$ma = -\mu'mg$

∴ $a = -\mu'g$

台：$MA = \mu'mg$

∴ $A = \dfrac{m}{M}\mu'g$

時刻 t における小物体と台のそれぞれの速度 v，V は，等加速度直線運動の公式より

$v = v_0 - \mu'gt$

$V = \dfrac{m}{M}\mu'gt$

相対速度が 0 となる瞬間の時刻を $t = t'$，小物体と台の速度を v'' とすると，$v = V = v''$ より

$v_0 - \mu'gt = \dfrac{m}{M}\mu'gt$

∴ $t = \dfrac{M}{m+M} \times \dfrac{v_0}{\mu'g}$

∴ $v'' = \dfrac{m}{M}\mu'g \times \dfrac{M}{m+M} \times \dfrac{v_0}{\mu'g} = \dfrac{m}{m+M}v_0$

キ．台の変位は $d-l$ であるから，摩擦力が台にした仕事は

$\mu'mg(d-l)$

ク・ケ．小物体の変位は d であるから，摩擦力が小物体にした仕事は

$-\mu'mgd$

摩擦力がした仕事の分だけ運動エネルギーが変化するから

小物体：$-\mu'mgd = \dfrac{1}{2}mv''^2 - \dfrac{1}{2}mv_0^2$ ……(v)

台：$\mu'mg(d-l) = \dfrac{1}{2}Mv''^2 - 0$ ……(vi)

(v)より

$d = \left\{1 - \left(\dfrac{m}{m+M}\right)^2\right\} \times \dfrac{v_0^2}{2\mu'g} = \dfrac{M(M+2m)}{(m+M)^2} \times \dfrac{v_0^2}{2\mu'g}$

(vi)に代入して

$$l = \frac{M(M+2m) - Mm}{(m+M)^2} \times \frac{v_0{}^2}{2\mu' g} = \frac{M}{m+M} \times \frac{v_0{}^2}{2\mu' g}$$

B 解答

ア—⑦　イ—④　ウ—②　エ—④　オ—⑨　カ—⑥
キ—②　ク—⑦　ケ—③

◀解　説▶

≪電場・磁場内の荷電粒子の運動解析による比電荷の測定≫

ア．真空中におけるクーロンの法則の比例定数を k_0 とすると，電気量 Q の正電荷からは

$$\varepsilon_0 = \frac{1}{4\pi k_0}$$

より　　$4\pi k_0 Q = \dfrac{Q}{\varepsilon_0}$ 本

の電気力線が出る（ガウスの法則）。

イ．単位面積を垂直に貫く電気力線の数が電場の強さ E〔N/C〕に等しいから

$$E = \frac{Q}{\varepsilon_0 S} \text{〔N/C〕}$$

ウ．極板間には一様な電場が生じるから

$$V = Ed = \frac{Qd}{\varepsilon_0 S}$$

$$\therefore \quad Q = \frac{\varepsilon_0 SV}{d} \text{〔C〕}$$

エ．正電荷 q をもつ荷電粒子には y 軸の正の向きに静電気力 qE_1 がはたらいて，運動方程式より加速度 $\dfrac{qE_1}{m}$ の等加速度直線運動をする。等加速度直線運動の式より

$$v^2 - 0 = 2 \cdot \frac{qE_1}{m} \cdot l$$

$$\therefore \quad v = \sqrt{\frac{2qlE_1}{m}} \text{〔m/s〕}$$

オ．求める時間を t_1〔s〕とすると，等加速度直線運動の式より

$$v = \frac{qE_1}{m} t_1$$

$$\therefore \quad t_1 = \frac{m}{qE_1} \sqrt{\frac{2qlE_1}{m}} = \sqrt{\frac{2ml}{qE_1}} \; [\text{s}]$$

カ．フレミングの左手の法則より，荷電粒子にはローレンツ力 qvB が x 軸の正の向きにはたらく。荷電粒子が y 軸の正の向きに直進することから，静電気力 qE_2 は x 軸の負の向きにはたらき，力のつりあいの式より

$$qE_2 = qvB$$

$$\therefore \quad E_2 = vB \; [\text{N/C}]$$

電場の向きは x 軸の負の向きである。

キ．荷電粒子はローレンツ力が向心力となって半径 $r\,[\text{m}]$ の等速円運動をする。運動方程式は

$$\frac{mv^2}{r} = qvB$$

$$\therefore \quad r = \frac{mv}{qB} \; [\text{m}]$$

ク．求める時間を $t_2\,[\text{s}]$ とすると

$$t_2 = \frac{\pi r}{v} = \frac{\pi m}{qB} \; [\text{s}]$$

ケ．エ，キの結果より

$$\frac{qBr}{m} = \sqrt{\frac{2qlE_1}{m}}$$

$$\therefore \quad \frac{q}{m} = \frac{2lE_1}{B^2 r^2} \; [\text{C/kg}]$$

C 解答

(1)アー①　イー②　ウー③　エー④
(2)オー②　カー②　キー③　クー⑦　ケー⑤

◀解　説▶

≪正弦波を表す式とグラフ，反射板が動くドップラー効果とうなり≫

(1)ア．図1より周期 $T\,[\text{s}]$ は 4s であるから，振動数 $f\,[\text{Hz}]$ は

$$f = \frac{1}{T} = \frac{1}{4} \; [\text{Hz}]$$

イ．図2より波長 $\lambda\,[\text{m}]$ は 8m であるから，波の速さ $v\,[\text{m/s}]$ は波の式

より

$$v = f\lambda = \frac{1}{4} \times 8 = 2\,\text{(m/s)}$$

ウ．正弦波を表す式は

$$y = A \sin 2\pi \left(\frac{t}{T} - \frac{x}{\lambda} \right) = A \sin 2\pi f \left(t - \frac{x}{v} \right)$$

ア，イの結果を用いて

$$y = A \sin \frac{\pi}{2} \left(t - \frac{x}{2} \right)$$

エ．図 1 より $t = 0$ における変位は正弦波 1，2 ともに $y = 0$ であり，位置 $x = 0$ において 2 つの波はつねに同位相である。したがって $x = 0$ は定常波の腹であることがわかる。定常波の腹と節の間の距離は $\frac{\lambda}{4} = 2\,\text{(m)}$，節間の距離は $\frac{\lambda}{2} = 4\,\text{(m)}$ であるから，節の位置は

$$x = 2,\ 6,\ 10,\ \cdots = \pm 2(2l+1)\,\text{(m)}\ \text{となる。}$$

別解 正弦波 2 が逆に進むことを考慮すると，足し合わせた波の式は

$$A \sin \frac{\pi}{2} \left(t - \frac{x}{2} \right) + A \sin \frac{\pi}{2} \left(t + \frac{x}{2} \right)$$

$$= 2A \sin \frac{\pi}{2} t \cos \frac{\pi}{4} x$$

節では $\cos \frac{\pi}{4} x = 0$ だから

$$\frac{\pi}{4} x = \pm \frac{\pi}{2} (2l+1)$$

$$\therefore\quad x = \pm 2(2l+1)\,\text{(m)}$$

(2)オ．S から R に向かう向きを速度の正の向きとすると，観測者とみなした R の速度は $-v$ であるから，観測者が動くドップラー効果の式より

$$f_1 = \frac{V - (-v)}{V} \times f_0 = \frac{V + v}{V} \times f_0\,\text{(Hz)}$$

カ．R から O に向かう向きを速度の正の向きとすると，音源とみなした R の速度は v であるから，O が受け取る音波の振動数 $f_2\,\text{(Hz)}$ は音源が動くドップラー効果の式より

$$f_2 = \frac{V}{V-v} \times f_1$$

f_1 にオの結果を代入して

$$f_2 = \frac{V}{V-v} \times \frac{V+v}{V} \times f_0 = \frac{V+v}{V-v} \times f_0 \,(\mathrm{Hz})$$

キ．うなりの回数は $n=|f_0-f_2|$ である。カの結果と，$v<V$ より $f_2>f_0$ であるから

$$n = f_2 - f_0 = \left(\frac{V+v}{V-v} - 1\right)f_0 = \frac{2v}{V-v} f_0$$

$$\therefore \quad v = \frac{n}{2f_0+n} V \,(\mathrm{m/s})$$

ク．S，O はともに静止しているから，O が受け取る音波の振動数は S が出す音波の振動数 $f_0\,(\mathrm{Hz})$ に等しい。

ケ．風下側にある R には S から音波が $V+W$ の速さで伝わるから，R が受け取る音波の振動数 $f_1'\,(\mathrm{Hz})$ は，オの結果の V を $V+W$ で置き換えて

$$f_1' = \frac{V+W+v}{V+W} \times f_0$$

風上側にある O には R から音波が $V-W$ の速さで伝わるから，O が受け取る音波の振動数 $f_2'\,(\mathrm{Hz})$ は，カのドップラー効果の式の V を $V-W$ で置き換えて

$$f_2' = \frac{V-W}{V-W-v} \times f_1' = \frac{V-W}{V-W-v} \times \frac{V+W+v}{V+W} \times f_0$$

$v+W<V$ より $f_2'>f_0$ であるから，キと同様にうなりの回数は

$$n = |f_0 - f_2'| = f_2' - f_0$$
$$= \frac{(V+W+v)(V-W)-(V-W-v)(V+W)}{(V-W-v)(V+W)} \times f_0$$
$$= \frac{2vV}{(V-W-v)(V+W)} \times f_0$$

❖講　評

　例年同様，化学と合わせて合計 6 題から 3 題を選んで解答する形式で，難易度も例年通り標準的である。出題形式は，全問マークシート方式であり，2021 年度に引き続き記述式の問題は出題されなかった。

A　動く台上を運動する小物体と台との衝突問題。(1)衝突後の速度は運動量保存則と反発係数の式から求められる。小物体と台の 2 物体が衝突する時刻は，以下のように 2 物体の x 軸上の位置から求めてもよいが，〔解説〕のウに示した相対運動から容易に求められる。1 回目の衝突後から 2 回目の衝突が起こるまでの時刻 t における 2 物体の位置 x, X は等速直線運動の式より

$$x = L + v_1(t-t_1) = L - \frac{eM-m}{m+M}v_0(t-t_1)$$

$$X = V_1(t-t_1) = \frac{(1+e)\,m}{m+M}v_0(t-t_1)$$

2 回目の衝突が起こる時刻は $t = t_2$ のとき $x = X$ より求められる。グラフの選択で物体の速度に相当する x-t グラフの傾きに注目する際は，速度の係数が正か負のどちらであるかがわかればよいので，数値計算で値まで求める必要はない。(2) 2 物体間に摩擦力がはたらく場合は，等加速度直線運動の式と仕事と運動エネルギー変化の関係を用いる。

B　電場・磁場内の荷電粒子の運動から比電荷を求める問題。クーロン力，ローレンツ力の他，等加速度運動，力のつりあいや等速円運動の運動方程式など力学的な取り扱いが必要になる典型問題である。

C　(1)波のグラフから正弦波の要素を求める問題と，(2)反射板が動くドップラー効果とうなりの回数から反射板の速度を求める問題。うなりの式を用いるとき，2 つの振動数の大小関係は反射板が近づくから振動数が f_0 より大きくなると考えればよい。

▶▶▶ 化　学 ◀◀◀

D 解答
(1)アー④　イー④　ウー⑦　エー⑧
(2)オー⑤　カー⑥　キー④　クー⑥　ケー⑥
(3)コー③　サー⑦　シー⑥　スー⑤
(4)セー③　ソー⑤　ター⑥　チー③

━━━━━◀解　説▶━━━━━

≪二酸化炭素に関する総合問題，酸化還元反応，緩衝液，電気分解≫

(1)　ア．二酸化炭素の固体はドライアイスとよばれ，昇華に伴って周囲から熱を奪うため，冷却材として用いられている。二酸化炭素結晶は二酸化炭素分子がファンデルワールス力でつながり，面心立方格子をとる。面心立方格子中の二酸化炭素は4個である。

イ．二酸化炭素は空気より重い気体なので下方置換で捕集する。二酸化炭素を石灰水に通すと炭酸カルシウムの沈殿を生じて白濁する。この溶液にさらに二酸化炭素を通じると炭酸カルシウムは炭酸水素カルシウムとなり，無色透明の水溶液となる。

ウ・エ．炭酸カルシウムと塩化水素との反応式は次のようになる。

$$CaCO_3 + 2HCl \longrightarrow CaCl_2 + H_2O + CO_2\uparrow$$

化学反応式の係数比より，反応した炭酸カルシウムの物質量は生成した二酸化炭素の物質量と等しいので，石灰石に含まれていた炭酸カルシウムは

$$\frac{0.560}{22.4} \times 100 = 2.50 \, [g]$$

よって，石灰石中の炭酸カルシウムの割合は

$$\frac{2.50}{3.20} \times 100 = 78.1 \fallingdotseq 78 \, [\%]$$

(2)　オ．NaH 中の H の酸化数は -1 である。H_2O_2 中の O の酸化数が -1，KI 中の I の酸化数が -1 である。

カ・キ．H_2O_2 が還元剤としてはたらくとき，次のように気体である酸素が発生する。

$$H_2O_2 \longrightarrow O_2 + 2H^+ + 2e^-$$

H_2O_2 が還元剤としてはたらくのは，酸化力の強い $KMnO_4$，$K_2Cr_2O_7$ と反応するときである。KI と反応するときの H_2O_2 は酸化剤としてはたらく。

ク．O_2 は塩素酸カリウム $KClO_3$ と酸化マンガン（Ⅳ）MnO_2 を混ぜて加熱することでも発生する。

$$2KClO_3 \longrightarrow 2KCl + 3O_2 \uparrow$$

この反応における MnO_2 は触媒である。

ケ．H_2O_2 と KI は次のように反応し，H_2O_2 と同物質量の I_2 が生じる。

$$H_2O_2 + 2KI + H_2SO_4 \longrightarrow I_2 + 2H_2O + K_2SO_4$$

また，遊離した I_2 は次のようにチオ硫酸ナトリウム $Na_2S_2O_3$ と反応する。

$$I_2 + 2Na_2S_2O_3 \longrightarrow Na_2S_4O_6 + 2NaI$$

したがって，過酸化水素水のモル濃度を x〔mol/L〕とすると

$$x \times \frac{10.0}{1000} \times 2 = 0.050 \times \frac{10.0}{1000}$$

$$\therefore \quad x = 2.5 \times 10^{-2}〔mol/L〕$$

(3)　コ．緩衝液 **A** に酸を加えると，炭酸水素イオン $HCO_3{}^-$ が H^+ を受け取る次の反応が起きる。

$$HCO_3{}^- + H^+ \longrightarrow CO_2 + H_2O$$

一方，緩衝液 **A** に塩基を加えると，CO_2 が OH^- を受け取る次の反応が起きる。

$$CO_2 + OH^- \longrightarrow HCO_3{}^-$$

サ．緩衝液 **B** では式(ⅱ)の平衡が成立するので，次式が成り立つ。

$$[H^+] = \frac{[H_2PO_4{}^-]}{[HPO_4{}^{2-}]} K_a$$

$H_2PO_4{}^-$ と $HPO_4{}^{2-}$ の濃度が等しいので

$$[H^+] = K_a = 6.3 \times 10^{-8}〔mol/L〕$$

したがって，緩衝液 **B** の pH は

$$pH = -\log_{10}(6.3 \times 10^{-8}) = 8 - \log_{10}6.3$$
$$= 9 - (0.48 \times 2 + 0.85) = 7.19 \fallingdotseq 7.2$$

シ．緩衝液 **B** に酸を加えると水溶液中の $H_2PO_4{}^-$ と $HPO_4{}^{2-}$ の物質量は次のようになる。

$$\text{HPO}_4{}^{2-} \quad + \quad \text{H}^+ \quad \longrightarrow \quad \text{H}_2\text{PO}_4{}^-$$

反応前	0.200	$10.0 \times \dfrac{2.5}{1000}$	0.200 〔mol〕
反応量	$-10.0 \times \dfrac{2.5}{1000}$	$-10.0 \times \dfrac{2.5}{1000}$	$+10.0 \times \dfrac{2.5}{1000}$ 〔mol〕
反応後	0.175		0.225 〔mol〕

したがって

$$[\text{H}^+] = \frac{[\text{H}_2\text{PO}_4{}^-]}{[\text{HPO}_4{}^{2-}]} K_a = \frac{0.225}{0.175} \times 6.3 \times 10^{-8}$$
$$= 8.1 \times 10^{-8} \text{〔mol/L〕}$$

よって

$$\text{pH} = -\log_{10}(8.1 \times 10^{-8}) = 8 - \log_{10} 8.1$$
$$= 9 - (4 \times 0.48) = 7.08 \fallingdotseq 7.1$$

ス．　$[\text{H}^+] = \dfrac{10.0 \times \dfrac{2.5}{1000}}{1.0} = 2.5 \times 10^{-2} \text{〔mol/L〕}$

$$\text{pH} = -\log_{10}(2.5 \times 10^{-2}) = 2 - \log_{10} 2.5$$
$$= 2 - (0.70 - 0.30) = 1.6$$

(4)　セ．塩化バリウム $BaCl_2$ 水溶液を硫酸銅（Ⅱ）$CuSO_4$ 水溶液，硝酸銀 $AgNO_3$ 水溶液に加えると，$BaSO_4$，$AgCl$ の白色沈殿がそれぞれ生じる。

ソ．硫酸銅（Ⅱ）$CuSO_4$ 水溶液にアンモニア水を少量加えると $Cu(OH)_2$ の青白色沈殿が生じ，過剰に加えると $[Cu(NH_3)_4]^{2+}$ の錯イオンを生じる。硝酸銀 $AgNO_3$ 水溶液にアンモニア水を少量加えると Ag_2O の褐色沈殿が生じ，過剰に加えると $[Ag(NH_3)_2]^+$ の錯イオンを生じる。

タ．電解槽Ⅰの各電極における電子 e^- を含む反応式は次のようになる。

　　陽極：$Cu \longrightarrow Cu^{2+} + 2e^-$

　　陰極：$Cu^{2+} + 2e^- \longrightarrow Cu$

したがって，電解槽Ⅰの Cu^{2+} の濃度は変化しない。

チ．電解槽Ⅱの各電極における電子 e^- を含む反応式は次のようになる。

　　陽極：$2H_2O \longrightarrow O_2 + 4H^+ + 4e^-$

　　陰極：$Ag^+ + e^- \longrightarrow Ag$

気体は電解槽Ⅱの陽極からしか発生しない。流れた e^- の物質量は析出した Ag の物質量と同じであるので，発生した O_2 の標準状態における体積

〔mL〕は

$$\frac{1.35}{108} \times \frac{1}{4} \times 22.4 \times 1000 = 70 \text{〔mL〕}$$

E　解答
(1)ア—⑤　イ—②　ウ—⑤　エ—⑧　オ—④　カ—②
キ—⑥
(2)ク—④　ケ—②　コ—③　サ—⑤　シ—④
(3)ス—④　セ—⑦　ソ—⑤　タ—②　チ—⑧

━━━━━━ ◀解　説▶ ━━━━━━

≪原子の構造，反応速度，気体の性質と化学平衡≫

(1)　ア．H の原子量は 1.0 であり，アボガドロ数個の H 原子の質量が 1.0
〔g〕より，H 原子 1 個の質量は

$$\frac{1.0}{6.0 \times 10^{23}} = 1.66 \times 10^{-24} \fallingdotseq 1.7 \times 10^{-24} \text{〔g〕}$$

イ・ウ．気体状態の原子から電子を 1 個取り去って 1 価の陽イオンにする
ときに必要なエネルギーをイオン化エネルギー，気体状態の原子が電子を
1 個受け取って 1 価の陰イオンになるときに放出されるエネルギーを電子
親和力という。イオン化エネルギーが小さい原子ほど陽イオンになりやす
く，電子親和力が大きい原子ほど陰イオンになりやすい。Al と Ar では
Al の原子番号が小さく，原子核から最外殻電子に働くクーロン力が Ar
よりも弱いのでイオン化エネルギーが小さい。

エ．同じ電子配置をもつイオンの半径は，原子番号が小さいものほど大き
くなる。

カ．混合気体 X 中の He（原子量 4.0）の物質量を x〔mol〕，H_2（分子量
2.0）の物質量を y〔mol〕，O_2（分子量 32）の物質量を z〔mol〕とする。混
合気体 X の体積が標準状態で 291.2〔L〕より

$$x + y + z = \frac{291.2}{22.4} \quad \cdots\cdots①$$

が成立する。また，混合気体 X の質量が 240.0〔g〕より

$$4.0x + 2.0y + 32z = 240.0 \quad \cdots\cdots②$$

が成立する。H_2 は

$$2H_2 + O_2 \longrightarrow 2H_2O$$

と反応し，この条件では H_2 は全てなくなり，H_2O も取り除かれる。その後に残った He と O_2（H_2 の半分の物質量を消費）の体積が標準状態で 156.8〔L〕より

$$x + z - \frac{y}{2} = \frac{156.8}{22.4} \quad \cdots\cdots ③$$

が成立する。①，②，③より

$$x = 2.0〔\text{mol}〕, \quad y = 4.0〔\text{mol}〕, \quad z = 7.0〔\text{mol}〕$$

キ．混合気体 **Y** の全物質量は 7.0〔mol〕で，そのうち He が 2.0〔mol〕，O_2 が 5.0〔mol〕であるから，平均分子量は

$$\frac{4.0 \times 2.0 + 32 \times 5.0}{7.0} = 24$$

(2) ク．$1.0t_1$ から $5.0t_1$ までの化合物 **A** の平均濃度は

$$\frac{1.00c_1 + 0.78c_1}{2} = 0.89c_1$$

ケ．$1.0t_1$ から $5.0t_1$ までの化合物 **A** の平均の反応速度は

$$\frac{1.00c_1 - 0.78c_1}{5.0t_1 - 1.0t_1} = \frac{0.055c_1}{t_1}$$

コ．化合物 **A** の平均の反応速度 $\bar{v}$ と平均濃度 $\bar{c}$ は比例関係にあるので，クとケの結果を用いると，その直線の式は

$$\bar{v} = \frac{\dfrac{0.055}{t_1}c_1}{0.89c_1}\bar{c} = \frac{0.0617}{t_1}\bar{c}$$

となる。化合物 **A** の平均濃度が $0.50c_1$ のとき，この値を直線の式に代入して

$$\bar{v} = \frac{0.0617}{t_1} \times 0.50c_1 = \frac{0.0308}{t_1}c_1 \fallingdotseq \frac{0.031}{t_1}c_1$$

サ．平均の反応速度と平均濃度が比例関係になっているので，この反応は 1 次反応であるとわかる。1 次反応では半減期が常に一定より，単位時間あたりの反応物の濃度の減少率が一定であるといえる。

したがって，$5.0t_1 - 1.0t_1 = 4.0t_1$ 経過すると，化合物 **A** の濃度は 78 % に減少することがわかる。よって，$1.0t_1$ のとき化合物 **A** の濃度が $1.00c_1$，$5.0t_1$ のとき化合物 **A** の濃度が $0.78c_1$，$9.0t_1$ のとき化合物 **A** の濃度が $0.78c_1 \times 0.78 = 0.61c_1$，$13.0t_1$ のとき化合物 **A** の濃度が $0.61c_1 \times 0.78 =$

$0.48c_1$ となることがわかるので，グラフにすると右のようになる。グラフを読み取ると化合物 A の濃度が $0.50c_1$ になるときの時間は約 $12t_1$ のときである。

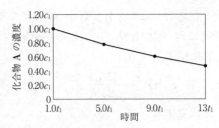

シ．温度が上昇すると反応速度定数が大きくなるため，平均の反応速度 $\bar{v}$ と平均濃度 $\bar{c}$ のグラフにおける傾き（反応速度定数）は大きくなる。また，活性化エネルギーは温度では変化しない。

⑶ ス．気体 A と気体 B の物質量比が $2:1$ で，全圧が P_1 なので，気体 A の分圧は

$$P_1 \times \frac{2}{2+1} = \frac{2}{3}P_1$$

セ．この反応は気体 B の分子量が気体 A の 2 倍であることから，次の反応式で書ける。気体 A が気体 B に変化した物質量を $2x$〔mol〕とすると

$$2A \; \rightleftharpoons \; B$$

	$2A$	$\rightleftharpoons$	B	
反応前	n_1		0	〔mol〕
変化量	$-2x$		$+x$	〔mol〕
反応後	n_1-2x		x	〔mol〕

ここで，気体 A と気体 B の物質量比が $2:1$ より

$$n_1-2x : x = 2:1$$

$$\therefore \quad x = \frac{n_1}{4}$$

したがって，容器内に存在する気体 A と気体 B の物質量の和は

$$n_1 - 2 \times \frac{n_1}{4} + \frac{n_1}{4} = \frac{3}{4}n_1$$

ソ．気体 A が気体 B に変化した物質量を $2y$〔mol〕とすると

$$2A \; \rightleftharpoons \; B$$

	$2A$	$\rightleftharpoons$	B	
反応前	n_1		0	〔mol〕
変化量	$-2y$		$+y$	〔mol〕
反応後	n_1-2y		y	〔mol〕

ここで，気体 A と気体 B の物質量比が $2:3$ より

$$n_1-2y : y = 2:3$$

$$\therefore \quad y = \frac{3}{8} n_1$$

したがって，容器内に存在する気体 **A** と気体 **B** の物質量の和は

$$n_1 - 2 \times \frac{3}{8} n_1 + \frac{3}{8} n_1 = \frac{5}{8} n_1$$

タ．温度一定のとき，気体の体積は圧力に反比例し，物質量に比例するので，求める体積を V〔L〕とすると

$$V = V_1 \times \frac{P_1}{5P_1} \times \frac{\dfrac{5}{8} n_1}{\dfrac{3}{4} n_1} = \frac{1}{6} V_1$$

チ．温度を T_1 に保って，圧力を P_1 から $5P_1$ に変化させたとき，平衡はルシャトリエの原理より気体 **B** が生成する方向へ移動する。このとき，混合気体の色が薄くなっているので，気体 **B** が増加すると混合気体の色が薄くなるとわかる。温度を T_1 から T_2 に冷却したとき，混合気体の色が薄くなったことから気体 **B** が生成する方向へ移動したことがわかる。また，ルシャトリエの原理より，気体 **B** の生成する方向は発熱反応である。

F　解答

(1)ア—⑧　イ—⑤　ウ—⑨　エ—⑤
(2)オ—③　カ—②　キ—⑦　ク—⑥　ケ—④
(3)コ—⑤　サ—⑦　シ—③　ス—④
(4)セ—⑦　ソ—⑨　タ—⑨　チ—⑥

f₁.
```
   HO    CH3
     \   /
      C
   H2C   CH2
     |    |
    CH2 - CH2
```

f₂.
```
      COOH
       |
       CH
   H2C    CH2
    |      |
   CH2 -- CH2
```

━━━━━ ◀解　説▶ ━━━━━

≪合成高分子化合物，窒素を含む有機化合物，エステル，環状構造をもつ脂肪族化合物の構造決定≫

(1)　ア．メタノールは酸化亜鉛などを触媒として工業的に次のように合成されている。

$$CO + 2H_2 \longrightarrow CH_3OH$$

イ．1,3-ブタジエンは分子内に 2 つの炭素間二重結合をもつので，0.50

〔mol〕の 1,3-ブタジエンに付加する H_2 は 1.0〔mol〕であり，最大である。

ウ．生体内や自然環境中で，酵素や微生物によって分解される高分子化合物を生分解性高分子という。ポリグリコール酸もポリ乳酸も生分解性高分子であるが，分子内に不斉炭素原子をもつのは乳酸である。

エ．ポリビニルアルコールのアセタール化による質量の増加は炭素原子によるものである。次のように部分構造がアセタール化されると考えると

$$-CH_2-CH-CH_2-CH- \longrightarrow -CH_2-CH-CH_2-CH-$$

OH　　　　OH　　　　　　　　　　O—CH$_2$—O

　　分子量 88　　　　　　　　　　　　　分子量 100

この変化により，分子量は 12 増加することがわかる。ポリビニルアルコール 88.0〔g〕中にこの部分構造は 1.0〔mol〕あるため，アセタール化されたヒドロキシ基の割合は

$$\frac{\dfrac{92.8-88.0}{12}}{1.0} \times 100 = 40 \, 〔\%〕$$

(2)　オ．C_3H_9N で表される脂肪族アミンの構造異性体は次の 4 通りである。

$$H_3C-CH_2-CH_2-NH_2 \qquad H_3C-NH-CH_2-CH_3$$

$$H_3C-CH-CH_3 \qquad H_3C-N-CH_3$$

　　　　　NH$_2$　　　　　　　　　CH$_3$

カ．ヘキサメチレンジアミンとアジピン酸の縮合重合でできる高分子化合物はナイロン 66 である。ナイロン 6 は ε-カプロラクタムの開環重合でつくられる。

キ．アニリンは金属スズと濃塩酸を用いたニトロベンゼンの還元によって合成される。アニリンはさらし粉水溶液で赤紫色に呈色する。

ク．アニリンのジアゾ化によってできる塩化ベンゼンジアゾニウムとナトリウムフェノキシドのカップリング反応で合成される p-ヒドロキシアゾベンゼンは次のような構造式をもつ化合物である。

⟨　⟩—N=N—⟨　⟩—OH

よって，ヒドロキシ基をもつことがわかる。

ケ．p-フェニレンジアミンとテレフタル酸ジクロリドからできるような芳香族ポリアミド化合物をアラミド繊維という。

$$n H_2N-\!\!\!\bigcirc\!\!\!-NH_2 + n ClOC-\!\!\!\bigcirc\!\!\!-COCl$$

$$\longrightarrow \left[N-\!\!\!\bigcirc\!\!\!-N-\overset{}{\underset{O}{C}}-\!\!\!\bigcirc\!\!\!-\overset{}{\underset{O}{C}}\right]_n + 2n HCl$$
$$\quad\quad\;\underset{H}{|}\quad\quad\quad\underset{H}{|}\;\overset{}{O}$$

(3)　シ．エステルの加水分解ではカルボン酸とアルコールが生じるが，H_2O 分子の O 原子はカルボン酸の方につく。したがって，^{16}O 以外の同位体をカルボン酸は含むが，アルコールは含まない。

ス．アンモニア性硝酸銀水溶液で銀を析出するカルボン酸はギ酸である。$C_4H_8O_2$ の分子式をもつギ酸のエステルは，次の 2 通りである。

$$H-\overset{}{\underset{O}{C}}-O-CH_2-CH_2-CH_3 \qquad H-\overset{}{\underset{O}{C}}-O-\underset{\underset{CH_3}{|}}{CH}-CH_3$$

また，$C_4H_8O_2$ の分子式をもつエステルの加水分解で生じるアルコールで，ヨードホルム反応を示すものは 2-プロパノールとエタノールである。

(4)　セ．記述 i）のデータを用いて元素分析を行う。50〔mg〕の有機化合物 **A**，**B**，**C**，**D** 中の炭素の質量は，生じた二酸化炭素（分子量 44）の質量が 132〔mg〕より

$$132 \times \frac{12}{44} = 36 \text{〔mg〕}$$

水素の質量は，生じた水（分子量 18）の質量が 54〔mg〕より

$$54 \times \frac{2}{18} = 6.0 \text{〔mg〕}$$

である。有機化合物 **A**，**B**，**C**，**D** 中の酸素の質量は

$$50 - 36 - 6.0 = 8.0 \text{〔mg〕}$$

したがって，有機化合物 **A**，**B**，**C**，**D** の組成式は

$$C : H : O = \frac{36}{12} : \frac{6.0}{1} : \frac{8.0}{16} = 6 : 12 : 1$$

より，$C_6H_{12}O$ である。与えられた分子式の炭素が 6 個より，分子式も $C_6H_{12}O$ である。

ソ．有機化合物 **A** は金属ナトリウムで H_2 を発生するので，ヒドロキシ基をもつ。有機化合物 **A** の分子式は $C_6H_{12}O$ より，有するヒドロキシ基の数は 1 つである。一般に，1 価アルコールと金属ナトリウムは次のように反応する。

$$2R-OH + 2Na \longrightarrow 2R-ONa + H_2$$

したがって，n〔mol〕の H_2 を発生させるには $2n$〔mol〕の有機化合物 **A** と $2n$〔mol〕の Na が必要である。

タ・チ. 5 員環の環状構造をもつ有機化合物 **C** は金属ナトリウムで H_2 を発生しないので，ヒドロキシ基をもたずエーテル結合をもつ。$C_6H_{12}O$ の分子式をもつ 5 員環を有するエーテルの構造異性体は次の 9 つである。

$$
\begin{array}{cc}
\underset{\substack{|\\ \text{CH}_2-\text{CH}_2}}{\overset{\text{CH}_2}{\text{H}_2\text{C}}}\text{CH}-\text{O}-\text{CH}_3
&
\underset{\substack{|\\ \text{CH}_2-\text{CH}_2}}{\text{H}_2\text{C}}\overset{\text{O}}{\underset{}{}}\overset{*}{\text{CH}}-\text{CH}_2-\text{CH}_3
\end{array}
$$

CH₂
H₂C　　CH—O—CH₃
CH₂—CH₂

O
H₂C　　*CH—CH₂—CH₃
CH₂—CH₂

O
H₂C　　CH₂
CH₂—*CH—CH₃　　　(—CH₂—CH₃ 下)
CH₂—*CH
　　CH₂—CH₃

O
H₂C　　C—CH₃
　　　　　CH₃
CH₂—CH₂

O
H₂C　　CH₂
CH₂—C—CH₃
　　　CH₃

O
H₂C　　*CH—CH₃
CH₂—*CH—CH₃

O
H₂C　　CH₂
*CH—*CH
H₃C　　CH₃

O
H₂C　　*CH—CH₃
*CH—CH₂
H₃C

O
H₃C—*CH　　*CH—CH₃
　　CH₂—CH₂

このうち，不斉炭素原子を有するのは図の ＊ がついているエーテル結合を環構造に含む 6 つである。

f_1. 有機化合物 **A** はアルコールであるが，硫酸酸性の二クロム酸カリウムで酸化されないので，第三級アルコールである。したがって，**A** の構造式は次のように決まる。

HO　　CH₃
　　C
H₂C　　CH₂
CH₂—CH₂

f₂. 有機化合物 **F** は炭酸水素ナトリウム水溶液で二酸化炭素を発生するので，カルボキシ基をもつことがわかる。したがって，有機化合物 **D** が第一級アルコールで，酸化されて次のように **F** になったのだとわかる。

$$
\begin{array}{ccc}
\text{CH}_2\text{OH} & & \text{COOH} \\
| & & | \\
\text{CH} & & \text{CH} \\
\diagup \quad \diagdown & \longrightarrow & \diagup \quad \diagdown \\
\text{H}_2\text{C} \quad\quad \text{CH}_2 & & \text{H}_2\text{C} \quad\quad \text{CH}_2 \\
| \quad\quad | & & | \quad\quad | \\
\text{CH}_2\text{-CH}_2 & & \text{CH}_2\text{-CH}_2 \\
\textbf{D} & & \textbf{F}
\end{array}
$$

❖講　評

　化学と物理をあわせて 6 題の中から 3 題を選んで解答する形式は例年通り。理論・無機の融合問題が 2 題，有機化学 1 題が出題された。一部にやや思考力を要する問題が見られたが，標準的な良問が多く，日頃の学習の成果が試される問題であった。

　D　(1)二酸化炭素に関する問題。基本的である。(2)酸化還元反応の問題。前半は基本的であるが，後半のヨウ素滴定の問題で差がつきやすい。(3)緩衝液の問題。リン酸緩衝液も取り扱われているのでやや難しい。(4)電気分解の問題。基本的であり落とせない。

　E　(1)原子の構造に関する問題。化学反応式に関する最後の計算問題がやや難しい。(2)反応速度に関する問題。問題文から読み取らなければならないことが多く，特に，サは多くの受験生にとって取り組みづらい問題であっただろうと思われる。(3)気体の性質と化学平衡の問題。標準的な問題である。

　F　(1)合成高分子化合物に関する問題。基本的である。(2)窒素を含む有機化合物の問題。知識問題ばかりであった。(3)エステルの加水分解に関する問題。エステル結合がカルボン酸のカルボキシ基の OH とアルコールのヒドロキシ基の H で脱水されて形成されることがわかっていれば解くことができる。(4)環状構造をもつ脂肪族化合物の構造決定問題。タ・チでエーテル結合を五員環に含むケースを考えることができたかがポイントである。

2021年度

問題と解答

■学部別入試

▶試験科目・配点

教　　科	科　　　　　　目	配　点
外国語	「コミュニケーション英語Ⅰ・Ⅱ・Ⅲ，英語表現Ⅰ・Ⅱ」，ドイツ語（省略），フランス語（省略）から1科目選択	120 点
数　　学	数学Ⅰ・Ⅱ・Ⅲ・A・B	120 点
理　　科	「物理基礎・物理」，「化学基礎・化学」から各3題，計6題出題し，そのうち任意の3題選択	120 点

▶備　考

「数学B」は「数列，ベクトル」から出題する。

■英語■

(60 分)

以下の英文は，ある地球生物学者のエッセイである。これを読んで問に答えなさい。

　　When I was a little girl, my father told me that one day, all the people on Earth will live together, free from war and hunger and need.　When I asked him when it would happen, he said he wasn't sure but that he was sure the day would come.

　　These many years later, I wonder if he chose that day, in particular, to talk to me.　I had just turned nine, which made me old enough to question his views but still ⬚ 2 ⬚ enough to listen to his answers.

　　"How?" I asked him; I was skeptical.　"We all live in different countries," I observed, "and we all speak different languages."

　　" ⬚ 4 ⬚ can change," he responded quietly, "and we can learn each other's languages." He added, "We are a species that can learn anything."

　　I was his youngest child, his only daughter, and I had come to him late in his life.　He was fifty-five years old when we had this conversation and had already seen the world map revised twice during his lifetime.　But this was not the only reason he believed in our ability to transform the world.

　　He believed it because he had seen people grow and change when he ⬚ 6 ⬚ physics, chemistry, calculus, and geology to an entire generation of our town and then to the entire generation of their children.　He believed it because of what he had seen during his own life: the magic of radio had become television, the telegraph became the telephone, the computer with ticker tape注1 became the computer with punch cards, which eventually became the magic of the Internet. He believed it because of his family: his children had a mother who had survived their birth (unlike his grandmother), would have the opportunity to go to college

(unlike his parents), and were growing up 　8　 from the shadow of polio
(unlike him).

　　He believed it because he loved me, and because of him, I believe it too.　I
believed <u>my first, and my fondest, science teacher</u> when he told me that when we
　　　　　9
finally devote ourselves to work and to love, even our most fantastic dreams will
eventually come true.

　　Multiple solutions have been proposed to stabilize, and then decrease, the
amount of carbon dioxide that is in the atmosphere in the hopes of limiting — and
ultimately reversing — the earth's rising temperatures, and all of these solutions
show some promise.　It is possible to separate carbon dioxide from air, concentrate
it, and then seal it into a container; the torpedo-shaped^{注2} metal tanks standing next
to a restaurant's soda dispenser are an example of <u>this technology</u>.　Engineers have
　　　　　　　　　　　　　　　　　　　　　　　　　　　　　10
proposed to remove carbon dioxide from the atmosphere, condense it into a pure
liquid, and then inject the liquid deep into the earth, <u>① it / ② remain forever /</u>
　　　　　　　　　　　　　　　　　　　　　　　　　　　11
<u>③ layers of / ④ trapped between / ⑤ rock / ⑥ where / ⑦ would</u> at the bottom of
the ocean or in the caverns left behind after drilling for oil and mining for coal.

[…]

　　Earth — the only thing we all share — has become a pawn in our political
discourse, and climate change is now a weapon that can be hurled^{注3} by either side.
For scientists especially, feeding into political pique and polarization^{注4} actively
damages the planet we are trying to save.　<u>Down the road</u>, it won't matter what we
　　　　　　　　　　　　　　　　　　　　　　　　　12
do as much as it matters what we *all* do.　<u>Need I mention that "we all" has always</u>
　　　　　　　　　　　　　　　　　　　13
<u>included — and always will include — both me and you?</u>　We are all part of what is
happening to the world, regardless of how we feel about it, regardless of whether
we personally "believe" or "deny." Even if you consider yourself on <u>the right side</u> of
　　　　　　　　　　　　　　　　　　　　　　　　　　　　　　　14
environmental issues and a true believer in climate change, chances are that you
are actively degrading the earth as much as, or more than, the people you argue
with.　<u>An effort tempered by humility</u> will go much further than one armored with
　　　15
righteousness.

During each of the years that I've taught this material, at least one student —
overwhelmed by the data — would come to my office and ask me if I thought there
16
was any hope for planet Earth.　Here is how I would answer:

Yes. 　 17 　. I do believe that there is hope for us, and you are very
welcome to take some and keep it for your own.

I am hopeful because my life is filled with people who also care about these
issues. 　① to / ② people I know / ③ that will tell us more / ④ their lives /
18
⑤ the smartest / ⑥ gathering the data / ⑦ are dedicating.　This very day, scores
of people got to the lab early and will stay late, trying to quantify the exact
magnitude of sea-level rise, warming weather, melting polar ice.　They are walking
the fields and counting what is there and what is not.　The ecologists who first
noticed these patterns could not have imagined the computers or instruments that
we now use every day.　We are watching and working and not just 　 19 　.
Climate science is a part of science, after all, and science is now just as it has
always been: overworked and underfunded and absolutely unwavering注5 in its
refusal to ever stop trying to figure it all out.

I am hopeful because history teaches us that we are not alone.　During
centuries past, women and men railed helplessly against overwhelming forces that
poisoned the wells, spoiled the crops, and robbed them of their loved ones.　We
20
may discount their science as superstition, but it was based on state-of-the-art
observations and earnest conclusions.　Genetically we are no smarter than they
21
were, and we may be laboring in similar darkness.　The succeeding centuries did
bring unfathomable solutions to even the most intransigent of these ancient plagues,
and though the solutions came far too late for many, they were not too late for all.

Then comes the hardest part of the conversation, when I ask them to think
about their own lives.

I remind them: We are strong and lucky.　Our planet is home to many who
struggle to survive on too little.　The fact that we are of the group with food,
22
shelter, and clean water obligates us not to give up on the world that we have
compromised.　Knowledge is responsibility.

I ask them: What will you do with the extra decade of life given to you, over and above your parents'? We, the 20 percent of the globe that uses most of its resources, must begin to detox from this consumption注6, [23] things will never get better. Look at your own life: Can you identify the most energy-intensive thing that you do? Are you willing to change? We will never change our institutions if we cannot change ourselves.

I stress one thing above all else: *Having hope requires courage*. It matters not only what we do about global change but how we talk about it, both in the classroom and beyond. We risk our own paralysis注7 with the message that we have poisoned the earth and so the earth rejects us. As far as we know, this is still our species' eternal home, and we must not alienate our children from it. We must go forward and live within the world that we have made, while understanding that its current state arises from a relentless Story of More. We can make this easier by being kind to one another along the way.

I warn them: Do not be seduced by lazy nihilism. It is precisely because no single solution will save us that everything we do matters. Every meal we eat, every mile we travel, and every dollar we spend presents us with a choice between using more energy than we did last time or less. You have power. How will you use it?

Now is the time to imagine a world in alignment with注8 our ideals, as we embark on our postindustrial age. We will need to feed and shelter ourselves and one another, but everything else is on the table. "What can seven billion people do that three billion people could not?" is the question of my life so far. We are troubled, we are imperfect, but we are many, and we are doomed only if we believe ourselves to be. Our history books contain so much — extravagance and deprivation, catastrophe and industry, triumph and defeat — but they don't yet include *us*. Out before us stretches a new century, and its story is still unwritten. As every author will tell you, there is [26] more thrilling, or as daunting, as the possibilities that burst from a blank page.

(出典 Hope Jahren, *The Story of More*. [2020])

注1 the computer with ticker tape　紙テープを用いた旧式のコンピュータ

注2 torpedo-shaped　魚雷のかたちをした

注3 can be hurled　投げつけられる

注4 political pique and polarization　政治的な対立や二極化

注5 unwavering　揺るぎない

注6 detox from this consumption　過剰な消費癖を改める

注7 paralysis　麻痺

注8 in alignment with　〜に沿った

A．下線部 **A** を和訳し，解答欄に書きなさい。

B．下線部 **B** を和訳し，解答欄に書きなさい。

C．つぎの文を英訳し，解答欄に書きなさい。

いまこそ暴力なき世界を想像すべき時だ。

1. 下線部 1 で，「彼」は何について考えを述べているか。文脈上もっとも適切なものを次の中から 1 つ選び，解答欄の該当する番号をマークしなさい。

① 将来の地球の総人口　　　　　　　② 娘が不安になる理由

③ 世界的な飢餓の解決策　　　　　　④ 全人類に平和が訪れる時期

⑤ 戦争がなくなる可能性

2. 空欄　　2　　に入れるのに，文脈上もっとも適切なものを次の中から 1 つ選び，解答欄の該当する番号をマークしなさい。

① wild　　　　　　② quiet　　　　　　③ smart

④ proud　　　　　⑤ young

3. 下線部 3 の意味として，文脈上もっとも適切なものを次の中から 1 つ選び，解答欄の該当する番号をマークしなさい。

① doubtful　　　　② optimistic　　　　③ pleased

④ amazed　　　　⑤ disturbed

4. 空欄　　4　　に入れるのに，文脈上もっとも適切なものを次の中から 1 つ選び，解答欄の該当する番号をマークしなさい。

① Presidents　　　② Borders　　　　③ Planets

④ Opinions　　　⑤ Laws

5. 下線部 5 の内容として，文脈上もっとも適切なものを次の中から 1 つ選び，解答欄の該当する番号をマークしなさい。

① 自分が 55 歳になってしまったこと

② 娘が難しい質問をしてきたこと

③ 世界地図の書き換えを二度体験したこと

④ 親子で知的な会話ができたこと

⑤ 環境破壊を目の当たりにしてきたこと

6. 空欄　　6　　に入れるのに，文脈上もっとも適切なものを次の中から 1 つ選

び，解答欄の該当する番号をマークしなさい。

① learned　　　　　② denied　　　　　③ studied

④ questioned　　　　⑤ taught

7. 下線部 7 の意味として，文脈上もっとも適切なものを次の中から 1 つ選び，解
答欄の該当する番号をマークしなさい。

① at the end of a period of the time or series of events

② over a long period of time

③ sometimes but not often

④ in an honest and direct way

⑤ in a smooth, regular or equal way

8. 空欄　　8　　に入れるのに，文脈上もっとも適切なものを次の中から 1 つ選
び，解答欄の該当する番号をマークしなさい。

① different　　　　　② better　　　　　③ free

④ alike　　　　　　⑤ nicely

9. 下線部 9 にあたる人物として，文脈上もっとも適切なものを次の中から 1 つ選
び，解答欄の該当する番号をマークしなさい。

① 「私」の祖母

② 「私」の小学校時代の先生

③ 「私」の大学時代の恩師

④ 「私」の父

⑤ 「私」の出産に立ち会った医師

10. 下線部 10 の内容として，文脈上もっとも適切なものを次の中から 1 つ選び，
解答欄の該当する番号をマークしなさい。

① 水に溶けた二酸化炭素の濃度を下げる技術

② 空気中の二酸化炭素を容器に封入する技術

③ 二酸化炭素を軍事的に利用する技術

④ 店内の空調のために二酸化炭素を無害化する技術

⑤　二酸化炭素を貯蔵する金属タンクを製造する技術

11.　下線部 11 の語群を，文脈上もっとも適切な順番に並べ替え，2 番目と 6 番目
　　にあたる番号を解答欄 1 列につき 1 つずつマークしなさい。

12.　下線部 12 の意味として，文脈上もっとも適切なものを次の中から 1 つ選び，
　　解答欄の該当する番号をマークしなさい。
　　①　考えてみれば　　　　　②　ただちに　　　　　③　いまだに
　　④　やがて　　　　　　　　⑤　ふりかえってみれば

13.　下線部 13 について，「私」の意見として，文脈上もっとも適切なものを次の中
　　から 1 つ選び，解答欄の該当する番号をマークしなさい。
　　①　「私たち全員」に「私」を含めることができない。
　　②　「私たち全員」と言っても，「あなた」は自分を例外だと思っている。
　　③　「私たち全員」の意味は，未来になれば変化するに決まっている。
　　④　「私たち全員」などと，わざわざ強調する必要はない。
　　⑤　「私たち全員」に「私」と「あなた」が含まれるのは言うまでもない。

14.　下線部 14 の意味として，文脈上もっとも適切なものを次の中から 1 つ選び，
　　解答欄の該当する番号をマークしなさい。
　　①　あからさまな態度　　　②　権利を有する陣営　　　③　過激な意見
　　④　正しい側　　　　　　　⑤　右寄りの立場

15.　下線部 15 について，「私」はどのように考えているか。文脈上もっとも適切な
　　ものを次の中から 1 つ選び，解答欄の該当する番号をマークしなさい。
　　①　環境問題の歴史を明らかにしてくれる。
　　②　環境問題の本質を解明してくれる。
　　③　環境運動の正しさを証明してくれる。
　　④　環境運動を効果的に促進してくれる。
　　⑤　環境運動とは無関係である。

16. 下線部 16 について，この "would" と同じ用法の文として，もっとも適切なも
　　のを次の中から 1 つ選び，解答欄の該当する番号をマークしなさい。

　　① They said they would meet us at 10:30 at the station.

　　② What would you do if you won a million pounds?

　　③ I wish they would come and visit us.

　　④ When we worked in the same office, we would often have coffee together.

　　⑤ My parents would like to meet you.

17. 空欄　　17　　に入れるのに，文脈上もっとも適切なものを次の中から 1 つ選
　　び，解答欄の該当する番号をマークしなさい。

　　① No way　　　　　　② Absolutely　　　　　③ Please

　　④ Anytime　　　　　⑤ Not really

18. 下線部 18 の語群を，文脈上もっとも適切な順番に並べ替え，2 番目と 6 番目
　　にあたる番号を解答欄 1 列につき 1 つずつマークしなさい。ただし，文頭の単語
　　も小文字にしてある。

19. 空欄　　19　　に入れるのに，文脈上もっとも適切なものを次の中から 1 つ選
　　び，解答欄の該当する番号をマークしなさい。

　　① worrying　　　　　② sleeping　　　　　③ running

　　④ calling　　　　　　⑤ paying

20. 下線部 20 の内容として，文脈上もっとも適切なものを次の中から 1 つ選び，
　　解答欄の該当する番号をマークしなさい。

　　① centuries　　　　　② women and men　　　③ overwhelming forces

　　④ the wells and crops　⑤ loved ones

21. 下線部 21 の内容として，文脈上もっとも適切なものを次の中から 1 つ選び，
　　解答欄の該当する番号をマークしなさい。

　　① 過去の人類　　　　② 最先端の科学者　　　③ 初期のエコロジスト

　　④ 災害の被害者　　　⑤ 欧米以外に暮らす人々

22. 下線部 22 について，ここで "too little" とされているものとして，もっとも適切なものを次の中から1つ選び，解答欄の該当する番号をマークしなさい。

① 人口　　　　　② 資源　　　　　③ 面積

④ 年齢　　　　　⑤ 通貨

23. 空欄　23　に入れるのに，文脈上もっとも適切なものを次の中から1つ選び，解答欄の該当する番号をマークしなさい。

① and　　　　　② if　　　　　③ till

④ that　　　　　⑤ or

24. 下線部 24 の内容として，文脈上もっとも適切なものを次の中から1つ選び，解答欄の該当する番号をマークしなさい。

① global change　　② the classroom　　③ the message

④ the earth　　　　⑤ our species

25. 下線部 25 について，「私」がこのように言う理由として，もっとも適切なものを次の中から1つ選び，解答欄の該当する番号をマークしなさい。

① 強大な産業を構築しているから

② 自分たちの好きなものを好きなだけ食べることができるから

③ どこへでも自由に旅をすることができるから

④ ドルは世界でもっとも力を持っている通貨だから

⑤ 普段の生活でもエネルギー消費をコントロールできるから

26. 空欄　26　に入れるのに，文脈上もっとも適切なものを次の中から1つ選び，解答欄の該当する番号をマークしなさい。

① nothing　　　　② anything　　　　③ everything

④ something　　　⑤ a thing

27. 以下の文には，本文の内容に**合致しないもの**が 1 つある。次の中から選び，解
　　答欄の該当する番号をマークしなさい。

　① 「私」の父方の祖父母は，大学に行く機会がなかった。

　② 環境問題に取り組む研究者たちは，研究費が不足していても，必死に研究を
　　続けている。

　③ 地球資源の 20％を利用しているわたしたちは，その消費量を減らすべきで
　　ある。

　④ 現在の環境問題は，〈より多くを求める物語〉から生じている。

　⑤ 気候変動は，政治的な武器としても使われることがある。

数学

(90 分)

〔Ⅰ〕　次の ア から ハ にあてはまる 0 から 9 までの数字を，解答用紙の所定の
欄にマークせよ。　 シス 　は 2 桁の数である。なお，分数は既約分数にする
こと。

(1)　a と b を正の整数とし，$f(x) = ax^2 - bx + 4$ とおく。2 次方程式 $f(x) = 0$
は異なる 2 つの実数解をもつとする。

(a)　2 次方程式 $f(x) = 0$ の 2 つの解がともに整数であるとき，

$$
\begin{cases} a = 1 \\ b = \boxed{\text{ア}} \end{cases}
\quad \text{または} \quad
\begin{cases} a = \boxed{\text{イ}} \\ b = \boxed{\text{ウ}} \end{cases}
$$

である。

(b)　$b = 7$ とする。2 次方程式 $f(x) = 0$ の 2 つの解のうち一方が整数で
あるとき，$a = \boxed{\text{エ}}$ であり，$f(x) = 0$ の 2 つの解は

$$
x = \boxed{\text{オ}}, \; \frac{\boxed{\text{カ}}}{\boxed{\text{キ}}}
$$

である。

(2) 座標平面上に 2 点 $A\left(\dfrac{5}{8},\ 0\right)$, $B\left(0,\ \dfrac{3}{2}\right)$ をとる。L は原点を通る直
線で，L が x 軸の正の方向となす角 θ は $0 \leqq \theta \leqq \dfrac{\pi}{2}$ の範囲にあるとする。
ただし，角 θ の符号は時計の針の回転と逆の向きを正とする。点 A と直線
L との距離を d_A，点 B と直線 L との距離を d_B とおく。このとき

$$d_A + d_B = \boxed{\dfrac{\text{ク}}{\text{ケ}}}\sin\theta + \boxed{\dfrac{\text{コ}}{\text{サ}}}\cos\theta$$

である。θ が $0 \leqq \theta \leqq \dfrac{\pi}{2}$ の範囲を動くとき，$d_A + d_B$ の最大値は $\boxed{\dfrac{\text{シス}}{\text{セ}}}$

であり，最小値は $\boxed{\dfrac{\text{ソ}}{\text{タ}}}$ である。

(3) 複素数 z と正の実数 r は，等式

$$z^4 = r\left(\cos\dfrac{2}{3}\pi + i\sin\dfrac{2}{3}\pi\right) \qquad \cdots\cdots (*)$$

を満たすとする。ただし，i は虚数単位である。

(a) z の偏角 θ を $0 \leqq \theta < 2\pi$ の範囲にとるとき，θ のとり得る値のうち最
小のものは $\boxed{\dfrac{\text{チ}}{\text{ツ}}}\pi$ であり，最大のものは $\boxed{\dfrac{\text{テ}}{\text{ト}}}\pi$ である。

(b) 等式 $(*)$ と等式

$$|z - i| = 1$$

がともに成り立つとき，r の値は $r = \boxed{\quad\text{ナ}\quad}$ または $r = \boxed{\quad\text{ニ}\quad}$ で
ある。

(4) 連続関数 $f(x)$ は区間 $x \geqq 0$ で正の値をとり，区間 $x > 0$ で微分可能か
つ $f'(x) \neq 0$ であるとする。さらに，実数の定数 a と関数 $f(x)$ が

$$\int_0^x 3t^2 f(t)\,dt - (x^3 + 3)f(x) + \log f(x) = a \quad (x \geqq 0)$$

を満たすとする。このとき

$$a = -\boxed{\text{ヌ}} - \log \boxed{\text{ネ}}$$

である。また，曲線 $y = f(x)\ (x > 0)$ の変曲点の x 座標を p とすると，
$p^3 = \dfrac{\boxed{\text{ノ}}}{\boxed{\text{ハ}}}$ である。ただし，$\log x$ は x の自然対数である。

〔II〕　次の $\boxed{\text{あ}}$ から $\boxed{\text{お}}$ にあてはまる数や式を解答用紙の所定の欄に記入せよ。途中経過を記入する必要はない。

n を正の整数とする。座標平面上の点で，x 座標と y 座標がともに整数であるものを格子点と呼ぶ。$|x| + |y| = 2n$ を満たす格子点 (x, y) 全体の集合を D_{2n} とする。

(1)　D_4 は $\boxed{\text{あ}}$ 個の点からなる。一般に，D_{2n} は $\boxed{\text{い}}$ 個の点からなる。

(2)　D_{2n} に属する点 (x, y) で $|x - 2n| + |y| = 2n$ を満たすものは，全部で $\boxed{\text{う}}$ 個ある。

(3)　D_{2n} に属する点 (x, y) で $|x - n| + |y - n| = 2n$ を満たすものは，全部で $\boxed{\text{え}}$ 個ある。

(4)　D_{2n} から異なる 2 点 (x_1, y_1), (x_2, y_2) を無作為に選ぶとき，

$$|x_1 - x_2| + |y_1 - y_2| = 2n$$

が成り立つ確率は $\boxed{\text{お}}$ である。

〔III〕　次の　$\boxed{か}$　から　$\boxed{せ}$　にあてはまる数や式を解答用紙の所定の欄に記入せよ。途中経過を記入する必要はない。また，二重根号をはずす必要はない。なお，$\boxed{す}$　と　$\boxed{す}$，$\boxed{せ}$　と　$\boxed{せ}$　にはそれぞれ同じものがあてはまる。

O を原点とする座標平面上の曲線 $y = \log x$ を C とする。ただし，$\log x$ は x の自然対数である。正の実数 t に対し，曲線 C 上の点 $\mathrm{P}(t,\ \log t)$ における C の法線 L の傾きは　$\boxed{か}$　である。L に平行な単位ベクトル $\vec{n}$ で，その x 成分が正であるものは

$$\vec{n} = \left(\boxed{}\ ,\ \boxed{}\right)$$

である。さらに r を正の定数とし，点 Q を $\overrightarrow{\mathrm{OQ}} = \overrightarrow{\mathrm{OP}} + r\vec{n}$ により定めると，Q の座標は $\left(\boxed{}\ ,\ \boxed{}\right)$ となる。ここで点 Q の x 座標と y 座標を t の関数と見て，それぞれ $X(t)$，$Y(t)$ とおくと，$X(t)$，$Y(t)$ の導関数を成分とするベクトル $(X'(t),\ Y'(t))$ は，r によらないベクトル $\left(1,\ \boxed{}\right)$ と平行であるか，または零ベクトルである。

定数 r のとり方によって関数 $X(t)$ の増減の様子は変わる。$X(t)$ が区間 $t > 0$ で常に増加するような r の値の範囲は　$\boxed{し}$　である。また，$r = 2\sqrt{2}$ のとき，$X(t)$ は区間　$\boxed{す} \leqq t \leqq \boxed{せ}$　で減少し，区間 $0 < t \leqq \boxed{す}$ と区間 $t \geqq \boxed{せ}$ で増加する。

理科

(80 分)

物理 3 題（A，B，C），化学 3 題（D，E，F）の合計 6 題が出題されて
います。この 6 題のうちから 3 題を任意に選択して解答しなさい。4 題以
上解答した場合には，すべての解答が無効になります。

▶▶▶ 物　理 ◀◀◀

〔A〕　次の文中の　ア　～　コ　に最も適するものをそれぞれの解答群から
一つ選び，解答用紙の所定の欄にその記号をマークせよ。

　以下の設問において重力加速度の大きさを g とし，空気抵抗は無視できるもの
として小物体の運動を考える。

(1)　図のように水平な床面上に x 軸，鉛直上向きに y 軸をとる。時刻 $t = 0$
に，原点 O から質量 m の小物体 1 を初速度の大きさ v_0 で，水平面から角度
$\theta (0° < \theta < 90°)$ だけ上向きに打ち上げる。小物体 1 は x-y 平面内を運動す
る。打ち上げから床に衝突するまでの小物体 1 の座標 (x, y) を，時刻 t を用
いて表すと　ア　となり，小物体 1 が到達する最高点の高さは　イ
となる。

(2)　問題 (1) と同様に，時刻 $t = 0$ に原点 O から質量 m の小物体 1 を初速度の
大きさ v_0 で，水平面から角度 $\theta (0° < \theta < 90°)$ だけ上向きに打ち上げるのと
同時に，座標 (d, h) の位置から質量 M の小物体 2 が自由落下した。ただし，
$d > 0, h > 0$ である。また，小物体 1 と小物体 2 は同一の x-y 平面内を運動
する。

　　小物体1と小物体2が，どちらも床に衝突することなく空中で衝突する条件
を考える。時刻 t_c に二つの小物体が衝突したとすると，衝突したときの小物体
2の座標 (x, y) は　 ウ 　となる。このとき，角度 θ の条件 $\tan\theta = $ 　 エ 　
と，初速度の大きさ v_0 についての条件　 オ 　が満たされている。

　　さらに，この衝突が小物体1が最高点に到達すると同時におきたとする。
このときの小物体1の初速度の大きさ v_0 は，d と h を用いて $v_0{}^2 = $ 　 カ 　
と表せる。衝突直前の小物体1と小物体2の速度の大きさがそれぞれ v と
αv であったとすると，α は d, h を用いて $\alpha = $ 　 キ 　と表せる。二つの小
物体は完全非弾性衝突をし，その後一体となって小物体 1・2 として運動を
続けた。衝突直後の速度の大きさを V とすると，$V = $ 　 ク 　$\times v$ であり，こ
の衝突過程で失われた運動エネルギーは　 ケ 　$\times \dfrac{mM}{m+M}v^2$ となる。時刻
$0 \leqq t < t_c$ における小物体1と小物体2それぞれの x 座標，y 座標と，時刻
$t_c \leqq t$ における小物体 1・2 の x 座標，y 座標を表した図は　 コ 　となる。

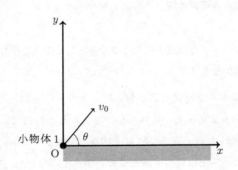

　 ア 　の解答群

① $(v_0\cos\theta,\ v_0\sin\theta - gt)$　　　　② $(v_0\sin\theta,\ v_0\cos\theta - gt)$

③ $(v_0 t\cos\theta,\ v_0 t\sin\theta - gt)$　　　　④ $(v_0 t\sin\theta,\ v_0 t\cos\theta - gt)$

⑤ $(v_0 t\cos\theta,\ v_0 t\sin\theta - gt^2)$　　　⑥ $(v_0 t\sin\theta,\ v_0 t\cos\theta - gt^2)$

⑦　$(v_0 t \cos \theta,\ v_0 t \sin \theta - \dfrac{1}{2} g t^2)$　　　　⑧　$(v_0 t \sin \theta,\ v_0 t \cos \theta - \dfrac{1}{2} g t^2)$

イ　の解答群

①　$\dfrac{v_0{}^2 \sin \theta}{2g}$　　　②　$\dfrac{v_0{}^2 \cos \theta}{2g}$　　　③　$\dfrac{v_0{}^2 \sin^2 \theta}{2g}$　　　④　$\dfrac{v_0{}^2 \cos^2 \theta}{2g}$

⑤　$\dfrac{v_0{}^2 \sin \theta}{2}$　　　⑥　$\dfrac{v_0{}^2 \cos \theta}{2}$　　　⑦　$\dfrac{v_0{}^2 \sin^2 \theta}{2}$　　　⑧　$\dfrac{v_0{}^2 \cos^2 \theta}{2}$

ウ　の解答群

①　$\left(d,\ \sqrt{\dfrac{h g t_{\mathrm{c}}{}^2}{2}}\right)$　　　　　　②　$\left(d,\ h - \dfrac{g t_{\mathrm{c}}{}^2}{2}\right)$

③　$\left(d,\ h - \sqrt{\dfrac{h g t_{\mathrm{c}}{}^2}{2}}\right)$　　　　④　$\left(d,\ h - g t_{\mathrm{c}}{}^2 \sqrt{h^2 + d^2}\right)$

⑤　$\left(d - \dfrac{g t_{\mathrm{c}}{}^2}{2},\ \sqrt{\dfrac{h g t_{\mathrm{c}}{}^2}{2}}\right)$　　　⑥　$\left(d - \dfrac{g t_{\mathrm{c}}{}^2}{2},\ h - \dfrac{g t_{\mathrm{c}}{}^2}{2}\right)$

⑦　$\left(d - \dfrac{g t_{\mathrm{c}}{}^2}{2},\ h - \sqrt{\dfrac{h g t_{\mathrm{c}}{}^2}{2}}\right)$　　⑧　$\left(d - \dfrac{g t_{\mathrm{c}}{}^2}{2},\ h - g t_{\mathrm{c}}{}^2 \sqrt{h^2 + d^2}\right)$

エ　の解答群

①　$\dfrac{d}{h}$　　　②　$\dfrac{h}{d}$　　　③　$\sqrt{\dfrac{d}{h}}$　　　④　$\sqrt{\dfrac{h}{d}}$

⑤　$\dfrac{h}{h+d}$　　　⑥　$\dfrac{d}{h+d}$　　　⑦　$\sqrt{\dfrac{h}{h+d}}$　　　⑧　$\sqrt{\dfrac{d}{h+d}}$

オ　の解答群

①　$v_0{}^2 > \dfrac{g(h+d)^2}{2h}$　　　　　　②　$v_0{}^2 < \dfrac{g(h+d)^2}{2h}$

③　$v_0{}^2 > \dfrac{g(h+d)^2}{2d}$　　　　　　　④　$v_0{}^2 < \dfrac{g(h+d)^2}{2d}$

⑤　$v_0{}^2 > \dfrac{g(h^2+d^2)}{2h}$　　　　　　⑥　$v_0{}^2 < \dfrac{g(h^2+d^2)}{2h}$

⑦　$v_0{}^2 > \dfrac{g(h^2+d^2)}{2d}$　　　　　　⑧　$v_0{}^2 < \dfrac{g(h^2+d^2)}{2d}$

　　| カ |　の解答群

①　$\dfrac{g(h+d)^2}{2h}$　　　　　　　　　②　$\dfrac{g(h+d)^2}{2d}$

③　$\dfrac{g(h+d)^2}{h}$　　　　　　　　　④　$\dfrac{g(h+d)^2}{d}$

⑤　$\dfrac{g(h^2+d^2)}{2h}$　　　　　　　　⑥　$\dfrac{g(h^2+d^2)}{2d}$

⑦　$\dfrac{g(h^2+d^2)}{h}$　　　　　　　　⑧　$\dfrac{g(h^2+d^2)}{d}$

　　| キ |　の解答群

①　$h+d$　　　②　$\sqrt{h+d}$　　　③　$\dfrac{d}{h}$　　　④　$\sqrt{\dfrac{d}{h}}$

⑤　$\dfrac{h}{d}$　　　⑥　$\sqrt{\dfrac{h}{d}}$　　　⑦　$\dfrac{(h+d)^2}{h^2+d^2}$　　　⑧　$\sqrt{\dfrac{(h+d)^2}{h^2+d^2}}$

　　| ク |　の解答群

①　$\dfrac{\alpha^2 m^2 + M^2}{m+M}$　　　　②　$\dfrac{\sqrt{\alpha^2 m^2 + M^2}}{m+M}$　　　　③　$\dfrac{m^2 + \alpha^2 M^2}{m+M}$

④　$\dfrac{\sqrt{m^2 + \alpha^2 M^2}}{m+M}$　　　　⑤　$\dfrac{\alpha^2 m^2 + M^2}{(m+M)^2}$　　　　⑥　$\dfrac{\sqrt{\alpha^2 m^2 + M^2}}{(m+M)^2}$

⑦　$\dfrac{m^2 + \alpha^2 M^2}{(m+M)^2}$　　　　⑧　$\dfrac{\sqrt{m^2 + \alpha^2 M^2}}{(m+M)^2}$

ケ の解答群

① $\dfrac{(1+\alpha)^2}{2}$　　② $(1+\alpha)^2$　　③ $\dfrac{1+\alpha^2}{2}$　　④ $1+\alpha^2$

⑤ $\dfrac{\alpha^2}{2}$　　⑥ α^2　　⑦ $\dfrac{1+\alpha}{2}$　　⑧ $1+\alpha$

コ の解答群

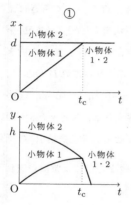

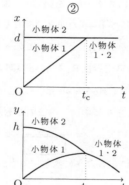

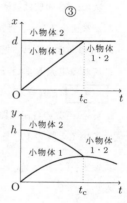

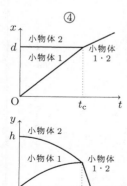

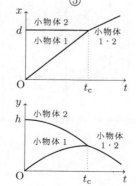

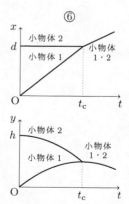

〔B〕　次の文中の　　ア　　～　　ケ　　に最も適するものをそれぞれの解答群から
一つ選び，解答用紙の所定の欄にその記号をマークせよ。

(1)　図 1 のように，内部抵抗が無視できる起電力 E〔V〕の電池 E，抵抗値 R_1
〔Ω〕の抵抗 R_1，抵抗値 R_2〔Ω〕の抵抗 R_2，抵抗値 R_3〔Ω〕の抵抗 R_3，可
変抵抗 R_4，内部抵抗 r〔Ω〕の検流計 G，スイッチ S を接続した。可変抵抗
R_4 の抵抗値 R_4〔Ω〕は変えることができる。スイッチ S が開いているとき，
点 q を基準とした点 p の電位 V_{pq}〔V〕は　　ア　　〔V〕となる。

　　次に，R_4 の値は変えずにスイッチ S を閉じる。検流計 G を p→q の向きに流
れる電流を I〔A〕，抵抗 R_1 を b→p の向きに流れる電流を I_1〔A〕，抵抗 R_2 を
b→q の向きに流れる電流を I_2〔A〕とする。このとき，抵抗 R_3 を p→c の向き
に流れる電流 I_3〔A〕と，可変抵抗 R_4 を q→c の向きに流れる電流 I_4〔A〕は，
　　イ　　と表せる。経路 a→b→p→c→d→a，経路 a→b→q→c→d→a，経路
b→p→q→b の各閉回路にキルヒホッフの法則を適用すると，スイッチ S が開
いているときの V_{pq} を用いて，$I = \dfrac{V_{pq}}{\boxed{\text{ウ}}}$ と表せる。可変抵抗 R_4 の抵

抗値 R_4〔Ω〕を $V_{pq} = 0$ になるように調整すると，検流計 G には電流が流れ
ない。

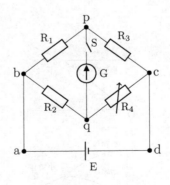

図 1

(2)　　角周波数 ω〔rad/s〕の交流電圧を，抵抗値 R〔Ω〕の抵抗 R，自己インダ
クタンス L〔H〕のコイル L，電気容量 C〔F〕のコンデンサー C のそれぞれに
加えた場合に，流れる電流と電圧の関係について考える。電圧，電流は時刻
とともに変化するが，抵抗 R では各時刻についてオームの法則が成り立つ。
コイル L やコンデンサー C についても，オームの法則と類似の関係が成り立
つ。電気抵抗に相当する物理量はリアクタンスと呼ばれ，コイル L では ωL
〔Ω〕，コンデンサー C では $\dfrac{1}{\omega C}$〔Ω〕である。電圧と電流の時刻に対する変
化のようすをコイルとコンデンサーについて図示すると，それぞれ図 2(a)
と図 2(b) のようになる。したがって，電流の位相は電圧の位相に対して，
　エ　。

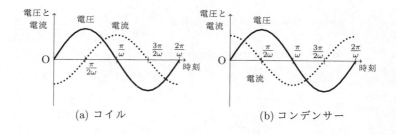

図 2

　　図 3 のように交流電源，抵抗値 R_1〔Ω〕の抵抗 R_1，自己インダクタンス L_2
〔H〕のコイル L_2，電気容量 C_3〔F〕のコンデンサー C_3，可変抵抗 R_4，交流
電流の検出器 D を接続した。交流電源の出力電圧（点 d を基準とした点 a の
電位）は $V = V_0 \sin \omega t$ である。ここで，V_0〔V〕は電圧の最大値，ω〔rad/s〕
は角周波数，t〔s〕は時刻である。可変抵抗 R_4 の抵抗値を R_4〔Ω〕にする
と，検出器 D には時刻によらず電流が流れなかった。

　抵抗 R_1 とコンデンサー C_3 を b→p→c の向きに流れる電流を $I_1 \sin(\omega t - \phi_1)$ 〔A〕とする。ただし，I_1 〔A〕は電流の最大値，交流電源の出力電圧 V 〔V〕との位相差 ϕ_1 は $-\dfrac{\pi}{2} \leqq \phi_1 \leqq \dfrac{\pi}{2}$ である。このとき，$V_0 \sin \omega t =$ オ の関係が各時刻について成り立つ。このことから，$I_1 =$ カ ，$\tan \phi_1 =$ キ となる。

　同様に，コイル L_2 と可変抵抗 R_4 を b→q→c の向きに流れる電流を $I_2 \sin(\omega t - \phi_2)$ 〔A〕とする。ただし，I_2 〔A〕は電流の最大値，交流電源の出力電圧 V 〔V〕との位相差 ϕ_2 は $-\dfrac{\pi}{2} \leqq \phi_2 \leqq \dfrac{\pi}{2}$ である。このとき $V_0 \sin \omega t =$ ク の関係が各時刻について成り立つ。このことから I_2 と $\tan \phi_2$ を求めることができる。

　検出器 D には時刻によらず電流が流れなかったので，点 p と点 q の電位差が常に 0 である。したがって ケ である。必要なら次の関係を利用せよ。

$$\begin{cases} \sin(\alpha \pm \beta) = \sin \alpha \cos \beta \pm \cos \alpha \sin \beta \\[2mm] \cos(\alpha \pm \beta) = \cos \alpha \cos \beta \mp \sin \alpha \sin \beta \end{cases} \quad (複号同順)$$

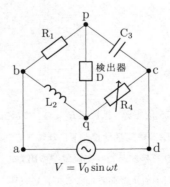

図 3

ア の解答群

① $\dfrac{R_1R_2 - R_3R_4}{(R_1 + R_4)(R_2 + R_3)}E$ ② $\dfrac{R_1R_3 - R_2R_4}{(R_1 + R_4)(R_2 + R_3)}E$

③ $\dfrac{R_2R_3 - R_1R_4}{(R_1 + R_3)(R_2 + R_4)}E$ ④ $\dfrac{R_2R_4 - R_1R_3}{(R_1 + R_3)(R_2 + R_4)}E$

⑤ $\dfrac{R_3R_4 - R_1R_2}{(R_1 + R_3)(R_2 + R_4)}E$ ⑥ $\dfrac{R_1R_2 - R_3R_4}{(R_1 + R_2)(R_3 + R_4)}E$

⑦ $\dfrac{R_1R_3 - R_2R_4}{(R_1 + R_2)(R_3 + R_4)}E$

イ の解答群

① $\begin{cases} I_3 = I_1 + I \\ I_4 = I_2 + I \end{cases}$ ② $\begin{cases} I_3 = I_1 + I \\ I_4 = I_2 - I \end{cases}$

③ $\begin{cases} I_3 = I_1 - I \\ I_4 = I_2 + I \end{cases}$ ④ $\begin{cases} I_3 = I_1 - I \\ I_4 = I_2 - I \end{cases}$

⑤ $\begin{cases} I_3 = I_2 + I \\ I_4 = I_1 + I \end{cases}$ ⑥ $\begin{cases} I_3 = I_2 - I \\ I_4 = I_1 + I \end{cases}$

⑦ $\begin{cases} I_3 = I_2 + I \\ I_4 = I_1 - I \end{cases}$ ⑧ $\begin{cases} I_3 = I_2 - I \\ I_4 = I_1 - I \end{cases}$

ウ の解答群

① $r + \dfrac{R_1R_2}{R_1 + R_2} + \dfrac{R_3R_4}{R_3 + R_4}$ ② $r + \dfrac{R_1R_2}{R_1 + R_2} - \dfrac{R_3R_4}{R_3 + R_4}$

③ $r - \dfrac{R_1R_2}{R_1 + R_2} + \dfrac{R_3R_4}{R_3 + R_4}$ ④ $r + \dfrac{R_1R_3}{R_1 + R_3} + \dfrac{R_2R_4}{R_2 + R_4}$

⑤ $r + \dfrac{R_1R_3}{R_1 + R_3} - \dfrac{R_2R_4}{R_2 + R_4}$ ⑥ $r - \dfrac{R_1R_3}{R_1 + R_3} + \dfrac{R_2R_4}{R_2 + R_4}$

エ　の解答群

① コイル L では $\frac{\pi}{6}$ 遅れ，コンデンサー C では $\frac{\pi}{6}$ 進む

② コイル L では $\frac{\pi}{6}$ 進み，コンデンサー C では $\frac{\pi}{6}$ 遅れる

③ コイル L では $\frac{\pi}{4}$ 遅れ，コンデンサー C では $\frac{\pi}{4}$ 進む

④ コイル L では $\frac{\pi}{4}$ 進み，コンデンサー C では $\frac{\pi}{4}$ 遅れる

⑤ コイル L では $\frac{\pi}{3}$ 遅れ，コンデンサー C では $\frac{\pi}{3}$ 進む

⑥ コイル L では $\frac{\pi}{3}$ 進み，コンデンサー C では $\frac{\pi}{3}$ 遅れる

⑦ コイル L では $\frac{\pi}{2}$ 遅れ，コンデンサー C では $\frac{\pi}{2}$ 進む

⑧ コイル L では $\frac{\pi}{2}$ 進み，コンデンサー C では $\frac{\pi}{2}$ 遅れる

オ　の解答群

① $R_1 I_1 \sin(\omega t - \phi_1) + \dfrac{I_1}{\omega C_3} \cos(\omega t - \phi_1)$

② $R_1 I_1 \sin(\omega t - \phi_1) - \dfrac{I_1}{\omega C_3} \cos(\omega t - \phi_1)$

③ $-R_1 I_1 \sin(\omega t - \phi_1) + \dfrac{I_1}{\omega C_3} \cos(\omega t - \phi_1)$

④ $-R_1 I_1 \sin(\omega t - \phi_1) - \dfrac{I_1}{\omega C_3} \cos(\omega t - \phi_1)$

⑤ $R_1 I_1 \cos(\omega t - \phi_1) + \dfrac{I_1}{\omega C_3} \sin(\omega t - \phi_1)$

⑥ $R_1 I_1 \cos(\omega t - \phi_1) - \dfrac{I_1}{\omega C_3} \sin(\omega t - \phi_1)$

⑦ $-R_1 I_1 \cos(\omega t - \phi_1) + \dfrac{I_1}{\omega C_3} \sin(\omega t - \phi_1)$

⑧ $-R_1 I_1 \cos(\omega t - \phi_1) - \dfrac{I_1}{\omega C_3} \sin(\omega t - \phi_1)$

カ の解答群

① $V_0\sqrt{\dfrac{1}{{R_1}^2} + (\omega C_3)^2}$　　② $V_0\left(\dfrac{1}{R_1} + \omega C_3\right)$　　③ $V_0\left(\dfrac{1}{R_1} - \omega C_3\right)$

④ $\dfrac{V_0}{\sqrt{{R_1}^2 + \dfrac{1}{(\omega C_3)^2}}}$　　⑤ $\dfrac{V_0}{R_1 + \dfrac{1}{\omega C_3}}$　　⑥ $\dfrac{V_0}{R_1 - \dfrac{1}{\omega C_3}}$

キ の解答群

① $\dfrac{R_1}{\omega C_3}$　　　② $-\dfrac{R_1}{\omega C_3}$　　　③ $\dfrac{\omega C_3}{R_1}$　　　④ $-\dfrac{\omega C_3}{R_1}$

⑤ $\dfrac{1}{\omega C_3 R_1}$　　⑥ $-\dfrac{1}{\omega C_3 R_1}$　　⑦ $\omega C_3 R_1$　　⑧ $-\omega C_3 R_1$

ク の解答群

① $\omega L_2 I_2 \sin(\omega t - \phi_2) + R_4 I_2 \cos(\omega t - \phi_2)$

② $-\omega L_2 I_2 \sin(\omega t - \phi_2) + R_4 I_2 \cos(\omega t - \phi_2)$

③ $\omega L_2 I_2 \sin(\omega t - \phi_2) - R_4 I_2 \cos(\omega t - \phi_2)$

④ $-\omega L_2 I_2 \sin(\omega t - \phi_2) - R_4 I_2 \cos(\omega t - \phi_2)$

⑤ $\omega L_2 I_2 \cos(\omega t - \phi_2) + R_4 I_2 \sin(\omega t - \phi_2)$

⑥ $-\omega L_2 I_2 \cos(\omega t - \phi_2) + R_4 I_2 \sin(\omega t - \phi_2)$

⑦ $\omega L_2 I_2 \cos(\omega t - \phi_2) - R_4 I_2 \sin(\omega t - \phi_2)$

⑧ $-\omega L_2 I_2 \cos(\omega t - \phi_2) - R_4 I_2 \sin(\omega t - \phi_2)$

ケ の解答群

① $R_1 R_4 = \dfrac{L_2}{C_3}$　　　② $R_1 R_4 = \dfrac{C_3}{L_2}$　　　③ $R_1 R_4 = \omega^2 L_2 C_3$

④　$\dfrac{R_1}{R_4} = \omega^2 L_2 C_3$　　　　⑤　$\dfrac{R_4}{R_1} = \omega^2 L_2 C_3$　　　　⑥　$\dfrac{R_1}{R_4} = \dfrac{L_2}{C_3}$

⑦　$\dfrac{R_4}{R_1} = \dfrac{L_2}{C_3}$

〔C〕　次の文中の　□ ア □ ～ □ ケ □ に最も適するものをそれぞれの解答群から
一つ選び，解答用紙の所定の欄にその記号をマークせよ。

(1)　図1のように，断面積が S 〔m²〕，長さが $3l$ 〔m〕の円筒容器が，小孔のあ
る薄い仕切壁によって，長さ l 〔m〕の領域1と長さ $2l$ 〔m〕の領域2に分けら
れている。小孔はシャッターにより開閉することができる。円筒容器，シャッ
ター，仕切壁は熱や気体分子を通さない。また，シャッターの開閉にともな
う熱も発生しない。気体定数を R 〔J/(mol·K)〕とする。

はじめシャッターにより小孔を閉じ，領域1に 1 mol あたりの質量 M_A
〔kg/mol〕の単原子分子の理想気体 A を m_A 〔kg〕入れ，圧力を P_A 〔Pa〕，
温度を T 〔K〕とした。領域2には 1 mol あたりの質量 M_B 〔kg/mol〕の単原
子分子の理想気体 B を m_B 〔kg〕入れ，圧力を P_B 〔Pa〕，温度は領域1と同
じ T 〔K〕とした。このとき，気体 A の総質量 m_A 〔kg〕と，気体 B の総質量
m_B 〔kg〕の比は，$\dfrac{m_A}{m_B} =$ □ ア □ である。

シャッターを開けると，気体 A，B の分子は小孔を通して領域1と2を自
由に行き来できるようになる。シャッターを開けて十分に時間が経過した後
は，領域1，2の圧力はともに □ イ □ 〔Pa〕となる。シャッターを開ける
前の気体 A の内部エネルギーを U_A，シャッターを開けて十分に時間が経過
した後の気体 A の内部エネルギーを $U_A{}'$ とすると $U_A{}' - U_A =$ □ ウ □ 〔J〕
であり，シャッターを開ける前の気体 B の内部エネルギーを U_B，シャッター
を開けて十分に時間が経過した後の気体 B の内部エネルギーを $U_B{}'$ とすると
$U_B{}' - U_B =$ □ エ □ 〔J〕である。

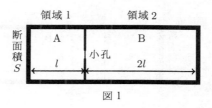

図 1

(2) 図 2 のように, 断面積が S [m²], 長さが $3l$ [m] の円筒容器が, 薄い仕切壁によって領域 1 と領域 2 に分けられている。円筒容器は熱や気体分子を通さない。仕切壁は気体分子を通さないが, 熱を通す状態にも, 通さない状態にも変えられる。仕切壁は円筒容器内を滑らかに移動することができるが, 固定することもできる。仕切壁が移動するときに熱は発生しない。

はじめに仕切壁が熱を通さない状態にして, 領域 1 の長さが l [m], 領域 2 の長さが $2l$ [m] となる位置で仕切壁を固定した。領域 1 には問題 (1) と同じ種類の理想気体 A を m_A [kg] 入れ, 圧力を P [Pa], 温度を T_A [K] とした。領域 2 には問題 (1) と同じ種類の理想気体 B を m_B [kg] 入れ, 圧力を領域 1 と同じ P [Pa], 温度を T_A [K] より低い温度 T_B [K] とした。このとき, 気体 A の総質量 m_A [kg] と, 気体 B の総質量 m_B [kg] の比は, $\dfrac{m_A}{m_B} = \boxed{\quad オ \quad}$ である。また, それぞれの分子の二乗平均速度を $\sqrt{v_A{}^2}$ [m/s], $\sqrt{v_B{}^2}$ [m/s] とすると, これらの比は $\dfrac{\sqrt{v_A{}^2}}{\sqrt{v_B{}^2}} = \boxed{\quad カ \quad}$ である。

次に仕切壁が熱を十分ゆっくり通す状態にして仕切壁の固定を外した。すると, 仕切壁を通して気体 A から気体 B に熱が移動して仕切壁が十分ゆっくり動いた。このとき気体 A と気体 B は定圧変化し, それぞれの気体の温度が等しくなったところで仕切壁が止まった。仕切壁が止まったときの気体 A, B の温度は $\boxed{\quad キ \quad}$ [K] であり, 仕切壁ははじめの位置から距離 $\boxed{\quad ク \quad} \times l$ [m] だけ離れている。仕切壁が移動する前の気体 B の内部エネルギーを U_B [J] とすれば, 仕切壁が動いて止まるまでの過程で気体 B が得た熱量は, U_B [J] の $\boxed{\quad ケ \quad}$ 倍である。

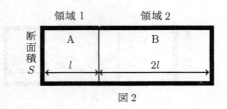

図 2

ア の解答群

① $\dfrac{2M_A P_A}{M_B P_B}$ 　　② $\dfrac{2M_B P_B}{M_A P_A}$ 　　③ $\dfrac{2M_A P_B}{M_B P_A}$ 　　④ $\dfrac{2M_B P_A}{M_A P_B}$

⑤ $\dfrac{M_A P_A}{2M_B P_B}$ 　　⑥ $\dfrac{M_B P_B}{2M_A P_A}$ 　　⑦ $\dfrac{M_A P_B}{2M_B P_A}$ 　　⑧ $\dfrac{M_B P_A}{2M_A P_B}$

イ の解答群

① $\dfrac{RT}{Sl}\left(\dfrac{M_A}{m_A}+\dfrac{2M_B}{m_B}\right)$ 　　② $\dfrac{RT}{Sl}\left(\dfrac{m_A}{M_A}+\dfrac{2m_B}{M_B}\right)$

③ $\dfrac{RT}{2Sl}\left(\dfrac{M_A}{m_A}+\dfrac{M_B}{m_B}\right)$ 　　④ $\dfrac{RT}{2Sl}\left(\dfrac{m_A}{M_A}+\dfrac{m_B}{M_B}\right)$

⑤ $\dfrac{RT}{3Sl}\left(\dfrac{M_A}{m_A}+\dfrac{M_B}{m_B}\right)$ 　　⑥ $\dfrac{RT}{3Sl}\left(\dfrac{m_A}{M_A}+\dfrac{m_B}{M_B}\right)$

⑦ $\dfrac{RT}{3Sl}\left(\dfrac{M_A}{m_A}+\dfrac{2M_B}{m_B}\right)$ 　　⑧ $\dfrac{RT}{3Sl}\left(\dfrac{m_A}{M_A}+\dfrac{2m_B}{M_B}\right)$

ウ と エ の解答群

① $\dfrac{1}{3}P_A Sl$ 　　　　② $P_A Sl$ 　　　　　③ $2P_A Sl$

④ $3P_A Sl$ 　　　　　⑤ $-\dfrac{1}{3}P_A Sl$ 　　⑥ $-P_A Sl$

⑦ $-2P_A Sl$ 　　　　⑧ $-3P_A Sl$ 　　　　⑨ 0

オ の解答群

① $\dfrac{2M_A T_A}{M_B T_B}$ 　　② $\dfrac{2M_B T_B}{M_A T_A}$ 　　③ $\dfrac{2M_A T_B}{M_B T_A}$ 　　④ $\dfrac{2M_B T_A}{M_A T_B}$

⑤ $\dfrac{M_A T_A}{2M_B T_B}$　⑥ $\dfrac{M_B T_B}{2M_A T_A}$　⑦ $\dfrac{M_A T_B}{2M_B T_A}$　⑧ $\dfrac{M_B T_A}{2M_A T_B}$

カ の解答群

① $\sqrt{\dfrac{m_A T_A}{m_B T_B}}$　② $\sqrt{\dfrac{m_B T_B}{m_A T_A}}$　③ $\sqrt{\dfrac{m_A T_B}{m_B T_A}}$　④ $\sqrt{\dfrac{m_B T_A}{m_A T_B}}$

⑤ $\sqrt{\dfrac{M_A T_A}{M_B T_B}}$　⑥ $\sqrt{\dfrac{M_B T_B}{M_A T_A}}$　⑦ $\sqrt{\dfrac{M_A T_B}{M_B T_A}}$　⑧ $\sqrt{\dfrac{M_B T_A}{M_A T_B}}$

キ の解答群

① $\dfrac{2T_A T_B}{2T_A + T_B}$　② $\dfrac{2T_A T_B}{T_A + 2T_B}$　③ $\dfrac{3T_A T_B}{2T_A + T_B}$　④ $\dfrac{3T_A T_B}{T_A + 2T_B}$

⑤ $\dfrac{2T_A - T_B}{3(T_A + T_B)}$　⑥ $\dfrac{2T_A - T_B}{2(T_A + T_B)}$　⑦ $\dfrac{2(T_A - T_B)}{3(T_A + T_B)}$　⑧ $\dfrac{T_A - T_B}{T_A + T_B}$

ク の解答群

① $\dfrac{T_A - T_B}{2T_A + T_B}$　② $\dfrac{2(T_A - T_B)}{2T_A + T_B}$　③ $\dfrac{2T_A - T_B}{2T_A + T_B}$　④ $\dfrac{3(2T_A - T_B)}{2T_A + T_B}$

⑤ $\dfrac{T_A - T_B}{T_A + 2T_B}$　⑥ $\dfrac{2(T_A - T_B)}{T_A + 2T_B}$　⑦ $\dfrac{2T_A - T_B}{T_A + 2T_B}$　⑧ $\dfrac{3(2T_A - T_B)}{T_A + 2T_B}$

ケ の解答群

① $\dfrac{T_A - T_B}{3(2T_A + T_B)}$　② $\dfrac{3(T_A - T_B)}{2T_A + T_B}$　③ $\dfrac{5(T_A - T_B)}{3(2T_A + T_B)}$

④ $\dfrac{3(T_A - T_B)}{5(2T_A + T_B)}$　⑤ $\dfrac{T_A - T_B}{3(T_A + 2T_B)}$　⑥ $\dfrac{3(T_A - T_B)}{T_A + 2T_B}$

⑦ $\dfrac{5(T_A - T_B)}{3(T_A + 2T_B)}$　⑧ $\dfrac{3(T_A - T_B)}{5(T_A + 2T_B)}$

▶▶▶ 化　学 ◀◀◀

〔D〕 次の文章を読み，文中の空欄　ア　〜　ナ　に最も適するものをそれ
ぞれの解答群の中から一つ選び，解答用紙の所定の欄にその番号をマークしなさ
い。

原子量，ファラデー定数 F および標準状態における気体のモル体積 V_m が必要
な場合は，それぞれ次の値を用いなさい。

H = 1.0，C = 12.0，O = 16.0，Na = 23.0，S = 32.0，Cl = 35.5，Fe = 55.9，
Pb = 207.0

$F = 9.65 \times 10^4$ C/mol

$V_m = 22.4$ L/mol

(1) Fe は　ア　族に属する元素であり，地殻中に質量比で約 5 ％含まれ，
O，Si，Al に次いで多く存在する。Fe は多くの岩石に酸化物や硫化物として
存在し，これらの化合物から金属の鉄を取り出すことを製鉄という。製鉄の起
源には諸説あるが，酸化鉄を主成分とする鉄鉱石が入手しやすく，製錬用の木
材も豊富であったアナトリアには，紀元前20世紀ごろには製鉄技術が存在して
いたと考えられている。

赤鉄鉱や磁鉄鉱などの鉄鉱石と　あ　，　い　を溶鉱炉に入れ，下
(a)
から熱風を送ると，主に　あ　の燃焼で生じた　う　によって鉄鉱石
中の主成分が　え　されて，鉄を取り出すことができる。なお，鉄鉱石中
の不純物は，　い　や　い　の熱分解で生じる化合物と反応してスラ
グとなり，融解した鉄の上に浮かぶため，ほとんどが除去される。こうして得
られた鉄は　お　と呼ばれ，炭素を質量比で約 4 ％含み，硬くてもろい
が，融点が低いため，鋳物などに利用される。ここで得られた　お　を転
炉に移し，高圧の酸素を吹き込むと，燃焼により炭素の含有量が減少する。な
お，　お　に残留していた炭素以外の不純物については，転炉に
　い　を加えることで再びスラグとして除去される。こうして得られた鉄

は　 か 　と呼ばれ，　 き 　などの合金の材料として広く用いられる。
　 き 　は，　 か 　に　 く 　を添加した合金で，ニッケルも添加することが多い。　 き 　は，表面に生じる　 く 　の酸化物の被膜により内部の酸化や腐食が起こりにくいため，工具や食器に利用される。
　 あ ，　 い ，　 う ，　 え 　の組み合わせとして正しいものは　 イ 　である。　 お ，　 か ，　 き ，　 く 　の組み合わせとして正しいものは　 ウ 　である。

　鉄を湿った空気中に放置すると，表面に赤褐色の赤さびを生じる。いったん赤さびが生じると，内部までさびが進行する。一方で，鉄を空気中で強熱すると黒色の<u>黒さび</u>が生じる。黒さびは鉄の表面を覆って内部を保護するため，さびによる鉄の腐食を防ぐことができる。下線部(a)および(b)の物質に共通する主成分の組成式は　 エ 　である。

　次に，鉄と酸の反応について考える。不純物を含まない鉄を希硫酸と完全に反応させたところ，気体が発生し，溶液は淡緑色となった。この時発生した気体の体積は標準状態で 5.60 L であった。このことから，反応した鉄の質量は　 オ 　g と求められる。ただし，発生した気体は理想気体とみなし，溶液には溶けないものとする。

　 ア 　の解答群

①　3　　　　②　4　　　　③　5　　　　④　6　　　　⑤　7

⑥　8　　　　⑦　9　　　　⑧　10　　　⑨　11

イ の解答群

番　号	あ	い	う	え
①	コークス	石灰石	一酸化炭素	還元
②	コークス	石灰石	一酸化炭素	酸化
③	コークス	石灰石	二酸化炭素	還元
④	コークス	石灰石	二酸化炭素	酸化
⑤	石灰石	コークス	一酸化炭素	還元
⑥	石灰石	コークス	一酸化炭素	酸化
⑦	石灰石	コークス	二酸化炭素	還元
⑧	石灰石	コークス	二酸化炭素	酸化

ウ の解答群

番　号	お	か	き	く
①	銑鉄(せんてつ)	鋼(こう)	ステンレス鋼	クロム
②	銑鉄(せんてつ)	鋼(こう)	ステンレス鋼	亜鉛
③	銑鉄(せんてつ)	ステンレス鋼	鋼(こう)	クロム
④	銑鉄(せんてつ)	ステンレス鋼	鋼(こう)	亜鉛
⑤	鋼(こう)	銑鉄(せんてつ)	ステンレス鋼	クロム
⑥	鋼(こう)	銑鉄(せんてつ)	ステンレス鋼	亜鉛
⑦	鋼(こう)	ステンレス鋼	銑鉄(せんてつ)	クロム
⑧	鋼(こう)	ステンレス鋼	銑鉄(せんてつ)	亜鉛

エ の解答群

① $FeCl_2$　　　② $Fe(OH)_2$　　　③ $FeCO_3$　　　④ $FeSO_4$

⑤ Fe_3O_4　　　⑥ $Fe(OH)_3$　　　⑦ Fe_2O_3

オ の解答群

① 4.66　　　② 5.24　　　③ 6.99　　　④ 9.32　　　⑤ 10.5

⑥ 14.0　　　⑦ 18.6　　　⑧ 21.0　　　⑨ 28.0

(2)　水素イオン指数 pH は水溶液中の水素イオン濃度$[H^+]$にもとづくものであり，水溶液の酸性や塩基性の程度を表す。一方，水溶液中の水酸化物イオン濃度$[OH^-]$によっても水溶液の酸性や塩基性の程度を表すことができる。ここで，pOH を水溶液中の$[OH^-]$にもとづく水酸化物イオン指数とする。すなわち，pOH と$[OH^-]$との関係式は，pH と$[H^+]$との関係式における pH を pOH に，$[H^+]$を$[OH^-]$にそれぞれ置き換えたものとする。なお，25℃における水のイオン積 K_w は 1.0×10^{-14} $(mol/L)^2$ であり，以下のいずれの水溶液の温度も 25℃に保たれているものとする。

　塩化水素および硫酸は水溶液中で完全に電離するものとする。この場合，pH が 2.0 の塩酸の$[H^+]$は　け　 mol/L であり，pH が 2.0 の硫酸水溶液の$[H^+]$は　こ　 mol/L である。また，pH が 2 の塩酸の pOH は　さ　である。この塩酸を純水で希釈して$[H^+]$を $\dfrac{1}{10}$ 倍にした時の pOH は　し　となる。　け　，　こ　の組み合わせとして正しいものは　カ　である。　さ　，　し　の組み合わせとして正しいものは　キ　である。

　次に，初期濃度が 5.0×10^{-2} mol/L の 1 価の酸 HX の水溶液について考える。HX は水溶液中で次のように電離し，平衡状態に達した。

$$HX \rightleftarrows H^+ + X^-$$

この水溶液の pOH を 11.0 とすると，HX の電離度は　ク　，電離定数は　ケ　となる。

　次に，初期濃度が 1 mol/L の 2 価の酸 H_2Y の水溶液について考える。H_2Y は水溶液中で次のように 2 段階に電離し，平衡状態に達した。

$$H_2Y \rightarrow H^+ + HY^-$$
$$HY^- \rightleftarrows H^+ + Y^{2-}$$

1 段階目の電離度は 1 である。2 段階目の電離度を α とすると，2 段階目の電離定数は　コ　と表される。

| カ | の解答群

番　号	け	こ
①	5.0×10^{-3}	5.0×10^{-3}
②	1.0×10^{-2}	5.0×10^{-3}
③	1.0×10^{-2}	1.0×10^{-2}
④	1.0×10^{-2}	2.0×10^{-2}
⑤	2.0×10^{-2}	1.0×10^{-2}
⑥	2.0×10^{-2}	2.0×10^{-2}
⑦	2.0×10^{-2}	4.0×10^{-2}
⑧	4.0×10^{-2}	4.0×10^{-2}

| キ | の解答群

番　号	さ	し
①	2	1
②	2	3
③	2	7
④	2	12
⑤	12	1
⑥	12	3
⑦	12	11
⑧	12	13

| ク | の解答群

① 2.0×10^{-1}　　② 5.0×10^{-1}　　③ 2.0×10^{-2}　　④ 5.0×10^{-2}

⑤ 2.0×10^{-3}　　⑥ 5.0×10^{-3}　　⑦ 2.0×10^{-10}　　⑧ 5.0×10^{-10}

| ケ | の解答群

① 1.3×10^{-4}　　　　　　　② 1.3×10^{-4} mol/L

③ 1.3×10^{-4} $(\text{mol/L})^2$　　　④ 2.0×10^{-5}

⑤　2.0×10^{-5} mol/L

⑥　2.0×10^{-5} $(mol/L)^2$

⑦　2.0×10^{-21}

⑧　2.0×10^{-21} mol/L

⑨　2.0×10^{-21} $(mol/L)^2$

| コ | の解答群

①　α^2

②　α^2 mol/L

③　α^2 $(mol/L)^2$

④　$\dfrac{\alpha^2}{1-\alpha}$

⑤　$\dfrac{\alpha^2}{1-\alpha}$ mol/L

⑥　$\dfrac{\alpha^2}{1-\alpha}$ $(mol/L)^2$

⑦　$\dfrac{\alpha(1+\alpha)}{1-\alpha}$

⑧　$\dfrac{\alpha(1+\alpha)}{1-\alpha}$ mol/L

⑨　$\dfrac{\alpha(1+\alpha)}{1-\alpha}$ $(mol/L)^2$

(3) Ag^+, Ba^{2+}, Ca^{2+}, Cu^{2+}, Pb^{2+}, Zn^{2+} のいずれか一種類の金属イオンを含む水溶液 A, B, C, D がある。以下の記述ⅰ）～ⅴ）は水溶液 A ～ D に関する情報である。なお，各水溶液 A ～ D にはすべて異なる金属イオンが含まれているものとする。

ⅰ）水溶液 A ～ D はいずれも無色透明である。

ⅱ）水溶液 A, B のそれぞれに $CrO_4{}^{2-}$ を含む水溶液を加えると，いずれの場合も黄色沈殿が生じた。

ⅲ）水溶液 A, C のそれぞれにアンモニア水を徐々に加えていくと，いずれの場合も白色沈殿が生じた。それぞれの水溶液にさらにアンモニア水を過剰に加えると，水溶液 A で生じた沈殿は溶解しなかったが，水溶液 C で生じた沈殿は溶解した。

ⅳ）水溶液 B, C, D のそれぞれに水酸化ナトリウム水溶液を徐々に加えていくと，水溶液 B では沈殿は生成しなかったが，水溶液 C, D に白色沈殿が生じた。水溶液 C, D のそれぞれにさらに水酸化ナトリウム水溶液を過剰に加えると，水溶液 C に生じた沈殿は溶解したが，水溶液 D に生じた沈殿は溶解しなかった。

ⅴ）水溶液 D に二酸化炭素を通じると白色沈殿が生じた。さらに二酸化炭素を通じ続けると，その沈殿は溶解した。

　　　以上の情報をもとに判断すると，水溶液Aに含まれる金属イオンは
　[　サ　]，水溶液Bに含まれる金属イオンは　[　シ　]，水溶液Cに含まれ
る金属イオンは　[　ス　]，水溶液Dに含まれる金属イオンは　[　セ　]　で
ある。

　　[　サ　]　の解答群
　　　① Ag^+　　　　　　　　② Ba^{2+}　　　　　　　③ Ca^{2+}
　　　④ Cu^{2+}　　　　　　　⑤ Pb^{2+}　　　　　　　⑥ Zn^{2+}

　　[　シ　]　の解答群
　　　① Ag^+　　　　　　　　② Ba^{2+}　　　　　　　③ Ca^{2+}
　　　④ Cu^{2+}　　　　　　　⑤ Pb^{2+}　　　　　　　⑥ Zn^{2+}

　　[　ス　]　の解答群
　　　① Ag^+　　　　　　　　② Ba^{2+}　　　　　　　③ Ca^{2+}
　　　④ Cu^{2+}　　　　　　　⑤ Pb^{2+}　　　　　　　⑥ Zn^{2+}

　　[　セ　]　の解答群
　　　① Ag^+　　　　　　　　② Ba^{2+}　　　　　　　③ Ca^{2+}
　　　④ Cu^{2+}　　　　　　　⑤ Pb^{2+}　　　　　　　⑥ Zn^{2+}

(4) 図1に示す装置を組み立て，電気分解の実験をおこなう。電解槽は陽イオン
　　交換膜で仕切られており，電解槽の左側には鉄電極と 0.100 mol/L の水酸化ナ
　　トリウム水溶液 2.000 L を，電解槽の右側には黒鉛電極と 1.500 mol/L の塩化
　　ナトリウム水溶液 2.000 L を入れた。それぞれの電極は直流電源と直流電流計
　　に接続した。回路に流れる電流の値はこの電流計によって測定した。なお，電
　　流はすべて電解槽での電気分解に使われるものとし，電気分解により発生した
　　気体は理想気体としてふるまい電解槽内の水溶液には溶解しないものとする。
　　また，電気分解により反応した水の量，および電解槽からの水の蒸発量は無視
　　できるものとする。さらに，陰イオンは陽イオン交換膜をまったく通り抜ける

ことができないものとする。

図 1 の装置に 0.200 A の電流を流して電気分解をおこなった。電気分解により，鉄を電極とする　す　では　せ　。一方，黒鉛を電極とする　そ　では　た　。また，塩化ナトリウム水溶液の濃度は 1.380 mol/L となった。この結果より，電流を流した時間は，　ソ　．　タ　チ　×　ツ　秒だとわかる。電気分解の際に発生した気体をすべて捕集したところ，気体の体積は標準状態において　テ　L であった。す　，　せ　，　そ　，　た　の組み合わせとして正しいものは　ト　である。

次に，図 1 の直流電源の代わりに，陽極と陰極が変わらないように鉛蓄電池を接続して電気分解をおこなった。電気分解の際に発生した気体をすべて捕集したところ，気体の体積は標準状態において 6.72 L となった。この時，鉛蓄電池の正極の質量は，電気分解の前と比べて　ナ　g 増加した。ただし，放電に伴って鉛蓄電池の正極で生じる鉛の化合物は希硫酸には溶けないものとし，鉛蓄電池の放電による電流はすべて電解槽での電気分解に使用されたものとする。

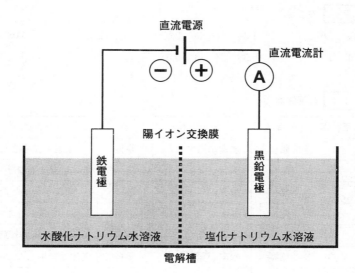

図 1

$\boxed{\text{ソ}}$ の解答群

① 1　　　② 2　　　③ 3　　　④ 4　　　⑤ 5

⑥ 6　　　⑦ 7　　　⑧ 8　　　⑨ 9

$\boxed{\text{タ}}$ の解答群

① 1　　　② 2　　　③ 3　　　④ 4　　　⑤ 5

⑥ 6　　　⑦ 7　　　⑧ 8　　　⑨ 9

$\boxed{\text{チ}}$ の解答群

① 1　　　② 2　　　③ 3　　　④ 4　　　⑤ 5

⑥ 6　　　⑦ 7　　　⑧ 8　　　⑨ 9

$\boxed{\text{ツ}}$ の解答群

① 10^{-3}　　② 10^{-2}　　③ 10^{-1}　　④ 10^{0}　　⑤ 10^{1}

⑥ 10^{2}　　⑦ 10^{3}　　⑧ 10^{4}　　⑨ 10^{5}

$\boxed{\text{テ}}$ の解答群

① 0.672　　② 1.34　　③ 2.02　　④ 2.69　　⑤ 4.03

⑥ 4.70　　⑦ 5.38　　⑧ 6.05

$\boxed{\text{ト}}$ の解答群

番　号	す	せ	そ	た
①	陽極	水素が発生した	陰極	塩素が発生した
②	陽極	水素が発生した	陰極	気体は発生しなかった
③	陽極	酸素が発生した	陰極	塩素が発生した
④	陽極	酸素が発生した	陰極	気体は発生しなかった
⑤	陰極	水素が発生した	陽極	塩素が発生した
⑥	陰極	水素が発生した	陽極	気体は発生しなかった
⑦	陰極	酸素が発生した	陽極	塩素が発生した
⑧	陰極	酸素が発生した	陽極	気体は発生しなかった

ナ の解答群

①　9.60　　　　②　12.8　　　　③　14.4　　　　④　19.2

⑤　28.8　　　　⑥　45.5　　　　⑦　60.6　　　　⑧　90.9

〔E〕 次の文章を読み，文中の空欄 ア ～ テ に最も適するものをそれ
ぞれの解答群の中から一つ選び，解答用紙の所定の欄にその番号をマークしなさ
い。

原子量や式量が必要な場合は，それぞれ次の値を用いなさい。

C = 12.0，NaCl = 58，KCl = 75，AgCl = 143

(1) フッ素，塩素，臭素，ヨウ素等の，元素の周期表の ア 族に属する元
素をハロゲンという。フッ素，塩素，臭素，ヨウ素の単体は，いずれも二原子
分子からなり，常温，常圧でフッ素 F_2 は気体，塩素 Cl_2 は あ ，臭素
Br_2 は い ，ヨウ素 I_2 は う として存在する。 あ ，
い ， う の組み合わせとして正しいものは イ である。

ハロゲンの単体には酸化作用がある。ハロゲンの単体の酸化力の強さの違い
により，常温，常圧下の水溶液中では，次の(ⅰ)，(ⅱ)の反応のうち
え の反応の方が優先的に起こる。

$$2KCl + I_2 \rightarrow 2KI + Cl_2 \quad (ⅰ)$$
$$2KI + Cl_2 \rightarrow 2KCl + I_2 \quad (ⅱ)$$

また，ハロゲンの原子は，全部で お 個の価電子をもち，電子親和力が
大きいため，1個の電子を受け取って1価の陰イオンになりやすい。
え ， お の組み合わせとして正しいものは ウ である。

塩化ナトリウムと塩化カリウムの混合物 0.64 g を 50 mL の水に溶かした水
溶液 A がある。水溶液 A に硝酸銀水溶液を十分に加えたとき 1.43 g の塩化銀
が生成した。このことから，水に溶かす前の混合物中における塩化ナトリウム
の物質量は エ ． オ × カ mol であったことがわかる。

ただし，塩化ナトリウムと塩化カリウムはそれぞれ水溶液 A 中で完全に電離しており，水溶液 A に含まれる塩化物イオンは硝酸銀との反応によりすべて消費されて塩化銀のみが生成するものとする。

| ア | の解答群

① 1　　　② 2　　　③ 12　　　④ 13　　　⑤ 14

⑥ 15　　　⑦ 16　　　⑧ 17　　　⑨ 18

| イ | の解答群

番　号	あ	い	う
①	気体	気体	気体
②	気体	気体	液体
③	気体	気体	固体
④	気体	液体	液体
⑤	気体	液体	固体
⑥	気体	固体	固体
⑦	液体	液体	液体
⑧	液体	液体	固体
⑨	液体	固体	固体

| ウ | の解答群

番　号	え	お
①	(i)	5
②	(i)	6
③	(i)	7
④	(i)	8
⑤	(ii)	5
⑥	(ii)	6
⑦	(ii)	7
⑧	(ii)	8

エ の解答群

① 1　　　② 2　　　③ 3　　　④ 4　　　⑤ 5

⑥ 6　　　⑦ 7　　　⑧ 8　　　⑨ 9

オ の解答群

① 1　　　② 2　　　③ 3　　　④ 4　　　⑤ 5

⑥ 6　　　⑦ 7　　　⑧ 8　　　⑨ 9

カ の解答群

① 10^3　　② 10^2　　③ 10^1　　④ 10^0　　⑤ 10^{-1}

⑥ 10^{-2}　⑦ 10^{-3}　⑧ 10^{-4}　⑨ 10^{-5}

(2) 次の熱化学方程式 (a) 〜 (j) について考える。

$$H_2(気) + \frac{1}{2} O_2(気) = H_2O(液) + 286 \text{ kJ} \qquad (a)$$

$$C(黒鉛) + O_2(気) = CO_2(気) + 394 \text{ kJ} \qquad (b)$$

$$\frac{1}{2} N_2(気) + \frac{3}{2} H_2(気) = NH_3(気) + 46 \text{ kJ} \qquad (c)$$

$$H^+ aq + OH^- aq = H_2O(液) + 57 \text{ kJ} \qquad (d)$$

$$H_2O(固) = H_2O(液) - 6 \text{ kJ} \qquad (e)$$

$$H_2O(液) = H_2O(固) + 6 \text{ kJ} \qquad (f)$$

$$H_2O(液) = H_2O(気) - 44 \text{ kJ} \qquad (g)$$

$$H_2O(気) = H_2O(液) + 44 \text{ kJ} \qquad (h)$$

$$NH_3(気) + aq = NH_3aq + 34 \text{ kJ} \qquad (i)$$

$$CO(気) + \frac{1}{2} O_2(気) = CO_2(気) + 283 \text{ kJ} \qquad (j)$$

なお，aq は多量の水を意味し，化学式の後ろに aq を記した場合は水溶液であることを表す。熱化学方程式により，化学変化や状態変化に伴って発生または吸収する熱量を表すことができる。式 (d) の熱量は キ ，式 (h) の熱量は

ク ，式(i)の熱量は ケ とよばれる。

式(a)から式(j)までの熱化学方程式より以下の i)〜v)がいえる。ただし，熱化学方程式の熱量は温度，圧力に依存しないものと仮定し，以下の i)〜v)の化学変化や状態変化は一定の温度，圧力の条件で起こるものとする。

i) 1.00 mol の固体の H_2O がすべて気体になるとき， か kJ の き がある。 か ， き の組み合わせとして正しいものは コ である。

ii) 1.0 mol の気体の窒素と 4.0 mol の気体の水素を混合して気体のアンモニアが生成する反応において，生じる熱量は サ kJ である。ただし，アンモニアが生成する方向の反応のみが完全に進行するものと仮定する。

iii) 気体の一酸化炭素の生成熱は シ kJ/mol である。

iv) 黒鉛 144 g すべてが気体の酸素と反応して燃焼したときに生じる熱量を 4162 kJ とすると，気体の一酸化炭素は ス mol 生じる。ただし，反応後は気体のみが存在したとする。

v) 液体のエタノール C_2H_5OH の燃焼熱が 1368 kJ/mol のとき，液体のエタノールの生成熱は セ kJ/mol である。ただし，液体のエタノールの燃焼によって生じる水の状態は液体のみとする。

キ の解答群

① 凝固熱 　　　　② 凝縮熱 　　　　③ 昇華熱

④ 蒸発熱 　　　　⑤ 生成熱 　　　　⑥ 中和熱

⑦ 燃焼熱 　　　　⑧ 融解熱 　　　　⑨ 溶解熱

ク の解答群

① 凝固熱 　　　　② 凝縮熱 　　　　③ 昇華熱

④ 蒸発熱 　　　　⑤ 生成熱 　　　　⑥ 中和熱

⑦ 燃焼熱 　　　　⑧ 融解熱 　　　　⑨ 溶解熱

| ケ | の解答群

① 凝固熱　　　　② 凝縮熱　　　　③ 昇華熱

④ 蒸発熱　　　　⑤ 生成熱　　　　⑥ 中和熱

⑦ 燃焼熱　　　　⑧ 融解熱　　　　⑨ 溶解熱

| コ | の解答群

番　号	か	き
①	38	吸熱
②	38	発熱
③	50	吸熱
④	50	発熱
⑤	280	吸熱
⑥	280	発熱
⑦	292	吸熱
⑧	292	発熱

| サ | の解答群

① 13　　　　　② 23　　　　　③ 26

④ 46　　　　　⑤ 69　　　　　⑥ 80

⑦ 92　　　　　⑧ 1.2×10^2　　　　⑨ 1.8×10^2

| シ | の解答群

① -283　　② -65　　③ 65　　④ -111　　⑤ 111

⑥ -172　　⑦ 172　　⑧ -677　　⑨ 677

| ス | の解答群

① 1.0　　② 1.5　　③ 2.0　　④ 3.0　　⑤ 10.0

⑥ 11.0　　⑦ 12.0　　⑧ 13.0　　⑨ 37.0

　セ　の解答群

① −799　　② −688　　③ 53　　④ 278　　⑤ 386

⑥ 1368　　⑦ 1937　　⑧ 2048　　⑨ 3122

(3) 図1のように，容積 V_1 の容器Aと，容積 $5V_1$ の容器Bと，容積 $5V_1$ の容器CがコックⅠとコックⅡで連結されている。容器全体の温度を絶対温度 T_1 に保ち，コックⅠとコックⅡを閉じた状態で，容器Aには圧力 P_1 の気体Xのみが，容器Cには圧力不明の気体Yのみが入っている。容器Bについては真空とする。ただし，コックおよび連結部分の容積は非常に小さいため，無視できるものとする。また，容器中の物質はすべて理想気体とみなし，以下のすべての過程の各状態で平衡状態が成り立つものとする。なお，気体Xと気体Yは，式(i)以外の反応を起こさないものとする。

　容器全体の温度を T_1 に保ったまま，コックⅠのみを開いた。十分に時間が経過したとき，容器A中の圧力は一定になった。このとき，容器A中の気体Xの圧力は　ソ　P_1 である。

　次に，コックⅠを開いてコックⅡを閉じた状態のまま，容器全体を温度 $2T_1$ まで加熱した。十分に時間が経過して容器中の温度が $2T_1$ で一定になったとき，容器A中の気体Xの圧力は　タ　P_1 となり，容器C中の気体Yの圧力は $2P_1$ となっていた。

　さらに，容器全体の温度を $2T_1$ に保ち，コックⅠを開いた状態のままで，コックⅡも開いた。このとき，気体Xと気体Yが反応しないと仮定すると，十分に時間が経過して容器中の温度が $2T_1$ で一定になったときの容器中の混合気体の全圧は　チ　P_1 となるはずである。しかし実際には，次式の反応が起こり，反応が開始してから十分に時間が経過して容器中の温度が $2T_1$ で一定になったときの容器中の混合気体の全圧は P_1 で一定となった。

$$X + aY \rightleftarrows bZ \qquad (\,i\,)$$

このとき，容器中に存在する気体Xの物質量は反応開始前の半分となっており，気体Zの分圧は　ツ　bP_1 となっていた。このことから，上記の反応

式の a と b の間には　テ　の関係が成り立つことがわかる。

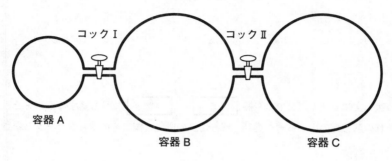

コックⅠ　　　　コックⅡ

容器 A　　　　容器 B　　　　容器 C

図 1

ソ　の解答群

① $\dfrac{1}{6}$ 　　② $\dfrac{1}{5}$ 　　③ $\dfrac{1}{4}$ 　　④ $\dfrac{5}{6}$ 　　⑤ 1

⑥ $\dfrac{6}{5}$ 　　⑦ 4 　　⑧ 5 　　⑨ 6

タ　の解答群

① $\dfrac{1}{12}$ 　　② $\dfrac{1}{10}$ 　　③ $\dfrac{1}{3}$ 　　④ $\dfrac{1}{2}$ 　　⑤ 1

⑥ 2 　　⑦ 3 　　⑧ 10 　　⑨ 12

チ　の解答群

① $\dfrac{7}{11}$ 　　② $\dfrac{8}{11}$ 　　③ $\dfrac{9}{11}$ 　　④ $\dfrac{10}{11}$ 　　⑤ 1

⑥ $\dfrac{12}{11}$ 　　⑦ $\dfrac{13}{11}$ 　　⑧ $\dfrac{14}{11}$ 　　⑨ $\dfrac{15}{11}$

ツ　の解答群

① $\dfrac{1}{33}$ 　　② $\dfrac{1}{22}$ 　　③ $\dfrac{2}{33}$ 　　④ $\dfrac{1}{11}$ 　　⑤ $\dfrac{4}{33}$

⑥ $\dfrac{3}{22}$ 　　⑦ $\dfrac{2}{11}$ 　　⑧ $\dfrac{3}{11}$ 　　⑨ $\dfrac{4}{11}$

　　　テ　の解答群

　　　① 　$a = b$　　　　　② 　$a = 2b$　　　　　③ 　$2a = b$

　　　④ 　$a = 3b$　　　　　⑤ 　$3a = b$　　　　　⑥ 　$a = 4b$

　　　⑦ 　$4a = b$　　　　　⑧ 　$2a = 3b$　　　　　⑨ 　$3a = 2b$

〔F〕　次の文章を読み，文中の空欄　ア　～　ツ　に最も適するものをそれぞれの解答群の中から一つ選び，解答用紙の所定の欄にその番号をマークしなさい。

　　　原子量が必要な場合は，次の値を用いなさい。

　　　H = 1.0，C = 12，O = 16，Br = 80

（1）　次の記述ⅰ）～ⅳ）は有機化合物の製法や反応と，デンプンの性質に関するものである。

　　ⅰ）分子内に炭素原子間の三重結合を一つ含む鎖式不飽和炭化水素のうち，最も分子量の小さい化合物はアセチレンである。実験室では，アセチレンは常温，常圧で　ア　に水を加えてつくることができる。

　　　ア　の解答群

　　　① 　アセトアルデヒド　　② 　エタノール　　　③ 　エタン

　　　④ 　エチレン　　　　　　⑤ 　炭化カルシウム　⑥ 　炭酸ナトリウム

　　　⑦ 　プロペン　　　　　　⑧ 　メタノール　　　⑨ 　メタン

　　ⅱ）サリチル酸と無水酢酸の混合物に濃硫酸を作用させると生成する　イ　は，解熱鎮痛剤として用いられる。

　　　イ　の解答群

　　　① 　アジピン酸　　　　　　　　　② 　アセチルサリチル酸

　　　③ 　アセトアニリド　　　　　　　④ 　エタノール

⑤　酢酸エチル　　　　　　　　⑥　サリチル酸メチル

⑦　システイン　　　　　　　　⑧　*p*-ヒドロキシアゾベンゼン

⑨　マレイン酸

iii）不飽和脂肪酸であるリノール酸 $C_{17}H_{31}COOH$ の炭素原子間の二重結合すべてに対して臭素分子を完全に付加させた。炭素原子間の二重結合には臭素分子の付加のみが起こるものとし，この他の反応は進行しないものとした場合，リノール酸 56 mg に対しては，臭素分子が　　ウ　　mg 付加する。

　　ウ　　の解答群

①　16　　　　②　32　　　　③　48　　　　④　64　　　　⑤　80

⑥　96　　　　⑦　112　　　⑧　128　　　⑨　246

iv）デンプンは，多数の　　あ　　が縮合重合した高分子化合物である。デンプンを約 80 ℃の温水につけておくと，その一部が溶け出す。温水に溶けやすいデンプンの成分を　　い　　，温水に溶けにくいデンプンの成分を　　う　　という。　　あ　　，　　い　　，　　う　　の組み合わせとして正しいものは　　エ　　である。

　　エ　　の解答群

番　号	あ	い	う
①	α-グルコース	アミロース	アミロペクチン
②	α-グルコース	アミロース	セロビオース
③	α-グルコース	セルロース	アミロペクチン
④	α-グルコース	セルロース	セロビオース
⑤	β-フルクトース	アミロース	アミロペクチン
⑥	β-フルクトース	アミロース	セロビオース
⑦	β-フルクトース	セルロース	アミロペクチン
⑧	β-フルクトース	セルロース	セロビオース

(2) 炭化水素の水素原子をヒドロキシ基で置換した化合物をアルコールという。アルコールは，価数や級数により分類される。例えば，2-ブタノールは，価数では え アルコールに，級数では お アルコールにそれぞれ分類される。 え ， お の組み合わせとして正しいものは オ である。

次に，同程度の分子量をもつアルコールと炭化水素の，常圧下での沸点を比較する。例えば，2-ブタノールの沸点は，2-ブタノールのヒドロキシ基をメチル基で置換した2-メチルブタンの沸点よりも か 。これは，2-ブタノールはヒドロキシ基をもつので， き で く を形成するためである。 か ， き ， く の組み合わせとして正しいものは カ である。

2-ブタノールと同じ分子式で示される有機化合物の構造異性体のなかでは，2-ブタノールのみが不斉炭素原子をもつ。一方，分子式 $C_5H_{12}O$ で表される有機化合物の構造異性体のなかで，ヒドロキシ基をもつ構造異性体は キ 個ある。また，ヒドロキシ基をもつ キ 個の構造異性体のなかで，不斉炭素原子をもつ構造異性体は ク 個ある。

オ の解答群

番　号	え	お
①	1　価	第一級
②	1　価	第二級
③	1　価	第三級
④	2　価	第一級
⑤	2　価	第二級
⑥	2　価	第三級
⑦	3　価	第一級
⑧	3　価	第二級
⑨	3　価	第三級

| カ | の解答群

番　号	か	き	く
①	高い	分子間	イオン結合
②	高い	分子間	水素結合
③	高い	分子内	イオン結合
④	高い	分子内	水素結合
⑤	低い	分子間	イオン結合
⑥	低い	分子間	水素結合
⑦	低い	分子内	イオン結合
⑧	低い	分子内	水素結合

| キ | の解答群

①　1　　　　②　2　　　　③　3　　　　④　4　　　　⑤　5

⑥　6　　　　⑦　7　　　　⑧　8　　　　⑨　9

| ク | の解答群

①　1　　　　②　2　　　　③　3　　　　④　4　　　　⑤　5

⑥　6　　　　⑦　7　　　　⑧　8　　　　⑨　9

(3)　ベンゼンおよび分子中にベンゼン環をもつ炭化水素を芳香族炭化水素という。ベンゼンでは，互いに結合した炭素原子間の距離は | け | ，この炭素原子間の距離は | こ | の互いに結合した炭素原子間の距離より短く，| さ | の互いに結合した炭素原子間の距離より長い。| け | ，| こ | ，| さ | の組み合わせとして正しいものは | ケ | である。

　　芳香族炭化水素には，ベンゼンの水素原子を炭化水素基で置換した | し | がある。この他にも，芳香族炭化水素には，2 個のベンゼン環からなる | す | ，3 個のベンゼン環からなる | せ | がある。| し | ，| す | ，| せ | の組み合わせとして正しいものは | コ | である。

　　芳香族炭化水素は，様々な反応により多様な芳香族化合物へ変換することが

できる。例えば，トルエンを高温で混酸と反応させて　サ　すると，爆薬
として用いられる芳香族化合物が得られる。また，ベンゼンとプロペンから触
媒を用いて合成される芳香族炭化水素　シ　を，空気酸化した後，硫酸で
分解すると，ヒドロキシ基をもつ芳香族化合物とアセトンが生じる。

ケ　の解答群

番　号	け	こ	さ
①	交互に長短が異なり	アセチレン	エチレン
②	交互に長短が異なり	エタン	アセチレン
③	交互に長短が異なり	エチレン	エタン
④	交互に長短が異なり	メタン	アセチレン
⑤	すべて等しく	アセチレン	エチレン
⑥	すべて等しく	エタン	エチレン
⑦	すべて等しく	エチレン	エタン
⑧	すべて等しく	メタン	エタン

コ　の解答群

番　号	し	す	せ
①	クレゾール	ナフタレン	アセトアニリド
②	クレゾール	ナフタレン	アントラセン
③	クレゾール	1-ナフトール	アセトアニリド
④	クレゾール	1-ナフトール	アントラセン
⑤	スチレン	ナフタレン	アセトアニリド
⑥	スチレン	ナフタレン	アントラセン
⑦	スチレン	1-ナフトール	アセトアニリド
⑧	スチレン	1-ナフトール	アントラセン

　　サ　　の解答群

　　　① アセタール化　　　② エステル化　　　③ けん化

　　　④ ジアゾ化　　　　　⑤ スルホン化　　　⑥ ニトロ化

　　　⑦ 乳化　　　　　　　⑧ 発酵　　　　　　⑨ ハロゲン化

　　シ　　の解答群

　　　① イソプロピルベンゼン　　　　② エチルベンゼン

　　　③ キシレン　　　　　　　　　　④ クロロベンゼン

　　　⑤ スチレン　　　　　　　　　　⑥ トルエン

　　　⑦ プロパン　　　　　　　　　　⑧ プロピン

　　　⑨ メラミン

(4) 同じ炭素原子の数で構成され，炭素原子 6 個からなる環状構造を含む脂環式
　　炭化水素 **A**，**B** および **C** について以下の実験をおこない，記述 i ）〜vi）の結
　　果を得た。なお，脂環式炭化水素 **A** と **B** は環状構造内においてのみ，脂環式
　　炭化水素 **C** は環状構造外においてのみ，それぞれ不飽和結合を一つだけ含ん
　　でいることがわかっている。

　i ）**A** と **B** をそれぞれ 55 mg 量りとり，酸素気流下において完全燃焼させた
　　　ところ，どちらも 176 mg の二酸化炭素と 63 mg の水のみを生じた。

　ii）**A** と **B** のそれぞれを，過マンガン酸カリウムの酸性水溶液に加えて加熱
　　　かくはんしたところ，**参考**に示した酸化反応が理想的に進行し，**A** からは
　　　D のみが，**B** からは **E** のみがそれぞれ得られた。

　iii）**D** と **E** のそれぞれに炭酸水素ナトリウムの飽和水溶液を加えたところ，
　　　D では気体が発生したが，**E** では気体は発生しなかった。

　iv）1.0×10^{-5} mol の **D** に水 25 mL を加えて完全に溶解させた。この水溶液
　　　に，よくふり混ぜながら 1.0×10^{-2} mol/L の水酸化カリウム水溶液をゆっ
　　　くり滴下したところ，2.0 mL を使用したところで中和点に達した。

　v ）**D** と **E** のそれぞれをヨウ素を含む水酸化ナトリウム水溶液に加えて加熱
　　　かくはんして反応させたところ，**E** を含む溶液でのみ，黄色の沈殿が生じ
　　　た。このとき，1.0 mol の **E** を完全に反応させると，黄色の沈殿は 2.0 mol

生じた。

vi）**C** の不飽和結合に白金を触媒として水素を完全に付加させたところ，脂
環式炭化水素 **F** が生じた。このとき，1.0 mol の **C** に対して，2.0 mol の水
素分子が付加した。

参考：炭素原子間の二重結合を一つもつ炭化水素を過マンガン酸カリウムの酸
性水溶液中で加熱すると，炭素原子間の二重結合部分が開裂し，カルボニル
基をもつ化合物を与える。二重結合を形成している炭素原子に炭化水素基の
みが結合している場合はケトンが生じる。一方で，二重結合を形成している
炭素原子に水素原子が結合している場合，いったん生じたアルデヒドはさら
に酸化されてカルボン酸になる。図 1 にアルケンの反応過程を例示する。

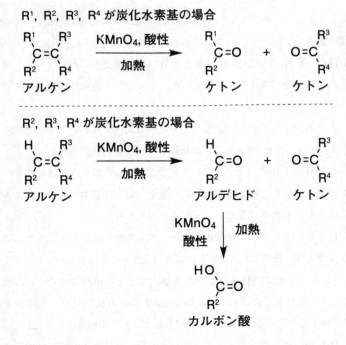

図 1

(a)　記述ⅰ)にもとづけば，**A** と **B** のそれぞれがもつ炭素原子の数(x)と水素
　　原子の数(y)の組み合わせとして正しいものは　ス　である。

　　ス　の解答群

番　号	x	y
①	7	10
②	7	12
③	7	14
④	8	10
⑤	8	12
⑥	8	14
⑦	9	10
⑧	9	12
⑨	9	14

(b)　記述ⅲ)で生成した気体と，ある化合物を高温・高圧のもとで反応させ，
　　続いて希硫酸を作用させるとサリチル酸が得られる。ここで，ある化合物は
　　セ　である。

　　セ　の解答群

①　アセトアニリド　　　　　　　　②　アニリン

③　安息香酸ナトリウム　　　　　　④　クロロベンゼン

⑤　ナトリウムフェノキシド　　　　⑥　ニトロベンゼン

⑦　ベンゼン　　　　　　　　　　　⑧　ベンゼンスルホン酸

⑨　ベンゼンスルホン酸ナトリウム

(c)　記述ⅴ)で生成した黄色沈殿の分子式は　ソ　である。

ソ の解答群

① CHI$_3$　　② C$_2$H$_5$I　　③ CH$_2$I$_2$　　④ C$_2$H$_4$I$_2$　　⑤ CH$_3$I

⑥ C$_2$H$_3$I$_3$　　⑦ CHOI　　⑧ CH$_3$OI　　⑨ CH$_2$OI$_2$

(d) 問題の説明文と各実験の結果にもとづいて推定すると，記述ⅱ)で生じた **D** の構造の候補としては，最大で ┃ タ ┃ 個考えられる。なお，ここでは立体異性体は区別しないで考えること。

タ の解答群

① 1　　　② 2　　　③ 3　　　④ 4　　　⑤ 5

⑥ 6　　　⑦ 7　　　⑧ 8　　　⑨ 9

(e) 問題の説明文と各実験の結果にもとづけば，**C** のもつ炭素原子の数(x)，水素原子の数(y)および不斉炭素原子の数(z)の組み合わせとして正しいものは ┃ チ ┃ である。

チ の解答群

番 号	x	y	z
①	7	8	0
②	7	8	1
③	7	10	0
④	7	10	1
⑤	8	12	0
⑥	8	12	1
⑦	8	14	0
⑧	8	14	1
⑨	9	14	0

(f) 問題の説明文と各実験の結果にもとづけば，**E** のもつ炭素原子の数(x)，

水素原子の数(y)および酸素原子の数(z)の組み合わせとして正しいものは

<u>　ツ　</u> である。

<u>　ツ　</u> の解答群

番　号	x	y	z
①	7	12	2
②	7	12	4
③	7	14	2
④	7	14	4
⑤	8	12	2
⑥	8	12	4
⑦	8	14	2
⑧	8	14	4
⑨	9	14	2

解答編

■英語■

解答　A．全訳下線部A参照。
　　　　B．全訳下線部B参照。

C．＜解答例＞Now is the time to imagine a world without violence.

1—④　2—⑤　3—①　4—②　5—③　6—⑤　7—①　8—③
9—④　10—②　11．2番目—①　6番目—③　12—④　13—⑤　14—④
15—④　16—④　17—②　18．2番目—②　6番目—⑥　19—①　20—②
21—①　22—②　23—⑤　24—④　25—⑤　26—①　27—③

◆━━━━━━━◆全　訳◆━━━━━━━◆

≪地球の未来に希望を持つ私たち≫

　私が幼い少女だったとき，私の父は私に，いつか地球上のすべての人が戦争や飢え，困窮もなく共に暮らすようになるだろうと言った。それはいつ起こるのか父にたずねると，その日がいつなのかはわからないがその日が来るのは確かだと父は言った。

　長年を経た今，父は私と話をするために，特にあの日を選んだのだろうか，と私は思う。私はちょうど9歳になったところだったが，この年齢は，父の意見を疑問に思うほど十分に大きくなりはしたが，父の答えを聞き入れるほどまだ十分に幼かったのだ。

　「どうやって？」　私は父にたずねた。私は懐疑的であったのだ。「私たちはみな違う国に住んでいるし違う言語を話しているわ」と私は言った。

　「国境は変わる可能性があるし，私たちはお互いの言語を学ぶことができるんだ」と父は静かに答えた。「私たちは何でも学ぶことができる種なんだよ」と父は付け加えた。

　私は父の末の子供で，一人娘で，そして _A私は父が年を取ってから生まれた子供であった。私たちがこの会話をしたとき父は55歳であり，彼の人生の間に二度世界地図が書き換えられるのをすでに見てきていた。しか

しこれは，私たちには世界を変える能力があると父が信じる唯一の理由で
はなかった。

　父はそれを信じていた。彼が物理，化学，微積分学，そして，地質学を
私たちの町の全世代の人たちに，そして，その後彼らの子供たちの全世代
に教えていたとき，人々が成長し変化するのを見てきたからだ。父はそれ
を信じていた。彼自身の人生の間に見てきたものゆえだ。つまり，ラジオ
の魔力がテレビになり，電報が電話になり，紙テープを用いた旧式のコン
ピュータがパンチカードのコンピュータになり，最終的にはインターネッ
トの魔力になったからだ。父はそれを信じていた。彼の家族ゆえだ。彼の
子供たちは，（彼の祖母とは違い）自分たちの出産を生き延びた母がいて，
（彼の両親とは違い）大学に行く機会を持ち，（彼とは違い）ポリオの影
におびえず育ったからである。

　父は私を愛していたがゆえにそれを信じていた。そして，父ゆえに私も
それを信じている。私たちが最終的に仕事と愛に身を捧げれば，最も現実
離れした夢でさえ最後には実現するのだと父に言われたとき，私は私の最
初の一番好きな科学教師の言うことを信じたのだ。

　地球の気温上昇を抑え，究極的には逆転させることを期待して，大気中
の二酸化炭素の量を安定化しその後減らすために数多くの解決策が提案さ
れてきた。そして，こういった解決策はすべてかなり有望である。二酸化
炭素を空気から分離し，それを凝縮し，それから容器に密閉するのは可能
だ。レストランの炭酸飲料サーバーの隣にある魚雷のかたちをした金属の
タンクがこの技術の一例だ。エンジニアたちは，二酸化炭素を大気から取
り出し，それを純正液体に凝縮し，それからその液体を地中深くに注入す
ることを提案してきた。地中深くで，この液体は海の底にある岩の層の間
か，石油を掘削し石炭を採掘したあとに残された空洞の中に永遠に閉じ込
められることになるであろう。

[中略]

　地球——私たちみなが分かち合っている唯一のもの——は私たちの政
治的話し合いの中で質草となっている。そして，気候変動は今ではどちら
の側によっても投げつけられうる武器となっている。特に科学者にとって，
政治的な対立や二極化に影響を与えることは，私たちが救おうとしている

地球に積極的に害をもたらすことになるのだ。やがて，私たち全員が何を
するかが現在重要であるほどには，私たちが何をするかは重要ではなくな
るだろう。「私たち全員」という言葉は私とあなたの両者を常に含んでき
たし，これからも常に含むだろうと言及する必要はあるのだろうか？　私
たちはみな世界に対して起きていることの一部なのである。私たちがその
ことについてどのように感じるか，私たちが個人的に「信じる」か「否定
する」かとは関係ないのだ。たとえ自分が環境問題の正しい側にいて，気
候変動が起きていると本当に信じているとしても，おそらく議論している
相手と同じくらい，あるいはそれ以上に積極的に地球を傷つけているだろ
う。謙虚さによって加減された努力は，正義感で身を固めた努力よりもは
るかに効果的であろう。

　私がこの題材を教えてきた年月の中で毎年，少なくとも 1 人の学生が
――このデータに圧倒され――私の研究室に来て，地球に少しでも希望
があると私が思っているのかどうかをたずねた。そして，以下のように私
は答えた。

　ええ，絶対に。私たちには希望があると私は本当に信じているし，あな
たがそれを多少なりとも受け入れ，自分のものとしてもらっていいわよ。

　私には希望がある。なぜなら，私の人生には私同様にこういった問題に
懸念を抱く人が数多くいるからだ。私が知っている最も賢い人々が，私た
ちにもっと多くのことを教えてくれるデータを集めることに人生を捧げて
いる。今日という日も，多くの人が朝早く研究所に行き，夜遅くまでいて，
海面の上昇，気候温暖化，極氷の融解の正確な大きさを数値化しようとし
ている。彼らはフィールドを歩き，何がそこにあり何がそこにないのかを
数えているのだ。最初にこういったパターンに気づいた生態学者たちは，
今私たちが毎日使っているコンピュータや計器を想像できなかったであろ
う。私たちは観察し研究しているのであって，単に心配しているだけでは
ないのだ。気候科学は結局のところ科学の一部であり，そして，科学は今
まで常にそうであったのとちょうど同じように今でもそうなのだ。つまり，
過重労働で研究費不足だが，完全に理解しようとすることを決してやめな
い点でまったく揺るぎないのだ。

　私には希望がある。なぜなら，今の私たちだけではないと歴史が教えて

くれるからだ。過去数世紀の間，女性も男性も，井戸を汚染し，作物を台無しにし，愛するものたちを自分たちから奪うとてつもなく強い力に対し，どうすることもできずに罵っていたのだ。私たちは彼らの科学を迷信だとして信用しないかもしれないが，それは当時最先端の観察と真剣な結論に基づいていたのだ。遺伝学的には，私たちは当時の彼らと比べて少しも賢くなってはいない。そして，私たちは似たような暗闇の中で労働しているのかもしれないのだ。その後の数世紀がもたらしたのは，あのような昔日の災難の中で最も容赦のないものに対してでさえ，理解しがたい解決策だった。こういった解決策は多くの人には遅すぎたのだが，すべての人にとって遅すぎたわけではなかった。

　それから，私が学生たちに彼ら自身の生活について考えるよう求めると，会話の中で最も困難な部分がやって来る。

　私は学生たちに思い出してもらう。私たちは強く幸運であるということを。私たちの惑星は，あまりにも少ない資源で何とかやっていこうと必死な多くの人たちの故郷だ。私たちは食べ物や住居，きれいな水のある集団に属しているという事実があるので，私たちが危うくしてきた世界を私たちは見捨ててはいけないのだ。知識があるということは責任があるということだ。

　私は学生たちに問う。あなた方の両親よりも長くあなた方に与えられた付加的な 10 年の人生をどうするのか？と。地球の資源のほとんどを使っている，全人口の 20 パーセントに当たる私たちは，この過剰な消費癖を改め始めなければならない。さもなければ，事態は決してよりよくはならないだろう。あなた自身の生活を見てみなさい。あなたがしている中で最もエネルギーを大量に消費しているものを言えるだろうか？　変わろうという意志はあるだろうか？　私たちは自分自身を変えることができなければ，私たちの社会制度を変えることは決してしないだろう。

　とりわけ強調したいことが一つある。*希望を持つには勇気が必要だ*ということだ。教室の中と外の両方において，B地球規模の変化に関して私たちが何をするかだけでなく，それに関してどのようなやり方で話をするかも重要である。私たちが地球を汚染してきたので地球は私たちを拒絶しているのだと主張すると，自分たちを麻痺状態に陥らせる危険性がある。私たちの知る限り，ここは今なお人類の永遠の故郷であり，ここから子供

たちを遠ざけてはいけないのだ。私たちは，現状が執拗な「より多くを求める物語」から生じていると理解しつつ，前進し，私たちが作ってきた世界の中で生きていかなければならないのだ。その過程でお互いをいたわることにより，私たちはこの世界で生きていくことをより楽なものにすることができる。

　私は学生たちに警告する。何もしない虚無主義に誘惑されるな，と。私たちのすることすべてが重要なのは，まさにたった一つの解決策が私たちを救うわけではないからだ。私たちが食べるどの食事も，私たちが移動するどのマイルも，私たちが使うどのドルも，前回よりエネルギーを多く使うのか少なく使うのかの選択を私たちに問うのだ。あなたには影響力がある。あなたはその力をどう使うであろうか？

　脱工業化時代に突入するので，今こそ私たちの理想に沿った世界を想像するときだ。私たちは私たち自身やお互いに食料や住居を供給する必要があるだろうが，他のことはすべて棚上げになっている。「かつて 30 億人がすることができなかったことの何を今の 70 億人はすることができるのか？」は今までのところ私の人生の疑問点なのだ。私たちは苦しんでいて，私たちは不完全だが，私たちの数は多く，私たちが破滅する運命にあるのは私たち自身がそうなる運命だと信じ込んでしまうときだけだ。私たちの歴史書は非常に多くのもの——浪費に欠乏，大災害に産業，勝利に敗北——を含んでいるが，歴史書に*私たち*はまだ含まれていない。私たちの前には新たな世紀が広がっている。そして，その物語はまだ書かれていない。すべての著作家が言うように，まっさらなページから飛び出す可能性ほどわくわくさせるもの，あるいは，厄介なものもないのだ。

━━━━━━◀解　説▶━━━━━━

A．come には「（子供が）生まれる」の意味があるが，たとえ知らなくても，前後の文脈から，「彼のところに来た」＝「彼のところに生まれた」という意味だと推測できるだろう。him は「私の父」のことだが，「彼」でもよい。late in his life「彼の人生の終わり近くに」が直訳で，「年を取ってから」や「彼の晩年に」くらいの訳となる。had come と過去完了形になっているのは，直前で I was his youngest child, his only daughter「私は父の末の子供で，一人娘であった」という過去の時点から見てその前の過去だからである。ただ，訳にはこの過去完了形のニュアンスは出さ

なくていいだろう。よって，下線部Aは，「私は父が年を取ってから生まれた子供であった」あるいは「私は父の晩年に生まれた」などと訳すとよい。

B．形式主語の it は不定詞や that 節などを真主語に取ることができるが，疑問詞節も真主語に取ることが可能だ。下線部 B の It は形式主語で，what … change と how … it の２つの疑問詞節が真主語。matter は「重要だ」の意味の自動詞。not only *A* but *B*「*A* ばかりでなく *B* も」もポイント。ここでは what … change が *A* に，how … it が *B* に当たる。global change は「地球規模の変化」という意味。talk about it の it は global change を受けている。

C．最終段第１文（Now is the time …）を参考にするとよい。Now is the time to *do* は「今こそ～するときだ」の意味で，よく見かける表現。「～なき世界を想像する」は imagine a world without ～ と英訳する。いろいろな世界のうちの一つという意味なので，a world のように a を使うのが正しい。violence「暴力」は不可算名詞なので無冠詞で用いて，a world without violence とする。

１．下線部を含む文を訳すと，「それはいつ起こるのか父にたずねると，父は確信は持てないが，その日が来るのは確信が持てると言った」となる。下線部の sure の後ろには，直前の when it would happen「それがいつ起こるだろうか」が省略されていると考えられる。「それ」とは，直前の文の that 以下，すなわち「いつか地球上のすべての人が戦争や飢え，困窮もなく共に暮らすようになるだろう」ということ。以上の内容を端的に表した④が正解。

２．空欄を含む文を訳すと，「私はちょうど９歳になったところだったが，この年齢は，父の意見を疑問に思うほど十分に大きくなりはしたが，父の答えを聞き入れるほど十分にまだ（　　　）」となる。but は逆接を表すので，old と逆の意味となる young を空欄に入れると文意が通る。よって，⑤が正解。still もヒントとなり，「まだ，いまだに」の意味で，以前の状態が続いていることを表している。「以前と変わらず父の答えを聞き入れるほど幼い」と言っている。

３．skeptical は「懐疑的な」の意味。①の doubtful「疑っている」が最も適切。

4．空欄直前で筆者が "We all live in different countries … and we all speak different languages." 「私たちはみな違う国に住んでいるし違う言語を話しているわ」と主張したことに対する父の反論の一部が空欄となっている。②の Borders を入れると "Borders can change, … we can learn each other's languages." 「国境は変わる可能性があるし，私たちはお互いの言語を学ぶことができるんだ」となり，筆者の主張「私たちはみな違う国に住んでいる」に対する父の反論「国境は変わる可能性がある」となる。また，筆者の「私たちはみな違う言語を話しているわ」という主張に対する父の「私たちはお互いの言語を学ぶことができるんだ」が反論となっていることも確認してほしい。

5．下線部を含む文の内容は「しかしこれは，父が私たちには世界を変える能力があると信じる唯一の理由ではなかった」となる。this は本文中の近くの内容を受けることが多い。ここでは，前文（He was fifty-five …）の「彼は人生の間に二度世界地図が書き換えられるのをすでに見てきていた」の部分を受けていると考えるのが自然であろう。世界が変わるのを見てきたからこそ，今後も私たちには世界を変える能力があると信じているということ。

6．空欄に入る動詞の目的語が physics, chemistry, calculus, and geology「物理，化学，微積分学，そして，地質学」であることを押さえる。次に語法の観点からみて，後ろに to を取る動詞を選ばなければならない。teach *A B* ＝ teach *B* to *A*「*A* に *B* を教える」と deny *A B* ＝ deny *B* to *A*「*A* に *B* を与えない」の 2 つの動詞が可能だが，空欄の主語 he は筆者の父のことであり，第 7 段第 2 文（I believed my first …）で my first, and my fondest, science teacher「私の最初の一番好きな科学教師」と父のことを呼んでいることから，空欄には taught が適切だと判断する。

7．①「期間または一連の出来事の終わりに」

②「長い期間にわたり」

③「時々だが頻繁ではなく」

④「正直で直接的に」

⑤「円滑な，いつものまたは公平な方法で」

eventually は「最後には，最終的に」の意味なので，①が正解。

8．grow up は「大人になる，成長する」という意味。空欄の直後に

from があるので，free from ～「～（不快，望まれていないもの）を免れ
て，～がなく」と different from ～「～と違って」が候補になる。手がか
りは，空欄の後ろが「ポリオの影」という望まれないものであること。ま
た，空欄を含む文が，親や祖父母の世代とは違い，子供世代にはプラスの
面があるという趣旨であることもポイント。さらに，第 1 段第 1 文
（When I was …）の free from war and hunger and need をヒントに
してもいい。③ free が正解。「ポリオの影におびえず育った」ということ。

9．第 7 段第 1 文（He believed it …）にある 2 つの he や 1 つの him は
すべて「私の父」のこと。問 6 もヒントになり，第 6 段第 1 文後半
（when he taught …）で「私の父は物理，化学，微積分学，そして，地
質学を教えていた」ことがわかる。したがって，下線部は「私の父」のこ
とだと推察できる。

10．下線部を含む文の主語の the torpedo-shaped metal tanks standing
next to a restaurant's soda dispenser がわかりにくいが，下線部の this
が that とは違い本文中の近くを受けやすいことと，technology「技術」
に関するものが該当箇所だと判断できることを手がかりにする。セミコロ
ン（；）に，接続副詞の代わりに等位な 2 つの文をつなぐ機能があること
も手がかりとなる。セミコロンより前の separate carbon dioxide … seal
it into a container「二酸化炭素を空気から分離し，それを凝縮し，それ
から容器に密閉する」行為が「この技術」だと考えられるので，②の選択
肢が一番近い内容となる。

11．まず，where が関係副詞で，下線部の直前の the earth が先行詞であ
ると考える。ここの the earth は「（海や空と対比される）大地，地面」
の意味。関係詞節の動詞は，助動詞 would と結びつく動詞の原形 remain
だと考え，would remain forever と並べる。would は可能性を表して
「～かもしれない，～でしょう」の意。remain C で「C のままである」
を表すので，C に補語となる trapped を置くと，remain forever trapped
between ～ で「～の間に永遠に閉じ込められたままである」の意味とな
る。between には，between *A* and *B*「*A* と *B* の間に」の使い方の他に，
between ＋複数名詞「～の間に」の使い方もあるため，layers of を後続
させる。of の後に続くのは it もしくは rock だが，この関係詞節の主語と
して適切なのが it（＝the liquid）なので，残った rock を layers of に後

続させる。したがって，下線部は where it would remain forever trapped between layers of rock という語順となり，「そこ（地中深く）でそれ（この液体）は，岩の層の間に永遠に閉じ込められることになるであろう」という意味になる。

12. down the road は「将来，やがて」の意味のやや難しい熟語。後ろに won't があるので，未来を表す熟語かもしれないと推察することができる。

13.「『私たち全員』という言葉は私とあなたの両者を常に含んできたし，これからも常に含むだろうと言及する必要はあるのだろうか？」が下線部訳。ポイントはこの疑問文が修辞疑問文となっているということ。「私は～と言及する必要はあるのだろうか？（いやその必要はない）」の意味で，言及するまでもなく当然のことだという趣旨となっている。

14. 下線部の前後は，on the right side of environmental issues と a true believer in climate change が consider Ｏ Ｃ「ＯをＣとみなす」のＣの位置にあるため，「あなた自身を，環境問題の the right side にいて，かつ，気候変動が起きていると本当に信じている人間であるとみなす」という意味になる。on the right side of～には「～の右側に」と「～の正しい側に」の意味があるが，ここでは後者の意味だと考えると文意が通る。「環境問題の正しい側」にいるとは，環境を破壊しない側にいるということで，a true believer in climate change と同様の立ち位置だと言える。

15. 下線部のあとの further は far の比較級で，go far には「大いに役立つ，効果がある」の意味がある。one armored with righteousness の one は an effort を受けたものであり，armored with～は「～で武装した」の意味。下線部を含む文の訳は「謙虚さによって加減された努力は，正義感で身を固めた努力よりもはるかに効果的であろう」となる。よって正解は④である。

16. ①「彼らは 10 時 30 分に駅で私たちを出迎えると言った」
②「100 万ポンドを獲得したらどうしますか？」
③「彼らが私たちを訪れてくれればなあ」
④「私たちが同じ会社に勤めていたとき，私たちはよく一緒にコーヒーを飲んだものだった」
⑤「私の両親はあなたに会いたがっています」
文頭の During each of the years that I've taught this material「私がこ

の題材を教えてきた年月の中で毎年」が手がかりとなる。ここでの would
は過去の不規則な習慣を表して「〜したものだ」の意味。したがって，④
が正解。①の would は，主節の動詞 said との時制の一致で will が過去形
になったもの。②は仮定法過去の帰結節で使われている would である。
③の I wish に後続する would は，未来において実現の可能性が低いこと
に対する願望を表す際に使われるものである。⑤は希望や考えなどを控え
めに言う際に使われる would で，want to *do*「〜したい」より would
like to *do*「〜したいと思う」のほうが控えめな表現となる。

17.　空欄は，「地球に少しでも希望があると私が思っているのかどうかを
たずねた」に対する筆者の返答の一部に当たる。Yes. と矛盾しないもの，
自然につながるものは②の Absolutely「絶対に」で，強い同意を表すと
きに用いる語である。① No way は「（不賛成や不可能などの否定を強調
して）とんでもない，冗談じゃない，絶対〜ない」の意。⑤ Not really
は「あまり〜ない，実際は〜ない」の意。

18.　与えられた語句から，V は are dedicating だろうと判断できる。
dedicate *A* to *B* で「*A*（時間・人生・努力）を *B*（研究・活動）に捧げ
る」，あるいは，dedicate *A* to *doing* で「*A* を〜することに捧げる」とい
う意味なので，are dedicating their lives to というかたまりを作ること
が可能になる。次に，are dedicating の主語として適切な語を探すと
people I know があり，先ほどのかたまりと合わせて people I know are
dedicating their lives to と続けることができる。さらに，主格の関係代
名詞節だと思われる that will tell us more が修飾する先行詞としては，
名詞 data が適切だと考えられるので，gathering the data that will tell
us more というかたまりができる。この gathering は dedicate *A* to
doing の *doing* に当たると考えると，people I know are dedicating their
lives to gathering the data that will tell us more「私が知っている人々
が，私たちにもっと多くのことを教えてくれるデータを集めることに人生
を捧げている」となって意味が通る。残る the smartest を people の修飾
語だと考えて直前に置き，The smartest people I know … とすると，文
が完成する。

19.　選択肢から，空欄には現在分詞が入ることがわかる。空欄を含む文の
2 つ目の and の直後に省略されている are と空欄に入る現在分詞とで現

在進行形を形成していると考えることができる。「私たちは観察し研究しているのであって，単に（　　　）いるだけではない」という文の空欄に最も適切な語は，① worrying「心配して」である。この文は，空欄のある段第1文（I am hopeful …）の「懸念を抱く人たち」と同段第2～5文（The smartest people … use every day.）の「熱心に研究している人たち」をまとめた，「懸念を抱きながら熱心に研究している人たち」についての内容になっている。

20.　下線部を含む文は「過去数世紀の間，女性も男性も，井戸を汚染し，作物を台無しにし，愛するものたちを them から奪うとてつもなく強い力に対し，どうすることもできずに罵っていた」という意味。rob *A* of *B*「*A*（人など）から *B* を奪う」を手がかりにすれば，them は「人」を表す複数名詞を受けているということになる。「人」を表す複数名詞women and men が，文意的にも正解となる。

21.　下線部の they は，下線部のある段第2文（During centuries past …）の them や同段第3文（We may discount …）の their と同じものを受けていると考えられる。問 20 にあるように，them は women and men「（過去数世紀の間の）男女」つまり「（過去数世紀の間の）人々」であるため，正解は①「過去の人類」となる。また，下線部を含む文の we are と they were が比較されていることを手がかりとして，we「今生きている人々」の対比となる they が「過去に生きていた人々」だと考えることもできる。

22.　struggle to *do* で「～しようと必死になる」，survive on ～ で「～でどうにかやっていく」という意味。on の後には，少ない金・食料などが来ることが多い。下線部を含む many who struggle to survive on too little は「あまりにも少ない（　　　）で何とかやっていこうと必死な多くの人たち」という意味。これらの人々は，下線部直後の we are of the group with food, shelter, and clean water「私たちは食べ物や住居，きれいな水のある集団に属している」や空欄 23 がある段の第2文（We, the 20 percent …）の We, the 20 percent of the globe that uses most of its resources「地球の資源のほとんどを使っている，全人口の 20 パーセントに当たる私たち」に述べられた裕福な人々と対極の位置にいる。したがって，too little は，「あまりにも少ない食べ物や住居，きれいな水」

あるいは「地球の資源のあまりにも少ない量」といった意味だと類推できる。too little の後ろには②の「資源」が省略されていると考えるのが妥当であろう。

23.　〈命令や勧告の文〉+ or … で「～しなさい。さもなければ…」となることに気づけるかどうかがポイント。〈命令や勧告〉は，命令文や must を使った文などで表される。過剰な消費癖を改めないと事態はまったくよくならないと忠告する内容になっている。

24.　下線部を含む文は「ここ（this）は今なお人類の永遠の故郷であり，それ（it）から子供たちを遠ざけてはいけない」という内容。下線部 it は this を受けていると判断できる。this は「人類の永遠の故郷」と述べられているので，前文（We risk our …）の the earth を受けると考えられる。よって，下線部の it も the earth ということになる。

25.　下線部は「あなたには影響力がある」という意味。下線部の前文の内容が手がかりとなる。ひとりひとりによる，ひとつひとつの行動の選択は，エネルギー消費についての選択でもあり，私たちの行動ひとつひとつが地球環境に影響するということを述べた箇所。

26.　空欄を含む文の前文（Out before us …）で「私たちの前には新たな世紀が広がっている。そして，その物語はまだ書かれていない」とある。私たちがこれから物語を書き込んでいくのだ，と言外に言っており，それに続くのが空欄を含む文となっている。空欄に nothing を入れて there is nothing more thrilling …「（…ほど）わくわくさせるものはない」とすることで，その意気込みを具体的に述べた内容となる。このように比較級を用いて最上級の内容を表す表現として There is nothing + 比較級 + than …「…より～なものはない」があるが，本文には than …に当たる部分がない。これは，直後に，or as daunting が続いたために，than … ではなく as … の形になったためだと考えられる。There is nothing as ～ as … も「…ほど～なものはない」の意味で，最上級の内容を表す。

27.　本文の内容に合致しない③が正解。③は空欄 23 のある段第 2 文（We, the 20 percent …）が該当箇所。We と同格関係にある the 20 percent of the globe that uses most of its resources では，that uses most of its resources「地球資源のほとんどを利用している」が関係代名詞節で，the 20 percent を修飾している。the 20 percent of the globe

「地球の 20 ％」とは、「地球上の全人口の 20 ％に当たる人々」ということ。該当箇所の訳は「地球の資源のほとんどを利用している、全人口の20 ％にあたる私たちは、この過剰な消費癖を改め始めなければならない。さもなければ、事態は決してよりよくはならないだろう」となる。③にあるように「地球資源の 20 ％を利用している」わけではない。

①第 6 段第 3 文後半（would have the opportunity …）より、大学に行く機会がなかったのは父の両親（his parents）、つまり、「私」から見ると父方の祖父母であるため、①は本文の内容に合致する。

②下線部 18 のある段最終文（Climate science is …）より、「気候科学は結局のところ科学の一部であり」とあることから、「過重労働で研究費不足だが、完全に理解しようとすることを決してやめない点でまったく揺るぎない」は、気候科学も含んだ科学一般についての記述だと考えられる。よって、②は本文の内容に合致する。

④下線部Bのある段第 5 文（We must go …）に「私たちは、現状が執拗な『より多くを求める物語』から生じていると理解しつつ、前進し、私たちが作ってきた世界の中で生きていかなければならない」とある。「現状」とは、環境問題が山積する現在の地球の状態のことなので、④は本文の内容に合致する。

⑤第 9 段第 1 文（Earth ― the only …）に「地球――私たちみなが分かち合っている唯一のもの――は私たちの政治的話し合いの中で質草となっている。そして、気候変動は今ではどちらの側によっても投げつけられうる武器となっている」とある。よって、⑤は本文の内容に合致する。

❖講　評

　例年通り大問 1 題の出題で、2021 年度はエッセイであった。設問は記述式が英文和訳と和文英訳、選択式が内容説明、空所補充、同意表現、語句意、語句整序、同一用法、内容真偽であった。

　記述式問題は、まず英文和訳が 2 問出題された。理工学部の英文和訳は語彙は平易だが、前後をしっかり読み類推する力がないと解けないものが多く、1 問目の英文和訳がそれに当たる。2 問目は重要な語彙、熟語、文法が均等に含まれているいわゆる良問であった。字数制限のある内容説明は出題されず、2020 年度に出題された字数制限なしの内容説

明もなかった。次に，和文英訳は「いまこそ暴力なき世界を想像すべき時だ」が課題文で，本文にヒントがあるタイプであった。最終段第 1 文（Now is the time …）の Now is the time to imagine a world をそのまま使うことができる。和文英訳は本文を利用できる場合とそうでない場合があることを押さえておくとよいだろう。

　選択式問題は，記述式問題が減った分，問題数が増えた。空所補充は例年とは違い前後関係から論理的に導くものが多かった。内容説明も2021 年度は特に前後関係が重要となった。問 1 の he said he wasn't sure や問 22 の too little のように省略を補うという意味での読解力，問 10 の this technology や問 15 の An effort tempered by humility，問 25 の You have power のように文脈を把握する力が問われるものもあった。同意表現は標準からやや難しい程度の語が狙われているが，これは知識問題と言える。語句整序は，文法的にいろいろな視点から考えなければならないという点で総合的な文法力が問われている。全体的によく練られた問題であり，受験生のいろいろな能力を測っていると言えるだろう。

　理工学部の設問は受験生の総合的な英語の能力と論理的な力を問うていると言える。難問ではないが，いざ正解を導こうとすると意外と厄介である。標準レベルの正確な知識と，文章を論理的に読み設問を解く力を身につけることが肝心である。

数学

I **解答** (1)ア. 5　イ. 2　ウ. 6　エ. 3　オ. 1　カ. 4
キ. 3

(2)ク. 5　ケ. 8　コ. 3　サ. 2　シス. 13　セ. 8　ソ. 5　タ. 8

(3)チ. 1　ツ. 6　テ. 5　ト. 3　ナ・ニ. 1, 9（順不同）

(4)ヌ. 1　ネ. 3　ノ. 3　ハ. 2

◀解　説▶

≪小問 4 問≫

(1)　2 次方程式 $ax^2 - bx + 4 = 0$ は異なる 2 つの実数解をもつことから，判別式を D とおくと

$$D = b^2 - 16a > 0 \quad \therefore \quad b^2 > 16a \quad \cdots\cdots①$$

(a) $f(x) = 0$ の 2 つの整数解を $\alpha,\ \beta\ (\alpha < \beta)$ とおくと，解と係数の関係より

$$\begin{cases} \alpha + \beta = \dfrac{b}{a} & \cdots\cdots② \\ \alpha\beta = \dfrac{4}{a} & \cdots\cdots③ \end{cases}$$

$\alpha,\ \beta$ は整数，a は正の整数より，a の値は③から

$$a = 1,\ 2,\ 4$$

(i) $a = 1$ のとき，①〜③は

$$b^2 > 16,\ \alpha + \beta = b,\ \alpha\beta = 4$$

$$\therefore \quad \alpha = 1,\ \beta = 4,\ b = 5$$

(ii) $a = 2$ のとき，①〜③は

$$b^2 > 32,\ \alpha + \beta = \frac{b}{2},\ \alpha\beta = 2$$

$$\therefore \quad \alpha = 1,\ \beta = 2,\ b = 6$$

(iii) $a = 4$ のとき，①〜③は

$$b^2 > 64,\ \alpha + \beta = \frac{b}{4},\ \alpha\beta = 1$$

これを満たす α, β, b は存在しない。

したがって，（ i ）～(ⅲ)より

$$\begin{cases} a=1 \\ b=5 \end{cases} \text{または} \quad \begin{cases} a=2 \\ b=6 \end{cases} \quad \rightarrow \text{ア～ウ}$$

(b) $b=7$ のとき，①は

$$49>16a$$

よって，正の整数 a は

$$a=1,\ 2,\ 3$$

2 次方程式 $f(x)=0$ は

（ i ）$a=1$ のとき

$$x^2-7x+4=0$$

$x=\dfrac{7\pm\sqrt{33}}{2}$ となり不適。

（ⅱ）$a=2$ のとき

$$2x^2-7x+4=0$$

$x=\dfrac{7\pm\sqrt{17}}{4}$ となり不適。

（ⅲ）$a=3$ のとき

$$3x^2-7x+4=0$$

$$\therefore \quad x=1,\ \frac{4}{3}$$

したがって，（ i ）～(ⅲ)より，$a=3$ のとき，$x=1,\ \dfrac{4}{3}$ である。 →エ～キ

(2) $\theta\neq\dfrac{\pi}{2}$ のとき，直線 L の傾きは $\tan\theta$ であるから，直線 L の方程式は

$$y=\tan\theta\cdot x$$

$\tan\theta=\dfrac{\sin\theta}{\cos\theta}$ より

$$\sin\theta\cdot x-\cos\theta\cdot y=0 \quad \cdots\cdots①$$

$\theta=\dfrac{\pi}{2}$ のとき，直線 L は y 軸（$x=0$）となり，①は $\theta=\dfrac{\pi}{2}$ のときも成り立つ。よって，点と直線の距離の公式を用いて

$$d_{\mathrm{A}}+d_{\mathrm{B}}=\frac{\left|\dfrac{5}{8}\sin\theta\right|}{\sqrt{\sin^2\theta+(-\cos\theta)^2}}+\frac{\left|-\dfrac{3}{2}\cos\theta\right|}{\sqrt{\sin^2\theta+(-\cos\theta)^2}}$$

$$=\left|\frac{5}{8}\sin\theta\right|+\left|-\frac{3}{2}\cos\theta\right|$$

$0\leqq\theta\leqq\dfrac{\pi}{2}$ より，$\sin\theta\geqq0$，$\cos\theta\geqq0$ であるから

$$d_{\mathrm{A}}+d_{\mathrm{B}}=\frac{5}{8}\sin\theta+\frac{3}{2}\cos\theta \quad\to\text{ク}\sim\text{サ}$$

三角関数の合成を行うと

$$d_{\mathrm{A}}+d_{\mathrm{B}}=\frac{13}{8}\sin(\theta+\alpha)$$

$$\left(\text{ただし，}\alpha\text{ は}\cos\alpha=\frac{5}{13},\ \sin\alpha=\frac{12}{13}\text{ を満たす角}\right)$$

α は $0<\cos\alpha<\dfrac{1}{\sqrt{2}}$，$\dfrac{1}{\sqrt{2}}<\sin\alpha<1$ より，$\dfrac{\pi}{4}<\alpha<\dfrac{\pi}{2}$ の範囲の角である。したがって

$$0\leqq\theta\leqq\frac{\pi}{2} \quad\text{すなわち}\quad \alpha\leqq\theta+\alpha\leqq\frac{\pi}{2}+\alpha$$

のとき，$d_{\mathrm{A}}+d_{\mathrm{B}}$ の最大値は $\theta+\alpha=\dfrac{\pi}{2}$ のとき

$$\frac{13}{8} \quad\to\text{シ}\sim\text{セ}$$

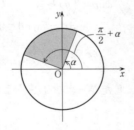

最小値は $\theta+\alpha=\dfrac{\pi}{2}+\alpha$，すなわち，$\theta=\dfrac{\pi}{2}$ のとき

$$\frac{5}{8} \quad\to\text{ソ，タ}$$

(3) (a) $z=R(\cos\theta+i\sin\theta)$ $(R>0,\ 0\leqq\theta<2\pi)$ とおくと，ド・モアブルの定理より

$$z^4=R^4(\cos\theta+i\sin\theta)^4=R^4(\cos4\theta+i\sin4\theta)$$

$$=r\left(\cos\frac{2}{3}\pi+i\sin\frac{2}{3}\pi\right)$$

よって

$$\begin{cases} R^4 = r \\ 4\theta = \dfrac{2}{3}\pi + 2k\pi \quad (k = 0,\ 1,\ 2,\ 3) \end{cases}$$

$\theta = \dfrac{1}{6}\pi + \dfrac{k}{2}\pi$ $(k = 0,\ 1,\ 2,\ 3)$ より，θ のとり得る値のうち最小のものは

$$\theta = \dfrac{1}{6}\pi \quad \to \text{チ, ツ}$$

最大のものは

$$\theta = \dfrac{1}{6}\pi + \dfrac{3}{2}\pi = \dfrac{5}{3}\pi \quad \to \text{テ, ト}$$

(b)　$z - i = R\cos\theta + (R\sin\theta - 1)i$ より

$$|z - i|^2 = (R\cos\theta)^2 + (R\sin\theta - 1)^2 = R^2 + 1 - 2R\sin\theta = 1$$

整理すると

$$R(R - 2\sin\theta) = 0$$

$R > 0$ より

$$R = 2\sin\theta$$

(a)より，$\theta = \dfrac{\pi}{6},\ \dfrac{2}{3}\pi,\ \dfrac{7}{6}\pi,\ \dfrac{5}{3}\pi$ であるが，このうち $R > 0$ を満たすのは

$\theta = \dfrac{\pi}{6},\ \dfrac{2}{3}\pi$ で，かつ，$r = R^4 = 16\sin^4\theta$ であるから

$$r = 16\sin^4\dfrac{1}{6}\pi = 1$$

または

$$r = 16\sin^4\dfrac{2}{3}\pi = 9$$

よって，求める r の値は 1 または 9 である。　$\to$ ナ，ニ

(4)　与式の両辺を x で微分すると

$$3x^2 f(x) - 3x^2 f(x) - (x^3 + 3)f'(x) + \dfrac{f'(x)}{f(x)} = 0$$

整理すると

$$f'(x)\left\{\dfrac{1}{f(x)} - (x^3 + 3)\right\} = 0$$

$f'(x) \neq 0$ より

$$f(x) = \frac{1}{x^3 + 3}$$

与式に $x = 0$ を代入すると

$$\int_0^0 3t^2 f(t)\,dt - 3 \times \frac{1}{3} + \log \frac{1}{3} = a$$

よって

$$a = -1 - \log 3 \quad \rightarrow ヌ，ネ$$

$f(x) = \dfrac{1}{x^3 + 3}$ より

$$f'(x) = \frac{-3x^2}{(x^3 + 3)^2}$$

$$f''(x) = \frac{-6x(x^3 + 3)^2 + 3x^2 \cdot 2(x^3 + 3) \cdot 3x^2}{(x^3 + 3)^4} = \frac{6x(2x^3 - 3)}{(x^3 + 3)^3}$$

$f''(x) = 0$ とおくと，$x > 0$ より

$$x^3 = \frac{3}{2}$$

$x = \sqrt[3]{\dfrac{3}{2}}$ の前後で $f''(x)$ の正負は変わるから，変曲点の x 座標は $\sqrt[3]{\dfrac{3}{2}}$ であり

$$p = \sqrt[3]{\frac{3}{2}}$$

よって　　$p^3 = \dfrac{3}{2}$　　$\rightarrow ノ，ハ$

II　**解答**　(1)あ. 16　い. $8n$　(2)う. 2　(3)え. $2(n+1)$

(4)お. $\dfrac{3}{8n-1}$

■━━━━━━ ◀解　説▶ ━━━━━━■

≪絶対値記号を含む方程式で表される図形上の格子点の個数と確率≫

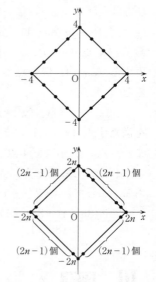

(1)　D_4 は方程式 $|x|+|y|=4$ を満たす図形上の格子点 $(x,\ y)$ 全体の集合である。$|x|+|y|=4$ を図示すると，右図のようになるから，格子点は全部で 16 個ある。　→あ

　一般に，D_{2n} については，$|x|+|y|=2n$ において，第 1 象限にある格子点，すなわち，直線 $x+y=2n$ の $x>0$，$y>0$ の部分にある格子点の個数は $(2n-1)$ 個である。第 2，3，4 象限にある格子点も，それぞれ $(2n-1)$ 個あり，座標軸上の 4 点を加えると，全部で

$$4(2n-1)+4=8n \text{ 個}　→い$$

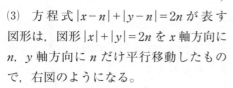

(2)　方程式 $|x-2n|+|y|=2n$ が表す図形は，図形 $|x|+|y|=2n$ を x 軸方向に $2n$ だけ平行移動したもので，右図のようになる。したがって，2 つの図形の交点の座標は $(n,\ n)$ と $(n,\ -n)$ であるから，求める点の個数は 2 個である。

　　　　　　　　　　　　　　　　　　　→う

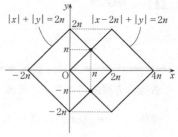

(3)　方程式 $|x-n|+|y-n|=2n$ が表す図形は，図形 $|x|+|y|=2n$ を x 軸方向に n，y 軸方向に n だけ平行移動したもので，右図のようになる。

　よって，2 つの図形 $|x|+|y|=2n$ と $|x-n|+|y-n|=2n$ が重なった線分上にある格子点の個数を数える。直線

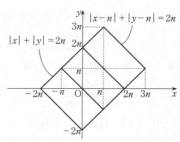

$-x+y=2n$ 上の x 座標が $-n$ から 0 の格子点，直線 $x-y=2n$ 上の x 座標が n から $2n$ までの格子点があるから，求める個数は，$2(n+1)$ 個であ

る。 →え

(4) D_{2n} には $8n$ 個の格子点があるから, (x_1, y_1), (x_2, y_2) の 2 点の選び方は全部で

$$_{8n}P_2 = 8n(8n-1) \text{ 通り}$$

ある。4 点 (n, n), $(-n, n)$, $(-n, -n)$, $(n, -n)$ を除く, D_{2n} に属する $(8n-4)$ 個の点の 1 つを (x_2, y_2) としたとき, (2)と同様に考えると

$$|x_1-x_2|+|y_1-y_2|=2n$$

を満たす点 (x_1, y_1) はそれぞれ 2 個ある。よって, $2(8n-4)$ 個ある。また, 点 (x_2, y_2) を 4 点 (n, n), $(-n, n)$, $(-n, -n)$, $(n, -n)$ のいずれかにとったとき, (3)の結果から, (x_1, y_1) はそれぞれ $2(n+1)$ 個ある。よって, $4 \times 2(n+1)$ 個ある。したがって, 求める確率は

$$\frac{2(8n-4)+8(n+1)}{8n(8n-1)} = \frac{3}{8n-1} \quad \text{→お}$$

III 解答

か. $-t$　き. $\dfrac{1}{\sqrt{1+t^2}}$　く. $\dfrac{-t}{\sqrt{1+t^2}}$　け. $t+\dfrac{r}{\sqrt{1+t^2}}$

こ. $\log t - \dfrac{rt}{\sqrt{1+t^2}}$　さ. $\dfrac{1}{t}$　し. $0<r\leqq\dfrac{3\sqrt{3}}{2}$　す. $\sqrt{\sqrt{5}-2}$　せ. 1

◀解　説▶

≪法線の方程式, ベクトルの成分, 関数の導関数と増減≫

曲線 $C: y=\log x$ 上の点 $P(t, \log t)$ における法線 L の傾きは, $y'=\dfrac{1}{x}$

より, 接線の傾きが $\dfrac{1}{t}$ であるから $-t$ である。 →か

法線 L に平行な単位ベクトル $\vec{n}$ で, その x 成分が正であるものは, ベクトル $(1, -t)$ に平行な単位ベクトルを考えて

$$\vec{n}=\frac{1}{\sqrt{1+(-t)^2}}(1, -t)=\left(\frac{1}{\sqrt{1+t^2}}, \frac{-t}{\sqrt{1+t^2}}\right) \quad \text{→き, く}$$

$r>0$, $\overrightarrow{OQ}=\overrightarrow{OP}+r\vec{n}$ より

$$\overrightarrow{OQ}=(t, \log t)+r\left(\frac{1}{\sqrt{1+t^2}}, \frac{-t}{\sqrt{1+t^2}}\right)$$

$$= \left(t + \frac{r}{\sqrt{1+t^2}}, \ \log t - \frac{rt}{\sqrt{1+t^2}} \right)$$

であるから，点 Q の座標は

$$\mathrm{Q}\left(t + \frac{r}{\sqrt{1+t^2}}, \ \log t - \frac{rt}{\sqrt{1+t^2}} \right) \quad \rightarrow \text{け，こ}$$

$X(t) = t + \dfrac{r}{\sqrt{1+t^2}}, \quad Y(t) = \log t - \dfrac{rt}{\sqrt{1+t^2}}$ であるから

$$X'(t) = 1 - \frac{rt}{\sqrt{(1+t^2)^3}}$$

$$Y'(t) = \frac{1}{t} - \frac{r\sqrt{1+t^2} - rt \cdot \dfrac{t}{\sqrt{1+t^2}}}{(\sqrt{1+t^2})^2} = \frac{1}{t} - \frac{r}{\sqrt{(1+t^2)^3}}$$

よって

$$(X'(t), \ Y'(t)) = \left(1 - \frac{rt}{\sqrt{(1+t^2)^3}}, \ \frac{1}{t} - \frac{r}{\sqrt{(1+t^2)^3}} \right)$$

$$= \left(1 - \frac{rt}{\sqrt{(1+t^2)^3}}, \ \frac{1}{t}\left(1 - \frac{rt}{\sqrt{(1+t^2)^3}} \right) \right)$$

となり，$1 = \dfrac{rt}{\sqrt{(1+t^2)^3}}$ のときは零ベクトル，$1 \neq \dfrac{rt}{\sqrt{(1+t^2)^3}}$ のときはベクトル $\left(1, \ \dfrac{1}{t} \right)$ と平行なベクトルになる。 →さ

$X(t)$ が区間 $t>0$ で常に増加するためには，$t>0$ で常に $X'(t) \geqq 0$ であればよい。すなわち，$t>0$ で

$$\frac{\sqrt{(1+t^2)^3}}{t} \geqq r \quad \cdots\cdots ①$$

が常に成り立てばよい。

$y = \dfrac{\sqrt{(1+t^2)^3}}{t}$ とおくと

$$y' = \frac{\dfrac{3}{2} \cdot 2t\sqrt{1+t^2} \cdot t - \sqrt{(1+t^2)^3} \cdot 1}{t^2} = \frac{\sqrt{1+t^2}\,(2t^2-1)}{t^2}$$

より，$t>0$ における関数 $y = \dfrac{\sqrt{(1+t^2)^3}}{t}$ の増減および極値は次の表のようになる。したがって，①が常に成り立つための r の値の範囲は

t	0		$\dfrac{\sqrt{2}}{2}$	
y'		$-$	0	$+$
y		$\searrow$	$\dfrac{3\sqrt{3}}{2}$	$\nearrow$

$$0<r\leqq\frac{3\sqrt{3}}{2}\quad\to\text{し}$$

また，$r=2\sqrt{2}$ のとき

$$X'(t)=1-\frac{2\sqrt{2}\,t}{\sqrt{(1+t^2)^3}}=\frac{\sqrt{(1+t^2)^3}-2\sqrt{2}\,t}{\sqrt{(1+t^2)^3}}$$

となるから，方程式 $\sqrt{(1+t^2)^3}-2\sqrt{2}\,t=0$ を解くと

$$\sqrt{(1+t^2)^3}=2\sqrt{2}\,t$$

$\sqrt{(1+t^2)^3}>0$，$2\sqrt{2}\,t>0$ より，両辺を 2 乗して，$t^2=u$（$u>0$）とおくと

$$(1+u)^3=8u$$

展開して，整理すると

$$(u-1)(u^2+4u-1)=0$$

$u>0$ より

$$u=1,\ -2+\sqrt{5}$$

$u=t^2$（$t>0$）であるから，t の値は

$$t=1,\ \sqrt{\sqrt{5}-2}$$

したがって，関数 $X(t)$ の増減表は右のようになるから

$$\sqrt{\sqrt{5}-2}\leqq t\leqq 1$$

$$\to\text{す，せ}$$

で減少し

$$0<t\leqq\sqrt{\sqrt{5}-2}\quad\text{と}\quad t\geqq 1$$

で増加する。

t	0		$\sqrt{\sqrt{5}-2}$		1	
$X'(t)$		$+$	0	$-$	0	$+$
$X(t)$		$\nearrow$	極大	$\searrow$	極小	$\nearrow$

❖講　評

　大問 3 題の出題で，難易度，問題量ともにそれほど大きな変化はない。内容的には，Ⅰ では小問 4 問が出題され，出題範囲に偏りが出ないように工夫されている。微・積分法や図形と方程式が頻出であり，特に図形と方程式はその基本的知識を他分野（2021 年度は三角関数）と融合させた問題が出されている。ベクトル，三角関数，指数・対数関数，場合の数・確率の基礎学力もおろそかにはできない。また，2020 年度に続き，複素数平面の出題が見られた。全体的に見れば，標準的な問題が中心であり，比較的取り組みやすい問題が多い。

　　Ⅰ　標準的な学力で十分解答可能である。基礎的な入試問題集や教科書傍用の問題集（標準・発展問題）を利用して十分な演習を行っておけばよい。苦手分野を少なくし，基礎・標準的な学力の養成に努めておきたい。

　　Ⅱ　方程式で表される図形をイメージできるかどうかが重要である。異なる2つの方程式で表される図形について，2つの図形の相互関係を理解することがキーポイントになる。n に具体的数値を代入して考えてみることも有効である。各小問間の関連に着目したい。

　　Ⅲ　比較的よく出題される微・積分法の問題である。2021 年度は微分法のみであったが，ベクトルとの融合問題になっている。ベクトルについては，単位ベクトルの求め方やベクトルの実数倍，和など基礎的知識を問われている。微分法は，法線の方程式，関数の増減，不等式が成り立つための定数の範囲など，正確に計算する計算力や，演習量による経験の差が出やすい問題である。

　　過年度は，Ⅲについては，途中経過も必要な記述式であったが，2021年度はⅠはマークシート方式，Ⅱ・Ⅲは途中経過を書く必要のない記述式の空所補充であった。全体的に，問題文や大問中の各小問が誘導形式もしくは問題解決のヒントになっている。したがって，問題文の読解力，分析力，洞察力が大変重要になってくる。全体的に難問はなく，標準的かつ定型的な問題が多数である。特に，Ⅰは確実に解けるようになっておくとともに，微・積分法はまず出題されると考えてよいので，十分な対策を行っておきたい。

▶▶▶ 物　理 ◀◀◀

A **解答** (1)ア—⑦　イ—③

(2)ウ—②　エ—②　オ—⑤　カ—⑦　キ—⑤　ク—④
ケ—③　コ—⑤

◀解　説▶

≪斜方投射と自由落下≫

(1)　ア．x 方向は，速さ $v_0\cos\theta$ の等速度運動であるから

$$x = v_0 t\cos\theta$$

y 方向は，初速 $v_0\sin\theta$ の鉛直投げ上げ運動であるから

$$y = v_0 t\sin\theta - \frac{1}{2}gt^2$$

イ．最高点での速度の y 成分 $v_y = 0$ となる時刻を t_1 とすると

$$v_y = v_0\sin\theta - gt_1 = 0$$

$$\therefore \quad t_1 = \frac{v_0\sin\theta}{g}$$

これをアの y の式に代入して

$$y = v_0\sin\theta\cdot\frac{v_0\sin\theta}{g} - \frac{1}{2}g\left(\frac{v_0\sin\theta}{g}\right)^2 = \frac{v_0{}^2\sin^2\theta}{2g}$$

(2)　ウ．小物体2は初期位置 (d, h) から自由落下するから

$$x = d, \quad y = h - \frac{gt_c{}^2}{2}$$

エ．2物体が衝突するとき，2物体の y 座標は等しい。$t = t_c$ のときの小物体1の y 座標はアの y の式より

$$y = v_0 t_c\sin\theta - \frac{gt_c{}^2}{2}$$

これとウの y の式より

$$v_0 t_c \sin\theta - \frac{gt_c{}^2}{2} = h - \frac{gt_c{}^2}{2}$$

$$\therefore \quad t_c = \frac{h}{v_0 \sin\theta}$$

このとき 2 物体の x 座標も等しいから，ア，ウの x の式より

$$v_0 \cdot \frac{h}{v_0 \sin\theta} \cdot \cos\theta = d$$

$$\therefore \quad \tan\theta = \frac{h}{d}$$

参考　小物体 1 の初速度の向きを小物体 2 の初期位置へ向けて打ち上げると 2 物体は衝突するので

$$\tan\theta = \frac{h}{d}$$

オ．衝突したときの y 座標が正であれば，2 物体は空中で衝突する。

$$h - \frac{1}{2} g \left(\frac{h}{v_0 \sin\theta} \right)^2 > 0$$

$$\therefore \quad v_0{}^2 > \frac{gh}{2\sin^2\theta}$$

エの条件を満たすとき，$\sin\theta = \dfrac{h}{\sqrt{h^2 + d^2}}$ であるから

$$v_0{}^2 > \frac{g\,(h^2 + d^2)}{2h}$$

カ．$t_1 = t_c$ より

$$\frac{v_0 \sin\theta}{g} = \frac{h}{v_0 \sin\theta}$$

$$\therefore \quad v_0{}^2 = \frac{gh}{\sin^2\theta} = \frac{g\,(h^2 + d^2)}{h}$$

キ．衝突直前，最高点にある小物体 1 の速度の大きさは x 成分のみをもつから

$$v = v_0 \cos\theta$$

また，衝突直前，小物体 2 の速度の大きさは y 成分のみをもつから，自由落下の式より

$$\alpha v = |-gt_1| = v_0 \sin\theta$$

以上 2 式とエの結果より

$$\alpha = \tan\theta = \frac{h}{d}$$

ク．V の x，y 成分をそれぞれ V_x と V_y とする。衝突の前後でそれぞれの方向について運動量は保存するから

$$x\text{ 軸方向}：mv + M\cdot 0 = (m+M)V_x \quad \therefore \quad V_x = \frac{mv}{m+M}$$

$$y\text{ 軸方向}：m\cdot 0 + M\alpha v = (m+M)V_y \quad \therefore \quad V_y = \frac{\alpha Mv}{m+M}$$

これらを用いて

$$V = \sqrt{V_x{}^2 + V_y{}^2} = \sqrt{\left(\frac{mv}{m+M}\right)^2 + \left(\frac{\alpha Mv}{m+M}\right)^2} = \frac{\sqrt{m^2 + \alpha^2 M^2}}{m+M} \times v$$

ケ．衝突前後で失われた運動エネルギー ΔK は

$$\Delta K = \left\{ \frac{1}{2}mv^2 + \frac{1}{2}M(\alpha v)^2 \right\} - \frac{1}{2}(m+M)V^2$$

クの結果を用いて整理すると

$$\Delta K = \frac{1}{2}mv^2 + \frac{1}{2}M(\alpha v)^2 - \frac{1}{2}(m+M)\left(\frac{\sqrt{m^2+\alpha^2 M^2}}{m+M} \times v\right)^2$$

$$= \frac{1+\alpha^2}{2} \times \frac{mM}{m+M}v^2$$

コ．V_x は，$t_c \leqq t$ の範囲で $x\text{-}t$ グラフの傾きを表す。

$$V_x = \frac{mv}{m+M} > 0$$

また，衝突後，小物体 1・2 は重力のみを受けて運動をする。

V_y は，衝突直後の $y\text{-}t$ グラフの傾きを表す。

$$0 < V_y = \frac{\alpha Mv}{m+M} < \alpha v$$

αv は $y\text{-}t$ グラフにおける衝突直前の小物体 2 のグラフの傾きである。よって，以上を満たすグラフは⑤である。

B 解答

(1)ア—③   イ—③   ウ—④
(2)エ—⑦   オ—②   カ—④   キ—⑥   ク—⑤   ケ—①

━━━━━◀解 説▶━━━━━

≪ホイートストンブリッジ，コイルとコンデンサーを含む交流回路≫

(1) ア．スイッチが開いているとき，回路は合成抵抗 R_1+R_3 と R_2+R_4 を並列接続した回路と同等である。点 p，点 q を流れる電流をそれぞれ I_p〔A〕，I_q〔A〕とすると，オームの法則より

$$I_p = \frac{E}{R_1+R_3}\text{〔A〕}, \quad I_q = \frac{E}{R_2+R_4}\text{〔A〕}$$

これより，点 c に対する点 p の電位を V_{pc}〔V〕，点 c に対する点 q の電位を V_{qc}〔V〕とすると，それぞれ

$$V_{pc} = R_3 I_p = \frac{R_3}{R_1+R_3}E\text{〔V〕}$$

$$V_{qc} = R_4 I_q = \frac{R_4}{R_2+R_4}E\text{〔V〕}$$

以上 2 式を用いて，点 q に対する点 p の電位 V_{pq}〔V〕は

$$V_{pq} = V_{pc} - V_{qc} = \left(\frac{R_3}{R_1+R_3} - \frac{R_4}{R_2+R_4}\right)E = \frac{R_2R_3 - R_1R_4}{(R_1+R_3)(R_2+R_4)}E\text{〔V〕}$$

イ．キルヒホッフの第一法則より

点 p：$I_3 = I_1 - I$ ……$\boxed{1}$

点 q：$I_4 = I_2 + I$ ……$\boxed{2}$

ウ．キルヒホッフの第二法則より

経路 abpcda：$E = R_1 I_1 + R_3 I_3$〔V〕 ……$\boxed{3}$

経路 abqcda：$E = R_2 I_2 + R_4 I_4$〔V〕 ……$\boxed{4}$

経路 bpqb　：$0 = R_1 I_1 + rI - R_2 I_2$ ……$\boxed{5}$

$\boxed{3}$式に$\boxed{1}$式を代入して

$$I_1 = \frac{E + R_3 I}{R_1 + R_3}\text{〔A〕}$$

$\boxed{4}$式に$\boxed{2}$式を代入して

$$I_2 = \frac{E - R_4 I}{R_2 + R_4}\text{〔A〕}$$

これらを$\boxed{5}$式に代入して，アの結果を用いれば

$$\left(r+\frac{R_1R_3}{R_1+R_3}+\frac{R_2R_4}{R_2+R_4}\right)I=\frac{R_2R_3-R_1R_4}{(R_1+R_3)(R_2+R_4)}E=V_{pq}$$

$$\therefore\ \ I=\frac{V_{pq}}{r+\dfrac{R_1R_3}{R_1+R_3}+\dfrac{R_2R_4}{R_2+R_4}}\,〔\mathrm{A}〕$$

また，これより $V_{pq}=0$ のとき，$I=0$ となる。このとき，$R_2R_3-R_1R_4=0$，すなわち，次式が成り立つ。

$$\frac{R_1}{R_2}=\frac{R_3}{R_4}$$

(2)　エ．図 2 の(a)より，電圧が最大になる時刻より電流が最大になる時刻が $\dfrac{\pi}{\omega}-\dfrac{\pi}{2\omega}=\dfrac{\pi}{2\omega}$ 遅いことがわかる。したがって，コイルでは電流の位相は電圧の位相より $\dfrac{\pi}{2}$ だけ遅れる。図 2 の(b)より，コンデンサーでは電流の位相は電圧の位相より $\dfrac{\pi}{2}$ だけ進む。

オ．抵抗 R_1 とコンデンサー C_3 は直列だから電流は同じ大きさである。抵抗にかかる電圧の位相は電流の位相に等しく $R_1I_1\sin(\omega t-\phi_1)$ となり，エより，コンデンサーにかかる電圧の位相は電流の位相より $\dfrac{\pi}{2}$ 遅れるから

$$\frac{I_1}{\omega C_3}\sin\left(\omega t-\phi_1-\frac{\pi}{2}\right)=-\frac{I_1}{\omega C_3}\cos(\omega t-\phi_1)$$

となる。これより，RC 直列部分全体の電圧は

$$V_0\sin\omega t=R_1I_1\sin(\omega t-\phi_1)-\frac{I_1}{\omega C_3}\cos(\omega t-\phi_1)$$

カ．RC 直列部分のインピーダンス $Z_{RC}〔\Omega〕$ は

$$Z_{RC}=\sqrt{R_1{}^2+\frac{1}{(\omega C_3)^2}}\,〔\Omega〕$$

電流と電圧それぞれの最大値にオームの法則と類似の関係が成り立つから

$$I_1=\frac{V_0}{Z_{RC}}=\frac{V_0}{\sqrt{R_1{}^2+\dfrac{1}{(\omega C_3)^2}}}\,〔\mathrm{A}〕$$

キ. 右図より

$$\tan\phi_1 = \frac{-\dfrac{1}{\omega C_3}}{R_1} = -\frac{1}{\omega C_3 R_1}$$

ク. エより，コイルにかかる電圧の位相は

電流の位相より $\dfrac{\pi}{2}$ 進むから

$$\omega L_2 I_2 \sin\left(\omega t - \phi_2 + \frac{\pi}{2}\right) = \omega L_2 I_2 \cos(\omega t - \phi_2)$$

となる。LR 直列部分全体の電圧は

$$V_0 \sin\omega t = \omega L_2 I_2 \cos(\omega t - \phi_2) + R_4 I_2 \sin(\omega t - \phi_2)$$

また，カと同様に，LR 直列部分のインピーダンス Z_{LR}〔Ω〕を用いて

$$I_2 = \frac{V_0}{Z_{LR}} = \frac{V_0}{\sqrt{R_4{}^2 + (\omega L_2)^2}}\,\text{〔A〕}$$

$$\tan\phi_2 = \frac{\omega L_2}{R_4}$$

ケ. 題意より，点 p と点 q の電位差が 0 であるから

$$R_1 I_1 \sin(\omega t - \phi_1) = \omega L_2 I_2 \cos(\omega t - \phi_2) \quad \cdots\cdots\boxed{6}$$

$$R_4 I_2 \sin(\omega t - \phi_2) = -\frac{I_1}{\omega C_3}\cos(\omega t - \phi_1) \quad \cdots\cdots\boxed{7}$$

$\boxed{6}$，$\boxed{7}$ の等式が時刻によらずつねに成り立つから，$\boxed{7}$式の t を $t - \dfrac{\pi}{2\omega}$ に

置き換えると

$$R_4 I_2 \sin\left(\omega t - \phi_2 - \frac{\pi}{2}\right) = -\frac{I_1}{\omega C_3}\cos\left(\omega t - \phi_1 - \frac{\pi}{2}\right)$$

$$\therefore\quad R_4 I_2 \cos(\omega t - \phi_2) = \frac{I_1}{\omega C_3}\sin(\omega t - \phi_1) \quad \cdots\cdots\boxed{7}'$$

$\boxed{6}$式，$\boxed{7}'$ 式より

$$R_1 R_4 = \frac{L_2}{C_3}$$

C 解答

(1)ア―⑤　イ―⑥　ウ―⑨　エ―⑨
(2)オ―⑦　カ―⑧　キ―③　ク―②　ケ―③

◆解　説▶

≪壁で仕切られた2種の理想気体≫

(1)　ア．気体A，Bの物質量はそれぞれ $\dfrac{m_A}{M_A}$，$\dfrac{m_B}{M_B}$ である。理想気体の状態方程式より

$$A : P_A Sl = \dfrac{m_A}{M_A} RT \quad \cdots\cdots \boxed{1}$$

$$B : 2P_B Sl = \dfrac{m_B}{M_B} RT \quad \cdots\cdots \boxed{2}$$

$\boxed{1}$式÷$\boxed{2}$式より

$$\dfrac{m_A}{m_B} = \dfrac{M_A P_A}{2 M_B P_B}$$

イ．混合した気体の物質量は $\dfrac{m_A}{M_A} + \dfrac{m_B}{M_B}$ である。このときの圧力を P〔Pa〕とすると，理想気体の状態方程式より

$$3PSl = \left(\dfrac{m_A}{M_A} + \dfrac{m_B}{M_B}\right)RT$$

$$\therefore \quad P = \dfrac{RT}{3Sl}\left(\dfrac{m_A}{M_A} + \dfrac{m_B}{M_B}\right)〔\text{Pa}〕$$

ウ・エ．円筒容器と外部との間に熱の出入りがないから，内部エネルギーの総和は保存される。すなわち

$$U_A + U_B = U_A{}' + U_B{}'$$

また，理想気体の内部エネルギーは温度によって決まり，混合の前後で温度変化がないから

$$U_A{}' - U_A = -(U_B{}' - U_B) = 0〔\text{J}〕$$

(2)　オ．アと同様に，理想気体の状態方程式より

$$A : PSl = \dfrac{m_A}{M_A} RT_A \quad \cdots\cdots \boxed{3}$$

$$B : 2PSl = \dfrac{m_B}{M_B} RT_B \quad \cdots\cdots \boxed{4}$$

$\boxed{3}$式÷$\boxed{4}$式より

$$\frac{m_A}{m_B} = \frac{M_A T_B}{2 M_B T_A}$$

カ．気体分子 1 個の質量を m〔kg〕，アボガドロ定数を N_A〔/mol〕とすると，気体分子の平均運動エネルギーと絶対温度の間に次式が成り立つ。

$$\frac{1}{2} m \overline{v^2} = \frac{3}{2} \frac{R}{N_A} T$$

気体 A，B の分子 1 個の質量はそれぞれ $\dfrac{M_A}{N_A}$，$\dfrac{M_B}{N_A}$ であるから，これより二乗平均速度は

$$\sqrt{v_A{}^2} = \sqrt{\frac{3RT_A}{M_A}}, \quad \sqrt{v_B{}^2} = \sqrt{\frac{3RT_B}{M_B}}$$

したがって

$$\frac{\sqrt{v_A{}^2}}{\sqrt{v_B{}^2}} = \sqrt{\frac{M_B T_A}{M_A T_B}}$$

キ・ク．仕切壁が気体 A 側へ d〔m〕移動し，止まったときの温度を T'〔K〕とする。移動の前後において，ボイル・シャルルの法則より

$$A : \frac{PSl}{T_A} = \frac{PS(l-d)}{T'}$$

$$B : \frac{2PSl}{T_B} = \frac{PS(2l+d)}{T'}$$

以上 2 式より

$$T' = \frac{3 T_A T_B}{2 T_A + T_B} \text{〔K〕}$$

$$d = \frac{2(T_A - T_B)}{2 T_A + T_B} \times l \text{〔m〕}$$

ケ．気体 B が得た熱量を Q〔J〕，物質量を $n \left(= \dfrac{m_B}{M_B}\right)$〔mol〕とする。内部エネルギーの変化量 $\varDelta U$〔J〕は，キの結果を用いて

$$\varDelta U = \frac{3}{2} nR(T' - T_B) = \frac{3}{2} nR T_B \left(\frac{T_A - T_B}{2 T_A + T_B}\right) \text{〔J〕}$$

気体がした仕事を W〔J〕とすると，クの結果と $\boxed{4}$ 式を用いて

$$W = PSd = PSl \frac{2(T_A - T_B)}{2 T_A + T_B} = \frac{1}{2} nR T_B \frac{2(T_A - T_B)}{2 T_A + T_B} \text{〔J〕}$$

熱力学第一法則より

$$Q = \Delta U + W$$

$$= \frac{3}{2} nRT_B \left(\frac{T_A - T_B}{2T_A + T_B} \right) + \frac{1}{2} nRT_B \frac{2(T_A - T_B)}{2T_A + T_B}$$

$$= \frac{3}{2} nRT_B \times \frac{5(T_A - T_B)}{3(2T_A + T_B)}$$

$$= \frac{5(T_A - T_B)}{3(2T_A + T_B)} \times U_B (J)$$

❖講 評

例年同様，化学と合わせて合計6題から3題を選んで解答する形式で，難易度も標準的である。出題形式は，全問マークシート方式で，例年出題されていた2問程度の記述式の問題は出題されなかった。

A 斜方投射と自由落下する2物体が空中で衝突する問題。2物体が空中で衝突する条件を，初速度の角度と大きさの条件から求める。斜方投射の最高点で衝突がおきるとき，衝突直前の小物体1の速度の y 成分は0となり，小物体1の速度は初速度の x 成分 $v_0\cos\theta$ に等しい。また，重力だけを受ける2物体の加速度は等しいから，運動を始めてから衝突するまでの2物体の速度の変化量は等しく，ともに $-v_0\sin\theta$ である。すなわち，衝突直前の小物体2の速度の大きさは，小物体1の初速度の y 成分の大きさ $v_0\sin\theta$ に等しい。グラフの選択では，物体の速度成分に相当する x-t グラフ，y-t グラフの傾きの大きさに注目する。

B 直流回路のホイートストンブリッジおよびコイルとコンデンサーを含む交流回路の問題。キルヒホッフの法則を適用するとき，未知量の数だけ方程式が必要となり，本問では式①〜⑤の連立方程式となる。ホイートストンブリッジは，検流計Gに電流が流れないとき，$\dfrac{R_1}{R_2} = \dfrac{R_3}{R_4}$ の関係が成り立つ。一方，交流回路ではケの結論からコイルとコンデンサーのリアクタンスを用いると類似の関係 $\dfrac{R_1}{\omega L_2} = \dfrac{\dfrac{1}{\omega C_3}}{R_4}$ が成り立っていることがわかるが，抵抗，コイル，コンデンサーにかかる電圧には位相差が生じるため，$R_1 I_1 = \omega L_2 I_2$ および $R_4 I_2 = \dfrac{I_1}{\omega C_3}$ とすることはできないこ

とに留意する。

C　壁で仕切られた2種の理想気体の混合と仕切壁を介して熱と仕事のやりとりがある問題。混合気体の物質量は各気体の物質量の和となり，全圧力は各気体が単独で容器の全体積 $3Sl$ を占めたときの圧力（分圧）の和に等しい（ドルトンの分圧の法則）。また，断熱容器では，混合の前後で内部エネルギーの総和は保存する。

▶▶▶ 化 学 ◀◀◀

D 解答

(1)アー⑥ イー① ウー① エー⑤ オー⑥
(2)カー③ キー⑦ クー③ ケー⑤ コー⑧
(3)サー⑤ シー② スー⑥ セー③
(4)ソー① ターー① チー⑥ ツー⑨ テー⑦ トー⑤ ナー①

━━━━ ◀解 説▶ ━━━━

≪鉄の性質および製法，強酸および弱酸の pH 計算，金属イオンの性質，
電気分解≫

(1) イ．鉄は，鉄鉱石とコークス，石灰石を溶鉱炉に入れて製錬する。コ
ークスの燃焼や石灰石の熱分解で生じた二酸化炭素は，さらにコークスと

$$C + CO_2 \rightleftarrows 2CO$$

の反応をし，一酸化炭素となる。この一酸化炭素によって酸化鉄が還元さ
れ，単体の鉄が得られる。

ウ．溶鉱炉で製造された鉄は炭素を質量比で 4 % 以上含み，銑鉄と呼ばれ
る。銑鉄は転炉に移され，高圧の酸素を吹き込むことで炭素量を減少させ
た鋼となる。鋼は強度が高く，ステンレス鋼などの合金の材料として広く
用いられる。ステンレス鋼は鋼にクロムやニッケルを添加した合金である。

エ．磁鉄鉱，黒さびの主成分の組成式は Fe_3O_4 である。

オ．鉄と希硫酸は次の反応をして水素を発生する。

$$Fe + H_2SO_4 \longrightarrow FeSO_4 + H_2 \uparrow$$

発生した H_2 は標準状態で 5.60L より，反応式の係数比から反応した鉄の
質量は

$$\frac{5.60}{22.4} \times 55.9 = 13.97 ≒ 14.0 〔g〕$$

(2) カ．$pH = -\log_{10}[H^+]$ である。したがって，pH が 2.0 のとき

$$2.0 = -\log_{10}[H^+]$$

$$\therefore \ [H^+] = 1.0 \times 10^{-2} 〔mol/L〕$$

したがって，塩酸でも硫酸水溶液でも pH が 2.0 であれば

$$[H^+] = 1.0 \times 10^{-2} 〔mol/L〕$$

キ．pOH＝14－pH の関係がある。したがって，pH が 2 の塩酸の pOH は 12 である。また，pH が 2 の塩酸を純水で希釈して $[H^+]$ を $\frac{1}{10}$ 倍にしたとき

$$pH = -\log_{10}\left(1.0\times10^{-2}\times\frac{1}{10}\right)=3.0$$

となる。したがって，希釈後の塩酸の pOH は 11 である。

ク．HX 水溶液の pOH が 11.0 より，この水溶液の pH は 3.0（$[H^+]$ $=1.0\times10^{-3}$〔mol/L〕）である。HX の初期濃度を c〔mol/L〕，電離度を α とすると，平衡時の各化学種の濃度は

$$HX \rightleftarrows H^+ + X^-$$

始め	c	0	0 〔mol/L〕
反応量	$-c\alpha$	$+c\alpha$	$+c\alpha$ 〔mol/L〕
平衡時	$c(1-\alpha)$	$c\alpha$	$c\alpha$ 〔mol/L〕

となる。よって，電離して生じた水素イオン濃度は $[H^+]=c\alpha$ と表せる。したがって，$c=5.0\times10^{-2}$〔mol/L〕，$[H^+]=1.0\times10^{-3}$〔mol/L〕 を代入し

$$1.0\times10^{-3}=5.0\times10^{-2}\alpha$$

$$\therefore\quad \alpha=2.0\times10^{-2}$$

ケ．HX の電離定数は

$$K_a=\frac{[H^+][X^-]}{[HX]}=\frac{c\alpha\times c\alpha}{c(1-\alpha)}=\frac{c\alpha^2}{1-\alpha}\text{〔mol/L〕}$$

と表せる。さらに，$\alpha\ll1$ のとき，$1-\alpha\fallingdotseq1$ の近似を用いて

$$K_a\fallingdotseq c\alpha^2\text{〔mol/L〕}$$

とできる。したがって，$c=5.0\times10^{-2}$〔mol/L〕，$\alpha=2.0\times10^{-2}$ を代入して

$$K_a=5.0\times10^{-2}\times(2.0\times10^{-2})^2=2.0\times10^{-5}\text{〔mol/L〕}$$

コ．H_2Y の初期濃度は 1 mol/L である。1 段階目の電離は完全電離なので，1 段階目の電離が終了したときの H^+ の濃度および HY^- の濃度はそれぞれ，$[H^+]=1$〔mol/L〕，$[HY^-]=1$〔mol/L〕 である。2 段階目の電離度を α とすると，平衡時の各化学種の濃度は

$$HY^- \rightleftarrows H^+ + Y^{2-}$$

始め	1	1	0 〔mol/L〕
反応量	$-\alpha$	$+\alpha$	$+\alpha$ 〔mol/L〕
平衡時	$1-\alpha$	$1+\alpha$	α 〔mol/L〕

となる。したがって、2 段階目の電離定数 K は

$$K = \frac{[\mathrm{H}^+][\mathrm{Y}^{2-}]}{[\mathrm{HY}^-]} = \frac{\alpha \times (1+\alpha)}{1-\alpha} = \frac{(1+\alpha)\,\alpha}{1-\alpha}\,[\mathrm{mol/L}]$$

(3)　i)　水溶液 **A**〜**D** がいずれも無色透明であることから、含まれていれば青色となる Cu^{2+} が選択肢から消える。

ii)　水溶液 **A**、**B** に $\mathrm{CrO_4}^{2-}$ を加えるといずれの場合も黄色沈殿が生じたことから、水溶液 **A**、**B** には選択肢より、Ba^{2+} または Pb^{2+} が含まれていると考えられる。Ag^+ も $\mathrm{CrO_4}^{2-}$ で沈殿を生じるが、沈殿の色は赤色である。

iii)　ii) より水溶液 **A**、**B** には Ba^{2+} または Pb^{2+} が含まれているとわかっているが、Ba^{2+} はアンモニア水を加えても水酸化物の白色沈殿が生じないため、白色沈殿が生じた水溶液 **A** には Pb^{2+} が含まれていると判断できる。そして、水溶液 **B** には Ba^{2+} が含まれていることがわかる。

iv)　水酸化ナトリウム水溶液を加えると、水溶液 **C**、**D** では白色沈殿が生じるが、Ag^+ は水酸化物イオンで $\mathrm{Ag_2O}$ の褐色沈殿を生じるため、候補から除外される。水溶液 **C** はさらに過剰に水酸化ナトリウム水溶液を加えることで沈殿が溶解するが、この反応をするイオンは、選択肢の中では両性金属のイオンである Pb^{2+} と Zn^{2+} である。iii) で水溶液 **A** に Pb^{2+} が含まれることがわかっているので、水溶液 **C** には Zn^{2+} が含まれることがわかる。以上より、水溶液 **D** には Ca^{2+} が含まれているとわかる。

(4)　ソ〜ト．各電極での反応式は次のとおりである。

　　　　陽極：$2\mathrm{Cl}^- \longrightarrow \mathrm{Cl_2} + 2\mathrm{e}^-$

　　　　陰極：$2\mathrm{H_2O} + 2\mathrm{e}^- \longrightarrow \mathrm{H_2} + 2\mathrm{OH}^-$

反応式をまとめ、両辺に Na^+ を加えると

　　　　$2\mathrm{NaCl} + 2\mathrm{H_2O} \longrightarrow \mathrm{Cl_2} + \mathrm{H_2} + 2\mathrm{NaOH}$

となる。塩化ナトリウム水溶液の濃度が $1.500\,\mathrm{mol/L}$ から $1.380\,\mathrm{mol/L}$ へと減少したことから、減少した Cl^- の物質量は、溶液の体積が $2.000\,\mathrm{L}$ であることを考慮すると

　　　　$(1.500 - 1.380) \times 2.000 = 0.2400\,[\mathrm{mol}]$

と計算することができる。陽極での電子を含むイオン反応式の係数比から、減少した Cl^- の物質量と流れた電子の物質量は等しいので、電流を流した時間を t 秒とすると

$$電子の物質量〔mol〕=\frac{電流〔A〕\times 時間〔s〕}{ファラデー定数〔C/mol〕}$$

の関係を用いて

$$0.2400=\frac{0.200\times t}{9.65\times 10^4}$$

$$\therefore \quad t=1.158\times 10^5 \doteqdot 1.16\times 10^5 \text{ 秒}$$

発生した Cl_2, H_2 の物質量はそれぞれ流れた電子の物質量の半分より，発生した気体の合計の物質量は電子の物質量と同じである。よって，標準状態における陽極，陰極で発生した気体の体積の合計は

$$0.2400\times 22.4=5.376\doteqdot 5.38〔L〕$$

ナ．陽極，陰極で発生した気体の合計が 6.72L より，流れた電子の物質量は

$$\frac{6.72}{22.4}=0.300〔mol〕$$

である。鉛蓄電池の正極では

$$PbO_2+4H^{+}+SO_4^{2-}+2e^{-}\longrightarrow PbSO_4+2H_2O$$

の反応が生じる。鉛蓄電池の正極での反応式より，正極における極板の質量は電子 2mol あたり，SO_2（分子量 64）分増加する。したがって，鉛蓄電池の正極の質量増加は

$$\frac{0.300}{2}\times 64=9.60〔g〕$$

E　解答

(1)アー⑧　イー⑤　ウー⑦　エー⑥　オー⑤　カー⑦
(2)キー⑥　クー②　ケー⑨　コー③　サー⑦　シー⑤
スー③　セー④
(3)ソー①　ター③　チー⑥　ツー④　テー①

◀解　説▶

≪ハロゲンの性質，熱化学方程式，分圧の法則≫

(1)　イ．常温・常圧で，塩素は気体，臭素は液体，ヨウ素は固体として存在する。

ウ．ハロゲン単体の酸化力を強い順に並べると $F_2>Cl_2>Br_2>I_2$ となる。酸化還元反応の進む向きは反応式の両辺の酸化剤の強弱で決定され，酸化

力の強い酸化剤が還元される向きに進む。したがって

$$2KI + Cl_2 \longrightarrow 2KCl + I_2$$

の反応が優先的に生じる。

エ〜カ．混合物 0.64 g 中の塩化ナトリウム（式量 58）の物質量を x〔mol〕，塩化カリウム（式量 75）の物質量を y〔mol〕とする。混合物の質量について，次の式が成立する。

$$58x + 75y = 0.64 \quad \cdots\cdots \boxed{1}$$

また，沈殿した塩化銀 AgCl（式量 143）の物質量と混合物中の Cl^- の物質量は等しいので次の式が成立する。

$$x + y = \frac{1.43}{143} \quad \cdots\cdots \boxed{2}$$

$\boxed{1}$，$\boxed{2}$より

$$x = 6.47 \times 10^{-3} \fallingdotseq 6.5 \times 10^{-3} \text{〔mol〕}$$

(2)　コ．熱化学方程式(e)＋熱化学方程式(g)により，次の熱化学方程式を得る。

$$H_2O\,(固) = H_2O\,(気) - 50\,kJ$$

したがって，1.00 mol の固体の H_2O がすべて気体になるとき，50 kJ の吸熱がある。

サ．アンモニアの生成熱は熱化学方程式(c)で表される。熱化学方程式(c)より，窒素と水素は 1：3 で反応することがわかる。1.0 mol の窒素と 4.0 mol の水素を反応させると窒素 1.0 mol がすべて反応し，未反応の水素が 1.0 mol 残る。熱化学方程式(c)より，$\frac{1}{2}$ mol の窒素で 46 kJ 発熱するので，1.0 mol の窒素では

$$46 \times 2 = 92 \text{〔kJ〕}$$

発熱する。

シ．熱化学方程式(b)－熱化学方程式(j)より

$$C\,(黒鉛) + \frac{1}{2}O_2\,(気) = CO\,(気) + 111\,kJ$$

を得る。したがって，気体の一酸化炭素の生成熱は 111 kJ である。

ス．黒鉛 144 g（黒鉛 12.0 mol）のうち，x〔mol〕が熱化学方程式(b)の反応で二酸化炭素を発生し，残りの 12 − x〔mol〕がシで求めた熱化学方程式

で一酸化炭素を生じるとすると，反応で生じた熱量の合計が 4162kJ より

$$394x + 111(12 - x) = 4162 \qquad \therefore \quad x = 10$$

したがって，生じる一酸化炭素は

$$12 - 10 = 2.0 \,[\text{mol}]$$

セ．液体のエタノールの燃焼熱の熱化学方程式は次のようになり，この熱化学方程式を(k)とする。

$$C_2H_5OH \,(液) + 3O_2(気) = 2CO_2(気) + 3H_2O\,(液) + 1368\,\text{kJ} \quad \cdots\cdots(k)$$

液体のエタノールの生成熱を $Q\,[\text{kJ}]$ とすると熱化学方程式は次のようになる。

$$2C\,(黒鉛) + 3H_2\,(気) + \frac{1}{2}O_2\,(気) = C_2H_5OH\,(液) + Q\,\text{kJ}$$

この熱化学方程式は

熱化学方程式(a)×3 ＋ 熱化学方程式(b)×2 － 熱化学方程式(k)

により得られ

$$Q = 286 \times 3 + 394 \times 2 - 1368 = 278\,[\text{kJ}]$$

(3) ソ．容器 **A**（体積 V_1）内の気体 **X** はコック **I** を開いたことで容器 **A** と **B**（体積 $V_1 + 5V_1$）に拡散する。温度と物質量が一定のとき気体の圧力と体積は反比例の関係となる（ボイルの法則）ので，気体 **X** の分圧 P_X は

$$P_X = P_1 \times \frac{V_1}{V_1 + 5V_1} = \frac{1}{6}P_1$$

タ．気体の物質量と体積が一定のとき，気体の圧力と絶対温度は比例関係となる。したがって，絶対温度を T_1 から $2T_1$ へと変化させると，気体 **X** の分圧は

$$\frac{1}{6}P_1 \times \frac{2T_1}{T_1} = \frac{1}{3}P_1$$

チ．コック **II** を開いて気体 **X** は容器 **A** と **B**（体積 $V_1 + 5V_1$）から容器 **A**，**B**，**C** 全体（体積 $V_1 + 5V_1 + 5V_1$）に拡散し，気体 **Y** は容器 **C**（体積 $5V_1$）から容器 **A**，**B**，**C** 全体（体積 $V_1 + 5V_1 + 5V_1$）に拡散する。各物質の物質量と温度が一定のとき，各気体の分圧は体積に反比例するため，気体 **X** の分圧は

$$\frac{1}{3}P_1 \times \frac{V_1 + 5V_1}{V_1 + 5V_1 + 5V_1} = \frac{2}{11}P_1$$

気体 Y の分圧は

$$2P_1 \times \frac{5V_1}{V_1 + 5V_1 + 5V_1} = \frac{10}{11}P_1$$

となる。よって，容器中の混合気体の全圧は

$$\frac{2}{11}P_1 + \frac{10}{11}P_1 = \frac{12}{11}P_1$$

ツ．温度と体積一定の条件では気体の分圧と物質量は比例関係にあるため，化学反応式の係数比を分圧についても使用できる。したがって，容器中の気体 X の半分が反応したあとの各物質の分圧は

$$\mathbf{X} \quad + \quad a\mathbf{Y} \quad \rightleftharpoons \quad b\mathbf{Z}$$

始め	$\frac{2}{11}P_1$	$\frac{10}{11}P_1$	0
反応量	$-\frac{1}{11}P_1$	$-\frac{a}{11}P_1$	$+\frac{b}{11}P_1$
反応後	$\frac{1}{11}P_1$	$\frac{10-a}{11}P_1$	$\frac{b}{11}P_1$

したがって，気体 Z の分圧は $\frac{b}{11}P_1$ となる。

テ．混合気体の全圧が P_1 より

$$\frac{1}{11}P + \frac{10-a}{11}P_1 + \frac{b}{11}P_1 = P_1$$

が成立する。したがって，$a = b$ が成立する。

F 解答

(1)ア—⑤　イ—②　ウ—④　エ—①

(2)オ—②　カ—②　キ—⑧　ク—③

(3)ケ—⑥　コ—⑥　サ—⑥　シ—①

(4)ス—⑥　セ—⑤　ソ—①　タ—⑥　チ—⑤　ツ—⑦

━━━━━━ ◀解　説▶ ━━━━━━

≪有機化合物の製法や反応，デンプンの性質，アルコール，芳香族化合物，不飽和結合を有する炭化水素の構造決定≫

(1)　ア．アセチレンは炭化カルシウムに水を加えることでつくられる。

$$CaC_2 + 2H_2O \longrightarrow HC{\equiv}CH + Ca(OH)_2$$

イ．サリチル酸と無水酢酸は次の反応をしてアセチルサリチル酸となる。アセチルサリチル酸は解熱鎮痛剤として用いられる。

ウ．リノール酸 $C_{17}H_{31}COOH$（分子量 280）は炭素間二重結合を 2 つもつ。リノール酸 56 mg に付加する臭素 Br_2（分子量 160）の質量は

$$\frac{56}{280} \times 2 \times 160 = 64 \,(mg)$$

エ．デンプンは α-グルコースが縮合重合した高分子化合物である。デンプンは 1,4-グリコシド結合でつながった鎖状のアミロースと 1,4-グリコシド結合に加えて 1,6-グリコシド結合による枝分かれ構造をもつアミロペクチンからなる。アミロースは温水に溶解するが，アミロペクチンは溶けにくい。

(2)　オ．2-ブタノールは次の構造をもつ。

$$H_3C-CH-CH_2-CH_3$$
$$\qquad\ \ |$$
$$\qquad\ OH$$

2-ブタノールはヒドロキシ基を 1 つもつので 1 価アルコールに分類される。また，ヒドロキシ基のついた炭素に直接結合している炭素が 2 つなので第二級アルコールに分類される。

カ．2-メチルブタンは次の構造をもつ化合物である。

$$H_3C-CH-CH_2-CH_3$$
$$\qquad\ \ |$$
$$\qquad\ H_3C$$

2-メチルブタンは炭化水素なので，分子間にはファンデルワールス力しか働かないので沸点が低いが，2-ブタノールは分子間のヒドロキシ基で水素結合を形成するので沸点が高い。

キ．$C_5H_{12}O$ で表されるアルコールの構造異性体は次の 8 個である。

$$H_3C-CH_2-CH_2-CH_2-CH_2-OH \qquad H_3C-CH_2-CH_2-CH-CH_3$$
$$\qquad\qquad\qquad\qquad\qquad\qquad\qquad\qquad\qquad\quad |$$
$$\qquad\qquad\qquad\qquad\qquad\qquad\qquad\qquad\quad OH$$

$$H_3C-CH_2-CH-CH_2-CH_3 \qquad HO-CH_2-CH-CH_2-CH_3$$
$$\qquad\qquad\quad |\qquad\qquad\qquad\qquad\qquad\qquad\ |$$
$$\qquad\qquad\ OH\qquad\qquad\qquad\qquad\qquad\ CH_3$$

$$\qquad\quad OH$$
$$\qquad\quad\ |$$
$$H_3C-C-CH_2-CH_3 \qquad H_3C-CH-CH-CH_3$$
$$\qquad\ |\qquad\qquad\qquad\qquad\qquad\ |\quad\ |$$
$$\qquad CH_3\qquad\qquad\qquad\qquad CH_3\ OH$$

$$H_3C-CH-CH_2-CH_2-OH \qquad H_3C-\overset{\displaystyle CH_3}{\underset{\displaystyle CH_3}{C}}-CH_2-OH$$
$$\underset{\displaystyle CH_3}{}$$

ク．$C_5H_{12}O$ で表されるアルコールの構造異性体の中で，不斉炭素原子を
もつものは次の３つである（不斉炭素原子を＊で表す）。

$$H_3C-CH_2-CH_2-\overset{*}{\underset{\displaystyle OH}{CH}}-CH_3 \qquad HO-CH_2-\overset{*}{\underset{\displaystyle CH_3}{CH}}-CH_2-CH_3$$

$$H_3C-\underset{\displaystyle CH_3}{CH}-\overset{*}{\underset{\displaystyle OH}{CH}}-CH_3$$

(3)　ケ．ベンゼンの炭素間結合は単結合と二重結合の中間的な状態となっ
ており，6本の炭素間結合距離はすべて等しく正六角形の平面構造をして
いる。炭素間結合距離を長い順に並べると，単結合＞ベンゼンの炭素間結
合＞二重結合＞三重結合 となる。

コ．クレゾール，ナフトールはヒドロキシ基を有し，アセトアニリドはア
ミド結合を有するので炭化水素ではない。アントラセンは次の構造をもつ
化合物である。

サ．混酸は濃硝酸と濃硫酸の混合液であり，ニトロ化の試薬に用いられる。
シ．ベンゼンとプロペンから触媒を用いて合成されるイソプロピルベンゼ
ン（クメン）を空気酸化してクメンヒドロペルオキシドとしたのち，硫酸
で分解するとフェノールとアセトンが得られる。

(4)　ス．記述ⅰ）のデータを用いて元素分析をおこなう。55 mg の炭化水
素 **A**，**B** 中の炭素の質量は，生じた二酸化炭素（分子量 44）の質量 176
mg より

$$176 \times \frac{12}{44} = 48 \,〔\mathrm{mg}〕$$

水素の質量は，生じた水（分子量 18）の質量 63 mg より

$$63 \times \frac{2}{18} = 7.0 \,〔\mathrm{mg}〕$$

である。したがって，炭化水素 **A**，**B** の組成式は

$$\mathrm{C} : \mathrm{H} = \frac{48}{12} : \frac{7.0}{1} = 4 : 7 \qquad \therefore \quad \mathrm{C_4H_7}$$

である。選択肢の中でこの組成比をもつのは $\mathrm{C_8H_{14}}$ である。

セ．サリチル酸はナトリウムフェノキシドに高温・高圧で二酸化炭素を反応させてサリチル酸ナトリウムとしたのち希硫酸を作用させることで得られる。

ソ．記述ⅴ）はヨードホルム反応に関するものである。生成した黄色沈殿はヨードホルムであり，分子式は $\mathrm{CHI_3}$ である。

タ．記述ⅲ）より，**D** は炭酸水素ナトリウムの飽和水溶液を加えて気体を発生したことから，脂環式炭化水素 **A** の炭素間二重結合の酸化開裂で生じたカルボン酸であるとわかる。記述ⅳ）について **D** のもつカルボキシ基の個数を x 個とすると，中和の量的関係より

$$1.0 \times 10^{-5} \times x = 1.0 \times 10^{-2} \times \frac{2.0}{1000} \qquad \therefore \quad x = 2 \,個$$

となり，**D** は分子中に 2 つのカルボキシ基をもつ。**A** は炭素間二重結合を 1 つ含む炭素原子 6 個からなる環状構造をもっており，酸化開裂でカルボキシ基を 2 つ生成させるには，炭素間二重結合を形成している 2 つの炭素原子に水素が結合していなければならない。したがって，**A** として考えられる構造は次の 6 通りである。

この 6 種類の **A** の候補から酸化開裂で生じる **D** は次の 6 通りである。

$$\text{HOOC-CH}_2\text{-CH}_2\text{-CH}_2\text{-CH-COOH}$$
$$\underset{\underset{\text{H}_3\text{C}}{|}}{\overset{}{\text{CH}_2}}$$

$$\text{HOOC-CH}_2\text{-CH}_2\text{-CH-CH}_2\text{-COOH}$$
$$\underset{\underset{\text{H}_3\text{C}}{|}}{\overset{}{\text{CH}_2}}$$

$$\text{HOOC-CH}_2\text{-CH}_2\text{-CH-CH-COOH}$$
$$\underset{\text{CH}_3}{|}\ \underset{\text{CH}_3}{|}$$

$$\text{HOOC-CH}_2\text{-CH-CH}_2\text{-CH-COOH}$$
$$\underset{\text{CH}_3}{|}\qquad\underset{\text{CH}_3}{|}$$

$$\text{HOOC-CH-CH}_2\text{-CH}_2\text{-CH-COOH}$$
$$\underset{\text{CH}_3}{|}\qquad\underset{\text{CH}_3}{|}$$

$$\text{HOOC-CH}_2\text{-CH-CH-CH}_2\text{-COOH}$$
$$\underset{\text{CH}_3}{|}\ \underset{\text{CH}_3}{|}$$

チ．脂環式炭化水素 **C** は脂環式炭化水素 **A**，**B** と同じ炭素数 8 で構成され，炭素原子 6 個からなる環状構造と環状構造外に不飽和結合を 1 つもつ。また，記述 vi）より 1.0 mol の **C** に 2.0 mol の水素分子が付加することから，**C** は三重結合を 1 つもつことがわかる。したがって，**C** の分子式は C_8H_{12} であり，構造は次のとおりである。

この構造式より，**C** に不斉炭素原子は存在しないことがわかる。

ツ．ヨードホルム反応ではアセチル基 1 mol からヨードホルム 1 mol が生成する。記述 v）より，脂環式炭化水素 **B** のオゾン分解で得られた **E** に対してヨードホルム反応を行うと 1.0 mol の **E** からヨードホルムが 2.0 mol

生じることから，**E**はアセチル基を２つもつことがわかる。**E**がアセチル
基を２つもつには**B**の６個の炭素原子からなる環状構造内の二重結合をし
ている２つの炭素原子に炭素原子が結合していなければならない。したが
って，**B**の構造は次のようになる。

$$\begin{array}{c} \text{CH}_3 \\ | \\ \text{C} \\ // \ \backslash \\ \text{H}_3\text{C}-\text{C} \quad \text{CH}_2 \\ | \qquad | \\ \text{CH}_2 \quad \text{CH}_2 \\ \backslash \ / \\ \text{CH}_2 \end{array}$$

したがって，**E**の構造は

$$\text{H}_3\text{C}-\underset{\text{O}}{\text{C}}-\text{CH}_2-\text{CH}_2-\text{CH}_2-\text{CH}_2-\underset{\text{O}}{\text{C}}-\text{CH}_3$$

となる。**E**の分子式は$C_8H_{14}O_2$である。

❖**講　評**

　化学と物理をあわせて６題の中から３題を選んで解答する形式は例年
通り。理論・無機の融合問題が２題，有機化学（計算を含む）１題が出
題された。一部にやや思考力を要する問題が見られたが，標準的な良問
が多く，日頃の学習の成果が試される問題であった。

　D　(1)鉄に関する問題。基本的である。(2)強酸および弱酸の pH 計算
の問題。基本的であるが，pOH をテーマにしているところが目新しい。
(3)溶液に含まれる金属イオンの決定問題。Ba^{2+} や Ca^{2+} といった金属イ
オンの反応に関する知識が必要になるところに注意が必要である。(4)電
気分解の問題。基本的であり落とせない。

　E　(1)ハロゲンに関する問題。基本的である。(2)熱化学方程式に関す
る問題。空欄サでは水素が余ることに注意したい。(3)気体の問題。空欄
ツ，テでは化学反応式の係数比を分圧に適用することができたかがポイ
ントとなる。

　F　(1)いろいろな有機化合物の製法や反応，デンプンの性質に関する
問題。基本的であり落とせない。エのデンプンの問題以外，高分子分野
からの出題はされていない。(2)アルコールに関する問題。$C_5H_{12}O$ の分
子式をもつアルコールの構造異性体に関する問題は典型的である。(3)芳

香族炭化水素に関する問題。基本的な知識を問う問題であるが，空欄せのアントラセンは知らなかった受験生もいたかもしれない。(4)環状構造と不飽和結合を有する炭化水素をテーマとした構造決定問題。後半はやや難しかった。酸化開裂でカルボキシ基が2つ生じるときには炭素間二重結合をしている炭素原子に水素が結合しており，アセチル基が2つ生じるときは炭素原子が結合していることに気づけたかがポイントである。

//////////////////// · memo · ////////////////////

/////////////////// · **memo** · ///////////////////

/////////////////// ·memo· ///////////////////

教学社 刊行一覧

2025年版　大学赤本シリーズ
国公立大学（都道府県順）

374大学556点 全都道府県を網羅

1. 北海道大学（文系─前期日程）
2. 北海道大学（理系─前期日程）医
3. 北海道大学（後期日程）
4. 旭川医科大学（医学部〈医学科〉）医
5. 小樽商科大学
6. 帯広畜産大学
7. 北海道教育大学
8. 室蘭工業大学／北見工業大学
9. 釧路公立大学
10. 公立千歳科学技術大学
11. 公立はこだて未来大学 総推
12. 札幌医科大学（医学部）医
13. 弘前大学 医
14. 岩手大学
15. 岩手県立大学・盛岡短期大学部・宮古短期大学部
16. 東北大学（文系─前期日程）
17. 東北大学（理系─前期日程）医
18. 東北大学（後期日程）
19. 宮城教育大学
20. 宮城大学
21. 秋田大学 医
22. 秋田県立大学
23. 国際教養大学 総推
24. 山形大学 医
25. 福島大学
26. 会津大学
27. 福島県立医科大学（医・保健科学部）医
28. 茨城大学（文系）
29. 茨城大学（理系）
30. 筑波大学（推薦入試）医 総推
31. 筑波大学（文系─前期日程）
32. 筑波大学（理系─前期日程）医
33. 筑波大学（後期日程）
34. 宇都宮大学
35. 群馬大学 医
36. 群馬県立女子大学
37. 高崎経済大学
38. 前橋工科大学
39. 埼玉大学（文系）
40. 埼玉大学（理系）
41. 千葉大学（文系─前期日程）
42. 千葉大学（理系─前期日程）医
43. 千葉大学（後期日程）医
44. 東京大学（文科）DL
45. 東京大学（理科）DL 医
46. お茶の水女子大学
47. 電気通信大学
48. 東京外国語大学 DL
49. 東京海洋大学
50. 東京科学大学（旧 東京工業大学）
51. 東京科学大学（旧 東京医科歯科大学）医
52. 東京学芸大学
53. 東京藝術大学
54. 東京農工大学
55. 一橋大学（前期日程）
56. 一橋大学（後期日程）
57. 東京都立大学（文系）
58. 東京都立大学（理系）
59. 横浜国立大学（文系）
60. 横浜国立大学（理系）
61. 横浜市立大学（国際教養・国際商・理・データサイエンス・医〈看護〉学部）

62. 横浜市立大学（医学部〈医学科〉）医
63. 新潟大学（人文・教育〈文系〉・法・経済科・医〈看護〉・創生学部）
64. 新潟大学（理系）・理・医〈看護を除く〉・歯・工・農学部）医
65. 新潟県立大学
66. 富山大学（文系）
67. 富山大学（理系）医
68. 富山県立大学
69. 金沢大学（文系）
70. 金沢大学（理系）医
71. 福井大学（教育・医〈看護〉・工・国際地域学部）
72. 福井大学（医学部〈医学科〉）医
73. 福井県立大学
74. 山梨大学（教育・医〈看護〉・工・生命環境学部）
75. 山梨大学（医学部〈医学科〉）医
76. 都留文科大学
77. 信州大学（文系─前期日程）
78. 信州大学（理系─前期日程）医
79. 信州大学（後期日程）
80. 公立諏訪東京理科大学 総推
81. 岐阜大学（前期日程）医
82. 岐阜大学（後期日程）
83. 岐阜薬科大学
84. 静岡大学（前期日程）
85. 静岡大学（後期日程）
86. 浜松医科大学（医学部〈医学科〉）医
87. 静岡県立大学
88. 静岡文化芸術大学
89. 名古屋大学（文系）
90. 名古屋大学（理系）医
91. 愛知教育大学
92. 名古屋工業大学
93. 愛知県立大学
94. 名古屋市立大学（経済・人文社会・芸術工・看護・総合生命理・データサイエンス学部）
95. 名古屋市立大学（医学部〈医学科〉）医
96. 名古屋市立大学（薬学部）
97. 三重大学（人文・教育・医〈看護〉学部）
98. 三重大学（医〈医〉・工・生物資源学部）医
99. 滋賀大学
100. 滋賀医科大学（医学部〈医学科〉）医
101. 滋賀県立大学
102. 京都大学（文系）
103. 京都大学（理系）医
104. 京都教育大学
105. 京都工芸繊維大学
106. 京都府立大学
107. 京都府立医科大学（医学部〈医学科〉）医
108. 大阪大学（文系）DL
109. 大阪大学（理系）医
110. 大阪教育大学
111. 大阪公立大学（現代システム科学域〈文系〉・文・法・経済・商・看護・生活科〈居住環境・人間福祉〉学部─前期日程）
112. 大阪公立大学（現代システム科学域〈理系〉・理・工・農・獣医・医・生活科〈食栄養〉学部─前期日程）医
113. 大阪公立大学（中期日程）
114. 大阪公立大学（後期日程）
115. 神戸大学（文系─前期日程）
116. 神戸大学（理系─前期日程）医

117. 神戸大学（後期日程）
118. 神戸市外国語大学 DL
119. 兵庫県立大学（国際商経・社会情報科・看護学部）
120. 兵庫県立大学（工・理・環境人間学部）
121. 奈良教育大学／奈良県立大学
122. 奈良女子大学
123. 奈良県立医科大学（医学部〈医学科〉）医
124. 和歌山大学
125. 和歌山県立医科大学（医・薬学部）医
126. 鳥取大学 医
127. 公立鳥取環境大学
128. 島根大学 医
129. 岡山大学（文系）
130. 岡山大学（理系）医
131. 岡山県立大学
132. 広島大学（文系─前期日程）
133. 広島大学（理系─前期日程）医
134. 広島大学（後期日程）
135. 尾道市立大学 総推
136. 県立広島大学
137. 広島市立大学
138. 福山市立大学 総推
139. 山口大学（人文・教育〈文系〉・経済・医〈看護〉・国際総合科学部）
140. 山口大学（教育〈理系〉・理・医〈看護を除く〉・工・農・共同獣医学部）医
141. 山陽小野田市立山口東京理科大学 総推
142. 下関市立大学／山口県立大学
143. 周南公立大学 新 推
144. 徳島大学 医
145. 香川大学 医
146. 愛媛大学 医
147. 高知大学 医
148. 高知工科大学
149. 九州大学（文系─前期日程）
150. 九州大学（理系─前期日程）医
151. 九州大学（後期日程）
152. 九州工業大学
153. 福岡教育大学
154. 北九州市立大学
155. 九州歯科大学
156. 福岡県立大学／福岡女子大学
157. 佐賀大学 医
158. 長崎大学（多文化社会・教育〈文系〉・経済・医〈保健〉・環境科〈文系〉学部）
159. 長崎大学（教育〈理系〉・医〈医〉・歯・薬・情報データ科・工・環境科〈理系〉・水産学部）医
160. 長崎県立大学 総推
161. 熊本大学（文・教育・法・医〈看護〉学部・情報融合学環〈文系型〉）
162. 熊本大学（理・医〈看護を除く〉・薬・工学部・情報融合学環〈理系型〉）医
163. 熊本県立大学
164. 大分大学（教育・経済・医〈看護〉・理工・福祉健康科学部）
165. 大分大学（医学部〈医・先進医療科学科〉）医
166. 宮崎大学（教育・医〈看護〉・工・農・地域資源創成学部）
167. 宮崎大学（医学部〈医学科〉）医
168. 鹿児島大学（文系）
169. 鹿児島大学（理系）医
170. 琉球大学 医

2025年版　大学赤本シリーズ

国公立大学 その他

私立大学①

いつも受験生のそばに──赤本

大学入試シリーズ＋α
入試対策も共通テスト対策も赤本で

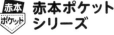

2025 年版　大学赤本シリーズ　No. 412

明治大学（理工学部－学部別入試）

編　集　教学社編集部
発行者　上原　寿明
発行所　教学社
　　　　〒606-0031
　　　　京都市左京区岩倉南桑原町56
　　　　電話　075-721-6500
　　　　振替　01020-1-15695
　　　　印　刷　太洋社

2024 年 6 月 25 日　第 1 刷発行
ISBN978-4-325-26471-2
定価は裏表紙に表示しています